Gernot Spielvogel-Herrmann
2000 Meilen Freiheit

SERIE PIPER
Band 1697

Zu diesem Buch

2000 Meilen per Kajak auf dem Yukon – auf Jack Londons Spuren erlebt Gernot Spielvogel eine der rauhesten und entlegensten Wildnisse der Erde. Von der Quelle des Yukon in Kanada, durch die Stromschnellen, die tückischen Yukon-Flats bis zur Mündung im Beringmeer geht die Tour. Von Begegnungen mit Eskimos und Indianern, Abenteurern, Elchen und Bären, die nachts das Zelt besichtigen, erzählt der Autor genauso spannend und witzig wie von Alaskas heißester Kneipe und dem verrücktesten Dorf, mitten in der Wildnis. Trotz aller Gefährlichkeit dieses Abenteuers hat Spielvogel keinen nur ernsten Bericht geschrieben, sondern einen bunten und spritzigen Abenteuer-Cocktail gemixt.

Gernot Spielvogel-Hermann, geboren 1949. Studierte Philosophie, promovierte aber in Geologie – was ihm bei seinen Reisen sehr zugute kommt. Er plant als nächstes eine Segeltour über die Alëuten.

Gernot Spielvogel-Herrmann

2000 MEILEN FREIHEIT

Im Kajak durch Alaska

Piper
München Zürich

SERIE PIPER
ABENTEUER

Herausgegeben von Harald Eggebrecht

Außerdem liegen vor:
Joe Simpson, Sturz ins Leere (1247)
Bettina Selby, Ah Agala! (1257)
Lucy Irvine, Eva und Mister Robinson (1274)
Herbert Rittlinger, Ich hatte Angst (1340)
Reinhold Messner, Die Freiheit, aufzubrechen, wohin ich will (1362)
Jean Domalin, Panjamon (1383)
Wilfred Thesiger, Die Brunnen der Wüste (1407)
Jeana Yeager / Dick Rutan, Voyager (1435)
Mario Richner, Urwald, Gold und Indios (1474)
Tété M. Kpomassie, Ein Afrikaner in Grönland (1523)
Leosch Schimanek / Cestmir Sebesta,
Durch die Wildnis zum Eismeer (1578)

Gewidmet der »Yukon Family«

ISBN 3-492-11697-3
Originalausgabe
November 1992
© R. Piper GmbH & Co. KG, München 1992
Umschlag: Federico Luci
Foto: Gernot Spielvogel-Herrmann
Gesamtherstellung: Clausen & Bosse, Leck
Printed in Germany

Inhalt

Über dieses Buch   9

I   Ein Strom, mit dem man gern mitschwimmt   11

Reisevorbereitungen und Ankunft in Alaska   11
An den Quellen des Yukon   13

II   Feuertaufe in der Wildnis   20

Erfolgreicher Stapellauf und eine aufregende
Zwischenstation in Whitehorse   20
Wildnistaufe am Lake Laberge: Sturm auf dem See   24
Yukon River-Feeling und so viel historisches Holz   35
Aufregung in den Stromschnellen   47
Gold, Hitze, Elche, Indianer, Gewitter und große Fische –
man lebt sich ein   54
Ein Waldschrat enttarnt sich   65
Goldrauschstadt Dawson City   71

III Hey North To Alaska!   80

Allein mit dem Yukon und großen Strudeln   80
Die Eagle-Episode: Ein typisches alaskanisches
Willkommen   88
Sei verrückt unter Verrückten – Headquarter Camp
Gilmore   91
Ein ganzes Dorf spinnt – wirklich!   109
Jahrhundertmillionen Jahre alte Schönheiten   111
Das Traumcamp im Yukon Charley   115

Auf einen unmöglichen Tag einen elenden – Nachschlag
gefällig?   117
»Hey George!«   123

IV   Durch die Yukon Flats   128

»Follow the main stream!«   128
Endlose Sümpfe und Wildnis-Koller   135
Nicht nur der Yukon knickt hier ab – Fort Yukon   144

V   Allein in den Yukon Flats   149

Abschied von Fort Yukon   149
Um Haaresbreite entronnen   149
Anfreunden mit den Traumsümpfen   153
Japaner, Indianer und Eskimos – Native Village Beaver   161
Auf dem Zahnfleisch nach Stevens Village   169
Irrwege zur »Bridge«   181

VI   Durch die endlosen Weiten Zentral-Alaskas   185

Ausruhen unter Bären   185
Bären, Bären, Bären – außerhalb und im Innern des Zeltes   188
Die Rampart-Episode – crazy friendly Rampart   193
Allerhand los um Tanana   210
»Family Bowen's Paradise«   219
The call of the wild   226
Robinsonade am Fuße der Kokrines Hills   231
Die Ruby-Episode: Kunst, germanische Götter und ein
Lachs namens Gernot   236
Wendepunkt oder Endpunkt? Hot Spot Galena   243
Das Indian-Summer-Rennen beginnt   248
Harte Tage vor Kaltag – mit dem U-Boot nach
»Nifelheim«   253

Bewegter Indian Summer in Grayling   258
Flüche um Holy Cross – habe ich den Wildniskoller?   267
Beerdigung und Polarlicht   268

VII Stürmischer Empfang im Yukon Delta   273

Ein dreizehnter auf alaskanisch   273
Kajakmarathon und ein Bärensnack   275
Die Russian Mission-Episode: John's Delta Inn – the
friendly Eskimo-junction   277
Der Wildnisschock und Horror-Tag, Überlebensfeier mit
Zaungästen   292
Vision or fiction? – Die sonnige Reise zum Mondschein-
Camp   300
Ob dieser Fluß denn jemals endet?   302
Das »Kap Horn« am Yukon: Pitkas Point   307
Im endlosen Windkanal nach Mountain Village – der
»vorletzte« Stop   313

VIII Überlebenskampf im Yukon Delta   320

Dem Tod von der Schippe gesprungen – Seegang auf dem
Yukon   320
Allein im Eisschrank – Überlebenspunkt im gefrorenen
Riesensumpf   324
Yukon Delta on the rocks   330
Gefangen im Schneesturm   336
Yukon Delta on the rocks special   340

Über dieses Buch:

Sie halten hier die Schilderung einer Fahrt durch »Himmel und Hölle« in den Händen. Das ist der Rahmen, das Bild oder besser: die Bilder entstehen aus einem Mosaik heller und bunter Steinchen, auch schwarzer: Abenteuer-Jetzt, glimmernder Goldrausch, Zeitreisen in und durch Jahrhundertmillionen, Romantisches und Träumereien, wie sie nur in grenzenloser Weite und Einsamkeit entstehen können. Darüber hinaus: »Haben Sie jemals in ungestörter Ruhe, völlig frei leben und monatelang nachdenken können?

Diese Erzählung geht aus einem Tagebuch hervor, überwiegend in der Wildnis aufgezeichnet, der größte Teil davon entstand im Busch von Alaska während einer Kajakfahrt von Whitehorse in Kanada bis zum Beringmeer, dem Mündungsgebiet des über 3000 Kilometer langen Yukon River.

Die Berichte entstanden an den Ufern des Yukon: im Urwald, auf Sand- und Kiesinseln, in Fischer-Camps, Blockhäusern, Wigwams – meistens aber unter freiem Himmel. Der »Schreibtisch« stand bei »zahmen« und »wilden« Alaskanern: Missionaren, Aussteigern, Goldsuchern und Abenteurern, Indianern und Eskimos, Fischern, Jägern und Fallenstellern.

Während der täglichen Aufzeichnungen kamen Bären, Wölfe, Elche und Adler zu Besuch, und manchmal waren die Orte, an denen ich schrieb, sehr »heiß«: wenn Schwarzbären mich im Zelt aufsuchten, oder wenn Indianer überaus lebendige Familienfeste feierten.

So gut es ging, versuchte ich stets, alles Erlebte möglichst an Ort und Stelle auf Papier festzuhalten; deshalb färben Hochstimmungen, Angst, Wut, Zorn und Aggression sowie Kampf ums Überleben, aber auch Einsichten und Besinnungen, Gefahr und menschliche Wärme den Stil der Seiten und Kapitel recht unterschiedlich.

Lernte ich als Geologe in den vergangenen Jahren viel theoretisches Wissen über die Natur, so erlebte ich am Yukon die ungezähmte, wilde Schöpfung. Was für Menschen leben dort, wie wurden sie von diesem Land geprägt? Freien, ungestreßten Menschen begegnete ich – lebendigen Menschen voller Kraft und Wildheit, Originalität und Fähigkeiten aller Art, Mut und menschlicher Wärme, wie man sie im dichtbesiedelten Mitteleuropa leider kaum noch finden kann.

Trotzdem lag es auf der Hand, daß ich im Falle des Scheiterns – sei es durch eigenes Verschulden oder höhere Gewalt – keine Hilfe während der Wildnisstrecken erwarten durfte. Können wilde Tiere, wie Adler, Wölfe, Elche, Luchse und Bären, das Gefühl erzeugen, nicht allein zu sein? Sie würden auf alle Fälle warten und dazu – obwohl sie jeder nur allzu gern vermißte – Scharen, ganze Heere blutrünstiger Moskitos, Beiß- und Stechfliegen.

Von Strudeln im Yukon hatte ich gelesen, die so groß und gefährlich sein sollten, daß darin Boote und sogar Flöße auf Nimmerwiedersehen verschwinden konnten. Dann waren auch noch die »Yukon Flats« zu bewältigen, dieses sich über 250 mal 250 Kilometer ausdehnende, riesige Sumpf-Labyrinth, aus dem schon zahlreiche Bootsfahrer und Wildnisenthusiasten nicht mehr herausgefunden hatten.

Und die Wetterbedingungen? Die Palette reichte von brütender Hitze mit Spitzenwerten knapp unter 40 Grad bis zu Frostnächten mit minus 17 Grad Celsius. Bezaubernde Lagerfeuerromantik bei milder Dämmerung und Mitternachtssonne wechselte mit orkanartigen Schneestürmen, vehementen Gewittern und tagelangem Landregen. Als schlimmster Widersacher sollte sich der Wind erweisen: die Weiten Alaskas werden sehr häufig von Stürmen heimgesucht, die aus dem nahen Sibirien über das Beringmeer brausen.

Letzten Endes lag die allergrößte Herausforderung in der eigenen Person selbst. Schließlich ging es um mehr als 3300 Kilometer im offenen Kajak – eine Strecke, die der Entfernung Nordkap–Istanbul entspricht.

2000 Meilen Freiheit gab mir dieser urwüchsige wilde Yukon – mehr, als ich je erhofft hatte.

I Ein Strom, mit dem man gern mitschwimmt

Reisevorbereitungen und Ankunft in Alaska

Über ein Jahr intensives Training mit Planung, Ausrüstungstests und dem Sammeln einer Unmenge an Tips und Ratschlägen von Experten, Freunden und Bekannten war vorüber. Es war Ende Mai – Aufbruchstimmung lag in der Luft, wie würde es drüben, so hoch im Norden sein, gab der lange Winter das große wilde Land von den Schnee- und Eismassen frei? Jahrelang gehegte Wunschträume standen nun kurz vor der Umsetzung in die (harte) Realität. Symbole weltbekannter Fluglinien grüßten. Zurück, wieder ins Sichere, Vertraute? – Unsinn! – lockte nicht der neue, steile Pfad, versprach er nicht viel mehr als die durch und durch wohlgeordnete, thermostatgesteuerte, aber doch so abgegriffene Öde der... hm, Heimat?

Wer von den anderen Fluggästen, die mit eleganten Koffern und handlichen Taschen um uns standen, ahnte schon, daß in den großen Packsäcken vor uns eine wohlausgetüftelte, überlebenswichtige Expeditionsausrüstung steckte? Hätte einer von den Schlange stehenden Passagieren geglaubt, daß die Frau und der Mann, die die Waage der Gepäckannahme der Fluggesellschaft so hoffnungsvoll anstarrten, mit dem Inhalt der prall gefüllten robusten Säcke 750 Flußkilometer Yukon River in Kanada zusammen, der Mann danach Alaska allein im Kajak durchqueren wollten?

Die Gesichter der kleinen wuschellockigen Frau und des Mannes mit den langen Haaren und dem Vollbart – die, nach ihrer Kleidung zu urteilen, sicherlich nicht auf einer Geschäftsreise über den »großen Teich« waren – entspannten sich, als sie die Abschnitte über Fluggepäck-Tickets erhielten. Ulrike Herrmann, meine Begleiterin auf dieser Tour, und ich feierten gerade mit erleichtertem Lächeln unser erstes Erfolgserlebnis: der Gepäckberg war angenommen worden. Das bedeutete, wir brauchten nicht den Marketendertroß aus Dutzenden von kompliziert ineinandergestapelten Gegenständen auseinanderzureißen, neu zu systematisieren und wieder mühselig in die Packsäcke zu stopfen.

Sollten wir jetzt endlich im Flugzeug Ruhe haben, uns nach all den letzten hektischen Vorbereitungstagen wirklich entspannen dürfen? Wir durften. Allmählich trauten wir uns sogar, uns vorzustellen, daß wir uns auf einer Glückssträhne bewegten… wie all die Goldsucher hundert Jahre zuvor?

Was wir auch in Seattle, dem Startpunkt unseres Abenteuers an der nördlichsten Ecke der amerikanischen Westküste, kurz unterhalb der kanadischen Grenze gelegen, unternahmen, es klappte. Wir stießen überall auf freundliche und hilfsbereite Amerikaner. Nur noch ein Problem schwebte wie ein Damoklesschwert über uns: das Boot! Es hatte daheim zu viele Schwierigkeiten gegeben, unser vertrautes Doppelkajak mitzunehmen. Canadier hätten wir in Seattle zu günstigen Preisen bekommen –, aber ausgerechnet ein Doppelkajak, wie ich es mir nun einmal in den Kopf gesetzt hatte, war anfänglich nicht aufzutreiben.

Glückssträhne vorbei? Oh, nein, schon am dritten Tage bekamen wir die Adresse einer hiesigen Bootsfabrik: unser Boot, wie bestellt, wie auf uns und die Anforderungen zugeschnitten, nebst passendem Zubehör, wartete schon auf uns.

Wir wollen die Inside Passage entlang der kanadischen Westküste und Südost-Alaskas mit der Fähre fahren – genau die Route, die auch die Goldsucher früher nehmen mußten. Glück oder Fügung, auf alle Fälle war es gut, daß wir Steve kennenlernten, einen Mitarbeiter der Schiffahrtsgesellschaft, der uns zu günstigen Supermärkten fuhr, wo wir die enormen Mengen Proviant mit seiner Hilfe zusammenkauften. Nebenbei: Seattle, der Name stammt von einem berühmten Indianerhäuptling, ähnelt stark dem weit im Süden liegenden San Francisco – Steve brauchte es nicht zu betonen, der Vergleich drängte sich von selbst auf.

Wir fielen auf unter den Passagieren in Richtung Alaska. Ein amerikanischer Feuerwehrmann, der mit seinen Freunden jedes Jahr einen Abenteuerurlaub unternahm, meinte: »Den ganzen Yukon wollt ihr fahren, wirklich? Genießt noch ein gemütliches Bier unter uns, Germans, vielleicht habt ihr nie wieder Gelegenheit dazu. Wißt ihr, was auf euch wartet? Eine Hölle aus Wasser, Schlamm und undurchdringlichen Urwäldern, voll mit Verrückten, Indianern, Heeren von Moskitos, Bären, Elchen und Wölfen! – Cheers and good luck!«

»Da will ich auch hin!« knurrte eine tiefe Stimme lakonisch, und so lernten wir Larry Fleig kennen, einen großen, dunkelhaarigen Mann aus Colorado, der in einem Faltboot den Yukon bezwingen wollte, und der überhaupt nicht zu den gesprächigen Zeitgenossen zu zählen schien.

Der Kommentar: »Oh, Mann – Wahnsinn!«, den ein deutscher

Globetrotter zu meinem Vorhaben gab, klang ja noch geradezu harmlos im Vergleich, zu dem, was Ulli einstecken mußte, als ein Alaskaner die leuchtende Farbe ihres Schlafsacks (schrillpink!) begutachtete: »Oh, prima, die Bären werden dich darin köstlich finden!«

Die Stimmung an Bord war prächtig, das Wetter... überschlug es sich nicht, um uns den hohen Norden schmackhaft zu machen? – Die gesamte Zeit hindurch regnete es, entgegen aller Prophezeiungen und Befürchtungen, kein einziges Mal. Drei wundervoll runde Tage lang Sonne, Fjordlandschaften, schneebedeckte Berge, Gletscher, unüberblickbare, bis ans Ufer reichende Nadelwälder – und dies alles getragen von einem sanft schaukelnden, smaragdgrünen Glitzerboden, überspannt von kristallklarem Blau, das sich dehnte, dehnte...

An den Quellen des Yukon

Am frühen Vormittag des 6. Juni 1988 erreichten wir Skagway, das Ende unserer Fährenfahrt. Ob wir jetzt Schwierigkeiten bekommen würden – mit unserem Gepäckhaufen und dem 5,7 Meter langen Boot, all dem, was wir jetzt von der alaskanischen Küste weg, über die Berge, zum Yukon River nach Kanada bringen mußten? Wir hatten keine Transportmöglichkeit gebucht, wollten an Ort und Stelle allein mit den Herausforderungen fertig werden; wir wollten keine Wildnisführer und suchten auch in keiner kommerziellen Lodge nach... Pur sollte es sein, pionierartig streng und abenteuerlich – wie das Land und der große Fluß.

Zugegeben, ein wenig neidisch sahen wir schon den scheidenden Passagieren und neuen Bekannten nach, die mit ihren Rucksäcken zum Kai gingen oder in die mehr oder weniger komfortablen Busse und Geländewagen stiegen und bald alle in die Richtungen aufbrachen, die für uns uninteressant waren. Ein klein wenig bange wurde uns beiden, als wir Larry mit seinen zwei Packsäcken aufbrechen sahen, die er noch obenauf ganz bequem auf einem zweirädrigen Wägelchen wegschob.

So rasch wie wir konnten, verlegten wir unseren Gepäckberg von der Fähre auf die überdachte Hafenmole. Genau in dem Moment, als der »Sea Eagle«, unser gut verpacktes Doppelkajak, den Boden des berühmten Goldrauschhafens berührte, ließ uns eine Stimme plötzlich hochfahren und umdrehen.

»Hi, kann ich euch helfen, ihr wollt doch sicherlich nach Kanada mit eurem Boot da, hab' ich recht, zum Yukon, ja?«

»Hi, stimmt genau, wir suchen nach einer Transportmöglichkeit«, antwortete ich und deutete auf die Gepäckausstellung.

»Die habt ihr bereits gefunden, mein Wagen, der geländegängige Bus dort, steht bereit. Wenn ihr wollt, können wir gleich losfahren.« Er nannte einen fairen Preis, Ulli und ich grinsten uns erleichtert an. Gleich darauf kam Larry zu uns, half Sack und Pack zum Wagen zu bringen und meinte, er fahre mit, der Geländewagen habe genügend Platz und der Preis sei unter dem, den man für das normale Busticket zahlen müsse, und nur ein »bloody greenhorn« würde hier noch zögern.

Skagway lag vor uns – und ich mußte mir während des kurzen Aufenthaltes eindringlich klarmachen, daß es *das* Skagway war und nicht irgendein Ort vor den hohen Eis- und Vulkanriesen der Coast Mountains. Amüsant erschien, daß sowohl Ulli als auch Larry – ich wahrscheinlich ebenso – im pendelnden Seemannsgang, der so merkwürdig dem Revolverheldenschritt Marke Hollywood glich, durch die berühmte Goldrauschstadt mit ihren historischen Gebäuden schwankten.

Etwas verschlafen – ach was, wundervoll ruhig! – regte und räkelte sich hier alles, Land und Bewohner lächelten einem neuen Sonnenzyklus entgegen – monatelange Dunkelheit würde wieder monatelangem Licht weichen. Die vormals meterhohen weißen Decken des rauhen mächtigen Beherrschers des hohen Nordens zerfaserten, zergingen zu Abertausenden kleiner glasklarer Perlen, kullerten zu Tal, sammelten sich – bildeten dort drüben, jenseits der gepuderten Kuppen und Zacken, einen Pfad, dann einen Weg und zuletzt eine Straße, die durch einige der schönsten Wildnisse der Erde fließen... Wir waren wie die ersten zurückkehrenden Wildgänse, die allererste Vorhut eines Zuges, der sicherlich gleich nach uns beginnen würde. Gut, den Vorsprung halten, weiter, nicht einholen lassen, weiter...

Der kräftige Wagen zog an, das Fahrzeug schien mit den vier Insassen, den Ausrüstungs-Zusammenballungen und dem großen weißen Boot auf dem Dach nur zu spielen. Da, ein Schild: »Chilkoot Trail« und daneben »White Pass«. Wir waren auf den Pfaden des Goldrausches von 1898, kamen in das Land, das Jack London so faszinierend beschrieben hatte. Ein elektrisierendes Gefühl durchströmte mich, wilde Vergangenheit und – genauso wilde Gegenwart? begannen sich zu verknüpfen, noch ein paar Meter, und wir würden an die Quellen des Yukon kommen.

Aber dennoch, so etwas wie ein schlechtes Gewissen begann mich zu quälen, als mein Blick auf die Schilder mit den berühmten historischen Namen fiel. Hatte ich nicht vorgehabt, genauso wie die Goldsucher mit viel Gepäck zu Fuß über den Paß zu gehen? Ulli meinte nur betont vernünftig: »Spukt diese blödsinnige Idee denn immer noch in deinem Hirn herum? Da, sieh nur, wie's da 'rauf geht – und Schnee liegt auch noch überall! Du weißt, was wir beide an Gepäck dabei haben – dann auch noch dies Monstrum von Boot!«

»Eben«, antwortete ich etwas verbittert, »das Boot hätte man als Schlitten ziehen können.«

»Mit einem Lastkajak über den Chilkoot! – Mann, der Goldrausch ist vorbei; übrigens, niemand wäre damals auf die Idee gekommen, mit so einem Boot den ganzen Yukon hinunterzufahren. Du hast später noch genügend Gelegenheit, dir das Genick zu brechen – mach's halt nicht gleich zu Anfang, ja?« Triumphierend wollte sich Ulli jetzt wieder in die Polsterung des Wagens zurücklehnen.

Ich zog meine letzte Argumentations-Karte: »Manche hatten damals sogar ein Klavier dabei…«

»Zu denen hättest du sicherlich gut gepaßt«, quittierte Ulli sarkastisch, »ich glaube, die Goldrauschspinnerei ist nie tot zu kriegen!«

»No, Lady, nein, nein – niemals, glauben Sie mir, ich weiß es…«

Zwei kreisrunde Augen blickten nach vorn in den Rückspiegel – begegneten zwei diebisch grinsenden – leicht konnten wir jetzt erraten, warum die deutschsprachigen Vorfahren unseres Fahrers nach Alaska ausgewandert waren.

Gleißende Schneefelder, eilende Schmelzwasser-Rinnsale, steilstehende Gesteinsschichten und azurblauer Himmel erwarteten uns auf der Höhe von 950 Metern, dem Gipfel der Wasserscheide der Coast Mountains, die die Schmelzwässer nach Norden, Richtung Kanada, abfließen und nicht den kürzesten Weg zum Golf von Alaska nehmen ließen. In Richtung kanadische Grenze steigerte sich die Berglandschaft zu noch schönerer Anmut: Die Schluchten im Granitgestein wurden kleiner, die steilstehenden Schichten jüngerer Gesteine ragten weniger dramatisch in den wolkenlosen Himmel und aus den schrumpfenden Schneefeldern rannen kräftigere Rinnsale und kleinere Wasserfälle; wilde Felsengärten begannen sich auszubreiten. Nadelbäumchen besiedelten die großen Steingärten, zwischen denen kleine Seen versteckt hervorlugten. Blaues Eis leuchtete auf den noch weitgehend zugefrorenen Wasserflächen, aber ab und zu dunkelte bereits befreites klares Wasser, das schon talwärts zu fließen begann.

Ja, die Wiege des Yukon River konnte sich sehen lassen, und unser Fahrer hatte Verständnis für die beiden Germans, die nach jeder Kurve, jedem Hügel, jeder Stein-, Wasser- und Felsenkomposition enthusiastisch mit gezückter Kamera ins Freie springen mußten. Ich glaube sogar, unser Fahrer wäre enttäuscht gewesen, wenn wir uns nicht so verhalten hätten. Er erklärte uns, daß wir Glückspilze seien, denn wenn wir mit der früheren Fähre gekommen wären, hätten wir gar nicht weiterfahren können: der White Pass sei so zugeschneit gewesen, daß selbst Schneefräsen nicht durchgekommen wären.

Die kanadisch-alaskanische Grenze erschien, der Zauber der Landschaft wurde jäh unterbrochen. Ja, die Einreisestempel in die Staaten hatten wir. Zu verzollen gab es nichts, nein, Feuerwaffen waren auch nicht in unserem Gepäck. Für das Yukon Territory gab es harte Einreisebedingungen – wie vor fast einhundert Jahren, zu Zeiten der Glücksritterinvasion. Eine bestimmte Menge an Verpflegung, wie damals, mußten wir nicht vorweisen – diese Zeiten waren doch vorbei; heutzutage war etwas anderes wichtig und davon, abgesehen vom Rückflugticket, hatten wir genügend dabei, konnten das Land also aus eigenen Mitteln wieder verlassen: mit Zufriedenheit, aber auch Erleichterung, blickte der Grenzer auf unsere credit card.

Die Schmelzwasserseen schwollen an, während Eis und Schnee abnahmen, und gelegentlich erreichten die ersten schlanken Nadelbäume, die so typisch für den hohen Norden sind, stattliche Höhen. Langgestreckte Spiegel, in denen sich Fels und Wald, Blau und gleißendes Gold betrachteten, reihten sich aneinander, verbunden von einem glasklaren irisierenden Streifen. Herrlich anzusehendes Wasser blitzte immer häufiger zu mir herüber – ich begann Höllenqualen zu leiden. Es tröstete mich auch nicht, daß unser Fahrer erklärte, dies seien mit die schönsten Forellenstellen und Hirschgebiete, die er kenne, und daß selbst Kanadier und Alaskaner, die allesamt wunderschöne Naturlandschaften und Jagdgebiete gewohnt seien, von solchen Gebieten träumen würden. Nun, eigentlich wollte ich längst auf den zauberhaften Wassern des Lake Bennett paddeln – wie hart sollte denn meine Geduld noch auf die Probe gestellt werden?

Endlich, am Nachmittag war es dann soweit: in zeremonieller Haltung füllte ich meine Feldflasche zum ersten Male in den »heiligen Wassern des Goldrausches«. Laut buchstabierte ich, ließ die Silben in mir nachhallen: »*Yukon River*«. Es gab ihn also doch, nicht nur auf

Papier oder Zelluloid – und ob all das andere, wenigstens noch ein Rest davon, auch übrig geblieben war?

Wir hatten das Tor zur kanadischen Wildnis erreicht, den staatlichen Campingplatz von Whitehorse. – Noch standen wir davor, aber wenn ich auf einen hohen Baum kletterte, erblickte ich bereits echten kanadischen Busch, und wenn ich aus dem Zelt sah, lockte mich das Blinken des Yukon. Zum Greifen nahe lag der Wasser-highway, auf dem ich bald monatelang durch die entlegensten Wildnisse der Erde reisen würde.

Zunächst erreichte uns der Busch in Form von Erzählungen über Jagdabenteuer, Schilderungen von Flußfahrten von Whitehorse nach Dawson City, Angler- und Jägerlatein, zu dessen Verständnis man schon das »Große Latinum« in der Tasche haben mußte. Bären begannen zunächst in epischer Form in unser Leben zu tapsen, wurden erschreckend lebendig in ausgesucht schockierenden Jagdgeschichten und fingen an, uns zu beunruhigen. Wir wurden gewarnt, getröstet, erschreckt und geschockt, dann wieder beruhigt und belehrt.

Ein Wildnisintensivkurs der »Canadian Mounted Police«? Nein, – ausgewanderte Deutsche hatten uns am Campingplatz in Empfang genommen. Da waren sie, die Männer, die sich lieber mit Jagdgerät, Wildnisausrüstung und robusten Kanus umgaben, lieber in Blockhäusern ohne fließend Wasser und Elektrizität lebten als in modernen, komfortablen Räumen in zivilisierter Umgebung. Der »letzte Schrei« in den Metropolen des »guten Geschmacks« war ihnen gleichgültig, solange nur die Jünger dieses Konsumtraumes weit genug von ihnen entfernt blieben. Sie träumten hier von zuverlässigen, soliden Wasserflugzeugen: nein, nicht um sich durch lustige flotte Rundflüge die Zeit zu vertreiben – Luxusartikel scherten sie nicht. Was zählte, waren eine vertrauenswürdige Ausrüstung und zuverlässige Jagdgewehre. Nun ja, Gegenstände, Kleidung, aber auch Person, Sprache und Ansichten rochen nach Fisch, Leder oder Waffenöl.

Als sie spät nachts gingen – es war bereits kurz vor Mitternacht, aber die Helligkeit täuschte eine frühere Tageszeit vor, wehte dieser Geruch immer noch um unseren Lagerplatz, wollte er sich fortan bei uns einnisten?

Wie zur Begrüßung in Kanadas saftig grünen Wäldern machte uns das Wetter klar, daß wir gut daran getan hatten, ein ausgezeichnetes Zelt mitzunehmen. Jetzt wußten wir auch, warum die Moskitos kurz vor dem nun einsetzenden Regen regelrecht verrückt gespielt hatten.

Am 7. Juni 1988 trafen wir die letzten Vorbereitungen – o weh, noch einmal eine Stadt, sogar eine Hauptstadt! Whitehorse mit seinen etwa 15 000 Einwohnern, die Hauptstadt des Yukon Territory, das auf einem Gebiet von 536 000 Quadratkilometern, ungefähr 25 000 Bewohner zählte – gegenüber etwa 30 000 Elchen, enttäuschte jedoch angenehm. Die Ortschaft war die letzte Möglichkeit, Wichtiges zu erledigen. Dazu zählten: Anmeldung der Fahrt bei den Behörden, »fishing licence« und Landkarten besorgen sowie der Kauf der letzten Ausrüstungsteile. Flußab, so hatte man uns gesagt, würden die »hardware stores« rarer und rarer werden, sich zunehmend in Apotheken verwandeln.

Fragen hier, Besorgen dort, Erkundigen und Beantragen, all dies geschah erholsam, entspannend – ja, richtig gelesen – nirgendwo drängte jemand, keiner hetzte oder schien es auch nur irgendwie eilig zu haben. Und zum ersten Male hörte ich in diesen Tagen in Whitehorse »Don't be in a hurry – speed kills!« Nach und nach drohten Ruhe und Gelassenheit der Leute auf uns abzufärben – wir wehrten uns nicht dagegen.

Flammen tanzten, Funken sprangen knackend von glühenden Ästen, harziger Rauch wand sich unwillig in den pausenlos fallenden Silberfäden, flackerndes Leuchten huschte über die Gesichter der sitzenden Gestalten der Wildnisfreunde, ließ ihre Schatten auf der weiten, über ihnen gespannten Plane geistern, als urplötzlich und lautlos ein echter kanadischer Trapper erschien. Franz Diebhold aus Whitehorse besuchte uns, bereicherte unser Abschiedspalaver mit Elchsteaks und Lachs.

Franz hielt nichts von Angler- und Jägerlatein, aber als er von traumhaft schönen Seen in von Menschen völlig unberührten Bergtälern erzählte, da schwiegen auch die jüngeren Jäger und Abenteurer und ließen sich von ihm in esoterische Wildparadiese entführen, in denen weder geschossen noch gefischt wurde. Er nannte keine Orte, keine Namen – sie waren gut bei ihm aufgehoben. »Wenn ihr Jagen oder Fischen wollt, oder sogar müßt, haltet euch bitte an die Jagdregeln, dem Land und auch den Wildnisfreaks zuliebe.« Wir nickten. »Oh, noch was«, verabschiedete er sich, »macht fette Jagdbeute, ganz tolle Trophäen – gute Bilder, okay? Good luck.«

Lediglich die Datumsanzeige der Armbanduhr informierte uns draüber, daß es nicht ein Uhr nachmittags, sondern nur ein Uhr nachts sein konnte – die Fülle des Tageslichtes hatte uns jedwedes Zeitgefühl genommen. Unter dem durchgestrichenen 7. 6. 88 stand im

Tagebuch: »8.6.88 Ob wir morgen, nein, heute endlich aufbrechen können?« Wir begannen, die Leute zu verstehen, die uns erzählt hatten, sie seien während der hellen Zeit hier im Norden den ganzen Tag aktiv und legten lediglich ab und zu kurze Ruhepausen ein. So zwangen wir uns zu einer notwendigen Schlafpause. Die trommelnden Geräusche des Regens auf der großen Plane halfen uns zwar einzuschlafen, ließen aber auch keine Aufbruchstimmung aufkommen, denn morgen –, nein, heute, wollten wir auf den Fluß.

Die gleichen Trommelgeräusche wie vor dem Einschlafen weckten uns – nein, drängende Aufbruchslaune verspürten wir nicht. Eine von wasserdichten Stoffen total verhüllte Erscheinung versuchte, uns innerhalb unserer Gepäckkatastrophe aufzustöbern. Erst nach Andeutungen wie »explodiertes Sportgeschäft«, »Truppen-Feldküche« oder »ein vom Tornado verwehter Outdoor-Laden« und der Prognose, alles dies würde nie in das Kajak da drüben hineinpassen, erkannten wir Larry, der auch nicht in Aufbruchstimmung zu sein schien – oder war dies seine Art von Startnervosität, Lampenfieber?

»Wir fahren heute – mit all dem Krempel hier, nichts wird per Post nach Hause zurückgeschickt!« Als der Regen nachließ, begannen wir sogleich loszulegen. Expertenprognosen fielen, skeptische Blicke wurden getauscht, man wettete, Ulli wühlte, ich wühlte, Beutel, Säcke, Bündel, Sperriges, Einzelnes bekam Hände, dann Füße, hin und zurück ging die Karawane, endete bei 570 Zentimeter Fiberglas. Großer roter, wasserdichter Nylonsack auf die mittlere Ladeluke plaziert, Packriemen festgezurrt, keuchen, Hände schütteln, hineinzwängen... *endlich!*

Eine Menge verblüffter Gesichter blickte einem Boot nach, das nicht die geringsten Anzeichen gab unterzugehen. Zuletzt blieb nur noch eine Gestalt am Yukonufer stehen und winkte – der Kajakmann aus Colorado, Larry Fleig, ob wir ihn jemals in den Wildnissen am Yukon treffen würden?

II Feuertaufe in der Wildnis

Erfolgreicher Stapellauf und eine aufregende Zwischenstation in Whitehorse

Der Stapellauf war geglückt – was für ein Hochgefühl! – doch gleich kam auch die erste Falle: der Fluß gabelte sich, die Strömung schlug fast einen Haken, schäumte kurz zu leichtem Wildwasser auf. Eine gewaltige Kraft drückte uns gegen eine Kiesbank, kratzende und krachende Geräusche waren zu hören – und laute Flüche und Verwünschungen meinerseits. Das Boot drohte, quer zur Strömung zu drehen, wildes Paddeln setzte ein, Stöhnen, Schimpfen, Steuern, eine Welle schwappte über das Deck, dann legte sich der so unverhofft hereingebrochene Aufruhr – ohne Schaden zu nehmen – oder doch...? – glitten wir wieder in ruhigeres Wasser. So, jetzt in aller Ruhe – Yukon wir kommen! Halt, abwarten, ein paar Wellen weiter...

Schneemassen schmolzen in den Bergen, tagelanger Regen kam dazu, ungestüm rollte der Yukon dahin, oh ja, ein stürmischer Empfang – oder wollte uns der sagenumwobene Fluß von Anfang an zeigen, wie gefährlich er sein konnte und daß er keine Unaufmerksamkeiten dulden würde? Ob der Fluß meine Partnerin gleich auf Anhieb ins Herz geschlossen hatte? Wenn ja, dann mochte er sie besonders gern... er hatte sie tüchtig umarmt, so inniglich, daß sie auf dem Bootssteg von Whitehorse die Kleidung wechseln mußte. Frech schaukelte währenddessen der »Sea Eagle« in der Strömung.

Solche Art von Stapelläufen geschahen hier wohl öfters – selbstverständlich beobachteten, warteten (amüsierten sich?) hier neugierige Augen, auch wenn wir solche vorerst nicht wahrnahmen – vorerst! Wir nutzten die kleine Verlegenheit, um in Whitehorse noch schnell ein paar dreiviertelwichtige Kleinigkeiten zu besorgen.

Als ich aus der weltbekannten und doch so ruhigen Ortschaft zum Bootssteg zurückkehrte, sah ich, daß eine berühmte, oft so lebhaft beschriebene Menschengruppe den Goldrausch ebenfalls überlebt hatte: Indianer. Was sich da am Bootssteg abspielte, sah auch auf den ersten Blick aus wie ein Indianerüberfall – und meine Partnerin steckte mitten darin. Kaum am Bootssteg angelangt, wandten sich die Athabasken-Indianer, etwa ein halbes Dutzend am Bootssteg und weitere am Yukonufer, mir zu. Zwei von ihnen, offensichtlich vom blauen Geist beflügelt, die sich für das Boot und Ulli lebhaft interessierten, überschütteten mich mit den wüstesten Schilderungen über die drohenden Gefahren des wilden Flusses und der großen Bären, die überall auf der Lauer lägen. Alle gaben ihr Bestes, um mit beeindruckenden Pantomimen ihren Worten mehr Ausdruck zu verleihen. Ich wurde für verrückt erklärt – nichts Neues – aber diesmal, weil ich kein Gewehr dabei hatte.

Nachdem ich bereits einige Male den Rat, ein Gewehr zu kaufen, hartnäckig überhört hatte, sprang plötzlich ein Athabaske in wilder Entschlossenheit auf, fletschte seine Zähne, rollte mit den Augen, brüllte, streckte sich, formte seine Finger zu Klauen und ließ seine Arme in der Luft kreisen. Ehe ich seinen wirbelnden Armen entgehen und zur Seite springen konnte, war er bereits bei mir, brüllte nochmals furchterregend – und biß mir kräftig in die linke Schulter.

»So greift ein Grizzly an, Mann! Bloß ist der Bär doppelt so groß wie ich und viel schneller, außerdem viel, viel stärker! Was machst du ohne Gewehr? Soll er zuerst deine Frau und dann dich fressen?«

Er funkelte mich beschwörend aus dunklen Augen an, bleckte die kräftigen, leicht gelblich schimmernden Zähne, ließ seine rabenschwarze Mähne dicht vor meinem Gesicht wehen und orakelte mit ausdrucksstarker Stimme: »Winchester 338 Magnum, Mann... und du kannst ruhig schlafen! Gib mir Geld, und ich besorge dir eine!«

Es kostete mich verdammt viel Mühe und große Überzeugungskraft, seine wohl gutgemeinte Hilfe abzulehnen und ihm zu zeigen, daß ich als Ausländer mit einer Feuerwaffe hier in Kanada in große Schwierigkeiten geraten könnte. Eine ungewöhnlich kräftige Hand klammerte sich um meinen rechten Arm. Stürzten wir jetzt beide ab, der hilfsbereite Athabaske und der nach Wildnis, Weite und Freiheit hungernde German? Sekundenlang warfen sich ein Paar dunkle und ein Paar blaue Augen stumme, wohl nur für das Unterbewußtsein bestimmte Botschaften zu. War der große Traum unendlicher Freiheit schon längst zerronnen, breitete sich das fester und dichter werdende Netz von Überwachung und Behördlichkeit, das Spinnengewebe der Verwaltung immer wirksamer aus – würde es jetzt auch eines der letzten Rückzugsgebiete der einst grenzenlosen Lebensentfaltung umgarnen, kaputthüllen?

Beide landeten wir wieder im aktuellen 88er-Yukon Territory, in dem die 338er Magnum für Besucher ein Traum blieb. »Das Fernglas? – sorry, es ist verdammt wichtig, ich würde es dir ja gern schenken, aber der junge Yukon hier ist ein Bächlein gegen den großen starken in Alaska.«

Verlegen gab mir der Indianer daraufhin viele nützliche Überlebenstips und wies auf die Gefahr der großen Strudel im Yukon hin, ich würde diese noch kennenlernen, aber davon später. Er zeigte mir, wie man sich aus solch einem »Teufelsauge« befreien konnte.

Fünf Dollar für einen Indianer, der damit Ärger bei den hiesigen Behörden vermeiden könnte...? – Die Zeiten mußten sich einfach gründlich geändert haben... Was würde uns alle fortan bannen und bändigen, fangen und fesseln – dieses Wertesymbol oder das Netz? Ich gab ihm die fünf Punkte des internationalen Spiels.

Doch eine neue Überraschung war bereits im Gange. Sein Freund, ein muskulöser Bursche mit freiem Oberkörper und katzenartigen Bewegungen, hatte plötzlich mein großes Messer in der Hand und fuchtelte wild damit herum. Hatte er kurz vorher, mit seiner dichten, blauschwarzen Mähne, die von einem bunt bestickten Stirnband gebändigt wurde, eher wie ein etwas heruntergekommener Hippie ausgesehen, so war dieser Eindruck jetzt restlos verschwunden.

Mit flinken Bewegungen ließ er die Klinge mehrere Male unter dem Kinn seines Freundes aufblitzen und ließ sie sich auch nicht mehr aus den Händen reißen. Der Messerspieler grinste nur gefährlich – war er heimtückisch? –, wenn sein Freund ins Leere griff oder wenn dessen Hände erschreckt, aber viel zu langsam an seinen bedrohten Hals fuhren. Worte wirkten nicht, drehte der Kerl durch?

Ulli saß bereits wieder im Boot – und blieb Gott sei Dank ruhig. Plötzlich hatte ich die Idee: ich grinste den Messermann an, zückte die Kamera und drückte auf den Auslöser.

Der Indianer blinzelte mit zusammengekniffenen Augen, grinste zurück, lachte, erwies sich als durchaus fotogen und ließ sich in eindrucksvollen Posen ablichten. Er bedrängte weiterhin seinen Freund, trieb sein Spielchen weiter, während ich mich so gelassen wie möglich gab und weiterfotografierte.

»Okay, nice to meet you kayakman, don't be afraid!« Der Szenenwechsel erfolgte schlagartig: Ich bekam das gefährliche Spielzeug wieder, Lachen ertönte, Indianer umarmten sich, mir wurde auf die Schultern geklopft, Zigaretten wurden uns angeboten, dann knackten Bierdosen und Bierflaschen. »Cheers, auf den Yukon, die Wildnis und alle fröhlichen Menschen!« Bunte Gruppenszene, war eine gelungene Party auf dem Bootssteg von Whitehorse losgebrochen?

»Guten Tag, belästigen euch die Typen da? Nehmt es bitte nicht ernst, die sind bloß besoffen! Hey, stop this bloody nonsense, shut up!«

Erstaunt blickten wir auf den neu hinzugekommenen Indianer, der deutsch sprechen konnte. Er stellte sich vor, erklärte, daß er mehrere Jahre bei der Army in West Germany stationiert gewesen sei.

Das war die Chance, um aus der Party auszusteigen, abzulegen. Ja, wir würden Bilder nach Whitehorse schicken – Adressen wurden ausgetauscht. Nun ja, die letzten Kommentare zu unserem Doppelkajak versuchte ich zu überhören. Wie konnten auch die kanadischen Indianer die Vorzüge des »fucking arctic kajak«, »bloody Eskimo boat« erkennen, das hierher in »the far North« und nicht in die »fucking Arctic«, wohin der »Sea Eagle« ihrer Meinung nach gepaßt hätte, geraten war.

»Hi, see you, have a good trip!« Die Indianer wünschten uns und dem »big bloody, fucking Eskimo kayak« eine gute Reise – vor allem ohne Bären. – Ein paar Paddelschläge, Häuser entschwanden, in der Ferne winkten Indianer am Ufer, Geräusche erstarben, Ruhe und Stille empfingen uns, Büsche und Wald umschlossen dicht die Ufer des Flusses. Noch ein paar Schläge, und nach einer Flußkehre schluckte uns die kanadische Wildnis. Ratsch, die letzte Leine war gekappt, ab jetzt waren wir auf uns gestellt. Wenn wir wollten –, nein es war kein Scherz, wenn wir wirklich gewollt hätten… man kann es sich kaum vorstellen: 750 Kilometer freier Fluß lockten, wenn wir es wirklich darauf angelegt hätten brauchten wir bis Dawson City keiner einzigen Menschenseele zu begegnen…

Endlich im Busch, endlich im stillen, einsamen Land unter der Mitternachtssonne. Einsam? Nein, einsam waren wir nicht: Heere wildgewordener, blutdürstiger Moskitos stürzten sich auf uns. Schnell lernten wir, daß zur Flußmitte hin die Zahl der Quälgeister abnahm. Bald lernten wir auch deren Feinde kennen: muntere Uferschwalben, die sich in dem satten Überangebot mästeten, in vielen kleinen Löchern der Uferwände brüteten. Glück und Gesundheit ihnen – und viele, tüchtige, bestgeratene Nachkommen!

Unser erster Biber querte den klaren Fluß, und bald darauf sahen wir den Adler Nummer eins auf einem überhängenden Baumstamm sitzen. Konnten wir nicht mehr paddeln? – nach Stunden fanden wir unseren optimalen Schlagrhythmus. Erst unsere knurrenden Mägen erinnerten uns, daß wir rasten sollten – es war Mitternacht. Licht und Wärme verwöhnten den Busch und die ruhig ziehenden Wasser, Schwaden betörender Düfte, würzig, schmeichelnd, lockend, entströmten der saftigen, urwüchsigen grünen Pracht, Vogelgesang klang pausenlos daraus hervor, hinüber, herüber antwortend, kreisend – ob die kleinen Sänger auch nicht zur Ruhe kamen?

Eine Insel mit breitem Kiesufer tauchte auf, »Egg-Island« nach der Karte, und wir steuerten darauf zu. Hartnäckig zeigte sich die Zivilisation – trotzdem verlor sie hier: aus beruhigend weiter Ferne drangen armselig dünne Fahrgeräusche des Klondike Highway durch die Barriere der Wildnis hierher.

Hungrig verschlang ich gerade ein Riesenstück Käse, als meine Partnerin plötzlich aufschrie. Vor Schreck wäre mir beinahe ein Bissen im Halse steckengeblieben und auch während des darauffolgenden Lachanfalls geriet ich in akute Atemnot: eine Wildente war laut protestierend von ihren Füßen aufgeflogen. Die Ente hatte bis zu diesem Zeitpunkt die Nerven behalten, obwohl wir etwa zwei Meter von ihrem Nest entfernt das Zelt aufgestellt hatten.

Das späte Nachtmahl am allerersten *richtigen* Lagerfeuer geriet zur würdigen Zeremonie, Ulli rückte ganz nahe an meine Seite. Der neue Tag hatte sich schon sanft eingeschlichen, pastellfarbenes Dämmerlicht schien, und man hätte immer noch – nur was? – lesen können. Es sollte für so wundervoll lange Zeit hell und warm bleiben.

Wildnistaufe am Lake Laberge: Sturm auf dem See

Dieses helle, milde Merkwürdige, das wir immer noch nicht als Nacht akzeptieren konnten, hatte einem brennenden, flimmernden Gleißen Platz gemacht, und obwohl wir im Schatten von Büschen und obendrein unter der gespannten großen blauen Plane lagen, kletterte die Temperatur im Zelt in tropische Bereiche.

Ulli reagierte sich auf ihre Art ab: während ich schlaftrunken im Lagerfeuer herumstocherte, wühlte sie im Boot und warf Gepäck auf den Kiesboden. Ihre akustischen Darbietungen der fortgesetzten Wühltätigkeit steigerten sich, und am Ende flog die Ladung in hohem Bogen aus dem Boot, häufte sich wild am Ufer. Ich ergriff die Flucht, ließ mich gern vom Gepäckhaufen vertreiben, auf dem eine zornige Frau tobte.

Nachdem der Anfall (wahrscheinlich das überschüssige Adrenalin vom gestrigen Stapellauf) vorüber war, besaßen wir ein perfekt gepacktes Boot, in das man gern einstieg und weiterfuhr. Es war gut so – mehr als das: Ob wir die Feuertaufe am Lake Laberge mit einem nicht so günstig austarierten Boot heil überstanden hätten?

Die erste Begegnung mit beeindruckendem Großwild traf uns völlig unvorbereitet: Eine Hirschkuh brach durch das Gebüsch am linken Ufer, ging in die Strömung und schickte sich an, den Yukon zu durchqueren. Auf mein verhaltenes »pst, he, ssst, daaaa« flüsterte Ulli: »Kann nicht, die Kameras sind im wasserdichten Packsack, komm' nicht 'ran.« Ungebannt auf Zelluloid arbeitete sich die Hirschkuh durch die Strömung und mit Tränen in den Augen sahen wir, wie die edle Kuh sich majestätisch am rechten Ufer aufrichtete – natürlich bei bester Beleuchtung –, überhaupt keine Eile zu haben schien, um dann langsam – provozierend langsam? – im Uferwald zu verschwinden. Bilder? – es sind Erinnerungen, die zählen…

Wir kamen gut voran, merkten jedoch, daß wir uns noch akklimatisieren mußten: die dünnen Anzeigefäden unserer Taschenthermometer kletterten wie schießende Bohnenranken nach oben, jenseits der 30 Grad Celsius war noch genügend Platz. Die Sonne feuerte aus einer azurblauen Brennkammer herab, grelles Licht blitzte über den Wellen, und die Wasseroberfläche verwandelte sich in einen riesigen Reflektor. Hut und Sonnenbrille wurden genauso wichtig wie Paddel.

Lachend bemerkte ich während der größten Mittagshitze: »Weißt du noch, wie wir beide im Schneetreiben daheim auf dem Ammersee trainiert haben?«

»Das wäre mir jetzt viel lieber als diese Affenhitze. Sind wir auf dem Yukon oder auf dem Nil?« erklang es gequält vom Vordersitz.

»Nein – sieh mal nach vorn, wir sind am Lake Laberge.«

Die Ufer des Yukons begannen sich aufzulösen, wichen dann einer flimmernden und funkelnden Wasserweite. Mit den eingrenzenden Flußufern verschwanden auch die grünen Mauern der Uferwälder, gaben den Blick frei auf felsige Steilufer, bewaldete Hügel und schneebedeckte Berge.

»Ja himmlisch!« jubelte es vom Heck, und vom Bug her erklang: »Oh, dieser See, da sieht man ja gar kein Ende!« Traumsekundenlang vergaßen wir zu paddeln, brachten kein Wort mehr hervor, ließen uns an den Rand des Sees treiben.

Dann legten wir los – wir wußten, daß dieser wunderschöne See sehr gefährlich werden konnte (ein Grund, warum einige Bootsfahrer den See mieden und den Teslin River, einen Quellfluß des Yukon, bevorzugten). Nicht wenig Kanuten sind schon umgekommen, wenn plötzlich heftige Fallwinde von den Bergen hinunterrasten, das kurz vorher so idyllisch erscheinende und für verloren geglaubte Wasser-Paradies in einen Hexenkessel verwandelten.

Wir strebten zum linken, dem etwas besser windgeschützten See-ufer, wo wir lagern und auf den Kajakmann aus Colorado warten wollten. Vergessen waren die hohen Außentemperaturen, die ste-chende Sonne, wir wurden schneller. Gleich sollte ich ein Phänomen kennenlernen, das häufig in den Wildnissen des Nordens auftritt. Wer davon nichts weiß, und Pech hat...

Als ich ausstieg, fiel mir auf, daß ich mich so merkwürdig langsam bewegte, wie ein Schlafwandler torkelte ich über die flachen Steine. Dann begann ich auf allen Vieren zu kriechen, legte mich auf den blanken Kies und schlief ein.

Eine besorgt klingende Stimme weckte mich, apathisch versuchte ich, wieder Herr über meine Sinne zu werden: »Das ist ein Energie-black-out, schnell was zu Essen her!« – Von diesem Augenblick an stellte ich für die ganze Zeit am Yukon meine Ernährung um: ich aß nun bewußt kalorienreich. Sobald ich Gelegenheit hatte, Essen und Trinken mit Zucker, Fetten und Ölen zusätzlich anzureichern, tat ich das. Die Essensportionen begannen, denen eines Tieres zu entspre-chen, das von Jägern und Trappern mehr als der Bär gefürchtet wurde– dem Wolverine, Vielfraß. – Ich startete gleich meine neue Art der Energieaufnahme: verblüfft starrte mich meine Partnerin an, als ich ihr den etwas zögernd dargebotenen Edelstahlbecher voll Kaffee aus der Hand riß, löffelweise Milchpulver hineinschüttete, eine Handvoll Würfelzucker nachkippte und mir das widerlich süße Ge-söff in den Hals leerte.

Ehe Ulli protestieren konnte, hing ich auch schon an der Sirup-flasche, einem Fehlkauf, den wir anfangs für Ahornsirup gehalten hatten. Ehe ich mich an Tubenhonig und in Plastikflaschen gepreßten »Marmeladenkleister« heranpirschen konnte, brannte schon das La-gerfeuer und darüber bruzzelten verlockend duftende Elchsteaks, die schließlich meine Gier nach Süßigkeiten stoppten.

Es wurde kühler, angenehm kühl, wie wir empfanden – die Ursache sollten wir auch gleich kennenlernen. Das Wasser des Sees hatte sich verfärbt, war dunkler als der Himmel, der an den Enden des Sees plötzlich düster und feindselig zu drohen anfing. An fern gelegenen Uferbereichen begannen sich Weiden, Büsche und Bäume zu bewe-gen, dann rauschte es im Ufergebüsch unseres Lagerplatzes, Weiden wogten, wurden unsanft durchgeschüttelt, Staubfahnen wirbelten am Ufer, dürre Blätter wurden plötzlich in die Luft gerissen. Ein Sausen und Brausen schwoll an, das Wasser wogte, Wellen brachen sich am Ufer, ließen Steine klingen und klirren.

Erschrocken sahen wir uns an, teilten wohl einen gemeinsamen Gedanken: »Gut, daß wir hier an Land sind – jetzt bloß nicht mitten auf dem See stecken!«

Regen drohte zu fallen, schnell deckten wir das Boot ab, schützten einige Ausrüstungsgegenstände, Lebensmittel und das Essen am Lagerfeuer. Doch kaum war dies getan, da hellte sich der Himmel auf, klar wie bei unserer Ankunft, die Landschaft schlief ein unter der schrägstehenden, aber immer noch stechenden Sonne.

»Da, sieh doch mal zu den Bergen!« rief ich. Über einigen Gipfeln brauten sich dichte weiße Wolkenballungen zusammen, während andere in strahlendem Licht gleißten. Blaugraue Wetterfronten rückten an die von hellen Wolken umspielten Höhen heran, fraßen das Licht, tauchten die Berge in undurchsichtiges Grau. Schwefelgelbe Streifen leuchteten am Horizont, blutrote Strahlen erfaßten wild zersägte Gipfelfluren – ein Streit der Götter? –, dann blitzten zackige Entladungen aus dichtem Blaugrau, Wolkenschleier rissen auf, enthüllten schneeweiße Zinnen und Kuppeln. Gespenstisch weiße Schleier umschwebten die silbernen Spitzen am gegenüberliegenden Seeufer, breite Strahlenbündel beleuchteten smaragdgrüne Wälder, glitzerten und funkelten schwach, um in violetten und blauen, grünen, gelben und roten Lichtbögen zu zergehen.

Dann begann sich der atmosphärische Aufruhr zu verschieben, die Regenbögen über dem jenseitigen Ufer verblaßten, Dunkelgrau und geballtes Weiß umzogen die höchsten Berge, in Rot getauchte Gipfel leuchteten unheimlich, Schwefelgelb und gleißendes Weiß wechselten – während auf unserer Uferseite nur noch die weiß gepuderten Zacken vor strahlendem Blau von vergangenen Unwettern erzählten.

»Ein toller Wetterzirkus ist das hier um den See, na, meinetwegen sollen hier die Unwetter kommen und gehen wie sie wollen – solange sie sich auf den Bergen um den Lake Laberge austoben…«

»Hast du die Wellen gesehen? Willst du wirklich ans rechte Ufer? – müssen wir diesen See queren, diesen… Wildkanal, dessen Ende man gar nicht sehen kann?«, meldete sich Ulli. Wir sahen uns beide besorgt an – hatten wir einen Fehler begangen, wäre der Teslin River besser gewesen?

Nach dem harten Paukenschlag gefiel sich der Dirigent der Wetterarena in sanftmütiger Lieblichkeit. Eine milde Brise zog über den See, streichelte Wasser, Pflanzen und Felsen, die Weiden raschelten leise, der Rauch des Lagerfeuers tanzte und Wellen klatschten verspielt gegen die Steine am Ufer.

Bevor ich in den Schlafsack kroch, montierte ich den starken Jagdbogen und drei Pfeile – zur Beruhigung –, und um das Camp für
eventuell herumstreunende Bären weniger interessant zu machen,
vergrößerte ich das Lagerfeuer mit drei Balken.

Fünf Uhr morgens – alles freiwillig! – ich war munter und aufdringlich unternehmungslustig – meine Partnerin weniger. Nun, ich sollte
mich an diesem 10. Juni nicht beklagen können... doch davon später.
Hyperaktiv kroch ich ins Freie und freute mich, daß der grelle Ener-
gieball noch nicht am Himmel hing.

Allein sollte ich nicht frühstücken, denn ein großer Adler saß keine
dreißig Meter von mir entfernt am Ufer und zerhackte seinen Fisch,
während ich meinen Haferflockenbrei löffelte. Wir beobachteten uns
gegenseitig. Futterneid kam erst gar nicht auf, bevorzugte doch jeder
von uns beiden seine eigene Morgenkost, und erst als ich das Feuer
stärker schürte, erhob er sich zögernd, ließ sich aber gleich wieder,
nur ein paar Meter weiter entfernt nieder. In aller Ruhe frühstückten
wir weiter.

Als ich mich gerade in die Landkarte vertieft hatte, fegte wieder ein
Fallwind über den See und das Wetter drohte sich zu verschlechtern.
Etwa fünfzig Kilometer zieht sich der Lake Laberge in Richtung
Nordnordwest, ein schlauchförmiger, natürlicher Windkanal, der
zwischen vier und sechs Kilometer breit ist. »Der Wind wird uns sowieso irgendwo erwischen«, dachte ich mir, »wahrscheinlich sogar
bereits während der Querung zum rechten Ufer. Wir sollten die
Überfahrt ruhig wagen, auf der rechten Uferseite kämen wir dafür
schneller voran als auf der linken.« Außerdem reizten mich die steilen, felsigen Wände des rechten Ufers.

Auf einer größeren Karte studierte ich die weitere Umgebung des
Sees, dann den Verlauf des Yukon, die Richtung der kanadisch-alas-
kanischen Küste, der Rocky Mountains in British Columbia, der
Coast Mountains... Plötzlich stutzte ich – auch kleinere Gebirgszüge,
Flüsse und Seen verliefen zum größten Teil in die Richtungen Nordwest bis Nordnordwest – wie der Yukon bis Fort Yukon in Alaska am
Polarkreis. Jetzt erinnerte ich mich wieder an die Geologie Kanadas
und Alaskas und mir fiel wieder ein, daß nicht nur heute die Küstenregion mit ständig ausbrechenden Vulkanen und Erdbeben sehr unruhig ist und war, sondern daß ganz Alaska und Teile des Yukon
Territory und von British Columbia einer unruhigen, ja abenteuerlich
bunten Entstehungsgeschichte ihre momentane Gestalt verdankten.

Sowohl die Inseln Südost-Alaskas, der Alexander Archipel (im großen und ganzen der Weg des Fährschiffes von Seattle nach Skagway), als auch die bergige Küstenregion von British Columbia und dem Yukon Territory zeigen in ihrem geologischen Bau ein Schollen-Mosaik. Gemeinsam ist diesen riesigen Schollen, die Hügel, Täler und Berge umfassen, lediglich, daß alle in Richtung Norwest angeordnet sind. Die Gesteine des Untergrunds sind allerdings nicht an Ort und Stelle entstanden, ja nicht einmal in der weiteren Umgebung von Alaska oder Kanada. Sie unterscheiden sich grob in Art, Alter und Entstehungsweise. Gemeinsam wie die nordwestliche Richtung ist ihnen das erdgeschichtliche Schicksal: Es sind Trümmer uralter Ozeanböden und Landmassen, die durch Bewegungen der niemals ruhenden Erdkruste, bei Zusammenstößen ehemaliger Kontinente, der Bildung neuer Gebirge und Meeresböden, nach Alaska und Kanda verfrachtet worden waren. So sehen die Geowissenschaftler in diesen Ländern exotische, bunte Fleckenteppiche der Erdgeschichte.

Diese schollenförmigen Gesteinsmassen nennen die Geologen »Terranes«. Entlang ihrer Grenzen, Risse und Brüche verlaufen viele heutige Täler und daher auch Flüsse und Seen. Mit dem Fernglas blickte ich zum felsigen rechten Ufer und erkannte treppenförmige Brüche – auch der Yukon folgt den uralten Bewegungsspuren der Terranes, erweitert sich hier zum Lake Laberge.

War es unverständlich? Gut, vielleicht wird es so anschaulicher – stellen Sie sich folgenden Wirrwarr vor: Die Ruinen von Griechen, Mayas, Ägyptern, Persern, Polynesiern, Römern und Indern lägen allesamt in einem Land auf einem riesigen Haufen. Alles wäre kunterbunt gemischt ohne Rücksicht auf Art, Stil und Zeit – lediglich die Trümmermassen wären wie von einem gigantischen Bulldozer zusammengeschoben worden, hätten sich in eine bevorzugte Hauptrichtung eingeregelt. Sehen Sie, genauso chaotisch aufgebaut sind die oben genannten Länder. Der große Bulldozer schiebt aber immer noch sacht, Trümmer bewegen sich, gleiten übereinander und untereinander, dazu kommt noch Feuer und Hitze an einigen Stellen, so stark, daß Steine glühen und schmelzen – kurzum, ein verrücktes Gebiet.

Der Wind blätterte gerade in den Seiten der amerikanischen Flußbeschreibung und ich erblickte auf alten Fotos Spuren des Goldrausches an diesem See: zerfallende Wracks alter Flußschiffe und Blockhütten. Sicher, wir waren auf den Spuren des berühmten Goldrausches, der vor knapp einhundert Jahren die Welt in Atem gehalten hatte. Jack Londons Stories, Charlie Chaplin in »Goldrush«, Lee Marvin in »Wandering Star« und und... wer kennt das nicht? Und heute? – ein paar Planken, Bretter und morsches Gebälk. Was war denn schon dieser Goldrausch im Vergleich zu den Ereignissen der Erdgeschichte? Zerbrochene Ozeanböden, zerrissene Festlandteile waren Tausende von Kilometern weit transportiert und zu Bergen aufgestapelt worden, ja ganze Länder wurden so zusammengefügt – und dabei wurden ein paar Krümelchen gelbes Metall mitverfrachtet. Vielleicht ist schon neues davon im Anrücken – für kommende herrlich wilde Zeiten?

Alte morsche Bretter – keine hundert Jahre alt, bald werden sie weg sein. Die Gesteine einiger Terranes sind über 500 Millionen Jahre alt – das Herz unserer Erde schlägt verdammt langsam, wenn wir uns bloß keinen Infarkt holen... Wie sang doch Lee Marvin? – »I was born under a wandering star.«

»Klondike Goldrush«, aus allen Teilen der Welt waren alle möglichen Leute hierher geströmt. Was war das für ein Rummel, als es um das gelbe Zeug ging! Und was ist denn eigentlich schon dieses Metall? Ein bißchen Salz im Blut der Gesteine, das bei der Geburt neuer Gebirge floß, ein klein wenig Müll uralter Granitberge, die der Zahn der Zeit zerfressen und den unermüdlich fließende Wasser zusammengeschwemmt haben. Und dafür schlagen sich Menschen auch heute noch die Köpfe ein... und ich habe mir deswegen eine funkelnagelneue Goldwaschpfanne in Whitehorse gekauft. Hat nicht Charlie Chaplin den Nagel auf den Kopf getroffen? Ob sie (wir?) das nächste Mal Plastikschuhsohlen fressen werden?

Das Boot war startklar, wir warteten auf eine Windpause. Gelegentlich suchte ich mit dem Fernglas das Südende des Sees ab. Der Wind schlief ein, der See glich einer Märchenlandschaft – eine Falle konnte nicht raffinierter gestellt werden. Wir legten los, wie in Ekstase, die Bugwelle zeigte uns, daß wir sehr schnell fuhren – trotzdem schien das rechte Ufer gar nicht näherzukommen.

Was für eine herrliche Rundumsicht auf dem See! – und in den See. Fasziniert blickten wir mehrere Meter tief in kristallklares Wasser. Die Oberfläche wirkte wie die Trennlinie zu einer anderen Dimension, einer Gegenwelt, die auf dem Kopf stand. Ein verzauberter Bergsee? Wir paddelten nicht langsamer, eher schneller.

Endlich erschien das Ufer – der verrufene, tückische Wind hatte uns nicht erwischt –, unsere innere Anspannung wich freudigem Staunen. Ein Traum von Seeufer breitete sich vor unseren Augen aus:

von großen Steinen gesäumte Buchten wuchsen aus sanft plätscherndem klaren Wasser, Baumstämme, von Wellen und Steinen glattgeschliffen, lagen auf dem kiesigen Strand, bunte Steine glänzten im Ufersaum. Hohe Fichten wurzelten zwischen klotzigen Felsen, dunkelgrüner, undurchdringlicher Nadelwald bedeckte stellenweise das rasch emporsteigende Steilufer. Blanke Felsen schimmerten zwischen geknickten Stämmen, bildeten steile, wild zerrissene Felsenmauern. Der Duft von Harz und blühenden Kräutern vermischte sich mit der warmen, sanft flimmernden Luft. Vögel sangen, ein Eichhörnchen keckerte erregt, ein paar Raben flogen fast gelangweilt auf, krächzten, strebten zu den Baumwipfeln. Doch dies störte nicht die summenden Bienen und gaukelnden Schmetterlinge.

In Ufernähe fanden wir einen wasserdichten Packsack, einen von der Art, die wir auch dabeihatten. Ob hier wohl ein Bootsteam gescheitert war? Ein beklemmendes Gefühl beschlich uns – wir fuhren weiter.

Es dauerte einige Stunden, bis wir Vertrauen zu dem See fanden, der selbst so manchem »Sternwheeler«, den Flußschiffen der Goldrauschzeit, in wütenden Stürmen ein gewaltsames Ende bereitet hatte. Die verlockend klaren Wasser des Sees, die malerischen Uferlandschaften und die umgebenden Berge bezauberten uns. Immer wieder bewunderten wir die gigantische Wetterküche – auf Dutzende von Kilometern beobachteten wir, wie sich Unwetter zusammenbrauten. Erstaunt und ehrfurchtsvoll sahen wir, wie Regen und Schneestürme auf den höchsten Berggipfeln niedergingen – während wir in unserem winzigen Boot völlig unbehelligt blieben. Manchmal fühlten wir uns wie Zwerge, die in eine von Riesen betriebene Wettermaschine geraten waren.

Ganz ungeschoren kommt hier kein Kanu oder Kajak davon – recht bald sollten wir die Gefährlichkeit des Sees zu spüren bekommen. Zunächst schwelgte ich noch in meinen geologischen Betrachtungen. In den großen, weiträumigen, treppenförmigen Einbrüchen der Steilwände am rechten Ufer erkannte ich Staffelbrüche. Gewaltige, völlig blanke Wände säumten den See, Wandflächen, an denen kilometerlange Felsformationen stufenförmig verglitten waren. Ich interpretierte den Lake Laberge als ein von den Wassern des Yukon ausgefülltes Grabenbruchsystem.

Wellen fingen an, sanft zu tanzen, unsere Fahrt wurde unruhiger. Wogen wuchsen an, begannen sich am Ufer zu brechen, klatschten hoch aufschäumend gegen Felszacken, die aus dem Wasser ragten.

Wir hatten das Nahen des Windes nicht bemerkt, er blies vom Süden – wir bekamen Rückenwind. Sollten wir in einer der vielen kleinen Buchten Schutz suchen? Ich zögerte – wer jemals fünfzig Kilometer Seestrecke gefahren ist, eine Entfernung, auf der keine nennenswerte Strömung half, vorwärts zu kommen, der wird verstehen, warum ich meine Partnerin überredete weiterzufahren.

Rasch erweiterten wir den Abstand zum Ufer, wo gefährliche Brandung, Untiefen und wellenumtoste Klippen drohten. Unser dahineilender Wellentänzer kam noch besser in den Wind, und die ungestüm nach Norden drängende Oberflächenströmung zog und zerrte. Jetzt kam mir die Erfahrung auf dem Meer und uns beiden das harte Training auf Seen bei Sturm zugute. Denn als es an unsere Leistungsgrenze und an die sichere Beherrschbarkeit des Bootes ging, war es bereits zu spät zum Aussteigen: wir hätten in dem Aufruhr am Ufer ein kaltes Bad genommen, Boot und Ausrüstung gefährdet.

Was für Wellen, spritzende Gischt und wilde Bocksprünge des großen Kajaks! Schade, aber Fotografieren wäre Wahnsinn gewesen, spätestens dann, als der Wind anfing, mir beinahe das Paddel aus der Hand zu reißen und weißes, wild schäumendes Wasser von den Seiten über das Bootsdeck rauschte. Der Rückenwind war zum Sturm angewachsen. Längst brachen sich die Wellen mitten auf dem See. Wie von unheimlicher Hand geschoben, ging's dahin, schneller und schneller. Unzählige Male kämpfte sich der Bug auf einen Wellenkamm hinauf, um dann jäh und laut klatschend in das Wellental zu stürzen.

Meine Partnerin war der wilden Veranstaltung immer eineinhalb Meter näher als ich, wenn Wellen den ganzen Bug in schäumendem Weiß verschwinden ließen oder wenn plötzlich Untiefen auftauchten und gischtumwehte Klippen schreckten. Der »Sea Eagle« blieb stabil inmitten des Aufruhrs, ließ sich steuern – ich wurde kecker und kühner, geriet in eine Art Fahrrausch, gab Kraft auf die Paddelblätter, daß sich die Stangen durchbogen, meine Partnerin zog mit. Es war herrlich, über die schäumenden Wellen zu jagen – stundenlang, wir verloren jedes Gefühl für Zeit und Gefahr.

Der Himmel über uns blieb klar, weit reichte der Blick in die Ferne, und die schräg stehende Sonne tauchte eine wunderbare Märchenlandschaft in warmes Licht. Es schien gar nicht zur Stimmung zu passen, daß auf der Seeoberfläche zwei Menschen in einem winzigen Boot ihr Bestes gaben, um nicht Schiffbruch zu erleiden.

Es war wieder Mitternacht, unsere Kräfte ließen nach; zum Glück begann der Sturm abzuflauen und schlief endlich ein. In einer von

Wind und Wellen geschützten Bucht fanden wir am breiten Kiesufer eine Felsen-Nische, über der Treibholzstämme lagen. Wir deckten die große blaue Plane über die Stämme und richteten uns darunter zum Schlafen ein. Kein Bär wollte uns besuchen, ob die Felswände zu steil aufragten? – Dafür erschienen weiße Pferde in unseren Träumen, immer mehr, ganze Herden, die in weißen Wogen spielten, ausgelassen herumtollten…

Die ersten Sonnenstrahlen blinzelten in die kleine Höhle am Seeufer und weckten die beiden in dick gepolsterte, bunte Schlafsäcke gehüllten Gelegenheits-Troglodyten. Bald krochen sie aus ihrem Unterschlupf, wuschen sich und tranken von dem klaren, aber eiskalten Seewasser. Ein Feuer flackerte auf, Kaffeeduftwölkchen und der Geruch von frischgebackenem Brot kündigten einen idyllischen Morgen an. Zuvor hatte ein Schrei die Stille der Bucht zerrissen – nein, kein Angstschrei, aber als echter »Steinspinner« mußte ich meiner Begeisterung über unsere Umgebung Luft lassen:

Die Seitenwände unserer Halbhöhle waren voll von Spuren uralten Lebens: *Stromatolithen.* Das Kalkgestein zeigte unzählige feinlaminierte Schichten, die wie Stapel von gewelltem Papier aussahen. An einigen Schichtoberflächen der Kalke zeichneten sich konzentrische Ringe, unregelmäßige Ovale und Muster ab, die den Jahresringen unregelmäßig gewachsener Bäume glichen. Kolonien von Blaualgen hatten diese Strukturen geschaffen. In alten, längst vergangenen Meeren waren sie gewachsen, hatten in flachen, höchstens 200 Meter tiefen Teilen warmer Urmeere wie Korallen gesiedelt und korallenriffähnliche Bauten hinterlassen.

Mindestens 200 Millionen Jahre waren die Dekorationen unserer Nachtherberge alt, dies entspräche der erdgeschichtlichen Trias, als noch die Dinosaurier einer glänzenden Zukunft entgegenblickten. Vielleicht stammten diese Kunstwerke uralten Lebens auf der Erde sogar aus dem *Präkambrium* (das war vor 570 Millionen Jahren), einer Zeit, als es noch gar keine Fische in den Meeren gab und auf dem Festland weder Pflanzen noch Tiere lebten. Aber die Ahnen dieser Blaualgenkolonien waren wesentlich älter, ja, diese hinterließen mit die ältesten Spuren irdischen Lebens: über 2500 Millionen Jahre.

Nicht schlecht, der Schlafplatz, den dieses gastliche Seeufer bot, mit diesem Guckloch in die Geschichte des Lebens; selbst frühgotische Betten, von denen es ja noch ein paar geben soll, sind dagegen bloß Zweitagesstaub. Denken Sie nur, wie rosig jung vergleichsweise sogar die ägyptischen Pyramiden sind! Naja, so mindestens 44450 mal älter als die Cheopspyramide ist die Blaualgendynastie schon, und ihre Ahnen sind etwa 555000 mal älter als die des ehrwürdigen Pharaos Cheops.

Auf der Landkarte stellten wir fest, daß wir den Lake Laberge so gut wie bewältigt hatten. Keine fünf Kilometer lag das Nordende des Sees entfernt, dort begann der »Thirty Mile River«, ein Name der Goldgräber für einen der schönsten Teilabschnitte des Yukon. Wir waren startklar – doch binnen weniger Minuten hatte sich das Wetter drastisch verändert. Windböen aus unterschiedlichen Richtungen peitschten Sturmwellen auf, dunkle Wolken schluckten das grelle Tageslicht, schwefelgelbe Streifen am Horizont verhießen nichts Gutes. Diesmal tobte sich das Unwetter nicht um die Spitzen der Berge aus – die ersten Tropfen fielen.

In elektrisierenden Sekunden deckten wir das Boot ab, spannten fieberhaft die Plane über die Balken unserer Übernachtungshöhle und suchten Deckung. Sintflutartige Regengüsse trommelten auf die Hülle, Hagel prasselte angriffslustig, grelle Blitze zuckten, Donnerschläge krachten ohrenbetäubend und rollten in mehrmaligem Echo ehrfurchtgebietend von einem Ufer zum anderen. Wir rückten eng zueinander und beglückwünschten uns, daß wir nicht früher aufgebrochen waren. »Don't be in a hurry – speed kills.« O ja, auch von Land aus wirkten die Wellen auf dem See sehr beeindruckend.

Keine Stunde dauerte der Wettertumult, dann in hartem Übergang, fast schlagartig – es wirkte theatralisch inszeniert wie in einem spannungsgeladenen Monumentalfilm – herrschte wieder wunderbares Prachtwetter. Als wir ablegten, stellte ich mir laut vor: »Jetzt müßte eine gewaltige Orgel dröhnend einsetzen, die Kamera rundumschwenken, die Zuschauer mit einer paradiesischen Cinemascope-Landschaft in die Sessel drücken.« Ich erhielt keine Antwort – auch nicht nach einer Stunde, als wir längst schon wieder auf dem See paddelten.

Was ich vorher leicht spöttisch bemerkte, war längst schon eingetreten: meine Partnerin fühlte sich von der gnadenlosen Weite, dieser »Landschaftswucht« erschlagen. Mich erwischte es von einem anderen Ende: Während Ulli sich in sich zurückzog, schlitterte ich in einen Freudentaumel über diese uneingezäunte, von keinen Drähten und Schildern, keinen Straßen und Ortschaften verstümmelte Ferne. Wir waren beide geprägt worden von den kleinräumigen, hübschen Kulturlandschaften Bayerns, des Altmühltales oder des Allgäus, deren Naturschutzgebiete an Größe und Raum wie Schrebergärtchen wirkten – im Vergleich zur Wildnis am Lake Laberge, die von Riesenhand erschaffen zu sein schien.

Etwas jahrelang Aufgestautes brach aus mir heraus: »Endlich keine wohlverpackte Freizeitindustrie-Landschaft mehr! Ohne lärmende, stinkende Förderbänder zum Kleinkrieg um ein paar Quadratmeterchen Stellplatz für heißgeliebtes Blech. Keine Schilder, keine Wegweiser – weder Freßbuden noch Speisepaläste. Neppfreie Zone – total! Keine Spur von Bundhosenschleusen zu Gipfeltrampelpfaden, die...!«

»Und niemand hilft uns, wenn wir ins Wasser fallen oder wenn uns ein Bär angreift!« konterte Ulli hart.

Aber ich hatte noch nicht genügend »Dampf abgelassen« und brüllte: »Mir gefällt es hier, lieber auf dem See umschütten, als von einem gestreßten Freizeitrennfahrer gerammt zu werden!« Nun, was schrieb ich ins Tagebuch? »Katharsis auf dem See!«

Das Gift war draußen – gemeinsam begannen wir, nach dem Ausgang des Sees zu suchen. Zueinander strebende Ufer nahmen der vormals so großartig weiten Landschaft den Raum, dichter Uferwald vermauerte die Sicht, und zwischen wucherndem Grün und Braun war endlich fließendes Glitzern zu sehen. Die Rippen eines alten Sternwheelers, der »Casca I«, ragten aus geschichtsfressendem Sand und Kies des rechten Ufers. Auf einer Lichtung zeigten ein verlassenes Blockhaus und das zerschossene, verrostete Wrack eines Lastautos aus den dreißiger Jahren, daß auch moderne Zivilisation scheitern kann: »Lower Laberge«, eine Telegrafen- und Polizeistation, in der sich schon lange nichts mehr tat.

Uns gefiel der Platz, wir wollten die glückliche Fahrt über den See feiern und ein wenig ausruhen – wir blieben. Mein Anglerglück hielt sich in bescheidenen Grenzen, doch zum Glück hatte ich eine begabte Bannok-Bäckerin in die Wildnis mitgenommen.

Yukon River-Feeling und so viel historisches Holz

Am Morgen des 12. Juni glaubten wir, unseren Ohren nicht zu trauen – wir hörten Paddelgeräusche. Wir eilten ans Ufer, winkten dem einsamen Kanuten zu, der sich anschickte, in Lower Laberge zu landen.

Bernd, ein Österreicher, hatte den See grob unterschätzt in seinem gebrauchten Kanu, das er für 300 Dollar in Whitehorse gekauft hatte. Während wir in der langen Sturmnacht über die Wellen fast geflogen waren, aber das heftige Gewitter im Sicheren verbringen konnten, war Bernd auf dem See gewesen. Er habe innerhalb dieser »schlimmen Zeiten das Kanufahren gelernt«, während er »ums blanke Leben kämpfte«, erzählte er uns, noch sichtlich von den Tücken des Lake Laberge gezeichnet.

Bernd war einer von den draufgängerischen »river cowboys«, er besaß weder Rettungsweste noch Zelt; verglichen mit unserer Wildnis-Ausrüstung hatte er so gut wie nichts dabei. Mir verschlug es fast den Atem, als ich erfuhr, er wolle nach Alaska, nach Eagle, um dort ein Blockhaus zu bauen. Warum nicht – bis dorthin waren es ja nur noch etwa 700 Kilometer. Eine Frohnatur lachte uns entgegen, Ende zwanzig, drahtig und kernig, zuversichtlich, und wenn es ihm auch an Ausrüstung fehlte, so besaß er etwas im Überfluß: Mut, Abenteuergeist und eine Extraportion Selbstvertrauen. Gut, ein Schuß Tollkühnheit kam sicherlich dazu.

Er sei bei den Blauhelmen, den UNO-Truppen, an der israelisch-syrischen Grenze stationiert gewesen, berichtete er, und beim Militär habe er das Überleben »gelernt« und käme daher mit einer Minimalausrüstung in der Wildnis aus.

Da es ihm auch an Proviant mangelte, luden wir ihn zum Outdoor-Kaffeeklatsch ein, und Ulli buk einige ihrer mittlerweile »ausgereiften« Bannoks. Staunend musterte er unsere Wildnisküche, sein Gesicht hatte wieder Farbe angenommen und schmunzelnd half er, unsere Gepäckmassen zum Boot zu bringen. »Sehen wir uns wieder?« – »Klar, beim ehemaligen woodchopper camp ›Seventeen Mile Woodyard‹.«

Jetzt glitten wir mit einem Mal in ein altes Landschaftsgemälde – oder hatte uns eine versteckte Zeitmaschine in die Pioniervergangenheit versetzt? Kristallklares Wasser überspülte geglättete, bunte Flußgerölle, Sonnenstrahlen malten leuchtende Muster auf den steingefliesten Grund, leichtes Wildwasser rauschte durch einzelne Stromschnellen, saubere und rundgewaschene Felsblöcke ragten aus kleinen Wellen hervor. In engen, verspielten Schleifen tanzte das Flüßchen, gesäumt von schlanken Nadelhölzern und dichtem Buschwerk. Romantische Parkwinkel, wie kleine Kehrwasser und Einkehlungen, mit überhängenden Bäumen, duftenden Kräutern und blühenden Blumen überraschten uns. Gedämpftes mildes Licht tröpfelte durch die Wipfel der Bäume, vergoldete die friedvoll summende Stimmung des Wildnisgartens, aus dem das Gezwitscher offenbar nie müde werdender Vögel klang. Bunte Schmetterlinge tummelten sich und – leider: Tausende blutrünstiger Moskitos, die uns in die Echtzeit zurück-impften.

Meine Partnerin verliebte sich gleich auf Anhieb in die malerische, und vor allen Dingen überschaubare Flußlandschaft. Die Blutsauger? – die gehören nun mal dazu, auch wenn sie auf Gemälden nie zu sehen sind. Bären dagegen schon, als ein beliebtes Motiv sogar, aber die zeigten sich uns gegenüber recht bedeckt – oder irrten wir uns?

Ein völlig unvorhergesehener Platzregen tobte sich aus, wir zogen die Spritzdecken an und fuhren weiter. Wir wußten, daß wir hier für Wochen mit Regen und Unwettern fertigwerden mußten, und be-trachteten die »Wasserschlacht« als Übung. Wie es Bernd wohl in seinem offenen Kanu erging?

Ein Lagerfeuer brannte vor dem alten Blockhaus, Duftwölkchen von Kaffee und frisch gebackenem Brot zogen durch den lichten Baumbestand von Seventeen Mile Woodyard, wo einst Holz für die Flußdampfer geschlagen wurde, als eine dritte Person erschien. Eine schlanke Gestalt arbeitete sich durch das Buschwerk: Militärhosen, Stiefel, helles kragenloses Baumwollhemd, ein bärtiges Gesicht grin-ste fröhlich unter einem breitkrempigen Hut. Der verwegene Bernd erschien – rechtzeitig zum Abendessen. Er war überhaupt nicht naß geworden.

Er hatte in einer völlig intakten Trapperhüttte den Regenguß heil überstanden – während wir wie in einem Zweimann-U-Boot gewäs-sert wurden; es seien auch Lebensmittelvorräte in der Hütte gewesen, und er habe sich daher ein paar Täßchen Tee gegönnt.

Einige Schritte vom Lagerfeuer entfernt lehnte ein großes altes Wa-genrad auf einer Stütze. Rauch tanzte vor dem Blockhaus, und an der Kochstelle hantierte eine Frau mit Töpfen und einer großen Pfanne. Ein breitrandiger schwarzer Schlapphut bändigte ihre wallenden Locken, sie trug derbe Drillichhosen und am breiten Ledergürtel hing ein großes Messer. Auf der gegenüberliegenden Seite am Feuer kniete ein junger Draufgänger im 1890er Buschaufzug, stocherte in der Glut und trank aus einem großen Metallhenkelbecher.

»Bleibt bitte so!« rufe ich plötzlich, »das muß ich diesmal fotogra-fieren, das sieht aus wie – Herrgott nochmal, wie eine Campszene beim big bloody Goldrush.« Erschrocken sehen wir drei uns an – und für Sekunden fühlten wir uns wie zurückgekehrte Geister, die sich nach einhundert Jahren wieder an Ort und Stelle treffen. Teufel, was war damals los hier in »Seventeen Mile«?

Es war noch hell, warm und trocken – seltsamerweise – oder gerade passend? Mitternacht; Bernd wollte das günstige Wetter nutzen – nach einem letzten Becher Kaffee vertraute er sich wieder dem Yukon an. Lange winkte er mit dem Paddel, wie ein Gespenst war er erschienen und verschwunden – wir haben ihn nie wieder gesehen.

Abgesehen von den Stimmen der Vögel war es *vollkommen* still in »Seventeen Mile Woodyard«. Kennen Sie wirkliche *Stille*? Bevor ich ins Zelt ging, kauerte ich am Lagerfeuer und lauschte konzentriert, versuchte auch das geringste Geräusch wahrzunehmen und zu deuten – ein Verhalten, das ich mir fest angewöhnte und dann in Alaska weiterentwickelte.

Nein, nichts klang verdächtig, nichts regte sich, sogar der Wind war eingeschlafen, eine kleine grüne Welt, nur für Singvögel und Moskitos? Trotzdem steckte der Busch voller Leben – auch wenn's nicht toste, brüllte, rumorte, zeterte, kreischte... Nervenstark war man hier... wie der Adler (mit einem hatte ich ja schon gefrühstückt), der ruhig auf seiner Kiesbank geblieben ist, während wir keine zehn Meter an ihm vorbeigefahren sind. »Hallo Adler!« habe ich ihm zugerufen, er hat nur ruhig den Kopf gedreht und direkt in die Kamera geblickt.

Doch halt, unbedingt noch das Lagerfeuer schüren, den Grillrost durchglühen, um jeglichen Fischgeruch zu tilgen – nur keinen Bären anlocken! –, verhindern, daß mein erster Grayling, einer der begehrtesten Angelfische Kanadas, auch mein letzter war. Ob die bereits Monate zuvor angekündigte »Fischkur« endlich anfing? Nun ja, verhungern würden wir nicht, der letzte Blick galt unserem prallen Futterbeutel, der zur Sicherheit vor Bären hoch zwischen zwei Bäumen hing – doch wohl hoch genug...?

»Warum gibt es in einem XY II Zelt von AB keine Moskitos?« Dies wurde der Scherz des 13. Juni – und Ullis Antwort: »Da ist einfach kein Platz mehr für so ein Biest.« Im Zelt konnten wir nur schlafen – den Rest des Tages gehörten wir *ihnen*. Wir lernten schnell, daß man das herrliche Naturerlebnis »Kanadischer Wildnis« mit fast pausenlosen Stechmücken-Angriffen bezahlen mußte – und hier steckten wir an einer Mautstelle. Im gedämpften Licht des Uferwaldes, genau dort, wo die schönsten Lagerplätze lockten – wir lernten diese Lektion schnell – waren die Plagegeister ganz besonders blutrünstig.

Zum Fotografieren während der Fahrt fanden wir gar keine Zeit, wir mußten tüchtig steuern. Eine Kenterung wollten wir auf keinen Fall riskieren – war doch die Wassertemperatur wenig einladend:

kaum mehr als fünf Grad Celsius. Im Schattenbereich einer Flußbiegung tauchte plötzlich ein kleines Schneefeld auf – die Lufttemperaturen täuschten, verleiteten, unachtsam zu sein. Wir erinnerten uns schlagartig, daß wir uns im Klimabereich des Permafrostbodens bewegten, Böden gab es hier, die nur ein paar Zentimeter während des Sommers auftauten – darunter blieb die Erde gefroren.

Bald war die verträumte Wildnispark-Idylle vorbei; das Flüßchen weitete sich plötzlich, eine dicht bewachsene Insel erschien in der Flußmitte und vom rechten Ufer her drängte ein kräftiger Strom trüben Wassers in die klaren Fluten des jungen Yukon: wir hatten das Ende des bezaubernden Thirty Mile River erreicht. Hier mündete der Teslin River in den Yukon, am linken Ufer schliefen die Reste der alten Goldgräbersiedlung »Hootalinqua«.

Goldrausch hin oder her, wir landeten so schnell es ging am linken Ufer, um zum letztenmal einen klaren Yukon zu genießen – ab hier wird der Fluß stetig mit Tontrübe, Silt und Sand beladen und bleibt trübe bis zum Beringmeer. Wir hatten beide eine Ganzkörperreinigung dringend nötig, tauchten, um auch den Kopf zu waschen, völlig unter. Nach Atem ringend erlebten wir eindringlich, was uns im Falle einer Kenterung erwartete. Am lieblichen Gestade begrüßte uns eine ganze Palette stechender, saugender Insekten – und dies bei flirrender Hitze, allerhellstem Tageslicht! Ich begriff gar nicht, warum die großen bunten Schmetterlinge nichts von uns wollten. Stechschmetterlinge gibt es doch nicht... sicher?

So wie der Yukon hier in eine klare und eine trübe Hälfte geteilt war, so zeigte sich auch der Himmel. Ein Gewitter begann sich aufzubauen, und meine Partnerin drängte zur Eile. Wir wollten heute noch das Geisterdorf »Big Salmon Village« erreichen, das noch 54 Kilometer von hier entfernt lag; am Zusammenfluß von Yukon und Big Salmon River versprachen wir uns Erholung in einem der noch gut erhaltenen Blockhäuser. Der Auf- und Abbau, das Auspacken und Einräumen des Zeltes nervten ein wenig, kosteten Zeit – wir sollten unsere Ansicht gründlich ändern, aber davon später.

Nach kaum drei Minuten Fahrt tauchte Shipyard Island auf, eine Insel mit dem berühmten Wrack des Flußdampfers »Evelin«. Auf einer Lichtung im Wald lagen die imposanten Überreste des alten Steamers – in bestem Licht. Vergessen war das drohende Gewitter, rasch verließen wir das Kajak und veranstalteten inmitten von Stechmücken, Wrackteilen, Buschwerk, Unterholzfilz, Blumen und einsturzgefährdeten Schiffsdecks eine Fotografierorgie.

Bald saßen wir wieder in der viel kleineren, aber dafür wesentlich seetüchtigeren »MS Sea Eagle«, die zwei externen Doppelpaddel-Schaufelräder setzten sich in Bewegung – Schiff und Besatzung tauchten wieder in die kanadische Wildnis ein.

Der Wind frischte auf, es dunkelte, und die ersten Regentropfen begannen zu fallen. Sollten wir im Uferwald unter einen Baum flüchten? Nein, wir fanden eine bessere Lösung: wir fuhren ans Ufer, hielten uns an Wurzeln und Ästen fest, deckten uns mit der großen blauen Plane zu und überstanden guter Dinge das Unwetter. Dies wurde unser Standardmanöver als Antwort auf die häufigen Regengüsse. Von diesem Moment an war die große Plane stets griffbereit zwischen unseren Sitzluken befestigt.

Heute wartete die erste Nachtfahrt auf uns, da wir gegen 22 Uhr nicht beim zerfallenen Holzfällerlager »Big Eddy Woodcamp« rasten wollten. Wir hatten kein »gutes Gefühl« an diesem Ort. – Man tut sehr gut daran, seinen Gefühlen in der Wildnis zu vertrauen, Gefühle sind das beste Überlebens-Radar im Busch.

Der achtzigste Kilometer unserer heute zurückgelegten Strecke endete tatsächlich bei Big Salmon Village. Ein Uhr morgens behaupteten unsere Armbanduhren, aber es hätte auch trübe ein Uhr am Nachmittag sein können.

Vorsichtig gingen wir an Land, um zu erkunden, ob wir hier gefahrlos übernachten konnten. Nichts rührte sich in und um die erstaunlich gut erhaltenen Blockhäuser. Abgesehen vom hierzulande üblichen Begrüßungs-Komitee der Luftnahkampf-Verbände der Kerbtiere schienen wir die einzigen Anwesenden zu sein. Begeistert deutete Ulli auf eines der Holzhäuser: »Heute verzichten wir auf den Zeltstreß, hier können wir übernachten. Hörst du mir eigentlich zu…?«

Ich stand fassungslos vor einer Sammlung, die sicherlich ihresgleichen auf der Welt so schnell nicht finden wird: Im Vorraum eines Blockhauses blinkte und blitzte es augenzwinkernd aus Regalen, die ums Eck gebaut vom Boden bis zur Dachkante reichten. Flaschen über Flaschen stapelten sich dicht an dicht, belasteten die durchgebogenen Bretter bis kurz vor dem Zusammenbrechen. Hier waren wohl alle renommierten Hersteller der Welt von wirklich faß- und genießbar Geistigem vertreten – seit dem großen Run zum Klondike. Ja, so wächst von Zeit zu Zeit die Ausstellung dessen, was die Digger, Trapper und Kanuten über heillos lange Winter, verregnete Sommer, Fehlschüsse und Kenterungen hinwegtröstete – sofern sie nicht ihre Ehefrauen gleich mit in den Busch nahmen.

Wir ließen uns mit »leichtem« Gepäck in einem der Blockhäuser nieder, dösten schon selig in den Schlafsäcken, als Trippeln und Trappeln, emsiges Geknister und Gefeile einsetzte, es knackte und rumorte in allen Ecken und Enden, am Fußboden und im Dachgebälk. Erschrocken wachten wir auf und leuchteten mit den Taschenlampen herum. Nichts! Wir mußten wohl schlecht geträumt haben – wir legten uns ein zweites Mal nieder – es wurde in diesem Blockhaus das letzte Mal und dies galt für alle verlassenen Holzhäuser hier und sonstwo. Kaum waren wir wieder halbwegs eingenickt, da begann der Lärm von neuem. Nein, kein Spuk aus der Goldrauschzeit, kein unseliger Trapper oder Goldsucher ging hier um – nur: Mäuse, aber davon wahre Heerscharen! Löcher wollten wir nicht in unseren Pack- und Schlafsäcken, also verließen wir fluchtartig das unruhige Balkenheim.

Teufel auch, wie hatten wir uns geirrt! – Morgens um drei Uhr errichteten zwei glänzend gelaunte Gestalten ein widerstrebendes Hadernheim, auf feuchtem Gras, zwischen Büschen und Weiden, während tiefhängende Nebelbänke vom Yukon her über die schweigende Lichtung zogen und Balkenwohnungen, Flaschen, Mäuslein, Camper – und was weiß Gott noch alles sanft einhüllten.

Unter dieser Sonneneinstrahlung hielten sich Nebelbänke nicht lange – das hätten wir heute frühmorgens berücksichtigen sollen. Das Zelt war gewissenhaft verschlossen worden, und daher torkelten wir völlig benommen aus der Bratröhre, als Big Salmon Village um neun Uhr wie im Fokus eines riesigen Brennglases lag. Selbst die Stechmücken hatten vor den sengenden Strahlen des energiereichen Gestirns Deckung gesucht, daher konnte ich es mir erlauben, die Kleider vom Leibe zu reißen, kopfüber in die ungemein erfrischenden Fluten des Yukon zu springen und bis zur Weiterfahrt im Adamskostüm herumzulaufen. Langsam nahm unsere Haut die Farbe der Indianer an.

Zum ersten Male kochten wir auf einem Ölfaßofen. Diese Art Ofen ist hier im hohen Norden sehr häufig anzutreffen; abgesehen vom Grundelement, einem leeren Ölfaß, gibt es diese praktischen Recycling-Herde in einer erstaunlichen Variationsbreite. Da gibt es welche mit mehreren Ladeklappen, Luftzugregulierungs-Mechanismen, Brennrosten, Ascheauffangkästen und Ofenrohren. Wir machten die Bekanntschaft mit einem recht archaischen Typ: aufgestellt auf dem einen Ende des Fasses, mit einer Ladeluke und einem kurzen Ofenrohransatz, während das andere, obere Ende als Herdplatte diente. Das Ding funktionierte großartig. Ulli buk Bannoks auf Vorrat.

Erholt und mit Tausenden von Kilokalorien aufgetankt, verließen wir das Geisterdorf zu einer Zeit, zu der einige Breitengrade unterhalb von Big Salmon Village die Menschen bei derartiger Hitze und Helligkeit Siesta zu halten pflegen.

Der Yukon wand sich und mäandrierte immer noch so stark wie hinter dem Lake Laberge, doch nach dem Zufluß von Teslin River und Big Salmon River floß er nun breiter und wuchtiger. Die großen Kehren und Schleifen zogen sich kilometerlang, und an den steilen Prallhängen sah man, daß sich die Wasser oft mehr als hundert Meter tief in den weittransportierten Kies- und Sandschutt der Berge eingefräst hatten.

Steile, manchmal lotrecht abfallende »cut banks« säumten die Ufer, die man so gut wie unmöglich erklettern konnte. An einigen Stellen, wo lupinenartige Blumen blühten, leuchteten die Wände in kräftigem Blau. Auf den ungeschichteten Kiesen und Sanden zog sich hoch oben an der Böschungskante eine auffallend weiße Schicht. Die Goldgräber nannten sie »the Ashes of Sam McGee«, nach einem Goldrausch-Heroen. Mit »Asche« hatten die alten Prospektoren ins Schwarze getroffen: es sind tatsächlich verwitterte, ausgebleichte Flugaschen eines gewaltigen Ausbruchs der heute noch beängstigend aktiven Küstenvulkane.

Eine gebogene Wand, wie ein Teil eines Canyons, weitete sich wuchtig vor uns aus; tausende Tonnen Kies wuchsen in schwindelerregende Höhen und für Sekunden vergaßen wir zu paddeln. Hoch über unseren Köpfen ragten »hoodoos«, Pfeiler, Türmchen und kantige Säulenstümpfe, aus den teilweise senkrecht abgeschnittenen Kieswänden – einige dieser Formen wirkten wie Ruinen kleiner ägyptischer Felsentempel.

So sehr uns auch die Erosionsformen fesselten, hielten wir doch gleich darauf einen großen Sicherheitsabstand zu diesem Ufer: instabil sind diese Gebilde, und falls sie herausbrechen und abgleiten, können sie ein Boot leicht ins Wasser reißen.

»Und da ist überall Gold drinnen«, orakelte ich.

»Die Biegung heißt zufällig ›Gold Point‹«, meldete sich Ulli und deutete auf die Karte. Fast genau bis zu dieser Biegung hatten wir bereits 200 Kilometer auf dem Yukon zurückgelegt – bis Dawson City mußten wir noch ein wenig mehr als 500 Kilometer bewältigen. Aber beinahe wäre unser großes Aus jetzt gekommen...

Nach der nächsten gewaltigen Kehre verengte sich der Yukon und floß deutlich schneller. Es war gut, daß wir am rechten Ufer entlang fuhren, um »Cyr's gold dredge«, eine alte, aufgegebene Goldförder-maschine, zu sehen. Wegen der starken Regenfälle der letzten Tage klang das Hochwasser des Yukon nicht ab, und die Hauptströmung, die zum linken Ufer zog, drohte aufrührerisch an einigen Untiefen. Tüchtig naß wären wir geworden, wenn wir zwischen die Strom-schnellen geraten wären, aber mehr auch nicht. Doch am linken Uferbereich lauerte eine ernstzunehmende, ja tödliche Gefahr: eine Treibholzinsel. Und genau dahinein hätte uns die Strömung unwei-gerlich gezogen, wenn uns nicht die alte Dredge interessiert hätte.

Um die Ränder des wüsten Verhaus aus entwurzelten Bäumen, zerborstenen Baumstämmen, Ästen und Holzknüppeln drückte und schäumte ungestümes Weiß tückisch und angsteinflößend genug – aber zwischen und besonders unter der beweglichen, sich stellen-weise aufbäumenden Holzverkeilung zog und zerrte ein brutales Gebrodel. Wer mit dem Boot in diesen grauenvollen Sog gerät, kann eine Kenterung unmöglich vermeiden, niemand kann der Gewalt des unterströmenden Wassers Kraft oder Geschicklichkeit entgegen-setzten. So mancher Bootsfahrer hat durch solche Todesinseln Fahr-zeug und Ausrüstung verloren – oder sogar sein Leben.

Erleichtert blickten wir von der alten kaputten Maschine, die dicht am rechten Ufer stand, zu der tückischen Bootsfalle hinüber. Der Zufall hatte uns gerettet.

Der Yukon war es müde, sich ständig in weiten Kehren und oben-drein auch noch eingezwängt zu winden: die hohen Kiesufer ver-flachten und gaben den Blick frei in eine weite, unberührte Land-schaft, in der sich Wald, Wald und nochmals Wald in alle Richtun-gen, auf Hügeln, Bergen und in Tälern, so weit man sehen konnte, erstreckte. Wir blickten in ein grünes, sanft wogendes Meer, durch das der Yukon wie ein silberner Streifen zog.

An Flußufern, an die sich unkontrollierbare Urwälder anschlossen, wollten wir nicht zelten. Wir bevorzugten übersichtliche Sand- oder Kiesinseln, obwohl wir dafür Hochwasserwellen in Kauf nehmen mußten. Bären, Elche, Vielfraße oder Luchse hat man recht gern vor der Kamera – aber nicht nachts vorm Zelt! Ulli mochte besonders die Nähe von alten Blockhäusern oder Geisterdörfern. Wir wußten, daß man in der kanadischen Wildnis nirgendwo vor neugierigem Groß-wild sicher sein konnte, wir fühlten uns aber an abgeschlossenen, überschaubaren Plätzen wohler. Um solche Stellen zu erreichen, hiel-ten wir lange im Boot aus, notfalls bis tief in die Nacht hinein.

Weiße Gebilde leuchteten aus dem Wald hervor, gleich nach dem Zufluß des Little Salmon River. Neugierig fuhren wir näher. Merkwürdig, weiße Markierungen im Busch? Hatten wir nicht schon zuvor Bilder von »Little Salmon Cemetery« gesehen? – Ruhig und respektvoll näherten wir uns diesem Indianerfriedhof. Gruppen weißgestrichener Kreuze, umgeben von hellen Lattenzäunen, standen zwischen ebenso weißen Stämmen des Birkenhains. Ganz mit Holz verschalte Gräber wechselten mit kleinen Totenhäuschen. Kreuze, mit Doppelbalken und unterem Querstück, ließen auf russisch-orthodoxen Einfluß schließen. Längst vergessene, dahinrottende Grabstellen lagen neben gut erhaltenen, noch gepflegten.

Wir waren beide müde, gingen den Pfad durch den Friedhofshain entlang, in der Hoffnung, im nächsten Dorf einen Rastplatz zu finden. Doch immer neue Grabstellen tauchten auf, bunter und größer, darin waren kleine Gaben wie Konserven, Spielzeug, Holzhäuser. Der Platz wirkte doch so bewohnt –, aber keine Menschenseele ließ sich blicken, nicht einmal ein Hund bellte. Die sonst so heilsame, allgegenwärtige Stille, an die wir uns schon gewöhnt hatten, lastete nun bedrückend über diesem Ort. Hier wollten wir auf keinen Fall bleiben, enttäuscht fuhren wir weiter.

Wir wußten nicht, daß wir zu früh in der Jahreszeit angekommen waren – in ein paar Wochen hätte die Lachssaison begonnen, und unser erstes Lachsfischer-Camp, das merkwürdigerweise so nahe bei einem Friedhof lag, wäre dann Tag und Nacht von geschäftigem Leben erfüllt gewesen.

Endlich, eine winzige Lichtung im Uferwald lockte, ein kleines improvisiertes Fischercamp mit Holztisch und roh gezimmerten Stühlen versprach Geborgenheit. Wir blieben.

Einschlafen… hundemüde waren wir doch… stattdessen verfolgten uns Bilder vom einsamen Indianerfriedhof. »Nur Stämme werden überleben!« War es eine Prophezeiung oder nur Wunschdenken eines berühmten Indianerhäuptlings? Wochen später sollte ich sehen und erleben, wie quicklebendig die fishcamps der Athabasken und deren Dörfer sein konnten. Fische und Wild, Wasser und Wald, so viel Gutes bietet der hohe Norden. Schule und Medizin, kräftige Boote und Buschflugzeuge sind inzwischen hinzugekommen – Chancen über Chancen, es müßte doch mit dem Teufel zugehen, wenn es nicht klappte.

Zum erstenmal traf uns einer der schlimmsten Unbilden auf dem Yukon: Wind, ungewohnt starker, man könnte meinen bösartiger, Gegenwind. Der 15. Juni fing unfreundlich an.

Wir fuhren knapp am Ufer entlang, nützten jedes bißchen Windschutz und steuerten lediglich; denn gegen den Wind anzupaddeln, ob mit Geduld oder Wut, brachte so gut wie kein Ergebnis – außer, daß man spätestens nach einer Stunde erschöpft aufgeben mußte.

Aus verhangenem Himmel, regentriefendem Wald wuchs eine Felskuppe, ein Blickfang und historischer Platz zugleich: dieser Hügel war ein uralter Meditations- und Zeremonienort der Indianer: »Eagle Bluff«. Nein, heute keine Besichtigung wegen schlechter Sicht und Nieselregen, triefnassem Unterholz, müden Armen, Hunger, Bären und und...

Lustlos und mißmutig fuhren wir dahin, schnitten einen Mäander der großen olivgrünen Schlange nach dem anderen – zum ersten Male drohte sich nicht nur der Himmel, sondern auch unsere Stimmung zu verdüstern.

Den Abend rettete ein Lichtfleck, der heller und größer anwuchs und den trüben Jammervorhang ganz verdrängte, aber dafür bremste der Wind um so stärker. Während wir verbissen paddelten, begegneten uns die ersten Spuren alter Pionierarbeit: eine betagte, immer noch fördernde kleine Kohlenmine auf der rechten Flußseite. Der deutsche Frederick Schwatka, der 1883 mit einem Floß den Yukon befuhr, hatte den weithin sichtbaren Hügel, in dem die Mine steckt, »Tantalus Butte« benannt. Zwanzig Jahre später wurde dort ein wenig Kohle entdeckt.

Für unsere Augen, die seit Tagen nur Wildnis und wieder Wildnis gesehen hatten, bot sich ein überraschender Anblick, als sich plötzlich vor uns die Stahlbogenbrücke des »Klondike Highway« keck über den Yukon spannte. Rumms, ich schlug mir daran den Kopf an, weder Schimpfen noch Wegsehen halfen – zähneknirschend mußte ich mich mit der Existenz der Brücke abfinden. Es fuhren kaum Fahrzeuge darüber – so mancher begehrte Nervenkurort konnte da leicht mehr bieten. Trotzdem spielte ich schon mit dem Gedanken, Carmacks zu meiden und weiterzufahren.

Nach einem George Carmack war die Ortschaft – böse Zungen würden Nest sagen – benannt worden, weil dieser um 1893 mit seinen beiden indianischen Verwandten hier auch nach Kohle gesucht hatte. Aufsehenerregend war jedoch nicht die Kohle, sondern der fantastische, weltberühmte Fund, den die kleine Prospektorengruppe im

Jahre 1896 machte: der »Große Fund am Klondike«, der den »Klondike-Goldrush« auslöste.

Als uns genügend optischer Abstand vom eigentlich stillen Highway trennte, ging Ulli an Land auf Lagerplatzsuche. Nach etwa einer halben Stunde brach sie freudig strahlend durch das Ufergebüsch: »Komm mit, wir sind hier zum Tee eingeladen.«

Aus der Einladung zum Tee wurde eine Übernachtung mit Frühstück, auch das Boot mußte dabeisein. Cathie, eine hiesige Lehrerin, die mit ihrem momentan abwesenden Verlobten, zwei Huskies und einer Katze den regierungseigenen Bungalow bewohnte, freute sich über die unerwartete Abwechslung – auch nachdem sich einige Tonnen Gebäck schlagartig in Nichts aufgelöst hatten. Max, ein Riesenkerl von Malamute Husky, freute sich, daß er in mir einen Spielgefährten gefunden hatte; er lehnte es kategorisch ab, von meiner Seite zu weichen, während der zweite Hund, ein blauäugiger, schlanker Siberian Husky, sich scheu im Garten herumdrückte. Beide Hunde erwiesen sich als Veteranen des alljährlichen, berühmten Schlittenhunde-Rennens, dem »Yukon-Quest«, von Dawson City nach Whitehorse. Als Cathie uns eine Illustrierte vom letzten Rennen zeigte, wurde dies das Hauptthema unserer Unterhaltung. Es gab sechzigjährige Teilnehmer, – nicht etwa als Betreuer, sondern als Favoriten!

Wir hörten auch hier von einem der großen Probleme im hohen Norden – nicht Eis und Kälte oder die langen Winternächte, wie man annehmen könnte, auch nicht Einsamkeit oder Bären – sondern Alkohol. Besonders hart traf dies die Indianer. Auch unsere Gastgeberin war außerstande zu erklären, warum ausgerechnet in diesem herrlichen Land, dem Traum vieler Mitteleuropäer, so viele Menschen exzessiv tranken.

»Trübe Langeweile vielleicht?« fragte sich Cathie.

Als Kur schlug ich ein paar Wochen Aufenthalt in New York oder einer europäischen Hauptstadt vor. Auch Sinnesmassagen in den Metropolen einiger Länder der Dritten Welt würden sicherlich erstaunliche Nachwirkungen hinterlassen. Vielleicht würde dann für den Rest des Lebens ganz gewöhnliches Yukon-Wasser genügen.

Cathie lachte.

Nein, die Decke wollte mich nicht erdrücken, die Wände waren viel zu stabil, als daß sie hätten zusammenstürzen können, der wochenlang genossene freie Himmel hatte mich hausentwöhnt. Ob Max, der Riesenhusky, dies spürte? – beruhigend legte er mir ab und zu eine kräftige Pfote auf.

Aufregung in den Stromschnellen

Spannung lag früh morgens in der Luft, wir ließen uns jedoch nichts anmerken, weil sich Cathie soviel Mühe mit uns gab. Wir bekamen den Hausschlüssel, um uns in aller Ruhe auf einen der Höhepunkte vorzubereiten, der auf unserer Abenteuer-Speisekarte stand. Wir wollten das Gepäck optimal im Boot verstauen, alle losen Gegenstände festbinden oder wasserdicht verpacken – die »Five Finger Rapids«, diese ehemals berühmt-berüchtigten Stromschnellen warteten auf uns.

Während ich die nötigen Handgriffe in aller Ruhe, ja fast meditativer Besinnlichkeit erledigte – Ulli gerade damit »auf die Palme trieb« –, arbeitete sie besonders energisch, »nervös«, wie ich unpassend bemerkte. 300 Kilometer Yukon hatten wir bereits geschafft – ein paar Kilometer hinter Carmacks sollte es sich entscheiden, ob es mehr werden würden.

Wir schleppten Boot und Gepäck ans Ufer – ein Rest an Nervosität blieb. Ahnten wir im voraus, daß die starken Regenfälle der letzten Tage nun durch Hochwasser die Passage in den Stromschnellen erschweren würden?

»Hi!« Ein Mann, etwa in meinem Alter, kam plötzlich auf uns zu, faßte gleich mit an und half uns, das Boot an die Anlegestelle zu tragen. Dort lagen schon zwei Boote: Aluminium-Kanus, schwer mit Ausrüstung beladen, alles Gepäck sorgfältig und solide mit Riemen festgezurrt.

Kaum hatte sich der energische, drahtige Amerikaner mit »Tim« vorgestellt, da kamen nach und nach seine drei Gefährten, Bruce, Glenn und Jeff, ebenfalls Amerikaner, alle Anfang oder Ende dreißig.

Eine urige Bande hatten wir getroffen, alle waren sie ihren Überzeugungen treu gebliebene Überlebende der wilden sechziger und siebziger Jahre. Die sah man besonders deutlich Jeff an, einem gemütlichen Zwei-Meter-Riesen mit beneidenswert dichten und weit über die Schultern fallenden Haaren. Zuerst erzählten sie, was sie schon auf dieser Tour erlebt hatten: riskante Wildwasserfahrten auf dem oberen, vom Schmelzwasser angeschwollenen Teslin River, Begegnungen mit Bären und Elchen, eine gefährliche Kenterung, Anglerglück, ganz besonders aber die Erfahrung äußerer und innerer Ruhe, die ihnen das Land geschenkt hatte.

Es waren richtige Weltenbummler, die es an den Yukon verschlagen hatte. Der große blonde, eher ruhige und schweigsame Glenn entpuppte sich als jemand, der schon alle Kontinente besucht hatte. Tim war jahrelang in Äthiopien gewesen, Bruce und ich tauschten Indienerlebnisse aus. Berichten aus Europa folgten Schilderungen aus Afrika. Abenteuer in Wüsten wechselten mit langen Kanutrips in Minnesota. Für eine Weile schienen wir alle vergessen zu haben, daß wir bald durch die »Five Finger Rapids« fahren wollten.

Wirbel drehten sich im steten Ziehen und Strömen, Äste schwammen vorbei.

Wir beschlossen, gemeinsam durch die Stromschnellen zu fahren; Ulli und ich fuhren voraus, um die Lage zu erkunden – vor den »Five Fingers« wollten wir dann auf die Kanus warten.

Wie auf Kohlen saß ich etwa dreißig Meter hoch auf einem Hügel und spähte in die große Flußbiegung hinab, aus der die beiden Kanus kommen mußten. George Carmack, der Glückspilz, hatte die wie auf einer Aussichtsplattform gelegene »Five Fingers Coal Mine« betrieben; jetzt waren die alten Stollen längst in sich zusammengebrochen. Der Yukon bog sich flußaufwärts in einer wuchtigen Schleife mit hohen Uferwänden, dichte Nadelwälder reichten an einigen Böschungen bis an das Wasser. Flußabwärts jedoch, schob und drückte es da nicht schon schneller, holten die olivgrünen Massen dort nicht noch einmal tüchtig Schwung in der weiten, nach Westen gerichteten Kehre, hinter der die Stromschnellen warteten?

Vier haushohe Basaltfelsen zerteilen den Yukon hier in fünf gefährliche Kanäle, daher der Name »Five Finger Rapids«. Man hatte den rechten Durchgang zwischen den blockierenden, kantigen Klötzen nach 1900 etwas erweitert und einige kleinere Klippen gesprengt, nachdem einige Flußdampfer hier zerschellt waren. Niemand weiß, wie viele Goldsucher in ihren überladenen und primitiven Booten hier umkamen. Deswegen war damals unterhalb der Rapids ein Fangnetz gespannt worden, um die Körper der Verunglückten zu bergen. Ein Chronist berichtete von einem Friedhof in der Nähe, auf dem die Überlebenden von Kenterungen die Ertrunkenen begraben mußten. Die berühmte »Canadian Mounted Police« überwachte dies und zahlte pro Begräbnis zehn Dollar.

Jetzt erscheint das erste Kanu in der Biegung, wir winken, Jeff und Bruce fahren ans Ufer und warten auf uns. Das zweite Kanu mit Tim und Glenn hält, alle Amerikaner tragen Rettungswesten. Auch wir zwängen uns in die engen Lebensretter und schließen das Kajak mit den Spritzwasserdecken ab. Tim und Glenn fahren voraus, um direkt bei den Rapids die Situation vor Ort zu erkunden.

Wir legen ab. Bald sehen wir, wie groß und gefährlich die scharf-kantigen Klippen wirklich sind. Dazwischen drängt sich zusammen-strömendes Wasser. Ulli schießt die letzten Aufnahmen, bevor wir an das rechte Ufer ins Kehrwasser fahren, wo bereits die Amerikaner in ihren Kanus warten.

Der Yukon rollt mächtig angeschwollen gegen die drohenden Wände, und wir wissen, daß uns stehende Wellen erwarten. Auch in den letzten Jahren sind hier einige Bootsfahrer umgekommen. Wir haben guten Grund, die »Five Fingers« ernst zu nehmen.

Tim steigt mit Bruce auf den hohen Uferfelsen, Glenn und wir warten, Tim will unsere Durchfahrt fotografieren, warten – Span-nung entsteht – alles klar? Warum zögert das zweite Kanu mit Jeff und Bruce? Es donnert vorn stärker als erwartet. Hochwasser!

»Alles klar, Ulli?« – »Von mir aus!«

Wir legen ab. Die Strömung zieht und reißt. Ich steuere nach links, um die »Five Fingers« auch ein wenig genießen zu können. Fast wäre es uns schlecht bekommen!

»Jetzt zusammenarbeiten, wie am Stauwehr damals«, rufe ich Ulli zu. »Alles darf geschehen, NUR NICHT QUER ZUR STRÖ-MUNG KOMMEN!«

Plötzlich sehen wir die erste Welle.

»Nein, das darf doch nicht wahr sein! Da sollen wir mit unserem schwer beladenen Kajak durch! Das ist ja rafting!« durchfährt es mich.

»Kaili!« Ein Schrei durchdringt das Tosen, Rauschen und Dröh-nen.

Da, ein zweiter – Ulli ist jetzt mit Leib und Seele dabei.

Es reißt uns hoch, dann gleich wieder hinunter. Wohin ich blicke, nur noch wütendes, tobendes Weiß.

Jetzt, eine Welle bricht sich am Bug, rasende Gischt fegt über meine Partnerin, ich sehe sie nicht mehr, obwohl ich nur anderthalb Meter hinter ihr sitze. Gischt spritzt mir ins Gesicht. Ich erkenne nur noch meine Luke und das Paddel, vorn steckt alles im Wasser.

»Verdammt nochmal, habe ich doch zu weit nach links gesteu-ert?«

Ulli und der vordere Bootsteil tauchen wieder auf. Ja, sie paddelt, offenbar ist ihr nichts passiert – nur ein paar Fetzen hastig ausgesto-ßener Flüche dringen an meine klatschnassen Ohren. Wieder klettert die Bootsnase eine hohe Welle hinauf, krachend stürzt sie auch gleich wieder hinunter. Ulli arbeitet wie eine Maschine, jeder Schlag sitzt. Ich reiße das Boot mit dem Paddel mehrmals wieder senkrecht zu den Wellen, sie arbeitet mit, automatisch, exakt.

»Jetzt wird sie wieder getauft, voll hinein, verdammt, die taucht ja ganz unter!« durchfährt es mich, ohne daß ich es abwenden kann. ·

Ich schaufle wie wild, das lange Doppelkajak wird von enormen Kräften zur Seite gezerrt, gleichzeitig wird die Bootsnase ins Wasser gezogen. Das Heck hebt sich schräg aus dem Wasser, ich werfe meine ganze Kraft dagegen. Ich kann es kaum glauben, aber Ulli paddelt immer noch mit. Nochmals geht es hinauf wie im Fahrstuhl, sie und der Bugbereich erscheinen wieder, wassertriefend wie ein auftauchendes U-Boot. Jetzt reißt es nur noch vorwärts – wir sind durch… puh, geschafft!

Wir hielten in einem kleinen Kehrwasser, klammerten uns an Ästen und Wurzeln fest. Ulli war völlig durchnäßt, das eingedrungene Wasser hatte sich in ihrer Kleidung festgesetzt, im Boot blieb alles trocken, ich spürte nur Feuchtigkeit am Oberkörper.

Jetzt müßten die Kanus kommen. Wir machten eines unserer langen Nylonseile frei – klar zum Zuwerfen, falls…

Endlich erschien ein Boot, wir konnten zunächst nicht erkennen, wer es war. Ganz rechts am Ufer fuhr es entlang, viel weiter rechts als wir vorher. Einige Male verschwanden Männer und Boot in den Wellen, tauchten wieder auf – es waren Jeff und Bruce. Das Boot schaukelte auf und ab – dann waren auch sie durch. Sie legten bei uns an, Freude und Erleichterung standen in ihren Gesichtern. Das Kanu hatte lediglich ein wenig Wasser gefaßt, schnell schöpften sie es aus. Wir gratulierten uns gegenseitig.

Sie hatten Angst um uns gehabt, man lobte unsere Teamarbeit – »very impressive« sei unsere etwas zu riskante Durchfahrt gewesen. Wir versuchten zu lachen. Ich sagte lieber nicht, daß ich es für einige schwarze Sekunden bereut hatte, zu weit nach links, mit einem voll beladenen Boot, in die Wildwasser-Passage hineingefahren zu sein.

Jetzt kamen Tim und Glenn. Das bekannte Wasserspiel lief wieder ab. Die beiden gerieten auch etwas zu weit nach links – wollten sie unsere Durchfahrt mit einem offenen Kanu nachmachen? Bange Sekunden folgten. Wir vier machten uns für sofortige Hilfe bereit. Dann näherten sich die beiden, winkten uns zu und steuerten noch weiter nach links in die Wellen. – O ja, die beiden genossen das.

Ihre beiden Gefährten und wir fuhren hinterher. Wir schlossen auf, überholten das erste Kanu, dann steuerte ich weiter in die stärkste Strömung hinein. Eine wilde Bootsjagd begann.

»To the right side!« schreit Ulli plötzlich, schwenkt wild einen Arm mit der Karte in der Hand. »Vorsicht, da kommen nochmals Rapids, rechts halten! Jetzt kommen die »Rink Rapids«, *rechts*!«

Wir preschen wieder vor – allerdings hart rechts diesmal. Ulli verweigert eine zweite Dusche. Verständlich, ich reagiere, weiche dem Schlimmsten aus. Tim und Glenn stürzen sich ins Vergnügen, ihr Kanu springt wie ein großer Aluminium-Lachs durch die Stromschnellen.

»Verdammt, hier geht's ja zu wie bei den »Five Fingers«, schreie ich.

»Die sind noch schlimmer!« ruft Ulli und paddelt wie wild.

Jetzt ziehen Bruce und Jeff nach links – wir bleiben eisern auf der rechten Seite.

Erregtes Rufen ertönt plötzlich hinter uns. Tim und Glenn arbeiten sich wie wild nach rechts durch die reißende Strömung. Da, jetzt winkt einer!

»Nein!« Ein gemeinsamer Aufschrei – uns bleibt der Atem stehen.

Mitten im tobenden Wasser treibt ein Kanu kieloben, Jeff und Bruce klammern sich daran fest. Die beiden erscheinen jedoch so ruhig und gefaßt, als ob sie nur üben würden.

Kaum mehr als fünf Grad Celsius Wassertemperatur, ein paar Hundert Meter links und rechts nichts als Drängen, Brodeln, Reißen, grauer Himmel, kalter Wind, Nieselregen – die Situation war verdammt ernst.

Wir wenden, so schnell wir können, halten auf die Kanus zu. Alle möglichen Gegenstände wirbeln im Wasser umher, treiben in unsere Richtung; wir fischen heraus, was wir erreichen können. Jetzt paddeln wir zurück, gegen die reißende Strömung. Wir erreichen das zur Hilfe geeilte Kanu. Es hat mittlerweile das kielobentreibende mit den beiden Gekenterten ins Schlepptau genommen. Ich winke, werfe Tim unser langes Nylonseil zu. Er fängt es auf Anhieb, bindet das Seilende an seinem Kanu fest. Rasch befestige ich das zweite Ende an unserer Gepäckluke. Ein letzter Blick zu den Gekenterten, ein Handzeichen zum zweiten Kanu und schon fangen wir gemeinsam an zu schleppen.

»Los, Ulli, hau drauf! Da 'rüber, nach links, ans linke Ufer!«

Wie Berserker arbeiten wir im »Sea Eagle«, das Seil strafft sich zum Zerreißen, es zerrt in unserem Rücken, als ob wir einen Baum bergen wollen. Wir schinden uns, so gut wir können – alle wissen wir, daß die beiden Gekenterten nur wenige Minuten im kalten

Wasser aushalten können. – Aber das linke Ufer scheint überhaupt nicht näher zu kommen.

Da, eine Insel erscheint – Kanu und Kajak arbeiten fieberhaft, doch das gekenterte Boot ist kaum zu bewegen.

»Sorry, impossible!«, brülle ich rückwärts, »die nächste Insel!«

Tim und Glenn paddeln wie rasend. Ulli und ich sind schon ausgepumpt, stöhnen, schnappen nach Luft. Wir aktivieren unsere letzten Energiereserven, ignorieren die stechenden Schmerzen in den Armen und Schultern.

»Drauf, Ulli, hau rein, so gut du noch kannst!«

Wir steigern uns noch einmal, das Seil strafft sich wie noch nie, wir spüren, daß wir die beiden Kanus nach links zerren. Da, überraschend schnell kommt die zweite Insel nahe. Werden wir es dieses Mal schaffen?

Wir peitschen uns zu einem Endspurt auf. Seichtes Wasser umgibt uns plötzlich, wir schaufeln uns dem Ufer zu. Weidenbüsche geraten in meine Griffweite, ich packe zu, lasse nicht mehr los. Die Kanus ziehen in einem weiten Kreisbogen ans Ufer, der »Sea Eagle« wird mehr und mehr auf die rechte Seite gedrückt, droht jetzt auch zu kentern. Verbissen halte und zerre ich dagegen.

Plötzlich springt Tim aus dem Kanu, kämpft sich durchs Wasser zum Kajak, reißt das Messer aus dem Gürtel, bereit, das Seil zu kappen, stemmt sich jetzt kurz vor uns gegen das anbrandende Wasser. – Ich lasse auch nicht locker am Weidengebüsch, Ulli greift ebenfalls in die Äste. – Die Kanus treiben ans Ufer. Geschafft!

Schnell ein Feuer machen, aufwärmen, trocknen – was sonst? – Nur, auf welche Art und Weise dies geschah, war staunenswert.

Im Handumdrehen wurde das gekenterte Kanu an Land gezogen, entladen und das Wasser ausgekippt, während die ersten darangingen, ein großes Lagerfeuer zu entfachen. Mit Beilen und Sägen wurde ein Haufen Feuerholz bereitet, mit dem Spaten der Boden gesäubert und geebnet, während die beiden Triefnassen bereits am Feuer standen und dampften. Sie konnten keine Kleider wechseln – sie hatten nichts Trockenes mehr.

Jeff deutete auf die gespannten Leinen, Büsche und Bäume, an denen Kleidung, Schlafsäcke, Zelte, Karten und dutzenderlei Gegenstände zum Trocknen hingen – laufend wurden es mehr und mehr.

»Bruce und ich sind jetzt Baptisten«, lachte Jeff. Ja, der Mann lachte wirklich. Bald fing er obendrein auch noch zu singen an – sein getaufter Bootsgenosse stimmte mit ein.

Tim bemerkte verärgert, daß ausgerechnet das »Küchenschiff« mit Bruce, dem Koch, umkippen mußte. Bald sah es auf der Insel aus, als ob ein Flugzeug abgestürzt oder ein Supermarkt mit Camping-Abteilung explodiert wäre. Unser Feuer brannte lichterloh, und die Trümmer rauchten noch. Würde bald gedrückte Stimmung oder Ärger aufkommen?

Nein, nicht hier. Über dem Feuer dampft ein großer Topf mit Suppe, in dem der Koch rührt und fröhlich dabei singt. Jetzt hat er plötzlich eine Mundharmonika in beiden Händen und spielt vergnügt, während er immer noch klatschnaß am Feuer steht. Gleich daneben sitzt Jeff in einem Klappstuhl, begleitet singend und pfeifend seinen Schicksalsgenossen, schüttet Wasser aus seinen Stiefeln, wringt Socken aus. Glenn hantiert munter mit irgendwelchen Blechen auf der anderen Seite des Feuers. »Das ist alles nicht wahr!« denke ich, »nein, der bäckt Kuchen!«

Nur Tim wirkt sehr mißmutig, hantiert mit seiner Kamera, sein Gesicht wird länger und Zornesfalten beginnen sich einzugraben. Plötzlich ergreift er seine Reiselektüre, geht zum Feuer und verbrennt das Buch unter Jeffs lauten Protesten.

»Kippt jetzt die Stimmung?« Diese Frage scheint auf allen Gesichtern zu stehen. »Completely bombed«, fühlt Tim sich – kein Wunder, denn seine Kamera ist beim Rettungsmanöver durch Wasser und Sand ruiniert worden.

Wir leihen ihm eine von unseren. Das »Yukon-Baptist-Island-Festival« auf »Tornado Island«, wie Jeff die Insel getauft hat, kann endlich den Höhepunkt erreichen.

Flackernder Feuerschein erhellte die drei Zelte und all die vor sich hin trocknenden Gegenstände. Ulli erntete großen Beifall, als sie die ersten Bannoks anbot. Später entlastete Bruce sie mit einer »High-Energy-Festival-Soup« aus seiner schwimmenden Naturkost-Buschküche. Eine Packung Dosenbier verflüchtigte sich rasch, Glenn servierte frischgebackenen Schokoladenkuchen. Bruce improvisierte mittlerweile mitreißenden Blues auf seiner Mundharmonika und spielte ab und zu Blockflöte. Gelächter und Gesänge kreisten über »Tornado Island«, und Jeff begann in unerschütterlicher Ruhe und Heiterkeit das Kleinzeug zu trocknen: Ausweispapiere, Briefe, Geldscheine und Travellerchecks.

Bären? Nicht hier auf »Tornado Island« – höchstens Tanzbären würden hierher kommen, oder solche, die eine Gitarre dabei haben.

Gold, Hitze, Elche, Indianer, Gewitter und große Fische – man lebt sich ein

Nach der gemeinsamen Abfahrt wollten wir uns gegen Abend wieder irgendwo am Flußufer treffen. Falls wir uns aus den Augen verlieren sollten, versprach Tim, er werde die Kameras in Dawson deponieren, denn dorthin ließe er sich seine Zweitkamera schicken. Glenn und Tim waren bereits vorausgefahren.

Bilderbuchwetter breitete sich über der Flußlandschaft aus. Genußvoll, ja in fast meditativ anmutender Ruhe steuerten ein Kanu und ein Kajak in den immer breiter werdenden Yukon, der sich hier zum ersten Male in eine kaum übersehbare Inselwelt aufzulösen begann.

Lautlos glitten wir durch schmale Passagen zwischen dichtbewachsenen Inseln, einem Gebiet, in dem sich gern Elche aufhalten. Ein Otter tummelte sich im Wasser, schien uns gar nicht zu beachten, tauchte erst, als das Kanu auf die Mündung eines Baches zuhielt. Glasklares Wasser strömte uns entgegen, es war ein schöner Kontrast zu dem trüben Yukonwasser. Plötzlich sahen wir einen großen Hecht zwischen überfluteten Wurzeln, wenige Meter daneben bewegten sich einige Graylings. Ich war wie elektrisiert, am liebsten wäre ich aus dem Boot gesprungen, um mitten im Mündungsbereich des Baches zu angeln. Vorsichtshalber steckte ich aber die Hand ins Wasser – mein Angelfieber kühlte vorerst ab: das Wasser schien einem Gletscher zu entspringen.

Es gelang mir zwar später, den Hecht zu fangen – aber das mußte teuer bezahlt werden: wir verloren unsere Freunde aus den Augen.

Vergeblich versuchten wir, den Vorsprung der Kanus einzuholen, und trösteten uns schießlich damit, daß ja noch viele Flußtage bis Dawson City folgen würden. Sagten die Kanuten nicht, wir bräuchten nur nach großen Lagerfeuern Ausschau zu halten und gegen Abend auf Küchengeruch anzusteuern?

Die Insel, auf der wir den Hecht brieten, benannten wir »Pike Island«. Während des Nachtessens zauberte die Mitternachtssonne ein unvergeßliches Farbenspiel – 400 Kilometer Yukon lagen bereits hinter brennendem Himmel, glühenden Wassern und goldenem Sand – feierte das Land mit uns?

Seit der Abfahrt von »Tornado Island«, etwa bei Kilometerpunkt 350, lief der Fluß auf etwa eineinhalb Kilometer Breite immer wieder zu

Insellandschaften auseinander. Die Strömung teilte sich, floß an zwei bis drei Meter hohen, wie mit dem Spaten abgestochenen Inselufern vorbei oder pendelte von Ufer zu Ufer, während Inseln und Inselchen, Sand- und Kiesbänke ein Labyrinth bildeten, das durch Kanäle und von Laubbäumen und Weidenbüschen fast zugewachsenen Passagen verbunden war, in denen das Wasser kaum floß. Schachtelhalm-Wiesen und unzählige niedrige Weidenschößlinge gediehen dort. Nach einigen Kilometern zog sich das Wasser-Busch-Geflecht wieder zu etwa 250 Meter schmalen Engstellen zusammen.

Der folgende Flußabschnitt schien es in sich zu haben: »Devil's Crossing«, »Devil's Lookout«, »Hell's Gate«, oder »Deadman's Slough«, lasen wir neugierig in der Landkarte.

Wir hatten es gegenüber den alten Flußdampfern leicht, durch all die schmalen Kanäle und Untiefen zu fahren. So manche Mannschaft hatte auf dieser Strecke Schiffbruch erlitten, und die gefährlichen Stellen waren deshalb so dramatisch benannt worden – wir mußten uns vor Treibholzinseln und einzelnen in der Strömung steckengebliebenen Bäumen in acht nehmen.

Es war drückend heiß. Die Sonne brannte vom wolkenlosen Himmel, und all das viele Wasser um uns brachte keine Kühlung – olivfarben floß es gemächlich dahin – und nährte die saftig grünen Erlen- und Weidendickichte. Doch auch diese Stellen mit ihrem wohltuenden milden Licht vermochten die brütende Hitze nicht zu mildern. Träge Ruhe deckte Holz und Wasser zu, nicht einmal Vögel sangen, sogar das hochtönende Sirren der Moskitos war eingeschlafen. Ab und zu nur gluckerte oder rauschte es leise, wenn Treibholzgeflecht überspült wurde. Schweißperlen rannen mir über das Gesicht, das Hemd klebte am Rücken, monoton paddelte ich vor mich hin. Vorn im Boot saß meine Partnerin in sich zusammengesunken, den Kopf vornüber gebeugt – sie war eingenickt.

Große dunkle Augen zwischen einer krummen langen Nase und abstehenden Eselsohren musterten mich verständnislos, während das Boot noch näher auf das Inselufer zutrieb – etwa sechs Meter trennten uns noch.

»Hallo Elch!« rief ich freundlich.

Schlagartig kam Bewegung in die müde Busch-Siesta. Die Elchkuh sprang wie vom Blitz getroffen ein Stück senkrecht in die Luft – Ulli schreckte ebenso senkrecht in der Bootsluke hoch – dann drehte sich die Flüchtende schnell um, stampfte ein paar Meter das Ufer entlang und rannte zur anderen Seite der Insel. Zwei junge Elche, etwa so groß wie Rehe und hellbraun, standen unbeholfen da und sahen zu uns herüber. Die Elchkuh tobte jetzt durch das flache Wasser am Ufer der Insel, Wasser spritzte hoch, es rauschte und klatschte, dann war sie bei ihren Jungen. In Panik raste sie jetzt hin und her, während die Jungtiere die Situation überhaupt nicht begriffen, nur weiterhin ruhig dastanden und in Richtung Boot äugten. Dann stellte sich die besorgte Mutter quer vor ihre Jungen, deckte beide mit ihrem großen, vor Nässe triefenden Körper und starrte uns an.

Wir ließen uns rasch flußabwärts treiben, die Elchkuh beruhigte sich wieder und verschwand schließlich mit ihren Schützlingen im Erlendickicht. Ich kam mir schäbig vor, friedliche Elche einfach so zu erschrecken. Außer Hörweite teilte mir meine Partnerin ihre Auffassung zur Elchaffäre mit… Dann wetteten wir, wer den nächsten »moose«, und überhaupt, wer wohl die meisten Elche zuerst sehen würde. Ulli nickte nie wieder ein.

Einmal, wir trauten unseren Augen kaum, leuchtete der Fluß in reinem Weiß. Wir fuhren in flache Sumpfgebiete, in denen sich die Konturen unseres weißen Bootes verloren. Wie ein Märchengarten wirkte die gepuderte Umgebung, in der es auch noch zu schneien schien. Wollgras blühte und mit ihm die Weiden, die ihre fliegenden Samen in Wollewolken über das Land verstreuten. Waren wir wirklich noch am Yukon? Azurblauer Himmel, lachende Sonne, die blütenduftschwere laue Brise aus den kleinen Inselhainen, smaragdgrüne Gräser mit weißen Wattebäuschen, die sich sanft in spiegelnden Wassern wiegten – war dies wirklich in Kanada? Paßten das Vogelgezwitscher, das Gluckern und Murmeln der Wasser, das Summen und Schwirren all der Insekten in diesem verträumten Wasserpark nicht eher in den Wundergarten eines orientalischen Fürsten als an den Yukon?

Die Ufer wurden steinig, Felsen wuchsen zu steilen Wänden an, die wie Stapel von wuchtigen und durchgesägten Platten wirkten. Weitere quadratkilometer große Platten erhoben sich wie riesige Stufen aus dem angrenzenden Hinterland. Kantige Säulen standen wie versteinerte Palisaden in den dunkelgrauen Schluchten.

»Basaltsäulen, sieh doch!« rief plötzlich Ulli und drehte sich begeistert zu mir nach hinten um.

Mächtige Plateaubasalte formten terrassenartig die Landschaft, so weit man blicken konnte, und mauerten den Yukon förmlich ein. Gewaltige Lavafluten waren hier vor mehreren hundert Millionen Jahren aus tiefreichenden Spalten der festen Erdkruste gedrungen, hatten sich wie feurige Seen aus flüssigem Gestein weit verbreitet und waren dann erkaltet. Durch diese erstarrten Lavamassen war dann wieder Glutfluß gedrungen und hatte sich als neue Schicht darüber gelegt. Jahrmillionen hatte es gedauert, bis sich der Yukon durch dieses harte und zähe Gestein durcharbeiten konnte.

Kleine Wasserfälle stürzten über die hohe Uferkante, nischenartige Höhlen waren aus den Felswänden herausgebrochen. Pflanzen konnten sich an den Vorsprüngen der steilen Wände kaum festhalten. Das rechte Ufer bog landeinwärts, strömendes Wasser drückte kraftvoll in den Yukon – hier mündete der Pelly River ein.

Wir querten zur linken Seite, mühten uns gegen den plötzlich einsetzenden Gegenwind und die sich vereinigenden Strömungen von Pelly River und Yukon, denn auf der gegenüberliegenden Basaltstufe lag das historische Fort Selkirk, das wir kurz besuchen wollten. Wieder war der Yukon kräftiger geworden, und es würde künftig mehr Zeit und mehr Mühe kosten, um vom einen Ufer zum anderen zu gelangen.

Wir hatten eine zerfallende Geisterstadt erwartet – statt dessen gerieten wir in ein Wildwest-Goldrausch-Freilichtmuseum, das von Athabasken-Indianern betrieben wird.

Gerade 30 Kilometer hatten wir erst am 18. Juni zurückgelegt, es war gegen 18 Uhr und das gute Wetter hielt; eigentlich hatten wir schon weiterfahren wollen, als Indianer uns einluden zu bleiben: und zwar in einem sorgfältig gebauten Blockhaus mit Ofen, Betten, Tischen und Stühlen, alles aufgeräumt und blitzsauber. Unter dem weit hervorspringenden Dach standen ein großer Holztisch und Bänke. Ein paar Schritte vom Eingang entfernt brach das ebene Gelände steil zum Yukon ab. Kilometerweit reichte der Blick über den großen Fluß. – Wir waren hellauf begeistert und blieben.

Ein Motorboot hielt und eine Gruppe Indianer stieg aus. Der Fahrer des Bootes kam bei uns vorbei, grüßte freundlich, grinste mich an, setzte sich auf die Bank und fragte, ob ich ein Bier wolle. Er genoß mein Erstaunen und die begeisterte Zustimmung. Vor zwei Jahren hatte er zwei Berliner aus dem Yukon gefischt, lebensgefährlich unterkühlt, das meiste des Gepäcks war bei der Kenterung des Kanus verloren gegangen. Bei ihm in Minto hatte er sie »step by step« wieder aufgebaut. Wo das geschehen sei? – In »Hell's Gate«, zwischen den Inseln, »pretty luck« hätten die beiden gehabt – rein zufällig hätte er sie überhaupt gesehen.

Der Athabaske hielt die Strömungsgeschwindigkeit des Flusses für die größte Gefahr. Als ich ihm unser »Five Finger-Rink Rapids«-Erlebnis erzählte, lachte er und meinte, das käme öfters vor, besonders bei Hochwasser, aber manchmal ginge es nicht gut aus.

Seine Frau gesellte sich zu uns, und wir luden die beiden zu einer Kanne Darjeeling Tee ein. Die Athabaskin meinte, das Yukon Territory sei heute überbevölkert. Früher seien viel weniger Menschen in den Busch gezogen. 25 000 Menschen gäbe es jetzt schon hier. Als ich ihr erklärte, daß das Yukon Territory etwa zweimal so groß wie West Germany sei, dort aber über 60 Millionen Menschen lebten, und daß die gesamte Bevölkerung des Yukon Territory der Einwohnerzahl nur einer von Tausenden kleiner Städte unserer Heimat entspräche, sah die Frau uns fassungslos an. Dann fragte sie erschüttert, wie man denn da um Gottes willen überhaupt leben könne!

Ob wir in Eile seien? – Hm, ob uns immer noch Restwölkchen dieser bei uns zu Hause so beliebten Duftnote umkreisten? Was kann man dagegen tun? Nun, wir verheizten historisches Baumaterial, echte Goldrauschbretter – Vergangenheit, die unsere Gastgeber durch neues, besser bearbeitetes Holz ersetzten.

Da war Zeit, die Tagebucheintragungen zu vervollständigen; setzten einem die Moskitos draußen auf der Bank zu sehr zu, ging man halt ins Blockhaus und schrieb am Fensterplatz weiter.

Ohne Hast und Unruhe arbeiteten die Athabasken ständig weiter an den Gebäuden, blieben dabei heiter und freundlich... es mußte hier ein Kraut gegen verbissenen Ernst wachsen. Es waren diese ansteckende Ruhe, diese heitere Gelassenheit, die ich auch später bei vielen Alaskanern wieder fand, die mich so anzogen. Erkennt man einen Unterschied zwischen natürlicher Gelassenheit und einer nur geschäftsmäßig aufgesetzten? Botschaften ganz anderer Art erhielten wir im alten Pfarrhaus. Im oberen Stockwerk klebten Zeitungen von 1890 an den Bretterwänden. Krisen, Kriege und Skandale, Heilsbotschaften und Küchentips, Klatsch und Weltneuheiten, Inserate über todsichere Fußpilzmittelchen sowie garantiert wirksame Haarwuchstinkturen und Börsennachrichten: all dies hatte hier als Isolationsmaterial gegen die grimmige Winterkälte gedient. Naja, haben sich die aktuellen Zeitungsinhalte geändert? In immerhin zwei Punkten schon: Werbedesign und Schriftart.

Was blieb noch? Eine zweite Kirche, Handelsniederlassungen, die Telegrafen- und Poststation. Als ich die kleine Schule fotografierte, kam ein alter Indianer, lächelte, winkte, ich solle mitkommen und deutete auf eine Doppelbank mit Schublade und Tintenfaßöffnung:

»Hier, da bin ich einmal als kleiner Junge gesessen.«

Wir bewunderten kunstvoll gezimmerte Dachbalkenkonstruktionen, sahen noch gut erhaltene Urgroßvatermöbel. Gelegentlich mußten wir aufpassen, daß wir nicht auf Requisiten des Goldrauschs traten: alte Blechkübel, Pfannen, Wagenräder, Munitionskisten, Schuhe und ähnliches. Doch halt, da sprach etwas eine überdeutliche Sprache: ein wild durchlöcherter Eimer – das als Zielscheibe zweckentfremdete Gefäß hatte die Schützen bei weitem überdauert.

Wir verabschiedeten uns am 20. Juni von den gastfreundlichen Indianern, stießen ab und fuhren in die Mitte des Flusses. Wir hielten kurz, drehten uns – da standen sie, wie wir im stillen gehofft hatten, und winkten uns vom hohen Ufer her ein letztes Mal nach.

Steile Basaltabbrüche auf der rechten, wild zerklüftete und teilweise bewachsene Hänge auf der linken Uferseite hielten den kräftiger gewordenen Fluß wie in einem Canyon gefangen. Zu den kantigen, zerrissenen Formen der Ufer paßte jetzt auch die unruhige Strömung des Flusses: das Wasser rauschte oft ungestüm auf, wirbelte, schlug Wellen, und an Klippen drohten große Strudel. Jetzt hieß es aufpassen, ständig auf der Hut sein, aber das war kein nervenaufreibendes, angespanntes Fahren – es war eher ein wildes Genießen.

Ich hatte Vertrauen zu dieser Landschaft gefunden, nirgendwo stießen meine Augen an, nichts mußte ich übersehen, überriechen oder überhören – wo kann man sich so öffnen, die Sinne aus dem zivilisationsgeschmiedeten Schneckenhaus herauskriechen und auch draußen bleiben lassen?

Allein sollten wir heute jedoch nicht sein; es schien, als hätte man uns erwartet…

Gleichzeitig hörten wir zu paddeln auf: dort oben auf dem unbewaldeten Hang, der nur von Kräutern und niederen Büschen begrünt war, bewegte sich ein schwarzer Fleck. Schlagartig war die bislang nur latente Gefahr sichtbar geworden. Tagsüber, vor allem im Boot, waren wir vor Bären relativ sicher. Wir machten beim Landen und Aussteigen, dem Zeltaufbau und beim Kochen sicherlich so viel Lärm, daß uns Bären schon vorher ausweichen konnten. Aber was geschah um unser Camp, wenn wir schliefen?

Indianer hatten uns von weißen Bergziegen erzählt. Diese scheuen, aber sehr geschickten Wesen sehe man nur über große Entfernungen, und selbst die besten Jäger überhaupt kämen nur selten auf Schußweite an sie heran. Wir hatten bisher kein einziges dieser Tiere gesehen, suchten schon seit Stunden – und sahen statt dessen den Schwarzbären.

Über den begrünten Bergflanken erhob sich unwegsames, felsiges Gelände; darüber thronten zerrissene Felswände und bildeten Pfeiler, Türme und wild gezackte Sägen. Adler und Raben umkreisten die Höhen, und ihre Schreie drangen weit in die Stille der Auenwälder. Meine Blicke suchten stundenlang die unzugänglichen Felsen ab – doch dann sichtete ich einen weißen Fleck auf einem hohen Felspfeiler. Ich vergewisserte mich mit dem Fernglas: Auf einem schmalen Felssims lag eine weiße Ziege. Regungslos, zwei Beine baumelten über dem jähen Felsabsturz, blickte sie über die Schlucht.

Doch nach wenigen Stunden, während ich noch mehr Bergziegen entdeckte, erklang es plötzlich auftrumpfend: »Sieh doch mal da 'rüber!« – Zwei Elche standen am Uferrand, keine fünfzig Meter entfernt. Diesmal verkniff ich mir eine Begrüßung, blieb völlig ruhig und überließ meiner Partnerin das Fotografieren. Ulli hatte kräftig aufgeholt: unser Elch-Wettverhältnis stand nun 2:3, nachdem ich 0:3 geführt hatte.

Einige Male kamen wir Bibern auf wenige Meter nahe, bevor diese laut mit dem Schwanz klatschten und abtauchten. Ulli sichtete einen großen »Bald Eagle«, das Wappentier der USA. Was war bloß los heute? Wollte sich jetzt plötzlich der gesamte Busch vorstellen, nachdem wir tagelang kaum ein einziges Tier zu Gesicht bekommen hatten?

Mit gemischten Gefühlen – halb Freude, halb Mißtrauen und Sorge – entdeckten wir innerhalb nur einer halben Stunde zwei weitere Schwarzbären; sie und wir blieben auf Distanz.

Bären mögen erfreuliche Abwechslung bieten, wenn man sie an sicheren Plätzen im Nationalpark fotografieren darf – und ein »unsichtbarer« Ranger mit schußbereitem Gewehr die Situation kontrolliert. Auch stundenlange Fahrten über die einsamen Highways werden durch futterbettelnde Bären erlebnisreicher. Anders empfindet man in der Wildnis: hier sind die Bären unberechenbare Raubtiere – und man muß Tag und Nacht mit ihnen rechnen. Selbst im Boot darf man sich nicht vor ihnen sicher fühlen – alle Bären sind gute Schwimmer, auch Grizzlies, und wir wußten, daß es die hier ebenfalls gab.

Einen Lagerplatz nach dem anderen lehnten wir ab – drei Bären an einem Abend, wir fühlten uns in dieser Gegend doch leicht beunruhigt. »Winchester 338 Magnum, Mann –, und du kannst ruhig schlafen!« Oh ja, oft genug dachte ich an die Worte des Indianers aus Whitehorse. Gelbrotes und rosa Licht begann sich über den Himmel zu verbreiten. Ging die Sonne auf oder unter? Es war eine seltsame Mischung von beidem. Die warmen Farben des Himmels, die zart roten und rosaroten Tönungen der Wolken, die in allen Richtungen sanft leuchteten, bezauberten uns derart, daß wir fast vergaßen, wie durstig, hungrig und müde wir eigentlich waren.

Wir hielten noch bis zum Ballarat Creek aus, wo nach der Gelände-karte ein altes Blockhaus stehen sollte. Wir fanden das Blockhaus, aber in was für einem Zustand! Die Wände neigten sich und das Dach war eingestürzt, aber es war merkwürdig: selbst diese uralte, verfal-lene Blockhütte strahlte noch einen Rest von Geborgenheit aus. Obendrein fanden wir Spuren unserer vorausfahrenden Freunde. – Wo mochten sie wohl sein?

Während die Zeit in einen milden Morgen hineinträufelte, erstand eine oliv glänzende Kuppel zwischen hellgrünen Erlen und Birken. Ob die Bären dazu beigetragen hatten, daß wir an diesem Tag unseren Streckenrekord aufstellten? Um 100 Kilometer war Dawson City nä-her gerückt.

36 Grad Celsius – 8 Grad Celsius... fünfmal, sechsmal, nochmal – dann kam die Wäsche dran. Diese wurde sanfter behandelt, nicht ein-fach in den Yukon getaucht, wie ich mich fit gemacht hatte. Am Balla-rat Creek lag eine Goldmine, in der Goldwaschpfanne wurden hier Kleider gewaschen – keiner hat's gesehen, war es ein Stilbruch?

Wären wir doch in diesem Camp geblieben! – Aber nein, wir woll-ten ja unbedingt zeigen, wie man einem fast vergangenen Tag hinter-her läuft. Licht, Licht, so wunderbar lange Licht, Nachmittag, na und? – Man kann doch leicht noch acht Stunden fahren.

Und was macht man, um nach acht Stunden Bootsfahrt die fast gleiche Prozedur, dann allerdings in umgekehrter Reihenfolge, zu wiederholen? Folgendes: Feuer löschen, Geschirr reinigen, Zelt ab-brechen und in zwei Säcke verpacken. Zeltunterlegplane säubern und kleinfalten, Schlafsäcke in verflixt kleine Kompressionsbeutel stopfen und in die wasserdichten Packsäcke zwängen. Thermarest-Schlafmat-ten entlüften und platzsparend zusammenrollen, Wechselkleider in den wasserdichten Packsak stopfen, Fotoausrüstung sammeln und wasserdicht verpacken. Den in den Bäumen hängenden Lebensmit-telpacksack befreien und mit übriggebliebenen Nahrungsmitteln neu befüllen (Packsack natürlich wasserdicht verschließen). Feldflaschen mit Tee oder Kaffee füllen – und diesen ganzen Berg inklusive Kochgeschirr, Teekanne, Emaille-Kanne und Bratpfanne zum Boot tragen und platzsparend (System Ulli Herrmann) verstauen. Die 457 kleineren Bagatell-Handgriffchen sind nicht der Aufzählung wert und werden daher nicht näher beschrieben. Ob das nervt, Zeit frißt? – Man übe sich in der Technik der Tiefatmung.

Warum wir zu 40 Kilometern Yukon elf Stunden benötigten, darüber sind wir uns nie schlüssig geworden. Alkohol? – nein, wir hatten keinen Tropfen dabei. An allerbesten Stellen fing ich keinen Fisch, trat stattdessen laufend in große Bärenspuren. Statt dringend notwendiger Lagerplätze entdeckten wir Uferstücke oder Flußinseln, die von Bärenspuren geradezu übersät waren. Gemeinsam brachten wir Biber und Adler um ihre sicher wohlverdiente Nachtruhe.

»Da vorn, das ist gefährlich, schläfst du!« schrie ich plötzlich.

Es knirschte, krachte, ein harter Schlag erschütterte den Bootskörper und die Spitze des Kajaks schob sich über eine kaum zu sehende, überspülte Kiesbank. Sofort steuerte ich dagegen, doch schon riß uns das reißende Wasser quer zur Strömung, der »Sea Eagle« rollte unaufhaltsam zur linken Seite, drohte umzukippen. Unsere Paddel stießen in knirschenden Kies, quälend langsam brachten wir die Bootsspitze gegen die Strömung.

Wir steckten zwischen einem Gewirr von kleinen Inseln und Kiesbänken mitten im Yukon; unruhiges Wasser rauschte dazwischen, überspülte Treibholzverkeilungen, drückte gegen Weidengebüsche und Uferkanten. Wir hätten hier beinahe ein einsames, verdammt ödes Exil genossen. Hier kam niemand vorbei – nur gefährlich übermüdete Kanuten.

»Thistle Creek«, endlich ging dieser Tag zu Ende – aber wie! Schreie zerrissen die Ruhe der eingenickten Buschwelt, eine Trillerpfeife gellte mehrmals auf, eine alte Fahrradglocke schrillte entnervend, während ein fast gar nicht besorgter Bootsfahrer den Namen seiner Partnerin zum x-ten Male skandierte. Ein Affentheater? – Hm, aber ich dachte, man spaziert nicht länger als nötig in einem Wald herum, in dem zur Zeit, wie tagsüber beobachtet, ein Bären-Meeting im Gange war. Ulli beeindruckte dies überhaupt nicht, immerhin fand sie einen schönen Lagerplatz. Es dauerte ein Weilchen, bis ihre Ruhe auch auf mich überging.

»Nie mehr nachts fahren, es passiert einfach zu viel dabei! – Wir müssen unseren Tages-Rhythmus umstellen!« Dies wurde zur Losung des Tages. Wir gelobten beide, uns zu bessern, wir waren gleicher Meinung. »Lassen wir nach?« schrieb ich als Kommentar zum 21. Juni.

»Und heute wird Gold gewaschen!« fügte ich ergänzend hinzu. Nachdem ich stundenlang »äußerst verdächtige« Sandschichten untersucht hatte, begannen wir zu schürfen – trotz der Bärenspuren im Sand. Endlich wußte ich, warum ich tagelang mit der halben Gesäßhälfte auf meiner immerhin 45 Zentimeter durchmessenden Waschpfanne gesessen hatte. Ulli hielt Wache, damit ich ungestört Sand einfüllen und waschen konnte. Geduldig ließ ich das Waschgut in der großen Schüssel kreisen, goß trübes Wasser ab, trennte grobes Material. Und am Ende – glitzerten ein paar Flitterchen gelb im Sonnenlicht. Ich wusch mehrere Portionen Sand aus, aber es blieb lediglich – oder immerhin! – bei ein paar Goldblättchen. Mit souverän gezügelter Neugierde begutachtete meine Begleiterin die Ausbeute.

»Nuggets sind verdammt selten!« kommentierte ich den Fund, »da muß man entweder irrsinnig Glück haben, oder ganze Berge von Sand, Kies und Geröll durchwühlen.«

Das linke Ufer löste sich in Sand- und Schlammbänken auf, weitete sich zu einem mehrere Kilometer durchmessenden Fächer aus Silt und Sand, der von vielen kleinen Rinnsalen zerteilt wurde. Wir hatten uns schon lange an oliv getöntes Wasser gewöhnt, aber hier stutzten wir. Die milchige Lösung, die wie weiße Wandfarbe durch das weite Mündungsdelta des Flusses strömte, hatte ihm den Namen gegeben: White River. Er ist einer der großen Zuflüsse des Yukon und entspringt in den Wrangell Mountains in Alaska.

Was färbt einen Fluß derartig? Zu einem Teil ist es Gletschermilch, also die zu feinem Mehl zerriebenen Gesteine der Berge, die nach der Mahlarbeit der Eismassen mit Schmelzwasser vermengt werden. Zum anderen Teil ist es ausgebleichte und zu Staub zerfallene Asche, die ein Vulkan der St. Elias Mountain Range vor Jahrhunderten ausgestoßen hat.

Wir waren mittlerweile an schöne Uferlandschaften gewöhnt, nahmen sie in beschaulicher Ruhe auf, aber jetzt steigerte sich die Flußlandschaft am reichen Yukonufer zu solcher Vielfältigkeit und ausgeglichener Schönheit, daß wir beide nicht mehr schweigend stillsitzen konnten.

Doch zunächst mußten wir das bis dahin heftigste Unwetter überstehen. Zornig dahinfegende, fast schwarze Wolken verhüllten binnen weniger Augenblicke das Mündungsgebiet des White River. Entlang des linken Yukon-Ufers begann Grau und bald darauf dunkles, unheimlich wirkendes Blau den strahlend hellen Himmel auszulöschen. Giftiges Schwefelgelb leuchtete am Horizont, und aus schmalen hellen Löchern zwischen dunklen Wolkenmauern brannten sich Strahlenbündel hindurch, trafen schräg auf die Wasser des Stromes und tauchten sie in metallisch glänzendes Goldbraun. Wind setzte ein, zauste die Wipfel der Uferwälder, peitschte die Weidendikkichte, kräuselte stoßweise in weiten Fächern die unwirklich gefärbte Wasseroberfläche.

Die ersten Sturmböen rauschten bereits heran, als wir noch gar nicht in der Mitte des Flusses fuhren. Wetterleuchten umspielte tükkisch das geballte Grau und Dunkelblau, die ersten Regentropfen klatschten uns ins Gesicht. Wir paddelten so kräftig, wie wir konnten, strebten zum rechten Ufer – dort war es noch hell, und die dichten Laubbäume am Uferrand versprachen Schutz und Geborgenheit. Die kurzen Regensalven wurden nicht stärker, aber dafür warf sich uns der Sturm um so wütender entgegen, bremste das Boot, als wollte er uns aus dem sich zusammenbrauenden Unheil nicht entkommen lassen. Ulli fragte nach dem Notfunkgerät. Es war in Reichweite.

Die ersten Blitze zuckten, Einschläge krachten viel zu nahe bei uns – schnell, Hände vom Paddel lassen! –, Donner rollte über die Wasser. Seltsam, bei unserem Ziel, drüben am rechten Ufer, fiel kein Regen, das gab uns Kraft, wir verbissen uns ins Ziel, schlugen und zogen, schlugen und…

Ein dichtes Laubdach empfing uns; erschöpft und erleichtert glitten wir unter den Schutz, steuerten das Boot durch schirmende Äste, die mehrere Meter über die Uferkante hinaus ins Wasser wuchsen, banden das Boot an eine dicke Wurzel und zogen uns schnell noch die Plane über. Kein Steg, keine Wand, weder Tür noch Boden – trotzdem fühlten wir uns geborgen.

Der Wetterwechsel war kraß – so schnell, wie er hereinbrach, verebbten auch die wütenden Geräusche des Gewittersturms; nur vom Laub der Bäume klatschten dicke Tropfen in das Wasser, klopften auffordernd aufs Boot. Es roch betörend nach dampfendem Waldboden, feuchter moosiger Baumrinde, Harz und blühenden Kräutern. Als wir durch den dunkelgrünen Laubvorhang glitten, erwartete uns eine von neuem strahlende, freundliche Flußwelt unter einer makellos blauen Himmelskuppel. Der Wind war vollständig eingeschlafen, und der Yukon zeichnete wieder glitzernde Bänder, Spiralen und Wirbel auf erdig olivem Hintergrund. Auch die Farben der Landschaft leuchteten frischer, kräftiger, und über den smaragdgrünen Wäldern am linken Ufer schimmerten zarte Regenbogen.

Steile Berghänge, überwiegend von scheckig gemusterten, dichten Mischwäldern bewachsen, fielen ohne Strandterrassen zum Yukon ab; an wenigen Stellen ragten kahle Felsen aus dem tropfnassen und dampfenden Grün. Kleine und große Buchten kerbten sich in das Ufer ein. Während sich in den kleinen Buchten nur ungefährliche Wasserwirbel mit schwimmenden Baumstämmen drehten, beheimateten die großen malerische Untersümpfe. Schlanke Birken und Erlen wuchsen dort aus weiß blühenden Wollgraswiesen, spiegelten sich im ruhigen Wasser. Wo Laubbäume nicht mehr gedeihen konnten, verwoben sich Schachtelhalme, wilder Reis und Wollgras zu schwimmenden Teppichen und Girlanden. Abgestorbene Bäume ragten gleich Fingern aus hellem Grün und dunklem stillem Wasser; dicke, knorrige Wurzelstöcke schauten wie große Augen daraus hervor. Wie bei dichtem Schneetreiben schwebten große weiße Flocken von verblühenden Weiden über den Sümpfen, überzogen Riedgräser und bildeten weiße Ufersäume.

»Fünf zu drei«, sagte ich und deutete auf eine weiße Wollgraswiese, von der eine Elchkuh und ihr Junges ruhig zu uns herüberäugten. Wir mußten uns aus dem Idyll recht unsanft zurückziehen, eine riesige Treibholzinsel kam näher.

Schaudernd hörten und sahen wir, wie ungestüm das Wasser am Rande und unter dem Baumstammverhau rauschte. Weiterhin mußten wir unser Boot vorsichtig in der Strömung halten, sausten an Inseln vorbei, bis sich der Yukon seenartig weitete und eine neue Strömung von rechts drückte – wir erreichten die Mündung des Stewart River.

Ein Waldschrat enttarnt sich

»Nach rechts bitte!« rief Ulli, »halten wir doch an der Stewart Insel, die soll seit dem Goldrausch bewohnt sein.«

Ein offenes Motorboot an der Anlegestelle sowie eine Leiter am hohen Uferabbruch zeigten uns, daß die Insel, die so friedlich und ruhig vor uns lag, tatsächlich bewohnt war. Erwartungsvoll kletterte meine Gefährtin hinauf, mich zog es dagegen eher in unbewohnte Gebiete und so blieb ich im Boot.

Oben wurde gesprochen, und Ulli erschien bald wieder an der Leiter. Sie meinte, es sei wirklich außergewöhnlich schön hier, lediglich zwei nette Menschen hielten sich noch auf der Insel auf; der Goldgräberladen sei zwar geschlossen, aber wir dürften bleiben.

Als ich selbst oben angekommen war, mußte ich mich auf der Leiter festklammern. Durfte es so etwas im Yukon Territory geben? – Ich blickte auf eine gepflegte Rasenfläche. Am Ende der auf den ersten Blick kultiviert englisch anmutenden Anlage, die sich wie ein Golfplatz spannte, stand ein stattliches, hell gestrichenes Haus mit niederem Walmdach und großen, abgeteilten Fenstern; es hätte ein britischer Landsitz sein können. Linkerhand daneben befand sich ein kleineres, spitzgiebeliges, ebenfalls hell gestrichenes Anwesen mit der Aufschrift »Burian's Store«. Kleinere, einfacher gebaute Blockhäuser und Schuppen schlossen sich an. Im Hintergrund der Gebäudegruppe wuchsen hohe Laub- und Nadelbäume. Rechts, mehr am Ufer gelegen, sah ich einen reich sortierten Gemüsegarten, dahinter, in Richtung der hohen Bäume, standen drei weitere Blockhäuser.

Wie in stiller Meditation saß ein Mann unbestimmbaren Alters auf der Holzbank am Ufer und blickte erst in meine Richtung, als ich auf ihn zuging und grüßte. Ich sagte ihm, daß mich dies hier mitten in der Wildnis sehr verwundere, und er wiederum wunderte sich, daß ich mich wunderte. Der zweite Insulaner, mittelgroß, mit grünem Schlapphut, grünem Janker, klobigem Schuhwerk, allen blutrünstigen Insekten zum Trotze mit kurzer Hose bekleidet, winkte vom großen hellen Gebäude her und widmete sich dann wieder den Blumen.

Zu gießen brauchte man hier für die nächsten drei Tage nicht. Wir gewöhnten uns an das Getrommel auf dem blechverstärkten Dach des Blockhauses; der Himmel schien stetig tiefer zu sinken, als ob er Stewart Island ersäufen wollte. Sauber gezimmerte Balken, schöne alte Möbel, ein großer eiserner Herd, ein Ölfaßofen mit urigem Ofenrohr, die überdachte Veranda mit den geschützten Holzscheiten, all das behielt jedoch die Oberhand gegen die graue Regenhölle. So hatten bereits erfolgreiche Jäger und Trapper, Buschklepper und Goldsucher Schlimmeres im Yukon Territory überlebt – bloße Unterschlupfe dagegen stürzten die Menschen in Depressionen und Verderben. Regen klopfte jetzt freundlich über uns aufs Dach, übertönte das Knistern und Knacken des brennenden Holzes im Herd. Bald roch es nach Kaffee und frischgebackenem Brot. Ein klein wenig tanzte die Flamme der Petroleumlampe, warf Licht auf mein Tagebuch, in dem sich die Seiten zu füllen begannen.

Ungetrübtes Glück? – Fast, bis auf die neu hinzugekommenen

Wächter des Goldgräberlandes: »no-see-ums«, winzig kleine Beißfliegen, die nach ihren rücksichtslosen Angriffen ungemein juckende Punkte als Dank für die Blutspende hinterließen.

Der Insulaner, den ich gestern als scheuen Waldschrat oder Wurzelsepp eingestuft hatte, besuchte uns. Jetzt erst erkannte ich, daß es eine junge Frau war. Auf einmal erwies sie sich als konversationstüchtig, und ich erschrak nicht schlecht, als sie obendrein auch noch Deutsch verstand. Bedeutete ihr Lächeln, daß sie meine Äußerungen während unserer Landung verstanden hatte? Wir luden sie für den Nachmittag zum Tee ein.

Es ist unglaublich, wie Frauen sich sogar in Wildnisgebieten verkleiden können. Als Marian vor der Tür erschien, hatte sie nichts mehr mit dem Wald-Busch-Wiesen-Wesen gemeinsam, das uns gestern begrüßt hatte. Die junge attraktive Frau sah plötzlich wie eine elegante Intellektuelle aus – und war es auch. Nach ihrer vollständigen Enttarnung erzählte sie, sie habe Sprachen in Kanada studiert, sei auch längere Zeit in der Schweiz, in Genf, gewesen. Aber all dies habe ihr eines Tages nicht mehr gefallen und so habe sie sich schließlich zum großen Erstaunen, ja Entsetzen der Eltern, Freunde und Bekannten für den Busch entschieden. Gutes Geschick habe sie ins Yukon Territory geführt und bei der Familie Burian auf Stewart Island ein neues Zuhause finden lassen.

Nun führe sie das harte, ehrliche, aber ausgefüllte Leben in der Wildnis, und in den Burians, die seit den 30er Jahren hier wohnen, habe sie vortreffliche Lehrer gefunden. Hier erlerne sie alles BuschWichtige, angefangen vom Jagen und Fallenstellen bis zur Gärtnerei und zum Blockhausbau. Zur Zeit baue sie eine eigene »trap line« auf und arbeite für ein gutes Jagdgewehr und Ausrüstung.

Ohne Umschweife kam Marian zu den Hauptursachen, die ihren radikalen Entschluß eingeleitet hatten. »Too much empty words, blowing in the air«, war die Formel, auf die sie das meiste reduzieren konnte. Sie habe einfach restlos genug gehabt vom Reden, Quatschen, Diskutieren über Dinge, von denen die meisten ihrer Freunde und Bekannten kein echtes Wissen und vor allen Dingen – keine verwurzelte Erfahrung hatten. Nichts als hohle und blutleere Begriffe, Schallwellen, Schallwellen…

Sie sah in der heutigen Zivilisation, samt der etablierten Gesellschaft, ein energie- und zeitfressendes Ungeheuer, ein unersättliches »Schwarzes Loch«, das um seiner selbst willen alles fresse, auf nichts Rücksicht nehme. Natur und Wildnis würden vorher erst noch gründlichst untersucht und schön bunt beleuchtet, bevor es für immer in den Sog ginge. Sie fragte sich, was all das tolle Werbefeuerwerk für bodenlosen Unsinn, der Geldzirkus und die von wirtschaftlichen Prämissen gegängelte Politik denn noch solle, wenn der Boden von allem zerbröckle, das Fundament einstürze. Sie habe in diesem heillosen Unfug keine Werte, keine erstrebenswerten Ziele gefunden.

Sie konnte kräftig vom Leder ziehen, die eigentlich eher zierliche, kleine Frau, die jetzt wie eine hochgradig motivierte, zornige Ökopolitikerin wirkte. Wenn man sie jemals mit einer Axt hatte umgehen sehen, wußte man, daß da auch Wucht dahinter steckte. Wer so konsequent dachte, der mußte wohl auch so handeln.

25 Jahre Ausbildung, Schule, Universität – und dann in die Wildnis! – Auch Ulli fand Gefallen an ihr.

»Ich bin viel ruhiger, ausgeglichener, seit ich hier bin, ich habe das Gefühl, die Gedanken werden hier klarer und tiefer, ich bekomme Sinn für Wesentliches, wenn ihr mich versteht! All das oberflächliche, sinn- und nutzlose Getue und Geschrei der Zivilisation kann mich hier nicht treffen. – Ich schreibe gerade ein Buch, jetzt im Sommer komme ich leider nicht oft dazu, aber ich freue mich schon auf die herrlichen Winternächte – da ist es dann noch viel schöner hier, noch ruhiger.«

Lange hörten wir Marian zu, keiner unterbrach ihre lebendigen Schilderungen.

»Go back to your roots«, gehe an deinen Ursprung zurück. Wer sich zu weit von der Quelle entfernt, weiß nicht mehr, was Wasser ist. Was braucht man denn eigentlich an Materiellem wirklich im Leben? – Wer sagt es einem? Wo bekommt man weder etwas angedreht noch aufgeschwätzt oder gar aufgezwungen? – Wo nützen weder Angeberkram noch Statussymbole? – In der Wildnis bekommst du Antwort, ich kenne sonst keinen Platz auf der Welt.«

Ullis Zustimmung ließ Marian noch weiter vorpreschen und sie wirkte jetzt wie eine Bilderstürmerin, die zum letzten, entscheidenden Schlag ausholt.

»Ehrlichkeit und Aufrichtigkeit, uneigennützige Hilfsbereitschaft, Anteilnahme und menschliche Wärme zählen in der Wildnis. Titel, Statsussymbol, Dienstrang oder gesellschaftliche Position, das alles kannst du dir hier in den Hintern schieben. Wer nach zuviel Chemie riecht, dem haut hier eben der Bär eins aufs Haupt. Wer hier nicht mit Gewehr und Axt, Außenbordmotor oder Paddel, Schneeschuhen und Hundeschlitten umgehen kann, den wird der Busch fressen, ohne

Rücksicht auf Parteibuch, Einfluß und Rechtsanwalt. Übrigens, apropos Geld – nur Papiergeld hat Wert: Man kann das Lagerfeuer damit anzünden. Nun, ist das keine gerechte Welt hier? Deshalb liebe ich den Busch und den Yukon.«

Jetzt lächelte sie – Diskussionen waren überflüssig.

»Und wie bist du auf die Idee gekommen, den ganzen Yukon hinunterzufahren?« Marian wollte, nein, forderte eine ungeschminkte Antwort von mir.

»Ich mußte wieder einmal auf einem Flecken Erde sein, wo Natur mehr als nur noch eine Nutz- und Benutzungsanlage – ob notgedrungen, oder auch nicht – für Menschen bedeutet. Zäune und Preisschilder markieren die zivilisierte Menschenwelt – ich will wissen, was dahinter steckt, und ob es auch ohne geht. Es gibt doch auch natürliche Straßen, es waren sogar die allerersten: Flüsse. Und ich glaube, der Yukon ist eine der schönsten davon. Nun, wie lange kann man auf solch einem Highway bleiben – ganz ohne Raststelle, völlig ohne Service? Werde ich meine Überdosis Zivilisation hier wegschmelzen lassen können, oder wird sie mich quälen? Kann ich Sicherheit gegen Freiheit eintauschen – gibt es auch eine Überdosis Freiheit, was werde ich gewinnen, wenn überhaupt?«

»Je mehr man fragt, desto mehr Antworten folgen. Verstehst du mich, Yukonfahrer?«

»Hm, du meinst, ich sollte hier lernen, keine Fragen mehr zu stellen, ja?«

»Du fragst schon wieder.«

Die beiden Frauen grinsten sich zu.

Wir genossen das Klopfen und Prasseln des Regens, es roch angenehm nach Holzfeuer und ein wenig Petroleum, lange Schatten spielten auf den dicken, wohlgefügten Balken, milder Schein ließ die entspannten Gesichter noch ruhiger wirken. Die Teekanne kreiste gemächlich, und auch der Inhalt der rußgeschwärzten Kanne harmonierte mit der Stimmung im Blockhaus auf der Insel mitten im Yukon River – blumiger, milder Darjeeling-Tee.

Drängende, schmutzigbraune Fluten umströmten die Ufer von Stewart Island, kleine Wirbel drehten sich in den wuchtig dahineilenden Wassermassen, Äste und abgeschliffene Stämme, auch ganze Bäume trieben mit den abgerissenen Wurzeln voraus am Ufer vorbei. Der Rasen bekam Ähnlichkeit mit einem Reisfeld, und von den Bäumen fielen pausenlos dicke Tropfen. Nur die übermütigsten Moskitos wagten halbherzige Angriffe, und die beiden Insulanger zogen es vor, im Trockenen zu bleiben. Nur einer arbeitete unermüdlich, schien sich wegen des allgegenwärtigen Überflusses sogar noch zu steigern – der Regen.

Wir blieben. Sicher, längst wollten wir schon in Richtung Dawson unterwegs sein, doch wir ließen uns gern von der nestartig einhüllenden Geborgenheit von Stewart Island gefangen halten – war es hier zu schön? Wie lange dauerte es wohl, bis man hier nie wieder wegkam?

Beim Zivilisationsabspecken machten wir laufend Fortschritte. Je mehr wir uns von Luxus und Bequemlichkeit entfremdeten, desto angenehmer, freundlicher, ja familiärer wurde der Umgang mit dem Land. Darf ich unser Badezimmer vorstellen?

Wir gingen ans Ende der Insel: hier wuchsen große Laubbäume wie Schirme über die weiten Kiesbänke, zwischen denen nur flaches Wasser plätscherte. Birken, Erlen und Weiden hielten den Wind ab. Wir legten die Kleider unter einen Baum und wuschen uns von oben bis unten. Wir fühlten uns wohl – und hatten keine Sehnsucht mehr nach warmen Duschen. Der Haut bekam das kühle Flußwasser übrigens prächtig.

Marian hatte sich längst wieder in den Waldschrat verwandelt, als sie uns ihre Huskies und das kleine Museum mit allerlei Gegenständen aus der Goldrauschzeit zeigte. Vom Emaille-Nachttopf bis zum berühmten Winchester-Unterhebelrepetierer war Urgroßvaters Abenteurerausrüstung vorhanden. Da war aber auch eine makabre Kuriosität zu bewundern: zwei in sich verkeilte Elchgeweihe jeweils mit Kopf und Halswirbel. Die unglücklichen Elchbullen hatten sich so hoffnungslos verheddert, daß sie zur leichten Beute von Grizzlies geworden waren.

In einer ungewöhnlich hellen Nacht ließ der Regen nach, und für Stunden tauchte ein eigenartiges, buntes Leuchten die triefnasse Insellandschaft im Yukon und die Berge und Hügel ringsum in schier unwirkliches Licht. Nein, ich fragte die Insulanerin nicht, wie oft so etwas hier vorkommt, sondern begleitete den Farbenzauber der Mitternachtssonne mit meiner Flöte.

Regen, Nieseln, Wind, Regen … gegen Mittag des 25. Juni wurden wir unruhig und fingen an zu packen. Am frühen Nachmittag riß uns beiden der Geduldsfaden und wir beluden das Boot.

»Speed kills!« – »Möglich, Marian, vielleicht aber auch zweieinhalb Tausend Kilometer Yukon – weißt du, Zeit und Raum gehören zusammen.« – »Aber auch Neugierde und Entscheidung. Ich hoffe, ihr beiden findet euren Frieden. Und du, Kajakmann, gib acht, daß dein Yukon nicht immer länger wird…«

Ein paar Paddelschläge, ein paar Ausweichmanöver um wirbelnde Treibhölzer, und ein weißes Kajak zog es in Richtung Dawson.

Wie zur Belohnung für unseren Entschluß besserte sich das Wetter zusehends, und am Ende bedauerte ich es sogar, daß wir so schnell durch die wieder erstrahlende Landschaft eilten. Doch es lag etwas Übles in der Luft, und dieses negative Etwas wuchs und wuchs. Ulli wurde zunehmend nervöser und gereizter. Sie trat die Flucht nach vorn an – wollte jetzt die ganze Nacht hindurch weiterfahren, denn in ein paar Stunden, ein paar Kartenblätter weiter, würden wir in Dawson City sein, und meine Begleiterin würde den »Sea Eagle« verlassen. Bald mußte sie nach Hause fliegen, während für mich die Durchquerung Alaskas auf dem Yukon River erst richtig losging.

Ulli verkürzte unsere Elchwette auf 5 : 4. Und als ob der Yukon ihr ein besonderes Abschiedsgeschenk bereiten wollte, entdeckte sie ihren ersten Schwarzbären. In unserer Müdigkeit dehnte und zog sich die Strecke grausam dahin, Insel um Insel tauchte auf und blieb hinter uns zurück, Steilufer wechselten mit Flachufern, nackte Felsen mit überwaldeten Hängen, Hügel und Berge erwuchsen aus silbrigem Dämmerlicht und verschwanden wieder im dunkelgrünen Waldmeer.

Goldrauschstadt Dawson City

Halb fünf Uhr morgens, 105 Kilometer hinter Stewart Island: aufdringlicher Motorenlärm bohrte sich kilometerweit durch die Stille der Wildnis, eine Lichtkuppel stülpte sich über die Wasser und Uferwälder des Yukon – Dawson City lag vor uns. Ulli wollte ihren Triumph leise und beschaulich feiern, sie wollte nicht die letzten Meter durchpaddeln und zum Campingplatz am linken Ufer eilen. Lautlos trieb der »Sea Eagle« zum Ziel – der erste Teil der großen Herausforderung war glücklich überstanden.

Über 750 Kilometer wilder Yukon hatten ihre Spuren hinterlassen – um uns in einem ordentlichen europäischen Hotel anzumelden, hätten wir uns gehörig erklären müssen – wir fühlten uns angeschlagen, aber alles an uns war noch dran.

Ich gratulierte Ulli – Freunde und Bekannte würden bald daheim erfahren, daß die vielen Monate Intensivtraining der »Verrückten«, die Nachtfahrten auf Flüssen und Seen bei strömendem Regen, bei

Sturm auf dem See und während des Winters selbst bei Dunkelheit und ekelhaftem Wetter, einen schönen Abschluß gefunden hatten.

Jetzt kamen wir auf dem Wege, den die alten Goldsucher genommen hatten, den sagenhaften Goldfeldern näher – da, rechts von uns lag Dawson, und davor mündete der Klondike, und in diesen Wäldern und Sümpfen hatten sich die Schicksale entschieden, von denen Jack London so hervorragend erzählte. Yukon, Wildnis und Goldrausch – das war jetzt kein weit entfernter und literarischer Nebel mehr, sondern wir fühlten uns ein bißchen dazugehörig.

Um nichts in der Welt konnte man mich vom Boot und der Ausrüstung trennen. Wir bauten deshalb das Zelt am Ufer vor dem Campingplatz auf. – Ich war die paar verhaltenen Geräusche, die aus Dawson City über den Yukon drangen, nicht mehr gewöhnt, sie quälten mich. Nur wenige Wochen Busch hatten mein Hörempfinden grundlegend geändert. Ich mußte mir die Ohren mit Wachs zustopfen.

»Gernot, hallo, sieh doch mal…!« Ein bekanntes Gesicht erschien vor mir, Verpackung raschelte und schon wurde mir eine Tüte mit Lebensmitteln ins Gesicht gedrückt. Ein heilloser Wortschwall mit wirren Satzfetzen, in denen Begriffe wie 26. Juni, Rückflug, Dawson, Verkehrsbüro und freundliche Kanadier, Fairbanks und Anchorage vorkamen, überschüttete mich. Langsam begriff ich, daß ich nicht auf der Betonpiste eines Flughafens lag, sondern in der Nähe der lärmenden Fähre vor Dawson, und daß Ulli in getriebener Hetze nach Dawson geeilt war, um sich wegen eines Rückflugs nach Anchorage zu erkundigen. Ulli vibrierte vor Betriebsamkeit, verbreitete Streß und Hektik – mein »Wildnis-feeling« drohte kläglich zu verenden.

Benommen und zerschlagen sammelte ich meine Kräfte und sorgte dafür, daß wir uns in den letzten Winkel des Campingplatzes, so weit wie möglich von der Fähre entfernt, zurückziehen konnten. Kaum hatten wir unser Zelt aufgeschlagen, da schien mein morgendlicher Alptraum wieder zurückzukehren: gewaltige Monsterfahrzeuge rollten in den Campingplatz, einzeln, dann in Zweier- oder Dreierpulks. Angsteinflößende Überlandbusse wechselten mit Großraum-Möbelwagen, die mit Fahrrädern, Booten, Motorrädern und brechend vollen Dachgepäckträgern beladen waren – manchmal zog so ein Riesenvehikel sogar noch ein kleines Auto hinter sich her.

Wir erwarteten, daß die aufgehenden Türen ganze Herden von Touristen ausspucken würden – weit gefehlt – nur zwei, höchstens drei Senioren in Jeanskleidern, karierten Hemden, Schirmmützen mit bunten Aufschriften, penetrant auffälligen Sonnenbrillen, klotzigem Indianerschmuck und nervösen Gesichtern kletterten pro Fahrzeug aus den Nordland-Trecking-Schlachtschiffen. Sie kamen vom »Top of the World Highway«.

Freundlich waren die Amerikaner vom Aluminium-Elefanten-Trail und sie zogen in ihren fahrenden Apartments nach Norden, wie einst ihre Vorfahren mit den Planwagen Richtung Westen. Alle fuhren sie in ein verheißungsvolles Land, in die schier grenzenlose Freiheit des hohen Nordens. Da waren sie nun, die erlösten Rentner und Pensionäre, all die nimmermüden Arbeitstiere, die sich in ein neues, ganz anderes Leben stürzten.

»Von Whitehorse nach Dawson im Kajak!« – Ja, das würde ihnen auch gefallen – »Aber, ist das nicht zu gefährlich? Und – wirklich, bis zum Bering Meer, ganz allein durch Alaska im Kajak – ist doch zu riskant, wirklich. Aber –, wenn ich noch einmal so jung wie Sie wäre… Aber sagen Sie mal, wie lange braucht man denn so von Whitehorse nach Dawson, wenn man ruhig paddelt…?« Alte Augen, in denen immer noch eine starke Sehnsucht glomm, musterten mich.

Niemand hat Zeit – ich hatte sie mir einfach genommen – bis Mitte Oktober war mein Rückflugticket datiert – und eine Verlängerung, falls mich der alaskanische Winter aufhalten sollte, war auch noch möglich. – »Time is money« – diese Wirtschaftsmaxime konnte ich nur bestätigen. Doch mit den drei Dimensionen unserer Welt wurde auch die vierte, die Zeit geschaffen – und davon war doch genügend da… Oder nicht? Grund genug, fünf Monate meines Lebens in die Freiheit der Wildnis zu investieren? – Ja, selbst alles Yukon-Gold konnte mir dafür gestohlen bleiben.

27. Juni, Dawson City, Front Street: Holzfassaden wie aus Wildwest-Filmen säumen die einst wohl heißeste Meile der Welt, die heute allerdings – (Gott sei Dank!) immer noch nicht geteert ist. »Dawson City General Store«, »Arctic Drugs«, »Golden Nugget« und ähnlich lautende Schilder prunken in antiken, sauber gemalten Buchstaben an den bunten, feiertagsmäßig herausgeputzten Häuserfronten. War das legendäre Dawson heute noch ein Freiluftmuseum? »Oh, nein, Dawson lebt«, versicherte mir ein alt eingesessener Drugstore-Inhaber, der aus Wien stammte, glaubhaft. Und in einem Juweliergeschäft, gestylt nach der Glanzzeit der Goldrauschmetropole, informierte uns die Besitzerin: »Dawson lebt nicht von den Touristen, wie allgemein behauptet wird, ganz im Gegenteil: Dawson trägt sich selbst – durch

das Klondike-Gold – es wird heute viel mehr gefunden als zur Blüte des Goldrausches.«

Auf der Seite zum Yukon-Ufer liegt ein kleines Grab – ein Schild klärt darüber auf, daß hier ein »Sourdough«, also ein waschechter Nordmann, seine abgefrorenen Zehen beerdigt hat. Am Ufer liegt die schöne »Keno« – nein, keine Animierdame –, ein gut erhaltener Sternwheeler, der nun als Schiffsmuseum dient. Die kanadische Nationalbank steckt noch wie zu alten Glanzzeiten, in denen mit Goldstaub gezahlt wurde, in ihrem alten Gebäude, und am nordöstlichen Ortsende von Dawson ist immer noch der berühmte »Mooshide Slide«, der große Hangrutsch, zu sehen, der auf keiner echten Stadtaufnahme fehlen darf.

Wir gingen in eine Seitenstraße, fanden das prächtige, große Hotel mit Saloon, dann das bekannte Etablissement »Gaslight Follies«, daneben das schöne alte Postamt mit der sehenswerten Inneneinrichtung. Wir ließen uns vom Postmeister persönlich den alten Briefmarkenstempel auf Karten und Briefe »from heart of the goldrush to Germany« drücken.

Kleines, oder gar großes Spielchen gefällig? – Natürlich, jederzeit, Kanadas einzige Spielhölle, »Diamond Tooth Gertie's Gambling Hall«, bebt immer noch vor übermütigem Leben – auch nachts, falls jemand tagsüber zu wenig Geld verloren haben sollte. Und wer vielleicht von seiner Frau kontrolliert wird, oder aus sonstigen unerfindlichen Gründen kein Interesse am überschäumenden Nachtleben hat (haben darf), der kann zumindest innerhalb echter Goldrauschbretter ein Bier oder einen Whisky im stilechten Saloon trinken.

Dies auch nicht? – Wie wär's mit shopping? Dutzende von originellen Souvenirläden bieten eine Fülle von Falschem und Echtem aus der glorreichen Zeit an. Besonders begehrt sind natürlich echte Nuggets oder eingefaßter Goldstaub von den »Klondike Gold Fields«. Interessiert sich jemand für Mode? Dem kann geholfen werden – es existiert noch ein Uraltladen, in dessen Schaufenstern Urgroßmutters Traumkleid und Urgroßvaters Renomieranzug samt passenden Accessoirs ausgestellt sind.

Wer das Makabre liebt oder den düsteren Seiten des Lebens nachhängt, kann das alte Beerdigungsinstitut besuchen und sich informieren, wie Profis auf diesem Gebiet die Leichen erfrorener oder an Seuchen gestorbener reicher Goldsucher und Geschäftsleute kunstvoll herrichteten. Nebenbei wird anhand alter Zeitungen vermittelt, wie die verhungerten und erfrorenen, erschossenen und erhängten oder an Typhus gestorbenen Körper der verarmten Glücksuchenden fachmännisch beseitigt wurden.

Für die Poeten oder deren Fans hat Dawson natürlich auch etwas zu bieten: Wer möchte einmal die romantischen Wildnisgedichte eines Robert Service an Ort und Stelle vorgelesen bekommen? Sie kennen doch »The Spell of the Yukon« oder »The Cremation of Sam McGee«? »Täglich zwischen 10 a. m. und 3. p. m.« steht auf dem Schild vor dem ehemaligen Blockhaus des Meisters. Ein anderer literarischer Genuß wird nur ein Haus weiter geboten – hier für die Freunde knallharter Geschichten vom Inspirator so vieler Wildnisexpeditionen, dem König der Abenteurer – Jack London. Man hat dafür sein Blockhaus vom Henderson Creek aus den Goldfeldern am Klondike hierher verfrachtet.

Aber was ist mit den berühmten Bewohnern Dawsons, den alten Goldsuchern, liegen die alle schon auf dem malerischen Friedhof der Stadt? Viele, zugegeben die meisten – aber ein kleines Häufchen hatte überlebt. Es sind die Beinharten, die den Goldrausch in frühester Kindheit miterlebt und später, nachdem die unglücklichen Herden der Enttäuschten wieder weitergezogen waren, hier weiter gesucht hatten. Es sind scheue Menschen, die sich an den von Touristen besetzten Plätzen Dawsons nicht blicken lassen. Wir hatten Glück und begegneten zwei echten »Goldrauschfossilien« – unser wilder Busch-Aufzug wirkte auf sie wohl vertrauenerweckend.

Der erste, ein würdiger, netter und selbstverständlich weißhaariger Mann in derben Jeans mit Hosenträgern und kariertem Holzfällerhemd, bewohnte das heimelige Häuschen, das Ulli und ich so entzückt betrachteten. Er gab uns eine seiner Erkenntnisse mit auf den Weg: »So, wie die Hunde einer Familie sind, so sind auch die Leute!« Er erzählte, er habe nur ein klein wenig nach dem »blöden Gold« gesucht, aber dafür versucht, im total verrückten Dawson wenigstens ein paar funktionierende Stromleitungen zu legen.

Der zweite, ein Bilderbuch-Oldtimer mit schulterlangen silbernen Haaren und weißem Nikolaus-Rauschebart, hatte wohl endlich seinen Frieden gefunden. Er halte sich tatsächlich danach, bestätigte er mir: Auf seinem Pick up-Automobil stand der erlösende und befreiende Spruch: »SINCE I GAVE UP HOPE, I FEEL MUCH BETTER!« Ob der Alte viel Gold gefunden hatte?

Ja, ehe ich es vergesse: Dawson hat auch ein vorbildlich eingerichtetes Touristen-Informationszentrum, und hier lag auch eine Überraschung für uns bereit: Tim hatte tatsächlich die Kamera deponiert – er bedankte sich in einem sehr netten Brief und hoffte, daß ich die Bande bald einholen möge.

Faszinierende Bretter, Kuriositäten und Typen, hier noch und dort drüben –, aber vielleicht wollte ich nur vergessen, daß meine Partnerin schon ihr Flugticket von Dawson nach Fairbanks in Alaska in der Tasche hatte, und daß der Abflugtermin morgen früh sein sollte. Beim Einkaufen im großen »General Store« konnte ich es nicht lassen, Ulli zu fragen, ob sie dies oder jenes gern mitnähme – obwohl die Vorräte ganz allein für mich bestimmt waren.

Am Abend grillten wir riesige Steaks – ein wenig Stimmung kam auf, aber die bevorstehende Trennung warf ihre Schatten voraus. Dann ergriff Ulli die Packwut – wir hatten abermals keine Zeit zum Traurigsein.

Piep, pieppiep, piep – der Wecker erschoß den Morgen des 28. Juni. Tempo, Tempo – was sonst? Gefrühstückt wurde unterwegs: heiße Luft, während wir mit Sack und Pack zur Fähre rannten, die gerade ablegen wollte.

»Um Gottes willen, der Abflug, das schaffen wir nie!«

Möglich, vielleicht hätte Ulli recht gehabt – aber längst hatte mein Schutzengel das Kommando übernommen und uns den rechten Mann bereits zur Seite gestellt.

»Schon gut – kommt 'rein. Schmeißt das Gepäck nach hinten!«

Der hilfsbereite Goldminer wollte ebenfalls in die Richtung des Buschflughafens von Dawson. Kaum hatte sein »Pick up« die Fähre verlassen, donnerte er los, startete durch und mit einer unübersehbaren Staubfahne im Rücken verließen wir Dawson.

»Zwölf Meilen, kein Problem – bitte festhalten!«

Ob Goldrausch oder Fahrrausch – wir kamen rechtzeitig an. Während wir zu den wartenden Buschpiloten stürmten, eilte der freundliche Miner zu seinen noch verborgenen Nuggets.

Nein, keine Zeit für Abschiedszeremonien. Meine Gefährtin war an diesem Tag der einzige Passagier für die prächtig erhaltene Zwei-Propeller-Maschine. Die freundliche Crew stürzte sich auch gleich auf Ulli und ihr Gepäck. Uns blieb lediglich ein Blitzabschied – schon verschwand sie im Eingang, die Motoren liefen schneller, ich konnte gerade noch die Kamera hochreißen und drei Bilder schießen – und schon rollte die Maschine an, beschleunigte und zog über dem Klondike in die Luft. Ob man mein Winken noch sehen konnte?

Ich stand verdammt allein auf dem kleinen Rollfeld inmitten der

Goldfelder am Klondike – nichts rührte sich, weit und breit war niemand zu sehen. Keine Wolke war am Himmel und die Sonne begann heiß auf die wie ausgestorben daliegenden Goldfelder herunterzubrennen. Ich schulterte meinen Rucksack und machte mich auf einen Zwölf-Meilen-Marsch nach Dawson gefaßt.

Erst trottete ich niedergeschlagen einige Kilometer auf der Piste entlang, dann begann ich die Vorteile meiner mißlichen Lage zu nutzen: Zu Fuß kam ich an entlegene und romantische Stellen in den berühmt-berüchtigten Goldfeldern. Nur einmal fuhr mir ein offenbar mißtrauischer Goldsucher hinterher (hier gab es *nur* claims!), den ich jedoch leicht in einem weiträumigen Erlengebüsch abschütteln konnte. Nach Herzenslust fotografierte ich uralte, längst verfallene Blockhäuser und verrottete Goldwaschanlagen, die weitab von den Wegen in den Sümpfen lagen. Ein Ort, der tatsächlich nur noch aus einer Adresse bestand, berührte mich besonders: vor einem völlig verfallenen und fast eingeebneten Blockhaus stand ein verrosteter Briefkasten; der Birkenstamm, auf den er festgenagelt worden war, war noch nicht morsch.

Während ich die dahinrottenden Reste des wohl berühmtesten Wettlaufs nach Gold und Reichtum betrachtete, wurden die Geschichten Jack Londons wieder lebendig. Ich konnte mir sogar vorstellen, wie es hier während des Winters aussah: Leibhaftig sah ich die ständig auf neue Fundstellen lauernden Digger vor mir, die während einer grausam kalten Nacht im Fackelschein in die gefrorenen Sümpfe eilten, in aller Hast Claims absteckten, sich prügelten und würgten, um möglichst nahe an die angemeldete Fundstelle zu gelangen. Axthiebe hallten durch die Erlenwäldchen, Unglückliche brachen an Quellen durchs dünne Eis, holten sich Erfrierungen oder starben an Ort und Stelle.

Über große Areale hin waren die schönsten Erlensümpfe restlos verschwunden und machten einer trostlosen Mondlandschaft Platz. Langgezogene, mehrere Meter hohe Kieshalden türmten sich aufeinander, kopfgroße und fast einen Meter durchmessende, gerundete Flußgerölle waren hier mit titanenhaften Kräften umgeschichtet und neu aufgeschüttet worden. Flimmernde Luft umgab die Abraumhalden, tiefblaue Tümpel blickten wie anklagende Augen aus der öden Hügellandschaft. Trübe Bäche durchzogen die mißhandelten Gebiete, und in weiten Abständen ragten Pfähle mit Metallschildchen aus dem durchwühlten Grund: die Eckpfähle, die die Grenzen der Claims kennzeichneten.

Unter glühender Sonne marschierte ich durch die menschengemachte Mondlandschaft. Gigantische Dredgen, Monstermaschinen, so gewaltig wie die größten deutschen Braunkohle-Bagger, hatten hier Ende der zwanziger Jahre die Auenlandschaft gefressen, die paar Millionstel begehrte Erde gewonnen und den mehr als 99,999prozentigen Rest in Form riesiger Grobkieshalden wieder ausgespien. Wie harmlos und mickrig waren doch dazu im Vergleich die alten Goldrauschaktivitäten gewesen. Wer erinnert sich nicht an Bilder mit urigen Typen, die Holzgerüste zum Waschen der Erde gezimmert, originelle Wasserkraft-Anlagen gebaut hatten, um das begehrte Metall zu gewinnen? Und wieviele waren lediglich mit Hacke, Schaufel und Goldwaschpfanne ins El Dorado gekommen? Wie emsige Hühner hatten die ersten Sourdoughs ein bißchen in der goldhaltigen Erde gescharrt und ab und zu ein paar Handvoll Nuggets oder Goldstaub gefunden – ihre Söhne dagegen entrissen in hart durchkalkulierten Materialschlachten der Erde jedes Körnchen Gold mit landschaftsvernichtenden Riesenbaggern.

Eine Erlensumpfoase schälte sich aus der Kieswüste, ein wieder sauberer Bach wand sich zwischen monströsen »log piles«, den Kieshalden – da, ein Schild und ich las: »HUNKER CREEK«. Jetzt war ich in die »heißeste« Zone der »Klondike Gold Fields« vorgedrungen: Ein paar Meter vom Hunker Creek, einem der ertragreichsten Claims, liegt der »Bonanza Creek«, der Platz, an dem am 17. August 1896 die Herren George Carmack, Slookum Jim und Tagish Charlie den sensationellen Fund machten, der die Welt aufhorchen ließ.

»Goldfieber« heißt der magische Zustand, in dem Menschen nicht mehr Herren ihres Verstandes sind: wenn sie die übrige Welt, Freunde, Verwandte, Partner und Kinder vergessen, um sich selbst wie ein Chip in das aufregende Roulett-Spiel zu werfen. Wer Goldfieber bekommt, ist verloren – der muß gewinnen oder verlieren, eine vernünftige Mitte gibt es nicht mehr. Ist das Fieber hier erloschen? Nein, gewiß nicht – Hunderte hat es hier immer noch gepackt, die Ruhe auf den alten traditionellen Claims trügt, im gesamten Klondike-Gebiet herrscht hektische Aktivität.

Natürlich hausen hier keine urigen, kauzigen »Sourdoughs« mehr, die listig improvisierend ihrem Traum nachgehen. Heute dröhnen, knattern und quietschen hier Hydraulikbagger, Hochdruck-Wasserkanonen, Wasch- und Siebanlagen, die allesamt weit über 100 000 canadische Dollar Wert haben. Nur Wohlhabende können heutzutage noch reich werden – ab 100 000 canadische Dollar, besser 200 000 fängt der heutige Traum an. Und dann wird gearbeitet – falsch –, es wird geschuftet! In einer nicht abreißenden, verbissenen Arbeitswut laufen die Anlagen Tag und Nacht, der Arbeitstag der Miner hat 24 Stunden – rundum, den ganzen Sommer lang. Mir wurde erzählt, daß manche wochen- und monatelang ihre Familien nicht sehen können, falls ihre Angehörigen nicht selbst auf Besuch in den laufenden Betrieb kommen. Superstarker Kaffee und Teeinbomben müssen dann den lästigen Schlaf vertreiben, der erst im Spätherbst und im Winter nachgeholt werden kann, wenn hier Stein und Bein zu frieren beginnen. Und manche haben Glück – tauschen Schlaf gegen Geld.

Aber ich sah dort keine müden Gesichter, keine leidenden Gestalten, weder Migräne noch Wohlstandswehwehchen, niemand wollte krankmachen oder gar flüchten aus dieser knallharten Arbeitswelt. Hier gibt es keinen Montagsblues oder Wochenendrettungs-Ausbruch, auch kein »Saturday Night Fever« – hier wird geklotzt, das ist fanatische Jagd, Knochenarbeit, brutaler Einsatz und verlockender, immenser Gewinn – mit einem Wort: Goldfieber.

III Hey North to Alaska!

Allein mit dem Yukon und großen Strudeln

Es war schon später Nachmittag, als ich wieder Yukon-Wasser um mich herum und Fiberglas unter den Hintern bekam. Ulli fehlte an allen Ecken und Enden. Ich mußte allein das Lager abreißen und das Boot packen. Warum ich nicht dablieb? – Ich kam mir hier alleingelassen – verlassen vor. Ich mußte weg, flüchtete nach vorn. Wenn ich mich ohne Begleitung in die Wildnis stürzte, das wußte ich, würde ich gar keine Zeit zum Nachdenken oder Sinnieren haben.

»HEY, NORTH TO ALASKA!« stand da vor mir auf dem dikken roten Packsack am Deck – in großer, sauberer Schrift, mit wasserfestem Faserstift geschrieben – es war Ullis Schrift, ihre anspornenden Worte für mich.

Himmel, Herrgott, wie sollte ich mich fühlen – jetzt, wo es losging? Die Durchquerung Alaskas wurde ernst; 2550 Kilometer Wildnis – eines der entlegensten Gebiete der Erde – kamen auf mich zu. Und – wie der Feuerwehrmann auf der Fähre in der Inside Passage gesagt hatte: »...eine Hölle aus Wasser, Schlamm und undurchdringlichen Urwäldern, voll von Verrückten, Indianern, Heeren von Moskitos, Bären, Elchen und Wölfen...!« Außerdem, so erzählte man mir hier, wisse niemand genau, wie lang denn der Yukon wirklich sei – es gäbe Atlanten und Lexika, da sei von 3700 Kilometern die Rede. Nein, diese neuen Informationen aus Dawson wirkten gar nicht aufmunternd.

Nun, ich griff zum Paddel und bald war der erste von 2550 Kilometern, oder meinetwegen auch 2950 Kilometern, hinter mir – der Rest würde auch folgen. Ich paddelte mich ein wenig warm, drehte mich um – Dawson war weg. Ich war wieder in der Wildnis, doch diesmal mußte ich lernen, allein zurechtzukommen.

Es dauerte seine Zeit, bis ich mich daran gewöhnt hatte, allein das Boot zu fahren. Der »Sea Eagle« ist ein Riesenkajak mit seinen 5,70 Metern Länge. Das Gewicht war nicht viel leichter geworden, außerdem war in Dawson eine Menge Reiseproviant dazugekommen. Auch das Fahrgefühl war jetzt anders als die Wochen zuvor – ich hatte freie Sicht, sah auf das lange Bootsdeck, bemerkte die kleine Bugwelle, die fünf Meter von mir entfernt spielte. Ich vermißte den Rükken, den hutbedeckten Wuschel-Lockenkopf, der die letzten Wochen meine Sicht eingeschränkt hatte.

Schschschschsch... wie deutlich das jetzt klang. Es war das nie verstummende feine Scheuern des Flußsandes, der im ständig aufgewirbelten Wasser am Bootskörper schmirgelte. Geräusche wie um einen Starkstromleiter, in einem Schienenstrang – der Sound des Highways »Yukon River«?

Wollten jetzt die Flußlandschaften noch schöner werden, um mich zu trösten, zu locken, zu fesseln? Steile Abhänge säumten die Ufer, bizarre Felsen und tief eingekerbte Schluchten, grüne Täler und Berge verwöhnten mich. Ich atmete tief und rhythmisch, genoß die vorbeiziehende Landschaft. Plötzlich, ein scharfes, durchdringendes Rauschen schreckte mich auf. – Nichts wie weg da, um Himmels willen!

Das Paddel wurde zur Turbinenschaufel, der »Sea Eagle« neigte sich stark auf die linke Seite. Nur ein paar Meter rechts vor mir rauschte das Wasser gewalttätig auf, drehte sich wie verrückt im Kreise, und inmitten des ringförmigen Aufruhrs gähnte eine trichterartige Öffnung. Erschrocken und fasziniert starrte ich zu dem Strudel hinüber, der ständig größer wurde und wie rasend wirbelndes Wildwasser einsaugte. Ich paddelte rasch davon – mit solch einem Wasserloch legt man sich besser nicht an.

Von da ab war ich gewarnt. Wenn ich nicht ständig die Wasseroberfläche beobachtete, lauschte ich auf die leisesten Geräusche des Wassers. Jetzt, nach dem überstandenen Schreck, bekam ich sogar gute Laune: »Nicht schlecht, so ein Wirbel, für Abwechslung ist gesorgt.« – »Hey, north to Alaska! Go north the rush is on!« sang ich aus voller Kehle.

Der Yukon zog wie wild, mit relativ wenig Mühe erreichte ich beachtliche Geschwindigkeiten. Schnell ging es dahin, und um Mitternacht unterbrach ich die »Rennfahrt« bei der ersten größeren Kiesbank.

Sollte ich jetzt noch das Zelt aufstellen, einräumen, das Boot entladen und den Lebensmittelpacksack weiter weg deponieren? – Ich entschied mich anders, blickte um mich. Rings um die Kieselinsel rauschte schnell strömendes Wasser, die Uferhänge waren unbewaldet und sehr steil. – »Bärenfrei« diagnostizierte ich, und falls doch einer hierher schwimmen würde, müßte er solchen Lärm im strömenden Wasser und dann auf dem scherbigen Kies verursachen, daß ich noch reagieren könnte. Ich hatte das erste Zeitspar-Standard-Lager gefunden.

Kurz entschlossen zog ich das Boot auf den flachen Kiesstrand und errichtete das Nachtlager in der Mitte der Barre auf den trockenen Steinen, dazu legte ich die blaue Plane auf den Kies, die Isoliermatte darauf, zum Schluß den Schlafsack – aus, fertig war das spartanische Lager. Und all der Krempel blieb im Boot. Aus Treibhölzern entfachte ich ein kleines Feuer. Dann verband ich Boot und Schlafsack mit dem langen Nylonseil – die Kiesbank ragte nur wenige Zentimeter aus dem Wasser, denn falls es in den Bergen über Nacht kräftig regnen sollte, würde es mich wegschwemmen. Riskant? – es ging hier um Schnelligkeit, Bären hielt ich für schneller als Hochwasserwellen.

Ich zeichnete ein Kreuz in die Karte, auf der die Kiesbank eingezeichnet war – immerhin, 60 Kilometer war Alaska näher gerückt.

Der Wind rauschte sanft in den weit entfernten Uferwäldern, Wasser gluckerte, Vögel sangen ihr Nachtlied, und über mir zogen rosa und orangerot gefärbte Wolken über den Himmel. Ab und zu wirbelte mir der Wind Rauch vom knisternden und knackenden Lagerfeuer ins Gesicht. Sicher, ich vermißte meine Gefährtin, aber das bange Gefühl wurde zunehmend überlagert, ja verflüchtigte sich regelrecht. Kann man sich mit einem Fluß, einem Land anfreunden?

Ab und zu richtete ich mich mit dem Schlafsack auf – ließ meine Blicke etwas besorgt über meine Umgebung kreisen. Bis jetzt hatte sich noch kein Riesenpelztier in mein Lager geschlichen. Was hätte ich für einen starken Revolver oder gar für ein Jagdgewehr gegeben?

»Hoffentlich spült es mich nicht weg heute nacht«, war mein letzter Gedanke, bevor ich einschlief.

Wind, Wellen, Wasser, Sonne und Steine – Uferhänge und Wälder so weit entfernt, das war meine morgendliche Welt; das bißchen Ausrüstung und selbst das lange weiße Boot verschwanden darin. Sanfte Geräusche verwoben sich – ich fühlte mich geborgen inmitten der dahinströmenden Kraft des Yukon. Sein Wasser erfrischte mich, gab mir zu trinken, waschen, kochen, es nahm mich mit – Geborgenheit versprach es, Hunderte von Kilometern weit. Ich entzündete das glimmende Lagerfeuer von neuem, begrüßte den vielversprechenden 29. Juni.

Wind, Wellen, Wasser, Sonne und Steine – das war die klare und nüchterne Atmosphäre der Kiesinseln im Yukon River. Mehr gab es dort nicht – außer unendlicher Stille. Aber es war gerade das wundervolle Wenig dieser kleinen Welt, das in meinem Innern eine Fülle von Empfindungen und Gedanken erzeugte. Ist der Kopf nicht berstend voll von Bildern, Eindrücken und Gedanken, kann man nicht mit all dem leere Räume füllen – Ausstellungen aufbauen, Theaterstücke aufführen, Filme drehen – und dann alles wieder in Ruhe verlöschen lassen? Schnell müssen Gedanken und Ideen in der Zivilisation entstehen – wo aber kann man diese ausreifen lassen? Oder, ist dies überholt, altmodisch – wird die moderne Seele auch schneller? Was steigt wohl aus dem Unterbewußtsein hervor – Wichtiges, Unfug…? Man kann auch einfach nur Ruhe tanken, den Yukon-Film ganz lange belichten. An solchen Orten gelingt dies.

Ich saß in Einklang mit mir selbst auf den großen, rundgewaschenen Steinen, frühstückte und atmete Ruhe und lichtdurchflutete Weite. Wann fährt man weiter, wonach richtet man sich? Gilt es auch hier, einen Rhythmus zu finden? Anfangs muß man sich antreiben, im Laufe der Zeit spürt man, wann was und wie am besten gelingt. Es ist ein verdammt aufregendes Abenteuer, sich selbst zu vertrauen, nur auf eine innere Stimme zu hören.

Kaum hatte ich meinen Langstrecken-Rhythmus gefunden, da mußte ich auch schon einem beeindruckenden Strudel ausweichen – ich blieb den ganzen Tag über alarmiert, da in diesem Flußabschnitt Strudel auf Strudel folgte.

Auf der rechten Seite begannen sich bizarre Felsformationen aufzutürmen, zackige Sägen, Nadeln und Türme ragten in den glasklaren Himmel; enge, tief eingeschnittene Schluchten zerteilten die stellenweise lotrechten Uferwände, klaffende Risse und Klüfte spalteten das harte, spröde Gestein. Treppen und senkrechte Felsenmauern wuchsen nach oben, überhängende Schichten fesselten den Blick. An einigen Stellen schoben sich Schuttfächer mit riesigen Felsbrocken, Platten und Geröllen bis ins Wasser. Spärlicher Pflanzenbewuchs schmückte die steinerne Landschaft, die durch die schräg einfallenden Sonnenstrahlen einen strengen, harten Charakter und Tiefe bekam. Mitunter hatte ich den Eindruck, ich wäre auf dem Colorado im Grand Canyon. »Photograph-Point« nannte ich den schönen Erdenfleck und ging ans Ufer.

Als ich gerade ablegen wollte, kam mir eine große Elchkuh am Uferstreifen entgegen. Ruhig hob ich die Kamera – der Wind kam aus ihrer Richtung und ich vermied jegliches Geräusch – die Kuh lief mir beinahe in die Linse.

»Forty Mile«, die alte Goldgräber-Geisterstadt am Forty Mile River tauchte auf. Aus der Literatur wußte ich, wie wild es hier um 1890 zugegangen war: etwa tausend Goldgräber hatten Metall im Werte von 800 000 Dollar zusammengesucht. Jetzt, als ich anlegte und durch die Weidenbüsche und Birken streifte, lag Totenstille über den Ruinen. Außer ein paar Mäusefamilien und einer großen Eule schien niemand mehr in den Holzhäusern zu leben.

Der Forty Mile River allerdings hatte seine Schönheit behalten. Ein wenig moorig, dunkel getöntes, aber sonst glasklares Wasser lud zum Angeln ein. Das flachhügelige, nördliche Ufer war spärlich bewaldet, und in den von Kräutern begrünten Lichtungen leuchtete es bläulich rot heraus. Das blütenübersäte Ufer spiegelte sich im klaren Wasser des Flusses. Es war »fireweed«, Feuerkraut (unser Weidenröschen), die Nationalblume des Yukon Territory. Eine »burned area« lag vor mir, zartes Birkengrün und weiße Stämme mischten sich in das leuchtende Rot-Blau. Feuerkraut ist die erste Pflanze, die in den verkohlten Waldbrandflächen zu blühen beginnt.

Ich taufte den Fluß »Forty-Null-Fish-River« und verstaute gerade frustriert mein Angelzeug im Boot, als sich das Mündungsdelta und der Yukon seltsam zu verändern begannen. Verblüfft blickte ich in eine Welt, die zum überwiegenden Teil aus Blau und silbern glitzernden Bergen am Horizont bestand. Ich wußte, daß die Berge mehr als einhundert Kilometer entfernt waren, obwohl es so aussah, als würden sie sich gleich bei der nächsten Biegung des Flusses erheben. Die Wasser des Forty Mile River und des Yukon bildeten einen riesigen Spiegel, der perfekt und völlig unverzerrt die wunderbare Blau-Silber-Weite abbildete. Ich sah so etwas nie wieder, es hielt etwa 20 Sekunden lang.

»Forty-Null-Fish-River« hatte ich auf das Kartenblatt geschrieben – eine Viertelstunde später: »gewaltiger Strudel – gerade noch weggekommen, verdammt!« Wie kam es dazu, sollte ich nicht längst vertraut sein mit diesen »eddies«, von denen manche sogar auf der Karte eingezeichnet waren? Ja, manche, aber da gab es welche, die urplötzlich im Wasser entstanden – und das war spannend, ein aufregendes Spiel! Hatte ich den notwendigen Respekt vor dem Yukon verloren? Meine Zuneigung zu diesem unberechenbaren Fluß wuchs, denn dieser Fluß hatte eine Seele, einen Willen, auch wenn einem dies später oft nicht so recht paßte – der Yukon ist eben kein gezähmter Kanal.

Strudel hin, Strudel her, bald begann ich zwischen zwei solchen Wasserwirbeln mitten durch zu fahren. Ich genoß die Beschleunigung, wenn ich die äußeren Bereiche der Wirbel anschnitt, um mich dann kräftig abstoßen zu lassen, wobei ich wild paddelnd nachhalf. So spielte ich mit der ständig vom einen zum anderen Ufer pendelnden Hauptströmung.

Ich wollte gerade eine schöne Stelle fotografieren, als eine starke Kraft überraschend am Boot zu zerren begann. Wasser kochte auf und drehte sich wild aufschäumend im Kreise. Unsanft warf ich die Kamera ins Boot und begann wie rasend zu paddeln.

Diesmal ahnte ich, daß das Wasser stärker war als ich.

Eine wilde Rauferei begann. »Kaili!« Ein Schrei gellte von den steilen Uferböschungen wider. Ich stemmte mich ins Bootsgehäuse und schlug mit dem Paddel ins Wasser, daß meterhohe Fontänen aufspritzten. Schmerzensstiche durchzuckten die Schultern, der Atem ging wild hechelnd, dann schnappte ich nur noch verzweifelt nach Luft, während die Arme automatisch wirbelten. Es half aber nichts, Zentimeter für Zentimeter wurde das Boot zum Strudel hin gerissen. Ich brüllte vor Wut, arbeitete und steuerte wie rasend – der rauschende Schlund kam näher und näher. In letzter Sekunde durchzuckte mich die rettende Idee: Ich riß das Boot so gut ich konnte aus der seitlich gerichteten Fluchtlinie, die ich ohnehin kaum halten konnte – und steuerte direkt in das wirbelnde Toben.

»Kaili!« brüllte ich so laut ich noch konnte, warf meine letzte Kraft auf die Paddelblätter und schoß nach vorn. Plötzlich wurde der »Sea Eagle« gerüttelt und geschüttelt, weißes, wütendes Wasser schäumte über den Bug, überspülte das Deck, rauschte links und rechts an der Sitzöffnung vorbei. Dann bockte und ruckte das Boot wie ein wütendes, angegriffenes Tier. Voller Zorn und mit unterdrückter Verzweiflung explodierten meine letzten Kraftreserven – die Bootsnase durchstach tobendes Wasser, ein letztes Rucken und Bocken ging durch mein Kajak – und durch war ich. Entkommen!

Jetzt sauste das Boot in die immer schneller werdende Hauptströmung. Klippen und große Steine ragten aus dem brodelnden Wasser, eine rasante Fahrt, immer inmitten der Strömung begann, ständig parallel zum wild zerklüfteten Prallhang.

»Ha du Mistkerl, war das die Aufforderung gewesen, du Schuft, du tückischer, du kriegst mich nicht klein – oder spielst du immer so wild, verdammt? Bin ich dir endlich wild genug? Los du müder Bach, schneller, zeig mal, daß du der Yukon bist!« brüllte ich jetzt übermütig.

Vorwärts schob das Wasser, riß und zerrte, ich paddelte, was ich konnte, wollte diesen Schwung genießen, solange er anhielt. Aber leider dauerte das Vergnügen nicht lange, der Fluß verlor zusehends an Energie und begann sich außerdem noch zu weiten, zu einem See mit Untiefen, Kies- und Sandbänken, zwischen denen flache Kanäle glitzerten.

Fern im Hintergrund, wo sich der weite Horizont Alaskas spannte, entflammten jetzt die Berge, orangerote Wolkenfetzen erstrahlten über silber-blauem Himmel. Kies- und Sandinseln, Untiefen und wuchtige Baumstämme glänzten plötzlich in den schräg einfallenden Strahlen der sinkenden Sonne. Wie eine mit feurigem Licht bestrahlte dunkle Scherenschnitt-Landschaft wirkten die Yukon-Ufer. Dann begann der blutrote Feuerball zwischen die schwarzen, wild gezackten Palisaden der Fichten und Tannen einzudringen, beleuchtete weit entfernte Berghänge, ließ Wolken und fast den ganzen Himmel aufblühen und spiegelte sich in den flachen Lagunen und Ufersäumen der Sand- und Kiesinseln. Wie flüssiges Gold blinkten kleine Wellen um mich herum, doch bald breitete sich das goldene Leuchten wie eine Flammenlohe aus, erfaßte den gesamten Yukon, verwandelte ihn in einen funkelnden Sonnensee. Auf einmal, vorn aus einer Kluft zwischen den riesigen Tannen, entflammte ein riesiger Rubin-Laser, erzeugte einen scharf umrissenen blutroten Strahl, der über das funkelnde Gold des Stromes tastete, das weiße Boot erreichte und es rot färbte. Nun kletterte der Strahl höher, tauchte mich in feuriges Purpur – dann explodierte alles um mich in Rot, glühte, glomm – und zerging, konzentrierte sich wieder in den Rubinkristall, der seine Strahlen durch die Tiefe des Urwaldes schickte.

Erst nach Minuten, als nur noch eine karminrote Glutlohe hinter den hohen Uferwäldern verblieb, bemerkte ich, daß mich blutsaugende Plagegeister angegriffen hatten – offenbar war ich die einzige ergiebige Blutquelle auf weiter Flur. Zum ersten Male setzte ich den Moskitohut auf, hatte endlich Kopf und Hals in Sicherheit. Wie ein Imker sah ich aus, und das engmaschige Netzwerk störte etwas, raubte ein wenig die freie Sicht.

0 Uhr 35, der 30. Juni 1988 begann, ein Ruhecamp war dringend notwendig. Auf der Karte fand ich einen Flußabschnitt mit vielversprechenden Kiesinseln. Nachdem sieben mögliche Inseln nacheinander ausgeschieden waren, setzte ich alle Hoffnungen auf eine kleine Kiesbank kurz vor der letzten Flußbiegung in Kanada. Ich wollte unbedingt bei Tageslicht die Grenze Kanada / Alaska durchfahren.

Merkwürdige, von mir noch nie vernommene und hier völlig unpassende Geräusche verwunderten mich: Knarren, Quietschen, Plumpsen und Klatschen. Im Kehrwasser, das eine weit ins Wasser ragende Felsnase erzeugte, schwamm ein Floß mit eigenartigen Aufbauten, die sich schöpfkellenartig drehten. Zwei Korbschöpfkellen, etwa so groß wie Eishockeytore, starr durch Balken verbunden, bewegten sich wie ein Wasserrad um eine ebenfalls hölzerne Welle. Ab und zu rutschten über eine raffiniert angebrachte Holzrinne, die im seitlich aufgebauten Auffangkasten mündete, unter polternden Geräuschen, kräftige, etwa einen bis eineinhalb Meter lange, torpedoförmige Körper, die dann im Kasten hüpften und wild klatschten.

Ich betrachtete das erste »fish wheel«, Fisch-Rad, diese herrlich simple und doch so erfolgreiche Lachsfangvorrichtung, die, einmal aufgebaut, Tag und Nacht Lachse aus dem trüben Flußwasser schöpft. Weder Motor noch Treibstoff waren nötig, das strömende Wasser allein hielt die genial einfache Konstruktion in Gang. Jeder, der einigermaßen mit Axt und Säge, Hammer und Nägel vertraut ist, kann sich so ein Fisch-Rad selbst bauen.

Abgesehen von Material und Fertigung, war das Kajak als Fortbewegungsmittel von vergleichbar genialer Einfachheit: Frei konnte ich mich auf dem Yukon bewegen, benötigte keine Servicebetriebe und Spezialisten, das Wasserfahrzeug war grundsolide gebaut, falls nötig konnte ich es sogar allein reparieren. Was den »Treibstoff« betraf, war das Fischrad allerdings im Vorteil – denn ich als Motor brauchte doch einen erheblichen Lebensmittelvorrat.

Es war herrlich, sich so frei auf dem Fluß bewegen zu können – ich konnte fahren, wohin und wie ich wollte – zickzack, Kehren, Achter, rückwärts und seitwärts – ich mußte keine Spur einhalten, hatte keine Verkehrsschilder zu berücksichtigen und seit über 800 Kilometern wollte mich niemand überholen. Wie kann man denn sonst auf diese Weise Tausende von Kilometern zurücklegen, zum Nulltarif, ohne Staus und Grenzkontrollen?

Ich dachte an die bald fällige Übernachtung und genoß auch hier die Freiheit, mich nirgendwo anmelden oder nachts vor geschlossenen Toren um Einlaß bitten zu müssen. Nicht einmal die Bären würden hier Ausweispapiere sehen wollen.

Sollte ich Glück haben mit der letzten Kiesinsel, die eher eine Kiesbank war? Der trockene Bereich war sehr knapp bemessen und Feuerholz gab es auch nicht – ich machte es mir trotzdem gemütlich, wie gestern nacht. Mit einem Unterschied: heute ging ich mit Moskito-Hut in den Schlafsack. Morgen würde ich in Alaska schlafen.

Ein etwas zu frischer Wind pfiff unwirsch um die Kiesbank – Kiesbank? Ich katapultierte mich aus dem Schlafsack, dem die heranstürmenden Wellen schon verdammt nahe kamen. Schnell zog ich mich an, raffte meine Habseligkeiten zusammen und stopfte sie ins Boot. Der erste Alarmstart! Ich sprang ins Boot, griff entschlossen zum Paddel – und – legte es wieder weg und beschloß zu frühstücken. Dann riß auf einmal der bleierne Wolkenvorhang auf, Licht und Wärme strömten in Überfülle von oben herab, die Wellen ebbten ab, der Wind schlief ein. Ich konnte also noch bleiben. Ob das die nächsten Monate so weiter gehen würde?

Würden die Möwen, mit denen ich hier in Kanada frühstückte, auch beim Abendessen in Alaska dabeisein? – Auch sie genossen Ullis Fladenbrot.

Alaska – fast hätte ich die Grenze durchfahren, ohne etwas zu merken: Da waren keine Haltestelle, keine Schilder, weder Beamte noch mit Flaggen geschmückte staatliche Gebäude. (Die Waldschneise hatte ich glatt übersehen.) – Ich fuhr einfach weiter. Erst als ich den schönen klaren Bach am linken Ufer – dem alaskanischen Ufer! – den »Boundary Creek« sah, wußte ich, daß ich die Grenze soeben hinter mir gelassen hatte. Wasser, Wellen, Wind und Sonne, Wolken und Berge, Uferhänge und Wälder hießen mich willkommen.

Der Wind meinte es später jedoch etwas zu gut. Die ersten Sturmböen jagten über das Wasser, das allmählich zu kochen anfing.

»Ist das einer der berühmten Stürme in Alaska, die wie aus heiterem Himmel erscheinen und dem Bootfahrer das Leben zur Hölle machen?«

Der inzwischen wild brodelnde Streifen, in den sich die Hauptströmung verwandelt hatte, gab erschöpfende Auskunft; ich konnte nur noch mit äußerster Kraftanstrengung geradeaus steuern und obenauf bleiben. Mit Mühe erreichte ich die Leeseite einer kleinen Insel. Kaum hatte ich die ungemütliche Linkskurve überstanden, tauchten am linken Ufer Hütten und Blockhäuser auf, Indianer winkten mir zu, die ersten Motorboote kamen mir entgegen – ich war bei Eagle Village, dem etwas abgelegenen, von Indianern bewohnten Teil von Eagle, der ersten am Yukon gelegenen Ortschaft Alaskas.

Die Eagle Episode: Ein typisch alaskanisches Willkommen

Die Wetterverhältnisse waren sehr günstig, Motivation und Kondition prächtig. 17 Uhr 30 zeigte die Uhr an, – also Zeit genug, um einiges zu erledigen: Einreisestempel bei der Zollbehörde holen, Lebensmittel und noch ein paar nützliche Dinge einkaufen, Briefe nach Deutschland bei der Post abgeben, zum Nationalparkservice gehen und Info-Material besorgen, Jagd- und Angel-Lizenz holen, eventuell das Angebot einer guten Feuerwaffe annehmen – und – fotografieren natürlich. Meine Ankunft in Eagle Village spielte sich etwa so ab:

Ein eilig vorwärtsgetriebenes Doppelkajak mit nur einer Person darin näherte sich der Bootsanlegestelle. Ein wilder Typ, bärtig, schulterlange Haare und Wildwesthut, Sonnenbrille, grüner Busch-anzug und – dazu völlig unpassende – Basketball-Schuhe, springt aus dem Boot, wirft einen roten, offenbar schweren Rucksack ans Ufer, dichtet das Gefährt ab. Jetzt rennt er zu einem kräftigen Pfahl, bindet das Boot sturmfest an, schultert den Rucksack, ergreift das lange Doppelpaddel wie eine Lanze und stürmt in den uralten, noch aus der Goldrauschzeit stammenden »Eagle Merchandise Store«. Bumm, die Tür schwingt in den Verkaufs-Saloon, Stranger tritt ein, schmettert: »Hello! Bitte, wie komm ich zum Zoll, wo kann ich hier einkaufen, gibt es hier ein Postamt und wo steckt denn die Nationalpark-Ver-waltung?« – Er bekommt ein »hello« zurück – und – holt erst einmal tief Luft, als er das bezaubernde Lächeln einer jungen Frau sieht, die hinter der Ladentheke steht.

Der wilde Mann vom Yukon verliert sein Tempo zunehmend, lä-chelt, lächelt... Ruhig und freundlich fließen die gewünschten Aus-künfte – Stranger lauscht entzückt und lächelt. Eine freundliche, auf-schlußreiche Unterhaltung zwischen dem Fremden vom Yukon und der bezaubernden Lady aus Eagle beginnt. Sie erzählt von Bärenjag-den und Bootsausflügen; Tips über das Für und Wider von Feuerwaf-fen im Busch folgen. Andere Insider erscheinen, fragen, erzählen, ra-ten. Dann: »Hast du's eilig?« wird der wilde Bootsfahrer gefragt. – »Warum denn?« klingt es verblüfft.

Inzwischen handelt die hübsche Frau hinter der Theke, telefoniert mehrmals. Dann: »Der Zoll hat schon geschlossen, macht aber nichts – hast du Zeit? – gut, in zehn Minuten ist der Zollmann da, er kommt direkt hierher, den Paß hast du ja bei dir – er bringt den Stempel gleich mit. – Übrigens, der Mann vom Parkservice wartet auf dich, sollst vorbeikommen! – Deine Post kannst du dem Zollmann gleich mitge-ben, er führt hier nämlich auch das Postamt – alles klar? Was das Einkaufen betrifft, sieh dich hier um – es dürfte fast alles da sein, was du brauchst.«

Ein alaskanischer Beamter – nein, nicht in Uniform, sondern pas-send zur Umgebung bekleidet – erscheint, gibt mir die Hand, stellt mir freundlich ein paar Fragen, unter anderem, ob ich das Boot voll mit kanadischem Whisky habe, verlangt nach meinem Paß, blättert ein wenig, drückt den Stempel auf eine Seite – und schon bin ich wieder offiziell in die U.S.A. eingereist.

»Are you in a hurry?« fragte mich der Parkranger. Und ich fragte mich, woher die Leute hier wohl wußten, daß es mich unwiderstehlich ins Innere Alaskas zog und ich deswegen so schnell wie möglich weiterfahren wollte? Freudestrahlend kaufte ich ein paar Landkarten und bekam einen geologischen Führer für den – jetzt aufmerksam lesen! – »Yukon-Charley Rivers National Preserve« geschenkt. Damit ist ein Nationalpark gemeint, in dem ein Stück Yukon und einer der schönsten und saubersten Nebenflüsse des Yukon, der Charley River, unter strengstem Naturschutz stehen.

Wieder im »store« angelangt, kaufte ich nach Herzenslust ein und knüpfte an die unterbrochene Unterhaltung wieder an. Als ich dabei war, den Laden zu verlassen, bemerkte ich gerade noch rechtzeitig den vielsagenden Blick der hübschen Alaskanerin, der ein deutliches: »Na, wenn du das wunderschöne Eagle so schnell verlassen willst und nicht wenigstens einige der urigen und ebenso freundlichen Eagleaner kennenlernen willst –, dann kann man dir eiligem Blödmann nicht helfen!« enthielt.

Ich ließ mir helfen –, fragte nach einem Camp-Platz, lächelte, nahm meine große Papiertüte und ging zum Boot. Flußab, am »Mission Creek«, keinen Kilometer von hier am linken Yukon-Ufer, sollte ein schöner Platz liegen. Am linken Ufer, direkt am Fuß eines wild zerklüfteten Berges, dem »Eagle Bluff«, floß ein kleiner Bach in den Yukon, bildete ein Kies- und Sanddelta und eine große, mit Treibholz und Baumstämmen gesegnete Halbinsel aus festem Sandboden. Es gab einen geschützten, kleinen »Hafen« für den »Sea Eagle«, und auf der Seite zum Yukon lag eine riesige, angeschwemmte Fichte.

Um den Wind zu brechen, lehnte und flocht ich Zweige und Äste, Balken und Treibholzstücke in das Astwerk der Fichte. Dahinter errichtete ich das Zelt. Für das erste Lagerfeuerdinner in Alaska lieferte die Umgebung eine stilvolle Atmosphäre. Fünf Meter vor mir zog der Yukon majestätisch vorbei, linkerhand, in der gleichen Entfernung, funkelte und gluckerte der kristallklare Mission Creek; die Silhouette des gezackten Eagle Bluff warf scharfe, harte Schatten ins Mündungsgebiet des Baches und in die kräftige Uferströmung des Yukon. Jenseits des großen Flusses vergoldete die untergehende Sonne eine vorgelagerte Insel samt dem dichten Uferwald. In der Ferne glühten die Berge, die mich Tage zuvor in Kanada schon so magisch angezogen hatten.

Genügend Licht warf das Feuer auf Töpfe, Teller und Pfanne, es roch verlockend nach Kaffee, frischem Brot, Nudelsuppe und gewürztem Corned Beef. Dann glühte von einer Minute zur anderen der Lagerplatz auf, fließendes Rot war jetzt der Yukon, funkelndes Orangerot der mündende Bach, der Himmel stand in Flammen, begrenzt von tiefschwarzen Zacken, Sägen und zerfledderten Silhouetten. Raben und Krähen riefen, der Wind rauschte durchs Ufergehölz, brach sich scharf zischend in den Felsen und Klippen am Eagle Bluff. – Endlich – *Alaska*.

Sei verrückt unter Verrückten – Headquarter Camp Gilmore

Ich wußte gar nicht, was ich zuerst fotografieren sollte. Es ist einfach umwerfend, wie unterschiedlich, originell und ideenreich Menschen bauen und wohnen können –, wenn man sie läßt. Vom Unterschlupf und der Behausung bis hin zum soliden arktischen Haus, ja sogar dem Holzpalast, gab es hier alles. Der Charakter der Ortschaft, so zeigte es sich, entsprach den urigen Charakteren der Bewohner. War der »Wilde Westen« in den äußersten Norden umgezogen? Gleich zu Anfang aber entdeckte ich nicht nur das lebendige, sondern auch gleich das wilde Alaska – davon werde ich nach wenigen Zeilen gleich mehr berichten.

Eagle lebt offenbar von Kontrasten. Da standen alte Trapperhütten neben hochmodernen, großen Satelliten-Antennen, neue Fertighäuser neben urigen, eigenwilligen Eigenbauten. Einige Heime wurden als Blockhäuser begonnen und als glattwandige Holzhäuser mit funkelndem Blechdach vollendet. Mächtige Elchgeweihe verzierten Hausfronten oder Dachgiebel. Da hatten deutschstämmige Eagleaner Mustergärten vor Musterhäuschen angelegt und ein Stückchen Schwarzwald nach Alaska verpflanzt, nicht weit davon wohnte ein Motorfreak inmitten seiner weit verstreuten Ersatzteile. Ein anderer schien Autowracks und Wohnwagen zu sammeln, während sein Nachbar ordentliche Brennholzstapel liebte.

Da gab es Häuschen, in die Leute meiner Körpergröße sich tief bückend oder nur im Limbo-Tanzstil eintreten konnten, gleich ein paar Meter weiter beim Nachbarn hätte sicherlich mühelos ein Elch seine Aufwartung machen können. Nun, Elchgeweihe kann man in Alaska öfers – fast überall! – sehen, und um das allgemein Übliche zu durchbrechen, hatte da einer die Felgen seiner »erlegten« Autos an die Wand gehängt. Alaska gehört zu den U.S.A. – warum sollten Patrioten die amerikanische Flagge im Haus verstecken? Es gab hier viele Patrioten.

Bestens gelaunt trat ich ins kleine Postamt, das eher einem schönen Kiosk glich. Dort erhielt mein Stimmungshoch allerdings einen kleinen Dämpfer: von daheim war keine Post für mich auf Lager. War ich zu schnell vorwärts gekommen? Ich wollte meine Enttäuschung gleich wegarbeiten, und nach wenigen Minuten war meine Post nach Germany unterwegs.

Da war er, in allen Größen: der traditionsreiche, legendäre, blau emaillierte Henkeltopf fürs offene Feuer. Ich hatte Glück – im »hardware store«, wo ich endlich diese Zierde aller Lagerfeuer und dazu so dringend vermißte Ausrüstungsgegenstände wie Axt, Gummistiefel sowie ein großes Moskitonetz kaufte. Die Ladenbesitzerin ließ mich vom ersten frisch gefangenen Lachs der Saison kosten – auch hiermit begann ein neues Kapitel am Yukon.

Mittags besuchte ich noch die hübsche Lady aus dem Laden, wo ich gestern so freundlich empfangen worden war, verabschiedete mich, ging beschwingt zur Tür hinaus und – fühlte mich hundert Jahre in die Vergangenheit zurückversetzt. Da stand einer – ich hätte ihn beinahe umgerannt. Jeder Wildwest-Film-Regisseur wäre von der Szene begeistert gewesen. Sicher, im Yukon Territory gibt es genügend wilde Gesellen – aber der –, der schlug einfach alle. Zuerst blickte ich in das breite Grinsen einer ungemein auffälligen Männererscheinung: wehende schulterlange Haare, die das Stirnband kaum bändigen konnte, ein kantiges, markantes Gesicht, gerade Körperhaltung, kräftige Schultern, ein etwa 190 Zentimeter großer, muskulöser Körper, der in stabilen, verschmutzten Feldklamotten steckte. Ich blickte auf kräftige, tätowierte Arme, die Hände hatte er im Gürtel verhakt. Gürtel? – Das war kein Allerweltshosengürtel, oh nein, sondern ein gespickter Patronengürtel, an dem in einem volumigen Holster ein gefährlich großer Revolver baumelte. Auch das Schuhwerk paßte: die Hosenbeine aus derbem Drillichstoff waren in die soliden Schnürstiefel eingezogen. So mußte einst »Django« ausgesehen haben!

»Hello!« – ich wartete erst sein »hi« ab, prüfte den Unterton, bevor ich ihn fragte:

»May I take a picture of you?«

Ganz automatisch schüttelten wir uns zuerst die Hände – einen Druck hatte der!

»Mark Gilmore, from Eagle« – »Gernot Spielvogel, from Germany.«

Sicher, ich durfte ihn ablichten. Später sagte er mir, daß er dies gewöhnlich nie tue, er habe aber bereits gewußt, daß wir einander verwandte Typen seien – da wurde mir erst so recht bewußt, wie ich zur Zeit aussehen mußte – mir fehlte nur noch der Revolver – stattdessen hatte ich ein massives Messer am Gürtel.

»Das ist ein 45er, ja?«

»Yeah, Ruger 45, it's a bear gun!« brummte er.

»Brauchst du die Knarre?«

»Shure, I live here in the bush, it's a must! And why are you naked?«

»Ich? – nackt!?«

Ich benötigte einige Sekunden, um seine Anspielung auf meine fehlende Bewaffnung zu verstehen.

»Habe bis jetzt noch kein Angebot bekommen, einige rieten mir, keine Waffe mitzuführen und erzählten von Bootstouren ohne Bewaffnung.«

»Unsafe, very unsafe« – du willst doch durch die Yukon Flats, weiter bis zum Delta, bist doch allein, ja? – Okay, buy a gun!«

Ich reagierte.

»May I help you?«

»Ja, bitte.«

»Okay guy, come with me!«

Mark rief einige Freunde und Bekannte an, gab mir ein paar Tips und meinte, nachdem ich telefoniert hatte, ich solle zuschlagen. – Ich schlug zu. Nach zwei Stunden war ich ein zwar nervöser, aber irgendwie doch beruhigter Besitzer einer 303 British mit Jagdschaft.

Marks Kommentar zu meinem Kauf: »Yeah, man, it's a bear gun!« – seine Augen leuchteten in wilder Begeisterung. Jetzt begänne »ein neuer Lebens-Stil« – ab jetzt sei ich kein Freiwild mehr für Bären und verrückt gewordene Elchbullen.

»Kleiner Fußmarsch gefällig?« hatte er gefragt, als wir uns auf den Rückweg machten – nun, ich bekam zu spüren, was es hieß, neben dem überquellenden Rucksack auch noch ein schweres Jagdgewehr unter glühender Sonne zu schleppen. Nein, ab jetzt war ich wirklich nicht mehr »naked in the bush«. – Ich traute meinen Augen kaum, aber uns kam tatsächlich ein Trupp Indianer entgegen. Mark kannten sie und er wurde kameradschaftlich begrüßt. Nun ja, mit dem Donnerrohr am Rücken machte ich auch keine schlechte Figur.

»303 Bristish? – yeah, great, what a good buy!« – Offenbar hatte ich genau das richtige Statussymbol für den alaskanischen Busch bei mir. Die Indianergruppe mit Mark sah einfach zu fotogen aus. – »No, please, no pictures!« – »Gut, versteh' ich ja«, sagte ich auf Deutsch, »ihr kennt mich ja nicht.« Später klärte mich Mark auf: »Das war eben gerade der wildeste Bursche von Indian Village – aber denk' dir nichts, der ist schon in Ordnung. Ich mag den Kerl, und er mich, da ich mehr als Indianer lebe als er selbst.« Was das heißen sollte, würde ich demnächst erfahren.

Ich war schon mitten ins wildeste Alaska hineingestolpert – das war aber nur der Anfang, es sollte noch viel unterhaltsamer kommen…

Mark stellte mir seine Familie vor: eine stämmige, brünette, herzliche Frau, vom Schlage der Pioniere, und einen munteren kleinen Jungen, den beide erst einfangen mußten. Ob ich Lust hätte, mit ihnen ins Hinterland zu gehen? Ein paar Meilen ins Hügelland ginge es, mitten in den Busch, sie würden dort wohnen.

»Da kannst du dein Donnerrohr ausprobieren, bei uns. Wir haben keine Nachbarn, du kannst dort niemanden versehentlich anschießen, ich zeig' dir, wie man mit der guten alten 303 umgeht, yeah«, meinte Mark auffordernd. Er war wohl stets prächtig gelaunt, redete immer offen und handelte meist sofort – alles, was er tat, war mit einem kräftigen Schuß ungezähmter Wildheit versehen. Ich fühlte eine Art Energieübertragung und spürte, daß ich hier in Eagle den richtigen Drall für Alaska bekommen würde.

Ein riesiger Malamute Husky bewachte das Gepäck der Gilmores und den Sommerschlitten. Im Winter fuhren sie auf Kufen – im Sommer auf Rädern. Ich sollte mich dem »lead dog« vorstellen. Mir gefiel der Hundekoloß. Nun, wie stellt man sich Hunden bei mir daheim vor? Zurückhaltend und mit gezücktem Ausweis – der ausgestreckten Hand zur Riechidentifikation. Plötzlich fletschte der Schlittenzieher die Zähne – das Gebiß war abschreckend genug –, sprang nach vorn, stemmte mir die mächtigen Pranken auf die Schultern und warf mich beinahe um. Sekundenlang sahen wir uns in die Augen – der Blick des Huskys war wohl etwas intensiver als der meine. Dann glitt der mächtige Bursche wieder an mir ab, drückte sich fest an mich, funkelte nochmals in meine Augen und entblößte das Gebiß jetzt vollständig…

Während ich endlich zum Rückwärtssalto bereit war, erreichten mich Marks aufklärende Worte:

»Lege deine Hände um seinen Nacken, presse, beutle und schüttle ihn jetzt!«

»Yeah, he likes you. Er lächelt dich sogar an. Ah, was für ein liebliches Lächeln!«

Bevor es in die Wälder ging, wollte ich bei meinem Camp vorbeise-hen. Mark meinte dazu nur lapidar: »Laß alles stehen und liegen, wie es ist – in Eagle klaut niemand!« Danach wurde der Sommerschlitten beladen. Ich ging etwas zur Seite und musterte den beräderten Ge-päckberg: Wäsche, Lebensmittel, Taschen, Gewehr, großer Ruck-sack, kleiner Rucksack, große Einkaufstüte und diverse Ausrüstungs-gegenstände, Behältnisse unbekannten Inhalts, allerlei Kleinkram und obendrauf, eingepackt, der kleine Christopher.

Tierschinderei? Oh, nein, Mark hatte in das Zugsystem ein Fahrrad eingebaut, auf dem er – als radelnder Husky – Platz nahm. Würde sich das alles aber auch wirklich bewegen lassen? »Mush!« rief Mark – der Gepäckberg auf Rädern ruckte, beschleunigte, und nach einer Weile sah man nur noch, wie sich eine Staubwolke entfernte, an deren Un-terseite bestiefelte und befellte Beine und Räder wirbelten. Es dauerte einige Minuten, bis Helen und ich den Tornado-Schlitten einholten, erst ein Hügel konnte das rasante Herrenteam stoppen.

Ab jetzt ging's zäher, ja mühsam voran. Jede Hand mußte mithel-fen. Das war ein Schieben, Zerren, Rutschen – Keuchen und Schwit-zen. Auf der kräftigsten Steigung des Trampelpfades mußte teilweise abgeladen werden, auch ich bekam wieder meinen Rucksack und das Gewehr. – Wir waren einer wilden Guerilla-Bande sicherlich nicht unähnlich.

Der Umgebungswechsel war kraß. Wir verließen den schmalen Buschpfad im Wald – und die Gilmores ließen mir ein paar Sekunden Zeit, um den Anblick zu bewältigen. Eine von mildem Sonnenlicht verwöhnte, blumenübersäte Lichtung tat sich in dem sonst überall wuchernden alaskanischen Urwald auf – und mitten darinnen, umge-ben von Beeten und Anpflanzungen, stand das Camp Gilmore. – Ich schaute zweimal, dreimal – mehrere Male, bis ich den Baustil mit irgend etwas Bekanntem vergleichen konnte.

Das war kein Zelt, aber auch kein Blockhaus, weder Hütte noch Tipi. Mark nannte die Wohnstätte »bushdwelling«. Es gab da einen Bretterboden und teilweise, etwa anderthalb Meter hoch, Holzwände; höhere Wandteile und das Dachsystem bestanden aus Holzrahmen, die mit festem Segeltuch und Webplastikplanen bespannt waren. Ur-wüchsig, wild individuell und zweckmäßig sah das Ganze aus – aber gut organisiert. Am »bushdwelling« angebaut war ein Wintergarten, der als Gewächshaus für Tomaten, Edelkräuter, Gurken und ähnliche Nutzpflanzen diente. Und was da alles um das Wohngerät wuchs: in wohl angelegten Beeten wucherten Kartoffeln, Zwiebeln, Bohnen und Kürbisse wie um die Wette. Es roch angenehm nach Blüten und ätherischen Kräutern, Harzen und warmer Walderde. Küchenkräuter wurden mir gereicht und mir unbekannte Pflanzen gezeigt. Schrebergärtner müßten hier ebenso schwärmen wie Blumenfreunde.

Die weitere Umgebung konnte jeden Vergleich mit einer Ferienlandschaft Europas aufnehmen: Sonnenbeschienene Berge und Hügel lagen ringsum, im Kontrast dazu dunkelgrüne Täler, in denen der Wald besonders dicht stand. Kleinere Mulden, von Erlen und Birken bestanden, gaben den Blick frei in das blumenübersäte Unterholz – darüber wölbte sich azurfarbener Himmel. Hier wohnte also der revolvertragende Mark Gilmore.

Ausrüstungsgegenstände umringten das Dauercamp, zwei Winter-Hundeschlitten, zum Trocknen aufgehängte Wäsche, eine handbetriebene Waschmaschine samt Mangel. Weiter weg vom dwelling saßen Schlittenhunde und äugten neugierig zu mir herüber, der kleine agile Christopher spielte mitten unter ihnen. Drüben am Hang wand sich eine »trap line« hinauf, verschwand im Wald. Etwa hundert Meter weiter wurde Gold gesucht und auch gefunden. Nachbarn sind weit, weit weg – man gibt sich hier mit Gewehrschüssen Nachricht. Langsam begann ich zu begreifen, warum Alaska »the last frontier«, das letzte Pionierland Amerikas, genannt wurde.

»Yeah, wir haben alles, was wir hier zum Leben brauchen – wir können vom Land leben. Hey, Gernot, ich zeig dir, was es in Alaska an eßbaren wildlebenden Pflanzen gibt!« Schon hatte ich eine junge »fire weed« vor der Nase, dann folgten Beeren, Wurzeln und Blätter. Das taugte nicht nur zum Überleben, es schmeckte obendrein auch noch gut. Leider gäbe es noch nicht die wahren Delikatessen, meinte Mark – Blaubeeren oder Walderdbeeren in Wildhonig.

Während sich Helen um das versprochene Abendessen kümmerte, grinste Mark plötzlich vielsagend und bekam dabei leuchtende Augen: »Wollten wir nicht das Gewehr ausprobieren, hey?! Na komm schon, laß uns ein paar Löcher in die Luft machen und die Krähen erschrecken!« Es war gar nicht so einfach, die alte 303 zu laden, alles ging sehr streng. Mark mußte mir dabei helfen. Ein alter Eimer, etwa 50 Meter entfernt, diente als Ziel.

»Okay, yeah man, Lektion eins: erst mal das Gerät richtig halten, zwei ist zielen und schießen – drei machen wir später – hoffe ich wenigstens: treffen! Los, fang gleich an, learning by doing – das ist die einzig richtige Methode.«

Dann knallte es fürchterlich inmitten der Wildparkstille, rollender

Donner wälzte sich über Berge und Täler und ich glaubte, die Schulter wäre mir abgerissen worden. Die Kanonade ging weiter, Mark kommandierte: »Höher, tiefer, zu weit links, zu weit rechts« –, dann sprang der Eimer scheppernd in die Büsche – Mark strahlte.

»Jetzt ein Durchschlagtest – du sollst sehen, wie stark deine neue Freundin ist.« Er deutete auf einen abgestorbenen Baum – erschrocken starrte ich auf das splittrige Loch, die 303 konnte 30 Zentimeter dicke Bäume durchschießen.

»Siehst du, das hält kein Bär aus – nur, du mußt ihn auch treffen. Okay, guy listen: Be calm, take your rifle, stand quiet, aim at the skull, let 'em come – and blow 'em to hell. But step aside! Take the next shot – so you are able to survive.« Diese Sätze schrieb ich mir hinter die Ohren. Auf diese Weise war Mark Gilmore ab diesem Zeitpunkt ständig bei mir – bis zum Bering Meer.

»All right, guy, man geht nicht nackt in den bush!« Er klopfte auffordernd auf seinen überlangen 45er Trommelrevolver. »Möchtest du vielleicht mal das da ausprobieren?«

Jetzt war ich schon einmal dabei und so griff ich nach dem schweren alten Wildwestrevolver und zielte, wo Mark hindeutete. »Gut, daß ich starke Handgelenke und solide Trommelfelle habe«, dachte ich, als das Klingen in meinen Ohren nach einigen Minuten aufhörte.

Wie man in Alaska Bäume fällt, wenn es doch einmal schnell gehen soll? Er führte mich zu einem Baumstumpf. Nein, da waren keine Axthiebe zu sehen, auch keine Sägespuren, nicht einmal Feuer. Vielsagend deutete Mark nun auf den Baumstumpf. Ich sah genauer hin, fand graue Stellen und da –, da steckten Geschoßreste.

»Richtig, jetzt hast du's kapiert!« – Heftig nickend bestätigte er die Tat und klopfte vielsagend auf seine starke »shot gun«, seine Schrotflinte. »Drei Schüsse, Gernot, nicht mehr, drei Schüsse sind genug.«

Dann erklärte er einen seiner Lieblingsausdrücke – »monkey work«. »Du kennst doch all die Druckknopfarbeiten, die vielen genormten Handgriffe, die ja doch eigentlich auch trainierte Affen verrichten können? Aber sieh mal, Axt oder Machete schwingen, Fallen stellen, den Lebensunterhalt hier durch Jagd bestreiten –, das kann kein Affe! Niemand sagt dir hier, wie du etwas machen sollst, alles kannst du so erledigen, wie du es für richtig findest. Natürlich gibt's da ein paar Tricks und Regeln, aber nicht für trainierte Affen und auch nicht in stetiger Wiederholung. Hier in Alaska mußt du kreativ sein, festen Willen zeigen – oder glaubst du, die da«, und er deutete auf die Schlittenhunde, »würden sich von einem Affen oder einem Blindgänger antreiben lassen?«

Mark war gerade in Erzähllaune geraten, und ich wollte ihn auf gar keinen Fall unterbrechen. Nur einen einzigen Job hier in Alaska haben, ausschließlich und jahrelang? – dies gäbe es nicht, meinte er.

»Bei uns hier mußt du vielseitig sein; ein Handwerk beherrschen und alles andere irgend jemanden machen lassen, das gibt's nicht. Selbst die Jahreszeiten sind hier so, daß du mehrere Arbeiten ausführen mußt. Sommerarbeit ist vollständig anders als Winterarbeit – und ganz besonders, wenn du vom Lande leben willst. Hier gibt es keinen Reparaturbetrieb – do it yourself, that's the only way. All die wirklich wichtigen Dinge, die du hier zum Leben benötigst, mußt du auch selber pflegen und, wenn nötig, auch reparieren können. Das gilt besonders für die Arbeiten am und im Haus – die wenigen Handwerker in Alaska sind überlastet, müssen sich ebenfalls um ihren Kram kümmern. Vollständige Arbeitsteilung gibt's hier noch nicht – und wird es – hoffentlich – auch nie geben. Mach am besten gleich alles selber hier – oder laß es im vornherein, verzichte, bleibe unbedingt selbständig.

Und dann bekommst du plötzlich einen Job angeboten – kannst du's oder kannst du's nicht? – Blödsinn, Zeit mit Herumüberlegen zu verschwenden – gleich zuschlagen. Und wenn du's nicht kannst, lerne, lerne schnell – das ist typisch alaskanisch. Jeder kann vielseitig sein, wenn er muß. Außerdem macht es viel mehr Spaß, Verschiedenes zu können als nur ein sturer, dummer Apparat oder Affe zu sein. Du verstehst?«

Was macht man mit zu vielen Hunden oder Katzen? – Zu tierliebenden Familien, zu Pflegepersonen oder ins Tierheim geben? Ich wunderte mich, warum es hier so wenig Katzen gab, obwohl die Umgebung ideal war, und außerdem sah ich nur junge, kräftige Hunde. Krankheiten, Siechtum oder Überalterung gab es nicht im Camp Gilmore. Und so drängte sich die Frage auf, ob er alte und schwache Tiere in Pflege gäbe.

»No, guy, hier nicht, hier gibt's keine alten, siechen oder überzähligen Tiere. Überzählige oder alte Katzen verfüttere ich den Hunden, und die zu alten Hunde erschieße ich und gebe das Fleisch den jüngeren.«

Natürlich hatte Mark meinen kritischen Blick bemerkt, mit dem ich ihn jetzt ansah, und ehe ich etwas sagen konnte, antwortete er: »Ja, so ist's auch in der Wildnis – und ich lebe hier in der Wildnis. Schau her, Gernot, sieh dir doch die Hunde mal etwas genauer an, na? Die Hunde haben alle Wolfsblut, ja mehr noch, das sind fast Wölfe! Das hier sind keine Kitekat-Fresser oder Streicheltiere, sondern Kleinraubtiere, die uns die Kleinnager vom Camp fernhalten. Wir hier«, Mark ließ die Hand über die ganze Lichtung kreisen, »arbeiten alle zusammen, jeder und jedes Tier hat seine Jobs auszufüllen – unnütze Fresser brauchen wir hier nicht – gibt's in der Natur ja auch nicht, oder? Ich weiß, auch in Eagle sind ein paar Leute, die mich für grausam halten. Aber weißt du, das ist die Sorte Mensch, die Schlittenhunde halten, obwohl sie gar keine brauchen.«

»Okay, Mark, kann es nicht sein, daß ihr hier so leben müßt? Gerade, weil ihr so weitab im Busch wohnt? Ihr habt doch frei gewählt. Aber in…«

»Ah, Gernot, you never give in, eh? Es geht hier ums Prinzip: zurück zu den Gesetzen der Natur, Menschen irren zu viel. Ich könnte jeden Sommer sackweise Lachse ins Camp schleppen und im Herbst während der Jagdsaison tonnenweise Fleisch und Abfälle bekommen, doch wozu? Um ausgefressene, unnütze ›pets‹ zu züchten? Ist es nicht grausam, wirklich grausam meine ich, wenn ehemals gesunde und starke Tiere später dahinsiechen? Hier bei uns im Camp gibt es kein Siechtum – wie in der Wildnis: entweder topfit oder tot.«

Vielleicht wird man so hart, wenn man in und von der Wildnis Alaskas lebt? Aber trotzdem, ist es nicht längst an der Zeit, menschliche Ethik auch auf die Natur und unsere Mitlebewesen auszudehnen? Soll es denn keine Freundschaft zwischen Mensch und Tier geben? Wollte Mark mich nur provozieren?

Nach der Lektion über den darwinistischen Überlebenskampf gab es Musik. Wir saßen beim Tee, und Mark spielte eine alte chinesische Bambusflöte, deren klangvolle Baßtöne die Lichtung erfüllten. Ich packte meine Blockflöte aus und bald verschmolzen Hell und Tief, tasteten sich in den Wald und kehrten mit magischem Widerhall zurück. Der Tee brachte uns in Schwung, Mark wechselte zur Mundharmonika, bald drangen Blues- und Folkorelieder aus der Lichtung. Der kleine Christopher und Helen klatschten und sangen dazu.

Bald konnte ich mich von der Leistungsfähigkeit der Gilmoreschen Küche überzeugen, erfuhr Neues über die richtige »Buschdiät«. Helen kochte nur »anständige Sachen«, dies bedeutete »nur solche Gerichte, bei denen Jäger und Trapper, Goldsucher und Wildnisnarren nicht aus der Hose kippen«. Chemiebelastetes, zu Tode behandeltes Fertigzeug, »junkfood«, gehörten nach Marks Meinung in die »lower fortyeight«, die südlich gelegenen 48 Bundesstaaten der USA, in die Großstädte.

Die amerikanische und die europäische Kultur, »different cultures«. Mark referierte über Pioniertage, Kämpfe mit Kolonialtruppen, die Bürgerrechte in den Staaten und ganz besonders betonte er das Recht, Waffen zu tragen oder wenigstens zu besitzen. Dann beschrieb er das amerikanische »Hinterland«, wo es noch viele ursprüngliche Gebiete gebe, in denen jedermann jagen oder fischen dürfe. Der Umgang mit Wildnis und Ödland, samt dazugehörigen Ureinwohnern sei Europäern überhaupt nicht vertraut.

Er listete Kirchen, Sekten und Religionsgrüppchen auf, die alle ihre Weltanschauungen auch deutlich lebten. Es wurde ein langer, bunter Katalog. Dies sei der »Amerikan way of life«, und nicht nur Hollywood, Fastfood und New York.

Europa war für ihn eine alte Kultur in einem alten, total aus dem Naturzustand gerissenen Land und Amerika dagegen die junge Kultur im ebenfalls jungen und nahezu unveränderten Land.

Ich fragte mich, wer Mark Gilmore war und ob ich gerade eine Nachhilfestunde bekommen hatte.

Es wurde noch viel Alaskalatein ausgepackt und philosophiert – kein Wunder also, daß der neue, frisch polierte 2. Juli 1988 keine erwachenden, sondern tief schlafende Wildnisnarren vorfand, während die Sonne anfing, die blumenübersäte Buschlichtung mit Licht und Wärme zu verwöhnen.

Bei einem frühgeschichtlichem Thema (die Wanderungen der Kelten) zögerte Mark auf einmal und meinte, da müsse er nachsehen und er wolle mir dabei etwas Wichtiges zeigen. Nun, ich hätte so manch Ausgefallenes im Camp Gilmore erwartet: etwa eine getarnte Raketenstellung, einen ausgegrabenen Indianerkultplatz oder Marks unvollendete, vielleicht sogar vollendete Pyramide – aber niemals das: eine Bibel!

Wieder fragte ich mich: »Wer ist Mark Gilmore?« Nun, Helen meinte, auf jeden Fall der Typ, der vor vier Jahren hier plötzlich in Eagle hereingeschneit kam: etwas abgerissen, lediglich in Jeans und T-Shirt, in einem zusammenbrechenden Lieferwagen – ja, und mit einem Messer – eine Axt habe er damals gar nicht besessen; Axt und Revolver seien erst später dazugekommen, kurz bevor sie geheiratet hätten. – »Yeah, man«, knurrte Mark, »this is Alaska, America's last frontier!«

Das, was ich anfangs für den besten Aussichtspunkt oder den Meditationsplatz gehalten hatte, entpuppte sich als das Gilmoresche »outhouse«. An dieser Stelle hätte man im antiken Europa einen Apollo-Tempel, im modernen ein Hotel Bellevue errichtet. Man hätte Fernrohre installiert und eine liegebestuhlte UV-Terrasse angelegt. Zögernd anfangs – denn so sitzt man nicht bei mir zu Hause –, ließ ich mich nieder, war ich doch sonst nur verborgene und mit 00-Codes versehene Orte gewöhnt. So thronte man hier inmitten der Wildblumenoase des Camps Gilmore Hill und sah den Adlern nach.

Die Gilmores erklärten dazu, sie hätten auch erst dazulernen müssen, denn das schöne Örtlein sei anfangs vollständig verschalt gewesen; erst ein neugieriger Bär habe die notwendigen Abbruchmaßnahmen getroffen, und Mark habe in seiner damaligen menschlichen Arroganz das freiluftarchitektonisch begabte Tier brutal vertrieben.

Ich fragte Mark nach den Erfahrungen während des alaskanischen Winters.

»No problem guy, im Winter verwenden wir hier eine Styroporisolierung, denn sonst – du kannst es mir glauben – friert man hier fest!« – Schallendes Gelächter erfüllte die Lichtung – und auch Helen konnte sich nicht mehr zurückhalten und wieherte fröhlich zu den immer höher werdenden, sich langsam überschlagenden Männerstimmen.

Man zeigte mir eine »trap line«, die sich zum höchsten Punkt des Hügels schlängelte. Mark erklärte, daß Wildfährten hier die ersten Verkehrswege überhaupt gewesen sind. Jäger und Trapper waren ihnen gefolgt und haben so die Pfade ausgetrampelt und verbreitert. Man blieb auch besser auf dem Pfad, der die Fallenstrecke begleitete, denn es lauerten alle paar Meter Fangkästen, Schlagbalken, Würgedrähte und Schnappeisen auf ihre Opfer. Dazwischen wuchsen ausgerechnet Heilkräuter, und Mark erklärte gleich ihre Anwendungsmöglichkeiten, wobei Helen ab und zu korrigierend einsprang.

Am Ende des mehrere Kilometer langen Pfades stand das Blockhaus der goldsuchenden Zugvögel aus Eagle, einem jungen Ehepaar, das im Sommer hier irgendwo nach Gold grub und von der Ausbeute während des Winters in Kalifornien lebte.

Der bewaldete Hügel brach jäh ab, im dichten Grün klaffte eine breite Öffnung. Im Vordergrund umrahmten weißstämmige Birken den Blick in die Landschaft, durch die ich nach Eagle kam – linkerhand warteten die Weiten Alaskas. Weit entfernt im Hintergrund schimmerten die silbrigen Kuppen der Ogilvie Mountains im Yukon Territory, ein Tal zog sich durch Hügel, dichte Urwälder, Auenwiesen und Sümpfe, darinnen glitzerte der Yukon in hellstem Sonnenlicht wie ein reflektierendes Band. Ein paar winzige Punkte fielen auf in dem Gemälde aus Blau, Silber, Bernstein und Smaragdgrün – die Dächer von Eagle. Jetzt wußte ich sicher, der in Kanada beginnende Landschaftstraum endete hier noch lange nicht.

Wumm – ein Eichhörnchen fiel vom Baum. »Wozu, Mark?« – »Für die Hunde, das ist ein echter Leckerbissen für sie.« Zwei weitere folgten, dann sah er ein Waldhuhn.

»Helen, willst du heute Huhn essen?« fragte er und legte die Hand auf den Griff seines Revolvers. – »Nein, Mark, das Huhn hat Junge, laß es!«

»Okay, Gernot, für ein Ptarmigan brauchst du weder Gewehr noch Bogen – sieh mal!« Und schon rannte er mit einem Ast bewaffnet ins Gehölz und jagte das Huhn. Er hätte es mit Leichtigkeit erwischt, so aber lief er nur hinter dem aufgeregt gackernden Federtier hinterher.

»Erkläre mir, Mark, wie hast du die Squirrels vorher geschossen, das war doch mit dem 45er, das Kaliber ist doch viel zu stark für Kleinwild?«

»Ganz einfach, das funktioniert auch bei Hühnern – ich verpasse denen einfach nur einen Streifschuß.«

»Hey, Gernot, wie schnell kannst du ein Feuer machen?« fragte Mark einmal neugierig.

»Vielleicht in vier Minuten, denke ich.«

»Nicht schlecht, Junge, für den Sommer langt das – falls du uns einmal im Winter besuchen willst, solltest du schneller werden. Vor zwei Jahren kontrollierte ich meine »trap line« und brach ins noch zu dünne Eis des Flusses. Sieh auf die Uhr!«

Blitzschnell griff er in das Birkengehölz, löste Rindenstücke, brach kleine Äste, entzündete ein Streichholz – und während ich erstaunt zusah, brannte in kürzester Zeit ein Feuerchen – ein Feuer in nur einer Minute!

»Merke dir das und trage immer Streichhölzer wasserdicht geschützt bei dir – das gilt auch für deinen Sommertrip – das könnte dir mal das Leben retten.«

Besuch, hier im besten Zivilisationsversteck von Eagle? Ein junger Bursche stand mit einem in Alaska so beliebten Dreirad-Geländemotorrad vor der Lichtung und winkte. Er fragte Mark, ob dieser Zeit habe für ein »fire fighting«, es wäre wahrscheinlich ein großes Buschfeuer, Abflug fünf Uhr heute nachmittag. Mark zögerte – die Nachricht kam zweifellos ungelegen – doch nach einigen Sekunden sagte er: »Okay, fünf Uhr!«

Mark erklärte, Buschfeuer zu bekämpfen sei einer seiner Jobs, und hielt mir einen Ausweis unter die Nase. »Geprüfter Waldbrandbekämpfer« stand da.

»Dabei kannst du 'ne Menge verdienen, gute 100 Dollar pro Tag, Unterkunft und Verpflegung sind umsonst, oft kriegt man noch obendrein Ausrüstung geschenkt. Der Job geht aber non stop, Tag und Nacht, und das kann einen Tag oder aber auch drei Wochen dauern. Irgendwo kann das sein, überall in Alaska, aber auch in Kalifornien. Du wirst hingeflogen und los geht's. Manchmal wird's 'ne heiße Sache, glaube mir. Wir haben noch Zeit, soll ich dir meinen härtesten Einsatz erzählen, ja?«

»Yeah, man, listen: Einmal wußte ich, daß ich längere Zeit weg sein würde – man hatte es mir deutlich gesagt. Auch wie ich dort hinkommen würde, hatte man mir mitgeteilt. Anfangs dachte ich, die nähmen mich nur auf den Arm, und lachte darüber – bis der Pilot der Maschine kam, mit der einige ganz Verrückte zum Brandherd geflogen werden sollten.

Es war eine ziemlich verfluchte, total verrückte Situation: Flugzeuge konnten im Brandgebiet nicht nahe genug landen, selbst Hubschrauber nicht, und Fallschirmabsprünge wären auch zu riskant gewesen. Kannst du dir vorstellen, wie das gelöst wurde? Da kommst du jetzt nie drauf, was?«

Ich schüttelte den Kopf.

»Yeah, man, das war so 'ne Idee vom Piloten – die Behörden übernahmen selbstverständlich nicht die geringste Verantwortung – hätte ich auch nicht, no, wirklich nicht. Alles war vollkommen freiwillig – das reinste Himmelfahrtskommando – obwohl's in die Hölle ging: ein Riesenwaldbrand in den Bergen! Okay, da wurden also Unerschrockene gesammelt, eine alte Mühle aus dem Zweiten Weltkrieg mit Typen und Gerät beladen – und dieser ganze irre Haufen – wahrscheinlich mit der verrückteste Flug, der jemals im zivilen Leben gemacht wurde – sollte 'ne gezielte, kalkulierte Crash-Landung machen.

Oh, Mann, ich sag dir, da war was los. Der Pilot flog so lange, bis der Sprit alle war, dabei hatte er genügend Gelegenheit, einen geeigneten Landeplatz ausfindig zu machen. Gut, er entdeckte 'ne Waldstelle, die sehr dicht und sehr gleichmäßig mit gleichhohen, aber noch sehr niederen Jungbäumen bewachsen war – und gab bekannt, daß er dort auf den Baumwipfeln landen wolle. Wir haben uns alle angesehen – und ich sage dir, da waren bange Gesichter dabei.

Als die Motoren verstummten, wurde es mucksmäuschenstill in der Kiste, alle Typen kauerten sich zusammen, verschanzten sich mit Schlafsäcken, Decken, Wäsche und weichen Gegenständen aller Art, schnallten sich aber vorher sehr sorgfältig an. No, Gernot, 'ne Stewardeß hatten die uns nicht mitgegeben, yeah, man, no service, sorry.

›Hey, Jungs, drückt mir die Daumen‹, klang es plötzlich durch die Lautsprecher, ›und ihr da hinten, macht gefälligst eure Ärsche zu, ja! Übrigens, Rauchen verboten!‹

Dann – wumm, wumm, wumm – die ersten Wipfel der höchsten Bäumchen berührten den Boden der Kiste. Dann peitschte, krachte, hämmerte es wie wahnsinnig – Junge, Junge, das klang wie Hammerschläge auf Wellblech. Am Ende brach ein Höllenkonzert los, ohrenbetäubend: das knallte, krachte, schlug und ratterte – wie Gefechtslärm. Jetzt kamen berstende Geräusche, mischten sich in das Getrommel – irgendwelche Flugzeugteile wurden abgerissen, vielleicht Propeller, Motoren und so, und verabschiedeten sich mit infernalischem Lärm. Dann zerplatzten die Fenster, Glasstücke flogen wie Geschosse durch den Innenraum, prasselten gegen die Bordwände, oder was davon noch da war. Äste peitschten plötzlich hinein, boxten, schlugen, trafen Leute wie Peitschenhiebe. Flüche wurden gebrüllt. Zum Schluß erfolgte ein dumpfer, schwerer Schlag, die Höllenfahrt war zu Ende. Jetzt erklang ein ächzender, häßlicher Laut und die ganze Mühle kippte zur Seite. Die Gentlemen drinnen wurden nicht schlecht aus der Ruhepose geschreckt – dann rührte sich nichts mehr – Stille.

›Bringt gefälligst eure Ärsche ins Freie‹, brüllte der Pilot hinter uns und half, wenn einer sich aus eigener Kraft nicht losschnallen konnte.

›Ich möchte den Captain sprechen‹, schrie einer von uns und wischte sich Blut aus dem Gesicht, ›ich hoffe, daß diese blödsinnige Fluggesellschaft wenigstens Heftpflaster an Bord hat, wenn die unfähigen Piloten schon nicht landen können!‹ – Brüllendes Gelächter – die Stimmung war super. Der Pilot hatte es geschafft, und die Typen krochen ebenfalls alle lebend aus ihren Verstecken. Natürlich waren da prächtige Beulen, Schrammen und blaue Flecken zu sehen – und selbst die Indianer in unserer Bande waren zu Bleichgesichtern geworden – aber sonst war alles noch dran an uns. Yeah, man, that's fun!«

»Und da warst du dabei?«

»Yeah, ich war dabei, ist ein toller Job gewesen, wirklich nicht alltäglich!« Mark strahlte und fuhr fort:

»Ich war auch einer der ersten, die aus dem Schrotthaufen raussprangen und dem Feuer an den Kragen gingen. Jetzt ging's erst richtig los, und diesmal kam völlig unberechenbarer Wind dazu. Ich war gerade dabei, mit ein paar Kerlen 'ne Schneise zu schlagen, als uns eine brennende Wand regelrecht überrollte. Hast du jemals in deinem Leben so etwas gesehen? Eine Feuerwand, Mann, zehn, fünfzehn, ach was – dreißig Meter hoch, nichts als wirbelnde, tobende Flammen. Und solche Feuerwände kommen rasend schnell auf dich zu – Bäume fangen erst gar nicht mehr an zu brennen – sie explodieren einfach: wumm, und schon lodert der ganze Baum wie eine Fackel.

Schnell warfen wir unser Gerät weg, und jeder versuchte blitzschnell in den feuerfesten und isolierten Rettungssack zu kommen. Mann, ich sag' dir, da wirst du schnell, und dann wurde es etwas warm in der Tüte. Das rauschte und zischte um einen, und urplötzlich, wie die Feuerwalze kam, so schnell war sie auch wieder weg. Und wenn du da wieder rausteigst, stehst du in glühender Kohle, Asche und beißenden Rauchwolken. Dann geht's weiter, das Wasser läuft dir am Arsch runter, und erst, wenn du völlig fix und fertig bist, dann gibt's 'ne Pause. Alles klar, Mann? Eh, yeah, that's fire fighting! Any questions?«

»Na dann ist das ja genau das Richtige für dich, sonst langweilst du dich ja zu Tode mit all deinen Blumen, Kräutern und Gemüsen hier!«

»Yeah, man, all right, you got it, you really got it – you are right!«

Mark begann jetzt, seinen Seesack zu packen, und fand Zeit, während der letzten Teestunde noch ein Buschabenteuer zum besten zu geben.

»Ich kontrollierte mal wieder meine trap line, war gut drauf und latschte gemütlich den Buschpfad entlang. Plötzlich, um eine zugewachsene Biegung, kam mir ein Bär entgegen. Der Bär, Gott sei Dank, kein Grizzly, sondern nur ein blacky, schlenderte in aller Ruhe den gleichen Pfad entlang und sah mich gar nicht. Da der Wind aus seiner Richtung wehte, konnte er mich auch nicht riechen. Trotzdem ging alles etwas zu schnell für mich, und beinahe wären wir zusammengestoßen. Mann, was sollte ich machen? Ich riß die Arme hoch, brüllte aus Leibeskräften – und rannte dem verdatterten Kerl entgegen. Der blacky erschrak derart, strauchelte, und fiel rücklings auf den Hintern, rang verzweifelt einige Sekunden nach dem Gleichgewicht, sprang dann auf und rannte, bäh, bäh, bääääääh schreiend wie ein erschrecktes Kind in den Busch, legte im Dickicht noch einen Zahn zu – das knackte und krachte vielleicht – und weg war er. Dem begegnete ich nie mehr wieder.«

Helen und ich sahen uns an: »Typically Mark Gilmore!« sagten wir gleichzeitig und brüllten los vor Lachen.

Zurück nach Eagle sollten wir nicht zu Fuß gehen – Mark wollte mir unbedingt seinen Sommerschlitten »full in action« vorführen.

»Paß auf, jetzt geht's verdammt schnell nach Eagle. Komm steig auf, rein mit dem Zeug und gut festhalten! Dog, mush!«

Unerwartet schnell zog das Gefährt ab und schien während der Fahrt stetig noch an Tempo zuzulegen. Wir schleuderten schräg in Kurven, Äste ohrfeigten mich, der Hintern wurde weichgeklopft, Bandscheiben gestaucht – und irgendwann hätte ich Bandscheiben und Zähne verloren, wenn da nicht die verdammt enge Kurve über der Schlucht gewesen wäre.

Der Schlitten rüttelte und bockte, neigte sich zur Seite, wir stemmten uns dagegen, jetzt ging's ein Stück den Hang hoch, Mark steuerte zurück und fürs erste waren wir wieder auf dem Buschpfad. Dann koppelte er den Hund ab.

»Big fun, eh!« brüllte Mark nach hinten.

»Ja, stimmt, aber ein wenig zu langsam, Mark!«

Das hätte ich nicht sagen dürfen – ich sollte es auch gleich bereuen.

Ich traute meinen Sinnen nicht, aber der Höllenschlitten wurde noch schneller. Es ging den steilen Buschpfad hinunter, den wir am Vortag so mühsam erklommen hatten. Schluchten taten sich jäh vor uns auf, um gleich wieder zu verschwinden.

Rack – es knirschte gefährlich – und gerade noch konnte der Lenker die Kurve aussteuern. Ich sah uns schon in der Schlucht zerschellen. Mark hatte für Sekundenbruchteile nur noch mit einer Schuhsohle Kontakt zur Erde – das Gefährt hatte bereits abgehoben – und riß den Raserkarren gerade noch zurück in die richtige Bahn.

Ab und zu steuerte ich jetzt auch mit, Staubfahnen wirbelten nach jedem Korrekturmanöver und ich dachte mir: »Hoffentlich halten die Schuhsohlen!«

Der ungewöhnliche Schlitten schien durchzugehen, und ich versuchte mich verzweifelt festzuhalten. Das war nicht so einfach, weil ich auf die Fotoausrüstung aufpassen mußte und das Gewehr zusammen mit anderen wild hüpfenden Gegenständen auf keinen Fall verlieren wollte.

Wumm, ein heftiger Schlag und schon ging's über einen großen, abgebrochenen Ast – der zuvor noch nicht dort lag. Wir wurden vom Pfad gedrängt und Mark absolvierte sein Meistermanöver.

»Duck dich!« brüllte er, und schon begannen uns Äste wild zu schlagen, während Mark den sandigen – und zum Glück unbewachsenen – Steilhang hinaufraste und auch tatsächlich wieder zurück auf den Pfad steuern konnte.

»Big fun, eh?!«

»Of course, helldriving through the wilderness!« brüllte ich zurück.

Endlich wurde Marks Sommer-Alptraumgefährt langsamer – und ich konnte die kilometerweit hinter uns wehende Staubfahne etwas genauer begutachten. Da kam weit abgeschlagen, aber in vollem Run ein Malamute Husky hinter uns hergetobt, dessen Abstand zu uns sich allmählich verringerte.

Wir hatten die »Fahrt« erstaunlicherweise ohne Kratzer und Materialverlust überstanden, nein – überlebt. Ich versuchte gerade, meine arg durchgeschüttelten Knochen zurechtzubiegen, da wurde ich umgeworfen und, ohne daß ich mich wehren konnte, mit einem Waschlappen bearbeitet. – Der Husky hatte uns endlich eingeholt.

Als Helen nachkam, freute sie sich auch, daß sie nicht gleich zwei Männer im Krankenhaus von Fairbanks besuchen mußte.

Ob ich alle Tips beherzigen würde, fragte Mark, als er zum Buschflugplatz gehen mußte – »Wie sonst soll ich mich aus dem Greenhorn-Status herausarbeiten«, antwortete ich.

»Yeah, man, bist einer von uns, Junge – gute Reise – und wenn du kannst, komm wieder, wir haben immer Platz für dich!«

Der Händedruck sagte noch mehr – ich winkte ihm lange nach.

Ich benötigte Stunden, um das Erlebniskonzentrat der letzten Zeit zu verdauen. In den späten Nachtstunden verdunkelte und rötete sich der Himmel – es war völlig ruhig um mich, Stille umfing den Yukon und seine Auenwälder – plötzlich erklang ein langgezogener, heulender, fast weinender Ton. Erschrocken blickte ich um mich, sah nach dem Gewehr. Das Heulen vervielfältigte sich. Schlittenhunde aus Eagle sangen. Dann setzten die Hunde an verschiedenen Orten ein – andere Gruppen antworteten – die Gesänge begannen um Eagle zu kreisen. Drüben über den Auenwäldern am gegenüberliegenden Yukon-Ufer erblickte ich eine riesige Leuchtscheibe, die gerade über die höchsten Baumwipfel zu steigen begann. Wochenlang hatte ich den Mond nicht mehr gesehen.

Das Rundumkonzert der Huskies schwoll an, einige besonders stimmgewaltige Hunde traten als Solisten auf, doch meistens waren es einzelne Teams, die in den uralten Chor einstimmten. Wann würde ich wohl Wölfen zuhören können?

Gleich früh am Morgen des dritten Juli pfiff mir recht unsanft böiger Wind ins Hemd, der Himmel hing schwer über dem Eagle Bluff, als wollte er bald einstürzen, und der Yukon warf wilde Wellen.

Fürs erste zog ich mich ins Zelt zurück und fing an, Camp Gilmore und Marks Stories zu Papier zu bringen, solange sie noch frisch im Gedächtnis waren.

Wie es meiner Kanadapartnerin daheim wohl erging? Ob der Rückflug geklappt hatte? – Die Gilmores, und besonders Mark, hatten mich derart auf Trab gehalten, daß ich mein Alleinsein völlig vergessen hatte. Ob man hier in Alaska noch mehr Gilmores in Reserve hat?

»Hallo, Gernot, ist das dein Camp hier?« rief der Mann auf der Ufersandbank.

»Mensch... Larry, komm rüber, da ist genug Platz für zwei Zelte!«

»Wo ist denn dein Boot – ist es dir abgehauen?« fragte Larry, den ich seit Whitehorse aus den Augen verloren hatte.

»Nein, hier im Creek, da kannst du auch reinfahren.«

»See you, in five minutes – ich habe das Boot noch in Eagle.«

Dann kam er, elegant und ruhig paddelte er, zog im weiten Bogen in die Bachmündung – Hektik oder Nervosität kannte der Mann aus Colorado nicht, Eile und Hast waren seinem Wesen fremd. Gemeinsam weihten wir den großen blauen Email-Henkeltopf ein, der traditionsgemäß auf zwei Gabelstützen und einem Querast über dem Feuer hing.

Larry überwachte meine Schießübungen, die ich Mark versprochen hatte, demonstrierte seinen Bärenschreck – ein ungemein gräßlich aufgellendes Preßlufthorn. Er imitierte ein eigenartig klingendes Geräusch, das mich seit Tagen verwunderte, eine Mischung aus Glokkenschlag, Pfeifen und Schluckauf – die Raben vom Eagle Bluff antworteten.

Schlag 23 Uhr – dies war seine Schlafenszeit, die er strikt einhielt –

meinte Larry, ich solle morgen unbedingt noch bleiben. Eagle hätte eine tolle Überraschung zu bieten – morgen sei der 4. Juli, »Independence Day« – es würde sich lohnen.

Ein ganzes Dorf spinnt – wirklich!

Es ging mit einem Umzug los: uralte Autos oder lediglich Fahrgestelle mit Elchgeweihen statt Stoßstangen, mit Raketenmotoren und Flügeln rollten zum Festplatz. Es folgten die skurrilsten Fahrzeuge, die ich je gesehen hatte, wie alte Planwagen mit Düsenantrieb, Kinderwagen mit Traktormotoren und Raupenantrieb, Leichtgewichts-Renndampfwalzen, Zweiradflugzeuge und ähnliche Vehikel. Da marschierten Eagleaner in Wildwestgewändern, Trapper und Goldsucher; blutrünstige Indianer auf dem Kriegspfad vertrugen sich erstaunlich gut mit Yankies auf Stelzen oder Clowns. Quietschvergnügte Schulkinder wetteiferten mit Spaßvögeln höheren Alters. Beim Festplatz angekommen, lösten sich die Fahrzeugverbände auf, und das kleine »originalgetreue« Postamt auf Rädern, eine bunt gestrichene Hundehütte, wurde am Rand des Festplatzes abgestellt.

Dekorierte Holzbuden lockten mit Luftgewehr-Schießständen, Wurfballspielen und ähnlichem Kirmeszeug. Begabte eagleanische Backkünstlerinnen hatten bunte Riesentorten und Kuchenausstellungen gezaubert und begeisterten damit Kinder und Wildnismänner in gleicher Weise. Auch die Wettergeister feierten mit und steuerten mediterranes Prachtwetter zum Fest bei.

Eine kräftige fröhliche Frau gab Anweisungen über ein Megaphon. Eintrittskarten wurden verkauft, Leute trugen sich in Listen ein – es war etwas Besonderes im Gange, man konnte es spüren. Plötzlich stand Helen vor mir. Sie wähnte mich schon Meilen weit weg im »Yukon-Charley«. Die Ausruferin wurde mir als ihre Mutter vorgestellt, und Helen fragte mich, ob ich als ihr Partner bei einem Wettbewerb mitmachen wolle – wer kann da nein sagen? Wir wurden als Pärchen in eine Liste eingetragen. Ich hatte natürlich keine Ahnung, was für ein Wettbewerb dies sein sollte.

Das Megaphon tönte – der erste »contest« begann. Aber was war denn das? Da knieten gut ein Dutzend Frauen vor einem langen Tisch, alle hatten die Hände auf dem Rücken verschränkt. Jetzt bekamen sie Teller voll mit weicher Torte und Schlagsahne vorgesetzt. Ich dachte zunächst an ein Konditorduell, eine Tortenschlacht. Dann sah es nach einem Kuchenwettessen aus, aber eines von ganz besonderer

Art: ohne Gabel oder Löffel, und die Hände durften auch nicht benutzt werden – ein Wettfressen also. Die Schiedsrichter, alles handfeste, urige Wildwestkerle, achteten darauf, daß es auch ein solches wurde.

»Three – two – one – zero!« Die Frauen legten los – es sah aus, als würde eine Reihe großer bunter Vögel gefüttert werden. Ohne Rücksicht auf Make-up, frisch gewaschene Blusen oder Frisuren ging's zur Sache. Nasen bohrten in Schokoladencreme, Haare baumelten in zarter Schlagsahne, rote Münder schnappten und schlürften. Wer daheim einen Hund hatte, war natürlich im Vorteil: bei einigen konnte man erkennen, daß sie die flotte Art der Nahrungsaufnahme ihrer Haustiere kopierten. Der gekonnte Stil einer Schnellfresserin fiel auf – die Technik war perfekt: es war eindeutig der Stil von Mark Gilmore's »lead dog«. Die perfekte Stilistin sprang auf – und siegte. Rundum das Gesicht verschmiert, aber dennoch strahlend, kam Helen mir entgegen. Nein, keine Blumen – sondern viel Küchenpapier war hier passend.

Ein kräftiger, freundlicher blonder Hüne erschien, quetschte mir auf Helens Anweisung die Rechte, es war einer ihrer Brüder. Daß er die Herren-Party gewann, überraschte mich kein bißchen. Wie warnte mich Helen? – »Wir haben ihn und seine Frau zum Schluß als Gegner, er ist ein besonders schneller »pie eater«, also paß auf, streng dich tüchtig an!« Ein älterer Gentleman – der Typ Traumsheriff aus gutbesetzten Wildwestfilmen –, den mir Helen als ihren Vater vorstellte, ein jüngerer Bruder sowie ältere und jüngere Schwestern folgten, zum Schluß Onkel und Tanten. Man erwartete von mir, daß ich mich anstrengte.

Ausgelassene Stimmung herrschte überall und ich – ich vergaß, daß ich ja eigentlich auf »Wildnis-Trip« war, um das wilde, gefährliche Alaska kennenzulernen. Ich wurde einfach eingemeindet, mitgenommen und lernte so das fröhliche, spielende Alaska kennen – obendrein »Alaskan fastfood«.

Das Megaphon mahnte, Helen kam zu mir – es ging los, bald sollte ich erfahren, was sich hinter »couple pie eating contest« verbarg. Helen würde mich füttern, den Teller unter die Nase halten, während ich den Schluck-und-Würg-Part spielen sollte.

»Ganz weiches Zeug ist das«, weihte sie mich ein, »das mußt du schnell aufsaugen und gleich runterwürgen, bloß nicht lange kauen und zögernd schlucken. Hast du verstanden? Nur schnell aufsaugen und schlucken. Wenn der Teller leer ist, mußt du schnell aufspringen und pfeifen! Okay?«

»Okay, Helen, dann füttere mich mal, ist eigentlich schon etwas länger her, daß ich auf diese Weise Kuchen aß, aber wenn du mich fütterst…!«

Wir nahmen Aufstellung, Kampfrichter und Zuschauer umringten die Teilnehmer. Einige grinsten mir vielsagend – oder ein wenig hämisch – zu, und ehe ich mich versah, schrumpfte meine Umgebung zu einem vollen Kuchenteller zusammen. Links und rechts von uns bot sich das gleiche Bild: die Männer saßen auf der Bank, vor ihnen die Frauen in der Fütterungspose.

»Da sind sicherlich die übelsten Geier, Vielfraße und Küchenwölfe Eagles vertreten«, dachte ich mir, »wirf alle Tischmanieren über den Haufen…«

Dann ging's los, Helen rückte näher, und ich roch duftenden Schokoladenkuchen, dann war die Nase verstopft.

»Suck, suck, suck!« hörte ich Helen rufen, und was sie rief, das tat ich auch. Ich arbeitete wie ein Staubsauger, schluckte und würgte.

»Jump, jump Gernot, jump!« – Kommando ist Kommando, und zack, schon war ich auf den Beinen – und tatsächlich als Erster!

Jetzt kam wirklich keine Befehlsverweigerung auf das »whistle, Gernot, whistle!« Nein, ich mußte lachen und bekam einfach keinen Pfeifton heraus – verschwendete dabei wertvolle Sekundenbruchteile.

Dann endlich: mehr ein »pft« als ein »pfiff« – aber dennoch, am Ende ein »whistler«, und damit der dritte Platz!

»Für 'nen ›bloody beginner‹ gar nicht übel«, hörte ich.

»Ha, wir hätten Erste sein können, prima hast du das gemacht – was du bräuchtest, ist nur Übung«, freute sich Helen, »du mußt uns bald besuchen.«

Der erste Preis blieb »natürlich« in der Familie. Wie zu erwarten war, hatte Helens ganz großer Bruder gewonnen. Wenn man seinen ersten Platz beim Herren-Wettbewerb, Helens ersten Platz beim Damen-Wettbewerb, und jetzt auch noch den dritten Platz im Doppel betrachtete – eine erfolgreiche Familie.

Jahrhundertmillionen Jahre alte Schönheiten

Bevor ich das Camp, »the perfect place«, wie Larry den Platz nannte, am nächsten Tag verließ, bereitete der Mann aus Colorado das Frühstück, damit ich nicht soviel Umstände hätte. Ich mußte mich gewaltsam von Eagle losreißen.

»Vielleicht sehen wir uns wieder, Larry – wir haben denselben Weg, good luck!« Ein kurzer Blick auf die Übersichts-Landkarte und ich paddelte schneller – Eagle lag nur ein winziges Stückchen von der alaskanisch-kanadischen Grenze entfernt. Es war der 5. Juli 1988 und dies hieß, der Sommer war schon fortgeschritten, würde in ein paar Wochen in den Herbst übergehen – und ich trieb mich immer noch an der Grenze herum – über 2500 Kilometer Yukon warteten.

Jahrhundertmillionen Jahre alte Schönheiten sollten mich an diesem Tag erwarten. – Um mich ein wenig abzulenken, betrieb ich Geologie. Nach dem improvisierten geologischen Führer sollte ich bald in uralte Gesteinsformationen, nämlich ins *Karbon* und sogar ins *Devon* fahren. Machen Sie mit bei der Reise in die Vergangenheit? Blättern Sie ein wenig mit mir in den ältesten Aufzeichnungen der *Yukon-Saga*, folgen Sie mir in die graue Vorzeit, noch bevor die Medizin-Männer der Indianer erzählen konnten.

Das *Karbon*, die bedeutende Kohlezeit der Erde, als vor etwa 350 Millionen Jahren riesige Sumpf-Urwälder wucherten und dann verschüttet wurden, nannten die amerikanischen Geologen *Mississippian*. Bald entdeckte ich in den Uferhängen Kohleschichten. Die Flöze waren allerdings nur wenige Zentimeter oder ein paar Dezimeter dick – der Abbau würde sich kaum lohnen, obendrein hatte die Regierung das Yukon Charley-Gebiet unter Naturschutz gestellt.

Überhaupt, der Yukon floß jetzt in einer tiefen Narbe im Gesicht des Landes unter der Mitternachtssonne, in einem uralten Grabenbruch, dem *Tintina Trench*, einem der bedeutendsten Brüche der Erdkruste in Nordamerika. Der Pelly River, einer der großen Nebenflüsse des Yukon in Kanada, läuft Hunderte von Kilometern in diesem langen Graben, den jetzt der Yukon zu seinem Bett gewählt hatte.

Gut und deutlich geschichtete Gesteinsbänke fielen mir auf, es waren *Konglomerate*, das heißt verfestigter Kies, hart und fester als mit Beton verbacken. Neugierig fuhr ich ans Ufer und stieg aus dem Boot. Ich blickte am Uferhang hinauf, erkannte die darüber liegenden Kohleflöze. Über den Kohlen, die zusammen mit Kalken und Tonen wie Blätterteig geschichtet, leicht gewellt und gefaltet waren, lagen grobe Kiese, kaum verfestigt, darüber Sande. Dann sah ich mir die Gesteinsbänke genauer an. Rote, grüne, schwarze, schokoladenbraune und milchweiße Steinchen fielen mir darin auf. Ich erkannte Kiesel, Halbedelsteine und Bruchstücke vulkanischen Ursprungs, dann Minerale, die bei der Entstehung von Gebirgen oder einige Dutzend Kilometer tief im Erdmantel wachsen.

Wie kam das alles hierher? Ich fange am besten mit dem Alter an: Meine Füße standen auf Steinen, die vor etwa 400 Millionen Jahren, im *Devon*, wahrscheinlich an der Küste eines Urmeeres über einen flachen Hang in die Tiefe gerutscht waren. Schnee und Eis, Bäche und Flüsse hatten Gebirge abgetragen, die noch viel älter waren als diese Schichten. Zur Zeit dieser Gebirge, vor 600 Millionen oder gar über einer Milliarde Jahren, hatten die Kontinente andere Umrisse als heute, lagen sich sogar anders gegenüber. Flüsse und Ströme transportierten dann den Schutt der uralten Gebirge zum Meer – genauso, wie das unsere heutigen Flüsse auch tun. Über Hunderttausende von Jahren ruhte der Schutt auf dem Hang des Meeres, verfestigte sich, wurde durch Kalk, Ton und Kieselsäure wie durch Zement verbacken.

Aber alles auf der Welt ist an ständige Kreisläufe gebunden, und nach Jahrmillionen, als sich die Erdkruste wieder bewegte, weil neue Meere geboren wurden, alte dafür verschwanden, zum Teil zu Bergen zusammengeschoben wurden, kamen auch diese Schichten wieder ans Tageslicht. Und heute – werden die Steine wieder aus den Schichten gelöst und vom Yukon zum Beringmeer weggetragen. Es ist ein unaufhörlicher Kreislauf, solange die Erde besteht. Und selbst einen Yukon, auch wenn er jetzt so mächtig dahinfließt, wird es einmal gar nicht mehr geben.

Nun, was sagen 400 Millionen Jahre? – Eine lange, kaum vorstellbare Zeit, aber wir wissen heute, daß damals die Natur die ersten Insekten und die ersten Lurche erschuf. Und einige Steine hier hatten »erlebt«, wie die ersten Pflanzen das Land besiedelten – ich berührte einige grüne und schwarze, besonders harte Steine. Was mochten sie einmal gewesen sein – Stücke von kahlen, unheimlichen Bergen oder öden Ebenen? Damals existierte Leben nur im Meer.

Ein paar Kilometer weiter weg drang ich in noch viel, viel ältere Gesteinsschichten ein. Es waren Kalkbänke, die dem *Cambrium* angehörten, einer Zeit 500 bis 570 Millionen Jahre vor der unseren. Ich stand auf den Zeugen, den Überbleibseln der Urmeere, als sich das Leben in den Meeren besonders schnell zu entwickeln begann. Dies bewiesen Fossilien, *Trilobiten*, deren Abdrücke ich fand. – Hätten damals schon Menschen gelebt, wären wir heute etwa die 2 000 000ste Generation – es gibt allerdings ein Wesen, einen *Brachiopoden* (ein muschelartiges Wesen), der immer noch so aussieht wie seine Ur-Ur-Urahnen, und auch noch genauso lebt – das nenne ich konservativ! – Wie unbedeutend sind doch dagegen die Ahnenreihen einiger adeliger Menschen.

Diese altehrwürdigen Geschlechter sind im Vergleich zur Erdgeschichte kurzlebiger als der verrückteste Modegag. Würden diese *Brachiopoden* eine Ahnengalerie unterhalten, so wie dies einige Familien betreiben, alle 30 Jahre ein Familiensproß mit einem Porträt von einem Meter Breite, und noch dazu lückenlos aneinandergereiht – ergäbe dies eine Ahnengalerie von 2000 Kilometern Länge.

Noch ein Kuriosum bietet dieses kleine Stückchen Yukon hier: In dieser Gegend erst – und auch zum letzten Male – befand ich mich auf dem alten, »echten« Amerika, auf der *Amerikanischen Platte*, dem nordamerikanischen *Urkontinent*. In Kanada, und auch gleich wieder ein paar Kilometer weiter in Alaska fließt der Yukon über importierte Landesteile, die sogenannten »Terranes«, das sind Teile der Erdkruste, Reste von Meeren und Gebirgen, die die Laune der Zeit in Alaska und Kanada angelandet hatte.

Die kohlenhaltigen Schichten darüber entstanden vor etwa 300 bis 350 Millionen Jahren, als riesige Farnsümpfe, voll von urweltlichen Panzerlurchen und Rieseninsekten, das Material für die Kohlenflöze erzeugten. Und – jetzt mußte ich lachen –, was war dagegen schon das bißchen Kies da oben? Es sind die Seiten des bekanntesten Kapitels der *Yukon Saga*. Die Schicht mit den goldhaltigen Grobsanden, für die Tausende von Menschen die unsagbaren Mühen des Nordens auf sich nahmen, waren ein paar tausend Jahre alt, und der Goldrausch selbst boomte vor knapp einhundert Jahren.

Zu groß wurde die Bibliothek, zu unüberschaubar die Kapitel der Saga der Sagas, zu kalt wurde es in den Abgründen der Zeit. Wie fühlt man sich, wenn zu den Weiten Alaskas die Abgründe der Zeit dazukamen? »Kennen Sie das Stück der Gruppe *Kansas*: – ›Dust in the wind (all we are is dust in the wind)‹?«

Den Calico Bluff müsse ich mir unbedingt ansehen, hatte man mir in Eagle gesagt. Schon aus Kilometern Entfernung konnte man erkennen, wo der »Kattun-Hügel« lag. Es sah tatsächlich so aus, als hätte man den Hügel mit bunt bedruckter Kattun-Baumwolle überzogen: vorherrschend waren dunkelbraune und schwarze, hellbraune und gelbe, graue und hellbeige Farbtöne; einige Büsche sorgten für grüne Farbtupfer und an der Hangflanke gab es sogar eine orangerote Stelle. Aber erst die vollständige Breitseite des Hügels, die wie abgeschnitten bis zum Yukon abfiel, zeigte die ganze Schönheit. Dünne und dicke Gesteinsschichten, bunt gefärbt, aus Kohle, Kalk und Ton, hatten sich in wilde Faltungen und Brüche geworfen. Ich sah Mäander, zusammengepreßte, steilstehende Falten, Bögen, Girlanden, Zickzackmuster und parallele Schichtstapel. Diese eigenwilligen, etwa 300 Millionen Jahre alten Muster und Farben könnten einem modernen Designer ohne weiteres als Vorlage für ein verrücktes Hemdmuster dienen.

Das Traumcamp im Yukon Charley

Dreiundzwanzig Kilometer nach dem verrückten Hügel wichen die Steilufer auseinander und gaben den Blick frei auf eine weite Flußlandschaft mit bewachsenen und kahlen Inseln, mit Sand- und Kiesbänken. Flußab begrenzte erst ein weiter Horizont die Wasser des Yukon, im Nordosten und Osten schimmerten silberfarbene Berge – die Ogilvie Mountains. Auf der gleichen Seite mündete ein Fluß in den Yukon, der Tatonduk River, und bildete ein weites, mit Weiden, Erlen und Birken bestandenes Delta. Dem Mündungsgebiet gegenüber lag eine kleine, öde, nur von ein paar Weidenschößlingen begrünte Kiesinsel. Hier wollte ich für heute bleiben.

Das Mitternachtssonnen-Schauspiel war atemberaubend schön – ich genoß es zusammen mit meinem stilreinen Lagerfeuer, über dem in bewährter Art mein blauer Henkeltopf dampfte und Wohlgerüche verbreitete. Ich war mir noch unschlüssig, ob ich morgen früh weiterfahren würde oder nicht und baute deshalb das Zelt gar nicht auf. Ich errichtete mein Zeitspar-Lager – neu war diesmal, daß eine ausgezeichnete Axt und ein schweres Jagdgewehr in beruhigender Nähe lagen.

Der Fluß murmelte sanft, rauschte manchmal plötzlich auf, gluckerte und plätscherte, gelegentlich klatschten verspielt kleine Wellen gegen das Boot am Kiesstrand. Im Osten und Westen begann der Himmel zuerst in zartem Rosa, danach in brennendem Rot zu leuchten. Leise raschelte der Wind im Weidengebüsch, eine Schar Wildgänse rief und trompetete in den ausgedehnten Ufersümpfen, über denen zarte Nebelschleier schwebten. Aber das störte den großen Adler nicht, der majestätisch auf einem überhängenden Baum am anderen Ufer saß und alle Ruhe und Konzentration der Welt zu besitzen schien. Die Berggipfel, die sich hinter den schier endlosen Auenwäldern am rechten Flußufer erhoben, glühten auf. Bald verwöhnte eine von keiner Wolke getrübte Sonne die erstrahlende Landschaft. Je höher die Sonne stieg, desto weiter floh der Horizont, bis unüberblickbare Urwälder, funkelnde Wassermassen und weitentfernte Berge zu gleißendem Silber verschmolzen. Ein sanfter Windhauch wehte würzigen, süßlichen Duft aus dem nahen Uferwald. Tiefe Ruhe lag über der erwachenden Flußlandschaft, und die sanften, fast schüchtern klingenden Geräusche von Wind und Wellen harmonierten mit dem alles durchdringenden Frieden.

»Was für ein Morgen«, staunte ich – als ob die Zeit stehengeblieben wäre. Träumte ich, sah ich uralte, längst vergangene Szenen aus den ersten Tagen der Menschheit? War ich in eine uralte Zeitfalle der *Yukon Saga* geraten?

Mit ruhigen Schritten balancierte ich barfuß über die sich allmählich erwärmenden Flußgerölle, zog mich aus, legte die Kleider auf einen großen Stein und glitt vorsichtig ins Wasser. Nach der großartigen Erfrischung, die ich wie eine Taufe empfand, fühlte ich mich wie neu geboren. Ich schürte das Lagerfeuer, legte trockene Treibholzknüppel nach, die Biber irgendwo flußaufwärts in handliche Stücke zurechtgeknabbert und entrindet hatten. Danach setzte ich die Buschküche in Gang.

Das Ergebnis meiner inzwischen fortgeschrittenen Wildnisdiät trug ich zu einem großen, am Ufer liegenden Baumstamm, der mir als Eßplatz diente. War ich wirklich erst vor zwei Tagen hier gelandet? Woher kam das vertraute, ja liebevolle Gefühl, das ich zu diesem Platz empfand – können Träume die Realität vorwegnehmen? Ich wandte mich zu den silbern glänzenden Gipfeln der Ogilvies und wollte in diesen Augenblicken mit keinem Menschen der Welt tauschen.

Etwa dreißig Meter von meinem Eß-Landschafts-Meditiationsplatz entfernt mündete ein Bach mit kristallklarem und eiskaltem Wasser in einem erstaunlich breiten Delta in den Yukon. Momentan schwamm ein Biber eifrig im Bachdelta, und es störte ihn gar nicht, daß ich nur einen Steinwurf weit weg war und ihn beobachtete.

Während ich das Geschirr säuberte, blinkten kleine, metallisch gelbe Pünktchen im nassen Sand. Verträumt wusch ich sie mit der Bratpfanne heraus. Sicher, es war Gold, doch so geringfügig, daß ich wirklich keinen Goldrausch auslösen würde. Dann fiel mir ein grüner, fein marmorierter Stein auf. Ich wusch ihn und freute mich, daß ich das versprochene Mitbringsel für meine Partnerin gefunden hatte: grüne Jade.

Im Wasser vor mir glänzten blankpolierte Steine und ließen mich die bezaubernde Wirklichkeit der Kiesinsel im Yukon für eine Weile vergessen. Da lagen die zu Stein gewordenen Abdrücke von Muscheln, Schnecken, Korallen und Pflanzenteilen – die Vorgeschichte der *Yukon Saga* entführte mich wieder. Millionen um Millionen Jahre fingen mich ein, wirbelten mich durch den großen Strudel der Vergangenheit, während meine Hände in den versteinerten Dokumenten der Zeit blätterten.

Erst als ich an Füßen und Händen zu frieren begann, fing die Kiesinsel im Yukon wieder an, Realität zu werden. Ich stand auf den Überresten uralter Meere, die zu Gebirgen und am Ende zu Kies und Sand geworden waren – Abgründe an Zeit lagen dahinter, lediglich das Wasser, die Luft und die Sonne waren nahezu gleich geblieben – Wasser, Luft und Feuer.

Yukon River – die Hauptschlagader Alaskas – oder eine Strömung im Meer der Zeit? Was macht die Natur mit uns Menschen an solchen Plätzen? Erschlagen, niederbügeln, demütigen – oder nur unseren Hochmut zurechtstutzen, um uns dann wieder in die Arme zu nehmen? Es war doch etwas da, etwas sehr Starkes, eine Art Kraft, die einem in all der Weite und Größe Mut und Freude spendete.

Mich störte es nicht, daß ich seit Eagle erst 43 Kilometer zurückgelegt hatte. Eagle? – Lag das schon hinter mir? Nein, ich hatte keinen Tag verloren – sondern einen gewonnen!

Im klaren Fluß, einen Steinwurf weit entfernt vom Lagerplatz, schöpfte ich Trinkwasser und entdeckte die ersten Grizzly-Spuren im Ufersand. Auch im Paradies muß man aufmerksam sein, tröstete ich mich, blieb aber trotzdem auf der Kiesinsel. Am Abend, als sich der Himmel merkwürdig verdüsterte, baute ich doch noch das Zelt auf – unter dem eigenartigen Licht der tiefstehenden Sonne.

Auf einen unmöglichen Tag einen elenden – Nachschlag gefällig?

Neun Uhr morgens fuhr ich los – hinein in einen miserablen Tag. Hätte ich gewußt, was heute, am 7. Juli 1988, auf mich warten sollte, wäre ich nie und nimmer aus meinem Schlafsack gekrochen.

Der merkwürdig düstere Himmel von gestern abend blieb. Hinzugekommen war ein Geruch, streng, brenzlig, rauchig. Stundenlang hatte ich Gegenwind, der Rauch in der Luft nahm ständig zu. Später erfuhr ich, daß ich in den großen Waldbrand hineingefahren war, zu dem Mark als »fire fighter« aufgebrochen war. Es war ein derart großer Buschbrand, daß selbst in Europa darüber berichtet wurde. Ich geriet beim anstrengenden Paddeln oft außer Atem. Wenn die Sonne durch die »Waschküche« durchkam, dann nur als düstere rote Scheibe oder als gelber Lichtfleck. Unheimlich war die Stimmung über dem Yukon und den rauchverhangenen Uferwäldern. Ich blieb bis zum Abend im Boot. Erst im mündenden »Nation River« legte ich eine Pause ein, fing einen schönen Grayling und gönnte mir ein festliches Abendessen – Energie sollte ich bald bitter nötig haben.

Hier wollte ich nicht bleiben und so fuhr ich weiter, obwohl es bereits Zeit zum Lagern war. Als ich müde wurde, hielt ich zweimal auf schöne Kiesinseln zu, doch waren die Strömungen so stark, daß ich erbarmungslos abgetrieben wurde.

Kurz nach 22 Uhr dachte ich, ich hätte eine Erscheinung. Ein großer Elchbulle durchschwamm den Yukon von einem Ufer zum anderen – nicht ungewöhnlich? –, aber auf die Flußmitte zu wurde der Elch plötzlich größer, wuchs zu voller Gestalt an, erhob sich aus dem Wasser – schien ein paar Meter über die Wasseroberfläche zu wandeln, schrumpfte wieder und schwamm weiter dem rechten Ufer zu. Ich mußte mir unbedingt die überspülte Kiesbank inmitten des Yukon ansehen, auch wenn es mich Kraft kostete, dorthin zu gelangen.

Später klärte mich ein Indianer in Circle auf, daß Elche immer bei Kiesbänken und flachen Inseln den Fluß überqueren würden – ausgerechnet bei meinen Lieblingslagerplätzen. Wann würde ich wohl den ersten Elch im Zelt haben?

Meine bevorzugten Lagerplätze schienen heute alle überschwemmt zu sein – langsam sank meine Laune, ich wurde müde. Aber der 7. Juli hatte noch nicht alle Karten gegen mich ausgespielt – ein As hatte er noch im Ärmel, und das wurde jetzt gezogen. Plötzlich hörte ich Lärm vom linken Flußufer, sah den Schein eines Feuers und entschloß mich, den Yukon trotz der reißenden Strömung zu überqueren.

Im flachen Auensumpf hinter einer Insel sah ich ein paar Zelte und ein großes Lagerfeuer. Doch kurz vor dem Eingangskanal zwischen Insel und Ufer lag eine überspülte Kiesbank – ob ich wollte oder nicht, diese Stelle galt es zu überwinden – ich mußte all meine Kraft aufbieten, um in dieser Falle nicht umzukippen. Ich konnte kaum paddeln, da das reißende Wasser nur wenige Zentimeter hoch war. Ich arbeitete mich auf die Insel zu und mußte dann ein gehöriges Stück gegen die Strömung fahren. Dann ging nichts mehr, das Wasser drückte zu stark und ich mußte aussteigen, um das Boot zu ziehen. Natürlich hatte ich keine Zeit, um mir die Gummistiefel anzuziehen – fluchend patschte ich barfuß durch das eiskalte Wasser und zog das Boot hinter mir her.

Ich war müde und kühlte schnell aus. Ich versuchte, zügiger gegen die gnadenlos reißende Strömung anzukommen – dann endlich wurde es flacher, aber dafür begann ich im Sand einzusinken; ich war der Verzweiflung schon nahe, die Lage schien hoffnungslos. Obendrein setzte jetzt auch noch Regen ein – laut fing ich an zu rufen. Aber niemand sah oder hörte mich. Statt dessen wehte mir ein »happy birthday to you« entgegen – die Leute drüben waren höchstwahrscheinlich alle stockbetrunken. Der Wind wurde stärker, und Regen klatschte gegen die Kleidungsstücke, die noch trocken waren. Jetzt wurde der Sandboden unter dem lähmend kalten Wasser so flach, daß das Boot nicht mehr schwimmen konnte. – Einige Meter schleppte ich den schweren, vollbepackten »Sea Eagle« durch den Sumpf, dann mußte ich vor Entkräftung aufgeben. »Happy birthday«, grölte ein Betrunkener – während ich eher dem Weinen nahe war. Meine Stimmung war am Boden.

Mit letzter Kraft, fluchend wie der ungehobeltste Seemann, riß ich das Boot aus dem Sumpf, schob es in die Strömung, sprang hinein und fuhr weiter – »happy birthday...«, verklang es hinter mir – nein, ich war nicht in Laune, einen Geburtstag mitzufeiern.

Mitten in der Strömung ragte eine gewaltige Wurzel aus dem Wasser, eine lange Fichte hatte sich am Grund verhakt – mir kam die rettende Idee: Ich steuerte darauf zu, band das Boot fest, zog mich warm an, kroch tief ins Boot, dichtete den Eingang ab und versuchte zu schlafen. Es war ein sicherer Schlafplatz, einer der sichersten, den ich je hatte – aber so verdammt unbequem hatte ich mir die Feier meiner Fahrtetappe nicht vorgestellt – es war der eintausendste Flußkilometer!

Vier Uhr morgens, Regenwolken hingen fast bis zur dunkelbraunen Wasseroberfläche des Yukon herab, die schwarzen, triefnassen Uferwälder hüllten sich in dichte Nebelbänke, der Himmel über den tiefhängenden Wolken war bleigrau, und es war kalt. Als ich wie gerädert erwachte, setzte ein ungemein heftiger Platzregen ein. Das trommelte auf das Fiberglasdeck des Bootes, prasselte auf dem Wasser ringsum, rauschte in den Auenwäldern. Und das nach dem gestrigen Elendstag!

Ich fühlte mich so miserabel, daß ich nicht einmal meinem Ärger laut Luft ließ. Wie ein begossener Pudel zwängte ich mich unter die Spritzdecke, dichtete die Luke ab und fuhr einfach weiter, immer weiter – irgendwohin flußabwärts.

Es regnete sintflutartig, ohne Pause und ohne Anzeichen einer Besserung. Ich fror, war durstig, hatte Hunger und war müde – wie eine flügellahme Ente paddelte ich weiter, weiter und weiter.

Eine langgezogene Sandinsel schälte sich fast widerstrebend aus der regentriefenden Traurigkeit, ich hielt darauf zu. Ein Funken Hoffnung keimte in mir auf, und ich beschloß zu landen, das Zelt aufzubauen und endlich zu schlafen. Mühsam stieg ich aus dem Boot. Wutsch, schon sackte ich ein. Wasser rann in die Stiefel. Ich konnte mich gerade noch am Boot festhalten, bevor ich bis zu den Hüften einsank – mühsam, mit zusammengebissenen Zähnen, quälte ich mich durch den Schwimmsand ans Ufer. Als ich das Zelt ausgepackt hatte, tobte sich gerade ein Platzregen aus, ich machte trotzdem weiter, baute den Unterschlupf auf. Eilig und verbissen räumte ich ein, holte auch ein bißchen was zu essen aus dem Boot – und die Flasche kanadischen Whisky, den ich in Dawson gekauft hatte – genau für solche Situationen wie diese.

Nachdem ich das Boot abgedichtet hatte, riß ich mir die nassen und total verdreckten Kleider vom Leibe und schmiß sie in den Eingangstunnel des Zeltes. – Und jetzt, jetzt erst legte ich los: wütend schlang ich mein Essen hinunter, setzte die Whiskyflasche an und nahm ein paar tüchtige Schlucke – riß den Eingang auf – und brüllte laut und wütend:

»Alaska, Yukon Charley, verflucht, leckt mich am Arsch – so eine Pleite habe ich in Kanada nie erlebt!«

Erbost ballte ich die Faust, fuchtelte, drohte hinaus in den endlosen Regen, setzte nochmals die Flasche an und würgte das heilsame Feuerwasser hinunter.

Schon etwas weniger giftig klang es dann aus dem vollständig zugezogenen Schlafsack:

»So, da bleibe ich jetzt – bis es hier zu regnen aufhört – verdammt noch mal – keine zehn Bären kriegen mich mehr aus dem Zelt raus!«

Dann schlief ich ein. Es war noch Vormittag, kurz vor 12 Uhr – ich erwachte erst wieder am 9. Juli, während die Welt um mich in erbärmlichem Grau und Naß ersoff.

Sonnenstrahlen weckten mich – endlich! –, freudestrahlend blinzelte ich in eine neugeborene, bunte, helle und wohltuend weite Landschaft. Ich blieb noch einige Minuten liegen und wartete, bis auch wirklich alles wieder trocken sein würde. Dann trocknete ich meine nassen, schmutzverklebten Kleider, die jetzt gar nicht mehr in diese wiedererstandene, farbenfrohe Welt paßten.

Kaum war ich satt und bestens gelaunt, da zogen auch schon wieder flußaufwärts Wolken drohend auf, ballten sich und versprachen nichts Gutes. Flußabwärts jedoch lockte strahlend blauer Himmel – und dahin wollte ich. In Rekordzeit packte ich zusammen und sprang ins Boot – die dunkle Regenfront knapp hinter meinem Rücken. Ein Wettlauf begann – vor mir ein unendlich weit entferntes Ziel und hinter mir, fast so, als ob die Wetter-Front am Heck des Bootes anfing, der gnadenlos verfolgende Gegner. Ich hatte dermaßen genug vom Regen, daß ich laufend beschleunigte – und den Wettlauf gewann. Einige hundert Meter hinter mir begann es zu rauschen und zu prasseln – hämisch grinsend drehte ich mich kurz um, erhöhte noch für einige Minuten die Schlagzahlen und schoß in bunte, blaue, lichtdurchflutete Weite.

Offenbar war ich in einen Machtkampf der Wettertitanen geraten – hinter mir tobte graue, elende nasse Hölle, und vor mir brausten mächtige Windböen heran. Während der Spitzenböen ließ ich das Paddeln, es war zwecklos, dagegen kam ich nicht an. Die gelungene Flucht vor dem Regen bezahlte ich mit mühseligem Placken gegen den Wind – stundenlang. In der Karte stand mit zorniger Hand geschrieben »Scheiß-Wind«! Nach Dawson, also noch in Kanada, hatte ich angefangen, meine ersten Eindrücke – direkt und frisch – auf die Stellen der Karte zu notieren, an denen ich mich gerade befand. Eigentlich hätte ich mich von manchen Ausdrücken distanzieren müssen – sie waren aber da und verhinderten, daß ich nach gelungenen Tagen Schönfärberei betreiben könnte.

Auf beiden Flußseiten blätterte sich die Landschaft zu einer fast nicht mehr glaubhaften Bilderbuchträumerei auf. Am linken Ufer jedoch war es ein klein wenig schöner: genau dort mündete der lang angekündigte Charley River. Kurzentschlossen bog ich ins weite Deltasystem und fuhr den kristallklaren Fluß hinauf – es ist einfach herrlich, klares, funkelndes Wasser um sich zu haben.

Ich fand genügend Gelegenheit, um die zwei letzten Horrortage zu vergessen. Und hier im paradiesisch schönen Charley River feierte ich meine ersten 1000 Kilometer Yukon River: singend, träumend, angelnd.

Wild zersägte, tief eingeschnittene düstere Berghänge begannen den Yukon zu säumen. So weit ich sehen konnte, ragten überall dunkle, wild zerrissene Zacken und Grate aus dem dichten Grün der Urwälder im Hinterland. Schroffe Felswände fielen ohne Übergang in den Fluß ab und zogen meine bewundernden Blicke an. Ich fuhr durch die »Woodchopper Volcanics«, paläozoische, das heißt aus dem Erdaltertum stammende vulkanische Gesteine. In was für Feuerkaskaden, Explosionen, Qualmwolken und Erdbeben waren sie wohl entstanden, diese dunklen Berge, die jetzt so unheimlich ruhig aufragten?

»Devil's Thumb«, ein markantes Felsgebilde, tauchte auf; – gegenüber, etwa in der Flußmitte, lag eine mit Weiden bestandene Insel – ein Lagerplatz mit herrlicher Aussicht. Die Vulkane lebten schon lange nicht mehr – ob sie die glühende Mitternachts-Sonne tröstete? Wie von feuriger Lava erleuchtet, flammten Kuppen, bizarre Zacken und Schluchten auf. Tiefes Schwarz ließ die blutrote Sonne auf ihrem Weg zurück – kräftig leuchtete mein Lagerfeuer auf der kleinen Insel.

Sonntag, der 10. Juli – ich beschloß, mir einen Ruhetag zu gönnen, obwohl ich seit Eagle nur 175 Kilometer zurückgelegt hatte. Sicher, ich befand mich im Paradies, daran zweifelte ich nicht im geringsten – kam ich deswegen nur so langsam voran? Ich dachte an alle, die mir bis dahin so fest die Daumen gedrückt hatten. Ich vermißte nichts, hatte mich in meinen großen Alleingang vollkommen eingefunden. Die Ausrüstung war perfekt – jegliche Art von Bedrohung schien von mir gewichen, ich konnte tief und fest schlafen und mich jeden Tag frisch gestärkt allem Kommenden stellen – Bären achtete ich, fürchten mußte ich sie nicht mehr – der 303 war keiner gewachsen.

Gegen Abend, während ich mein Einsiedlerdasein in vollen Zügen genoß, tauchte ein Boot am gegenüberliegenden Ufer auf und nahm Kurs auf mein sicherlich weithin sichtbares Lagerfeuer. Wir winkten uns zu, und bald betrat eine seltsame Type meine Weideninsel. »Hallo, ich heiße Helmut«, stellte sich der silberhaarige, drahtige Mann völlig unbestimmbaren Alters vor. Er zog ein uraltes, geflicktes und mehrfach umgestrichenes, momentan gerade rotes Kanu an Land. Von einer Ausrüstung sah ich nicht viel. Sein katzenartiger Körper, er hatte nur eine kurze Hose an, hatte die Kupfertönung der südamerikanischen Indianer. Er blinzelte aus harten, zusammengekniffenen Augen, die schon viel gesehen hatten – eine etwas negative, unheimliche Aura umgab ihn.

»Hast du etwas dagegen, wenn ich hier mein Lager aufschlage?« fragte er lauernd.

»Nein, warum sollte ich«, erwiderte ich, »willkommen auf Willow Island!«

Es dauerte nur wenige Minuten, dann stand seine winzig kleine Einmann-Polyamid-Hundehütte zwischen den Weidenschößlingen. Er räumte sein Boot aus – da war wirklich nicht viel drin –, drehte es um und trug die paar Sachen in sein Zelt, dann kam er an mein Lagerfeuer. Ich bot ihm Kaffee, Suppe und Pfannenbrot an – wie ein Wolf stürzte er sich auf das Dargebotene.

»Danke, ich bin kaum zum Essen gekommen während des Scheißwetters der letzten Tage. Ein tolles Boot hast du – und dein Zelt kann sich auch sehen lassen. Sag mal, woher hast du denn das Gewehr? – Hm, sieht gut aus.«

Ich erzählte ihm von den einmaligen Tagen in Eagle und beobachtete, daß sein Gesicht immer härter, ja bitterer wurde.

»Scheinst ein Glückspilz zu sein, Mann, ich krieg' nie solche Angebote – gut, in Alaska ist es besser, aber glaube mir, der Rest von Nordamerika ist beschissen! Ich lebe erst wieder, seit ich auf dem Yukon bin; in Dawson bin ich eingestiegen, hab's nie bereut. Aber den Rest von Amerika, Kanada wie USA – vergiß es! Weißt du, ich reise ganz unten, in Amerika bin ich der underdog.«

Ich fiel aus allen Wolken – Amerika kannte ich ganz anders als er. Er stellte sich vor und berichtete von seinem Dauerunglück. Helmut, ein Deutscher, war ausgestiegen und ging momentan auf Weltreise. Er hatte daheim das Lenkrad an den Nagel gehängt, nach dreißig Jahren Arbeit, fünfzehn davon als Fernfahrer. »Nichts habe ich mir gegönnt, nun habe ich die Schnauze voll und will nur noch etwas erleben«, kommentierte er sein Pech. Ein Jahr war er bereits in Nordamerika, und es gefiel ihm gar nicht, »aber alles besser als malochen daheim«, meinte er. Er erzählte mir so viel Negatives, so viel Miserables, daß ich noch einmal zu kochen anfing, damit er sich ein wenig besser fühlen sollte. Was für ein seltsamer Gast war da auf meine Sonntagsinsel geschneit?

Ging ich zu weit – ich hatte so ein ungutes Gefühl –, als ich vor dem Schlafengehen meine 303 ganz nahe, griffbereit an den Schlafsack legte?

»Hey George!«

Der Aufbruch erfolgte bei miesen Wetteraussichten, aber das konnte mich nicht hindern, vorher ein äußerst erfrischendes Nacktbad im Yukon zu nehmen. Irgendwie war mir Helmut unheimlich und, offen gestanden, verdächtig; um ihn war immer noch eine negative Ausstrahlung. Da er sowieso an diesem Platz noch etwas bleiben wollte, stieg ich »befreit« in das Kajak und genoß wieder den Frieden der Wildnis.

Bald fing es an zu regnen, Gewitter kamen und vergingen wieder, es schüttete wie aus Kübeln, doch trotzig fuhr ich weiter. Ich war erst 175 Kilometer hinter Eagle – ob die Alaska-Durchquerung irgendwo im Regen steckenbleiben würde?

Nach stundenlanger, mühseliger Wasserschlacht begegnete ich den ersten Vorboten von Circle: freundliche Indianer grüßten mich aus ihren Motorbooten, und kurz darauf hörte ich ein seltsam klingendes »Motorbootgeräusch«. Ein sehr tief fliegendes Wasserflugzeug kam mir entgegengerast, knapp zehn Meter über dem Wasser, rollte ausgelassen auf die Seiten – es waren unübersehbare Grüße vom rasanten Postboten dieser entlegenen Weltengegend. Ich riß das Paddel hoch und ließ es kreisen, erwiderte den Gruß der flotten Aluminium-Ente.

Etwa 50 Meter hinter mir erschien unerwartet ein besonders kräftiges, offenes Motorboot mit spitz zulaufendem Bug und hohen Bordwänden, den Bautyp hatte ich noch nie am Yukon gesehen. Wir winkten uns zu, und der in Regenkleidung verhüllte Mann rief in bestem Englisch:

»How far will you go?«

»To the ocean!« rief ich.

»Great, me too! Hey boy, come along! Do you want a beer?«

»Bier, Bier, Bier!« echote es in meinem Gehörgang, aber ich wäre auch ohne das verlockend klingende Angebot zu ihm gekommen, denn der Mann im momentan treibenden Motorboot hatte eine ganz besondere Ausstrahlung. Das war keine Allerweltsstimme, die da in bestem Englisch klang, und daß er von Ausrüstung etwas verstand, das zeigte die ausgezeichnete Regenkleidung aus geölter Baumwolle. Sein Alter war fast unbestimmbar. Aus dem harten, markanten, von Brandnarben oder einer Kriegsverletzung gezeichneten Gesicht musterten mich klare, ernst und ruhig blickende Augen. Tonfall, Wortwahl und Sprachniveau deuteten auf »upper class«-Amerikaner.

»Jim Shockley«, sagte er mit kräftiger, wohltönender Stimme. Ich packte auch meinen kräftigsten Baß aus und nannte meinen Namen – dann quetschten wir uns die Hände.

Während ich mich am Motorboot festhielt, reichte er mir mit freundlichem Lachen eine Bierdose. Wir tranken auf das Wohl unserer Unternehmungen, und um der Begegnung noch mehr Atmosphäre zu verleihen, zündete er sich eine edle Pfeife an. So trieben wir beide längere Zeit Bord an Bord im Gewitter. Es regnete und goß, als ob ein zweiter Yukon ein Stockwerk über uns strömte und überlief. Windböen schüttelten die Boote, Wellen schaukelten uns, ab und zu zuckten Blitze, rollten Donnerschläge. Insel um Insel blieb hinter uns zurück, und ich weiß gar nicht mehr, wie lange unsere prächtige »Yukon River-Herren-Party« dauerte.

Jims Biervorrat war kleineren Sintfluten gut gewachsen und bewahrte einsame Bootfahrer vor Trübseligkeit – wir fühlten uns einfach großartig. Ob ich ordentlich verpflegt sei, wollte Jim unbedingt wissen. Meine Aufzählung, bei der jeder Gesundheitsapostel in Begeisterung ausgebrochen wäre, beeindruckte ihn keineswegs.

»Do you want a piece of ham?« fragte er plötzlich einladend.

Meine großen, kreisrunden Augen waren Antwort genug – Jim lachte gönnerhaft. Er begann in gewaltigen Vorratsbehältnissen zu suchen, brachte eine respektable Schinkenkeule ans Tageslicht, zog sein Messer und säbelte mir zwei ordentliche Portionen ab.

»Ich kann leider nicht, wie du, George, im Kajak oder im Kanu fahren, eine Kriegsverletzung am Bein und an einem Arm machen mir das unmöglich!« Jim nannte mich George, nachdem er es aufgegeben hatte, das deutsche Gernot richtig auszusprechen. Was ihn dazu brachte, allein die Herausforderung Yukon anzunehmen? Nun, er hatte bei den Marines jahrelang gedient, und seine jetzige Tätigkeit als Anwalt bei Amerikas härtester Truppe konnte seine Abenteurernatur nicht befriedigen. Der Yukon River und Alaska waren ganz nach seinem Geschmack.

»Hey, George, we will meet in Circle!«

»In Circle, Jim, na klar, bis dann!«

55 Pferdestärken donnerten los, eine Menschenstärke blickte hinterher, und während das Boot noch in Hörweite war, verschlang ich in wölfischer Gier ein Stück vom ausgezeichneten Räucherschinken.

Die Landschaft verflachte jetzt zunehmend, Berge hatte ich seit geraumer Zeit nicht mehr gesehen, ja sogar Hügel und Uferhänge verschwanden nach und nach, und dann wußte ich, was mir bevorstand – die berüchtigten Yukon Flats begannen. Vor Circle verbreiterte sich der Yukon, und langgestreckte, dicht bewaldete Inseln hinderten die Sicht. Dann endlich – Blechdächer blitzten im Sonnenlicht auf, Häuser erschienen, wieder war ein Teilziel erreicht: Circle. Wenn der Yukon 3300 Kilometer lang war, dann hatte ich jetzt ein Drittel der Strecke geschafft.

»Hey Jim!« – »Hey George!« und schon war der formelle Teil der Einladung zum gemeinsamen Wildnis-Dinner vorbei.

Zuvor inspizierte ich meine zweite alaskanische Ortschaft. Circle mit seinem Stadtemblem »Circle, the End of the Road« war nicht so

125

urig und »verrückt« wie Eagle. Ob die riesigen Sümpfe der Yukon Flats, einem der größten und gefährlichsten Sumpfgebiete der Erde, die Atmosphäre dämpften? Kein Wunder, bei den Zahlen: über 30 000 kleine Seen, Sümpfe, Altwasser und Verbindungsbäche verteilen sich auf eine Kernfläche von etwa 35 000 Quadratkilometern; zusammen mit den äußeren Bereichen bedeckt diese weiträumige Senke über 50 000 Quadratkilometer. Von allen Himmelsrichtungen fließen Dutzende kleiner Flüsse und Hunderte von Bächen und Rinnsalen in das tief gelegene Flachgebiet. Größere Flüsse aus dem Norden sind der Hodzana River, Chandalar River, Sheenjek River und Coleen River. Die größten Zuflüsse kommen aus dem Osten: der Porcupine River und der Black River. Der Yukon, aus Südost kommend, teilte sich hier über 360 Kilometer lang in Dutzende, ja Hunderte von Armen und Kanälen, Rinnsalen und Totarmen auf, um in der Höhe des Polarkreises bei Fort Yukon nach Südwest abzuknicken – ein tückiches Labyrinth!

Die alte Goldrauschsiedlung Circle hat ihre »beste« Zeit längst hinter sich. Mit dem Nachlassen der Goldfunde verließen die ehemals 3000 Glücksritter den Ort – bis auf knapp 80, und davon sind die meisten Indianer. »End of the Road« wird der Ort auch genannt, weil hier eine der entlegensten Schotterpisten der Welt endet: der »Steese Highway«, von Fairbanks kommend. Kaum jemand von den Kanu- und Kajakabenteurern nimmt die Herausforderung der Flats an; wer nicht bereits in Dawson oder Eagle ausgestiegen ist, tut es hier und läßt sich nach Fairbanks mitnehmen.

Das Ortszentrum von Circle ist ein großes, neues Holzgebäude; hier sind das Lebensmittelgeschäft, der abgetrennte Liqueur-Store (die Schnapsbude!), Restaurant, Souvenirladen, Tankstelle und Postamt unter einem Dach vereinigt.

Da Jim der Ansicht war, die deutsche Küche folge gleich hinter der »fürchterlichen englischen Kochkunsttradition«, kochte er, und ich sorgte für das nötige Feuerholz sowie für Frischwasser. Pünktlich zum Essen lief der Globetrotter Helmut ein. Wir ließen es uns zu dritt gutgehen.

»Ten years in the mud«, im Dreck, war Jim bei den Marines gewesen, hatte seine körperlichen Andenken bekommen, aber jetzt als Rechtsanwalt sah die Welt für ihn schon ganz anders aus. Das war einfach der »Traum-Amerikaner«, ein Mann, der sich unter den schlechtesten Bedingungen durchzusetzen wußte, nie aufgab, und mit dem man sich obendrein auch noch prächtig unterhalten konnte.

Was machte er als kriegsversehrter Vietnam-Veteran? Er absolvierte erfolgreich ein Jurastudium, startete nochmals. Und jetzt tat es ihm leid, daß es seine Kriegsandenken nicht zuließen, allein mit dem Kanu den ganzen Yukon hinunterzufahren. Jammern und Klagen kannte er nicht, im Gegenteil, Jim strahlte Optimismus, Zuversicht und Autorität aus – man konnte ihn kameradschaftlich nennen.

Sofort bot er sich an, Helmuts Boot-Rücktransport zu managen, da dieser mit seiner Ausrüstung, und vor allem ohne Landkarten nicht durch die gefährlichen Sümpfe der Yukon Flats fahren wollte. Dazu meinte Jim, daß ich es da besser hätte als er mit dem Motorboot, da mein Kajak selbst bei flachstem Wasser und über fast alle Untiefen fahren könne.

Highway-Explorer, die das Ende der amerikanischen Straßen sehen wollten, fragten, staunten, konnten gar nicht begreifen, daß da Menschen völlig allein mit einem offenen Motorboot, oder gar nur mit Kajak oder Kanu so weit durch die Wildnis fuhren. Gespräche entstanden, wir wurden fotografiert und mit Glückwünschen bedacht. Später wurden Indianer neugierig. Kinder fragten uns Löcher in den Bauch, kurzum, es kam Leben in den Vorposten zum Irrgarten des Yukon.

Es ging auf Mitternacht zu, und die allerjüngsten der neugierigen Indianerkinder begannen so etwas wie Müdigkeit und Schlafbedürfnis zu verspüren. Wir verkrochen uns ebenfalls in unsere Zelte, die in der Nähe der Boote am Uferhang standen. Ruhe legte sich über die Achtzigseelengemeinde, bald schlief Circle, die Pforte zu den Yukon Flats.

IV Durch die Yukon Flats

»Follow the main stream!«

12. Juli, sieben Uhr morgens, es herrschte bereits Aufbruchstimmung. Ob man sich in den Flats auf seinen »guten Stern« verlassen sollte? »Die Welt ist nicht fair, George!« warnte mich Jim. Der Mann war herzlich und hart zugleich; er würde sicherlich einen Typ von Alaskaner abgeben, von dem man alles haben konnte: das letzte Hemd und den letzten Teller Suppe – und wer Übles gegen ihn vorhatte, auch die gutgezielte Kugel. Natürlich war auch Jim nicht »nackt im Busch«, seine großkalibrige shotgun, eine starke Mehrlade-Schrotflinte, und die Neun-Millimeter-Pistole würden unter übel gesonnenen Zeitgenossen, die es in Alaska auch geben sollte, sicherlich aufräumen. Jim war alles andere als ein ängstlicher Typ, er sorgte nur vor.

»Yes, Mister – Geenot Spail…, no, sorry, Spiielwogil, right so? Circle, general delivery.« Eine hübsche und freundlich lächelnde Indianerin gab mir einen Brief – und meinte, ich bekäme noch viel mehr. Sie suchte in einem Stapel von Frachtgut und stellte ein großes Paket auf die Theke des Postamtes. Tatsächlich, es stand mein Name darauf.

Der Rückflug meiner Partnerin nach Anchorage hatte geklappt, und von dort hatte sie mir ein Lebensmittelpaket geschickt. Ich revanchierte mich mit ebensogroßer Post: zusammen mit der Indianerin bastelte ich ein Paket, das mit überflüssig gewordenen Karten und Literatur nach Deutschland gehen sollte.

Zu guter Letzt erschien auch noch ein angetrunkener Indianer am Lagerplatz, winkte mit seiner Whiskyflasche, lud mich ein und setzte sich an unseren Lagertisch vor den Zelten. Er sei wie viele Indianer aus Alaska in Vietnam gewesen, informierte er uns und erzählte von wilden Buschkämpfen und furchtbaren Schicksalen. Kein Zweifel, der Mann mußte erzählen, seine Traumata mit anderen teilen.

Auf meine Frage, wie er das Desaster fast ohne Kratzer überlebt habe, antwortete er lakonisch:

»Ich kann auf mich aufpassen, das habe ich seit frühester Kindheit hier in Alaska gelernt.« Dann erzählte er aus dem historischen Alaska, von dem Häuptling mit den sechzig Frauen, der hier in der Umgebung tatsächlich gelebt habe und den man aus Jack Londons Erzählungen kannte. Sein Großvater habe mit Jack London gesprochen, als

Jack nach seiner erfolglosen Goldsuche am Klondike in einem kleinen Boot den Yukon heruntergefahren sei.

»Ja, ich trinke zu viel, das weiß ich selber. Schicksal, mir schmeckt das Zeug eben zu gut. Natürlich wirkt das Zeug, ich werde aber nie besoffen, oder hältst du mich für besoffen? Jack London hat auch nicht nur Yukon-Wasser getrunken – da, na komm, Junge, stärke dich – Wasser wirst du noch viel sehen, glaub mir, mehr als dir lieb sein wird!«

Das Thema Yukon Flats lag auf dem Tisch und zwar in Form meiner topographischen Landkarte, und mehrere neugierige Köpfe versuchten aus dem heillosen Flußschlangenchaos schlau zu werden. Während ich eine mögliche Route herausarbeitete, Helmut und ein paar Neugierige langsam durchzublicken begannen, wurde unser whiskyseliger Athabaske immer gereizter. Zuletzt fuchtelte er wild mit den Händen in der Luft herum, wischte die Karte vom Tisch und brüllte:

»Laßt doch den bullshit da weg, wenn ihr lebend durch die Flats kommen wollt! Hier kann doch niemand durchblicken, nicht durch den Verhau da! Der Yukon verändert sich ständig, jedes Jahr – und, wie alt ist die Karte, ha? Mit dem Papier kannst du dir den Arsch wischen oder vielleicht noch das Lagerfeuer anzünden, zu anderem taugt der Blödsinn nicht. – Haltet euch an der linken Uferseite, wenn es geht; wenn nicht, follow the main stream!«

Plötzlich fixierte er mich, zwei aufflammende Raubtieraugen suchten die meinen – und noch einmal, laut und überdeutlich, ja beschwörend sprach er mit tiefer Stimme:

»Sei du vernünftig, German, follow the main stream! Es sind schon genug Besserwisser in den Sümpfen abgekratzt. Laß das blöde Papier, ja?«

»Okay, thank you, mach ich glatt«, antwortete ich ihm.

Helmut und die Neugierigen grinsten nur amüsiert. Ich beschloß, tatsächlich nach dem Ratschlag zu fahren. Er meinte es verdammt ernst – so vernagelt konnte ich einfach nicht sein, um das zu ignorieren. Ich dankte ihm für die Tips und spürte, wie er erleichtert aufatmete, dann klopfte er mir auf die Schultern.

Dann kam die nächste Überraschung: Helmut wollte mitfahren! Nachdem er mehrmals vergeblich versucht hatte, das Kanu zu verkaufen, entschloß er sich, die Gelegenheit zu nutzen. Da ich seiner Meinung nach ja die perfekte Ausrüstung dabei hatte, fragte er mich, ob er sich anschließen dürfe, denn alleine sei ihm das Risiko in den Flats doch zu groß. Ich willigte ein, und die heutige gemeinsame Abfahrt war beschlossene Sache.

Als ich beim Trinkwassertank stand, schlug mich eine Szene in den Bann: Nahe der Bootsanlegestelle lag ein blutverschmiertes Motorboot, drum herum standen Wannen und Holztische, ebenfalls rot von Blut. Aus der offenen Heckklappe des Geländewagens leuchtete hellrotes Fleisch heraus. Vor einem der Holztische stand ein grauhaariger, bärtiger Riese in langer rotfleckiger Gummischürze, Gummistiefeln und Handschuhen und bearbeitete einen anderthalb Meter langen, etwa 40 Zentimeter langen Fisch mit einem großen Messer.

Ich stutzte und starrte auf den beeindruckenden Fang. Donnerwetter, was für einen kräftigen Kopf doch der Riesenfisch hatte. Nein, die dolchartigen Zähne, die aus dem geöffneten Maul drohten, waren gewiß nicht für vegetarische Kost geschaffen. Die lange, hochgewölbte Nase gab dem Fisch ein aggressives, häßliches Aussehen. Der wuchtige Leib glich einem Torpedo, alle Flossen waren breit und kräftig, die Oberfläche glänzte rotbraun. Beeindruckt blickte ich auf den König der Lachse. Ein »King Salmon«, so wurde mir bald darauf das Prachtexemplar vorgestellt, der am meisten geschätzte Fisch aus dem Yukon, die Traumtrophäe aller Flußangler.

Frisches Lachsrot leuchtete, und nachdem der Salmon aufgeschnitten war, quollen kiloweise lange Rogenstränge aus dem Bauch des Fisches. Kiloweise, nein zentnerweise lagen hier Delikatessen herum, die in anderen Weltengegenden hundertgrammweise verkauft werden.

In den Badewannen um die Tische lagen noch fünf Exemplare des königlichen Fisches. Auf meine neugierigen Fragen antwortete der Mann ruhig und freundlich. Er hatte die Fische im Yukon mit Netzen gefangen, bald würden die Fleischstücke getrocknet und geräuchert. Den Fischrogen hebe er sich zum Trapping im Winter auf, es sei der allerbeste Köder fürs Fallenstellen.

Ich fragte ihn, ob ich vielleicht ein Stück Lachs als Proviant kaufen könne, und er meinte darauf: »Warte, bis ich den nächsten ausnehme.« Nach etwa drei Minuten holte er einen besonders großen Lachs aus der Badewanne, legte ihn auf den Tisch und schnitt ein gewaltiges Stück ab. Er legte das Trumm Fisch in eine Plastiktüte und sagte beiläufig:

»Hier, bitte, dein Reiseproviant.«

Ich stutzte.

»You are welcome, have a good lunch and a safe trip to the Bering Sea.«

Helmut rang mit seiner Fassung, als er unseren so unverhofft geschenkten Reiseproviant in der Tüte inspizierte. Ich versuchte ihm klarzumachen, daß hier in Alaska noch Pionierverhalten herrscht und die Alaskaner Verständnis für Wildnisnarren haben – denn die meisten sind ja selbst Abenteurer.

Wir gingen in die Boote, es wurde ernst. Uns war vollkommen klar, daß wir in die Yukon Flats fuhren, in eine ganz besondere Wildnis, in der man keinen einzigen Fehler machen darf – Hilfe oder gar Rettungstrupps konnten wir vergessen. Dort hinein würden uns wohl wenig Bootsfahrer folgen, das große Orientierungsabenteuer begann. Ein paar Neugierige und Indianer winkten uns nach – eine tiefe, mir wohlvertraute Stimme rief:

»Good luck, German!«

Ein paar Paddelschläge – wir hatten noch gar nicht unseren Rhythmus gefunden, da tauchten wir auch schon ein in ein Geflecht aus Wasser, Weiden, Waldinseln und tiefhängenden Wolken. Wir hielten die Boote möglichst nahe beisammen und spähten neugierig in die grüne, braune und blaue Welt, die vor uns lag.

Wir fuhren an diesem Abend nicht lange. Schneller als erwartet fanden wir eine kleine Insel, die noch nicht völlig mit Weiden zugewuchert war. Das Ufer war etwa zwei Meter hoch und wie mit dem Spaten abgestochen. Die Boote konnten wir nicht an Land ziehen und daher banden wir sie besonders fest an. Die Zelte waren schnell aufgeschlagen, und gleich darauf brannte ein ordentliches Lagerfeuer. Beinahe zeremoniell legten wir riesige Lachsportionen auf die Stahlgrills. Helmut beugte sich weit vor, sog den Bratgeruch ein und gestand:

»Endlich, das erste wirklich ordentliche Essen nach Wochen! Übrigens, Gernot, weißt du, daß da für ein paar hundert Mark Fisch in die Pfanne fliegen? So etwas könnte ich mir daheim in Deutschland nie leisten!«

Das hell leuchtende Lagerfeuer warf flackerndes Licht auf zwei gemütlich kauende Männer, die hier inmitten der Schreckenswelt aller Yukon-Bootfahrer ihre »King Salmon-Orgie« feierten.

»Wenn das so weitergeht hier in den berüchtigten Flats, dann wird das der reinste Erholungsurlaub, solche Bootsreisen laß ich mir eingehen, gut, daß ich mitgefahren bin«, meinte Helmut ausgelassen. Wenn er gewußt hätte...

Blutrote Wolken zogen ruhig über den Himmel, der leichte Wind spielte mit der Rauchsäule des Feuers und vertrieb ein paar angreifende Moskitos. Nach einer Stunde schienen die niedrigen Weidenbüsche um uns herum zu brennen, selbst der Yukon spiegelte und glänzte in Rottönen, und der gesamte Himmel leuchtete in einem prächtigen Streifenmuster aus Rot, Orange, Gelb und Blau. Wir saßen beide ruhig am flackernden Feuer und genossen die atemberaubende Atmosphäre der Sümpfe.

Es war schön, frühmorgens in den Flats aufzuwachen – auch an einem Dreizehnten: rundum endlose Weite, himmlische Ruhe, ziehende Wolken an einem Himmel, der sich weiter dehnte, als ich es sonst irgendwo empfunden hatte. Unüberschaubare Wassermassen strömten majestätisch zwischen Inseln, Inseln und wieder Inseln, wohin ich nur sehen konnte.

Wir blieben ständig in der Hauptströmung; der Indianer, der so viel auf kanadischen Whisky gab, hatte recht gehabt. Ich schob die Karte wieder in die wasserdichte Tasche und konzentrierte mich auf die Strömung. Wir waren in eine neue Welt eingetaucht, eine Welt, die vorwiegend zweidimensional gebaut schien. Die Landschaft löste sich auf, wie es auch der Yukon tat: nur flache Inseln, winzig kleine, große mit Büschen bewachsene und mächtige Eilande, auf denen turmhohe Fichten und Tannen wuchsen, Wolken, Wasser und Wind. Heute kam noch sehr viel Sonne hinzu. Wir fuhren abwartend und vorsichtig in ein Gewirr von gewundenen Seitenkanälen, die ziel- und planlos wieder in größere Strömungsarme mündeten. Treibholzverkeilungen, Kies- und Sandbänke unterbrachen die Flußarme, zwangen die Strömung auszuweichen und bildeten Sperr-Riegel für die Bootsfahrer, als wollten sie diese vom Hauptweg abbringen und tief in das Sumpflabyrinth schicken.

Dicht bewaldet waren die meisten Eilande, und wo Nadelwald vorherrschte, drohten hohe, undurchdringliche Palisadenwälle, als ob die Inseln in ihrem Inneren Geheimnisse verborgen hielten. Senkrecht abfallende Ufer sahen aus, als hätte man sie mit riesigen Messern glatt abgeschnitten. Dichter, hoher Nadelwald reichte bis zum jäh abstürzenden Uferrand, mächtige Baumriesen neigten sich weit zum Wasser oder hingen bereits mit den Wipfeln darin. Viele Bäume standen derart instabil an den überhängenden Uferpartien – große Teile ihrer Wurzelflächen ragten frei in die Luft –, daß man beim Vorbeifahren Angst hatte, sie könnten jeden Augenblick auf das Boot stürzen. Manchmal hingen die dicht durchwurzelten Bodenpartien wie aneinandergereihte Girlanden über die steilen Böschungen, bereit, von einem Augenblick zum anderen mit donnerndem Getöse in die braunen Fluten einzubrechen.

Unser Hauptarm, dem wir jetzt schon etwa drei Stunden folgten, weitete sich immer wieder über weite Strecken auf mehrere Kilometer Breite, und man glaubte, eher auf einem langgestreckten See zu fahren als auf einem Fluß. Wenn ich ab und zu an die Seiten des mächtigen Kanals gelangte und in die parallel dazu fließenden Arme blickte, war ich mir keineswegs sicher, ob wir wirklich im Hauptarm fuhren: ein ähnlicher, nicht enden wollender See dehnte sich dann vor meinen Augen.

Die Hauptströmung selbst mäandrierte in dem schlauchförmigen See, wie es in den gebirgigen Abschnitten das Bett des Flusses getan hatte. Inseln, Sand- und Kiesbänke, Untiefen und Holzverkeilungen dirigierten die Strömung. Manchmal schlug die Richtung der Hauptströmung nahezu rechtwinklige Haken und manchmal schien all das Wasser um uns völlig stillzustehen. Anfangs hörten wir dann völlig verdattert und ratlos auf zu paddeln, ließen uns eine Zeitlang treiben und spähten nach Strömungsanzeigern wie treibenden Ästen, Grasbüscheln und Blättern. Wenn jedoch selbst diese Anzeiger fehlten, achtete ich auf winzige Turbulenzen der Wasseroberfläche, peilte über die Spitzen ähnlich unruhiger Stellen im Wasser und ermittelte so die Richtung des stärksten Fließens.

Wir kreuzten dann oft vom linken Ufer zum rechten oder umgekehrt. Das mochte oft kurios wirken, lohnte sich aber stets, denn falls man nicht der abbiegenden Strömung folgen wollte, riskierte man, auf Sanduntiefen zu geraten oder nur langsam vom Flusse mitgenommen zu werden. Bis jetzt hatten wir nie die Hauptströmung verlassen (glaubte ich jedenfalls ziemlich fest), hatten sie immer rechtzeitig ausmachen können und kamen meiner Meinung nach recht gut voran.

Sollte es riskant sein, ohne Karte zu fahren? Beging ich einen Fehler, mich wie ein einheimischer Indianer zu orientieren – hieß es nicht, diese hätten einen natürlichen Kompaß eingebaut? Wie auch immer, auch wenn sich manche Bootfahrer etwas vormachten, es war ebenso riskant, sich auf die verfügbaren Karten zu verlassen.

Die erhältlichen topographischen Karten waren meist über zehn Jahre alt, und dadurch standen die Unterlagen im krassen Gegensatz zur aktuellen Situation. Natürlich fließende Flüsse verändern sich ständig, und der Yukon ist nach jedem »spring break up« ein anderer.

Unter »break up« verstehen die Alaskaner das Ereignis, wenn der winterliche Eispanzer aufbricht, riesige Eisschollen sich auftürmen, die ungestümen Schmelzwasser ganze Inseln wegreißen und die anschließenden Hochwasser weite Gebiete überfluten. Und außerdem verlief die Flußlandschaft in uniformer Gleichheit, da gab es keine markanten Punkte, keine besonders geformten Inseln oder Flußarme für den Bootsfahrer. Man mußte sich im Kajak mit der Froschperspektive begnügen, und daraus sahen alle Inseln und Flußarme nicht nur ähnlich, sondern gleich aus.

Ich genoß die Situation – noch nie hatte ich das Gefühl gehabt, der Natur so nahe zu sein. Hier siegte immer die schier unbezwingbare Natur, und die beständig bleibende Weite schien alles andere aufzusaugen. Diese Landschaft spottete jeder Art von Erfassung. Keine Karte behielte auch nur zwei Jahre lang Gültigkeit. Der sich ständig ändernde Fluß würde akribisch arbeitende Landvermesser und Kartographen in den Wahnsinn treiben, wenn er nach jedem Frühjahrs-Hochwasser ihre Karten für ungültig erklären würde. Es war herrlich, durch diese unbeherrschbare Inselwelt zu fahren – war dies nicht ein einziger, überfluteter, unendlich großer Nadelwald mit Buschwerklichtungen, eine eigene Welt mitten in Alaska? Endlich kannte ich einen Flecken Erde, der sich keinen fest umrissenen Platz auf bedrucktem Papier zuweisen ließ.

Auch Helmut veränderte sich in der »Sumpffreiheit«. Wie im ausgelassenen Spiele fuhr er ab und zu die verrücktesten Bootsmanöver, kreiste in Spiralen, ließ sich treiben, während er sich weit im Kanu zurücklehnte. Bis auf die Badehose hatte er sich längst seiner Kleidung entledigt, und das kupferne Braun seiner Haut, die sich deutlich abzeichnenden Muskeln seines Körpers ließen ihn wie einen Indianer erscheinen, der mit seinem Kanu die Everglades in Florida durchfuhr. Die vertraute Melodie, die ich seit Kanada im Kopfe hatte, kam mir wieder in den Sinn: »...leave it all behind and spread your wings, you can leave it all behind spread your wings.«

Trotz aller seelischen Höhenflüge war ich mir bewußt, daß wir durch eines der gefährlichsten Gebiete der Erde paddelten. In den Yukon Flats hatten schon viele Bootsfahrer böse Überraschungen erlebt; sie verirrten sich und drehten danach in heilloser Panik durch. Wehe dem, der dann ungenügend ausgerüstet war. Auch hier in den Flats drohten gefährliche, große Strudel im Wasser, und auf den Sumpfinseln gab es Bären, Vielfraße und Luchse. Man konnte im »quicksand«, dem Schwimmsand, einsinken und elend untergehen;

Bäume bildeten im strömenden Wasser tückische Fallen, überhängende, unterspülte Uferstücke, oft über zwei Meter hoch, drohten jeden Augenblick einzustürzen.

Wie kann man sich hier wohl fühlen? Spinnt jemand, wenn er sich diesem Dickicht von Unabwägbarkeiten und ständiger Gefahr aussetzt? – Nun, es treibt und hetzt hier niemand, nichts drängt und würgt, schiebt und preßt, keine Zeitmeßmaschine zerhackt den Tag... und das ist die Chance.

Endlose Sümpfe und Wildniskoller

Nach reichlichem Nachtmahl schrieb ich bis vier Uhr morgens, daher brachen wir erst am späten Vormittag des 14. Juli auf. »Follow the main stream!« Das war die Losung hier in den Flats, aber, hieß das nicht auch, seiner Gefühlsströmung und seiner »Nase« zu vertrauen und zu folgen? Alles Lebendige ist und war schon immer unberechenbar. Mochte ich nicht gerade deswegen diesen verrückten Fluß hier, dieses lebendige Wasserungetüm, das mal reißt und strömt, dann wieder ruhig, lethargisch dahinfließt, das in Spiellaune Inseln erschafft, um sie danach wieder zu zerstören, das geradeaus dahineilt, sich dann windet und sogar Haken schlägt?

Momentan hatten wir beide das Gefühl, einen gewaltigen See zu durchfahren. Die Sonne brannte herunter, als wären die Strahlen durch riesengroße Brenngläser gebündelt worden, der strahlend blaue Himmel wölbte sich wie eine gigantische Kuppel über der lichtdurchfluteten Landschaft. Wenn wir der mitten durch den »See« verlaufenden Strömung folgten, wirkten die Nadelbaumwälder der Ufer wie niedere, kurzgeschnittene Hecken. Spähte ich auf geraden Fahrtstrecken nach vorn, tauchten die Spitzen der Ufer- oder Inselbäume langsam am Horizont auf, und ich mußte ein tüchtiges Stück zurücklegen, bis ich auch die Uferböschungen erkennen konnte. Die Entfernungen waren also schon so weit, daß die Krümmung der Erdoberfläche wirksam wurde.

Das Gefühl der unendlichen Weite und die damit empfundene Freiheit steigerte sich gegenüber dem Vortag um weitere Dimensionen. Meine Bemühungen, die Unermeßlichkeit der Landschaft mit dem Weitwinkelobjektiv aufzunehmen, schienen mir geradezu lächerlich. Gestern hatte ich in seltenen Fällen durch breite, querlaufende Kanäle die Berge fern am Horizont gerade noch wahrnehmen (die Fernsicht in Alaska ist wegen der sauberen Luft unglaublich) und durch den Sonnenstand großräumige Orientierung betreiben können. Heute war dies nicht mehr möglich.

In den Wasserpfützen zwischen den unzähligen Sand- und Kiesbänken spiegelte sich der mit kleinen weißen Wolken geschmückte Himmel, so daß sich die Grenzen zwischen Land und Wasser auflösten. Blickte man, um Halt und Rettung zu suchen, nach oben, sah man einen schier unendlich großen, azurblauen See mit weißen Schaumkronen auf den treibenden Wellen – das bißchen Erde und Holz dabei war sicher nur eine Fata Morgana.

»Der Kaffee ist fertig, Gernot! Sag mal, träumst du?«

Plötzlich wurde mir klar, daß da noch jemand in meiner Nähe war, die Stimme schreckte mich auf, und ich sah auf das fast nackte, kupferbraune Wesen, das da am Boden mit allerlei Geräten und Gefäßen hantierte. Und bald wurde ich mit heißem Kaffee, amerikanischem Wabbelbrot, Haferflocken und Milchpulver wieder geerdet.

»Ich will ja nicht treiben, aber sieh mal nach dort drüben, da tut sich was! Wenn du mich fragst, wir kriegen in ein paar Stunden ein höllisches Gewitter!«

Helmut hatte recht, wir beeilten uns, um an diesem Tag noch ein paar Meilen vorwärts zu kommen, bevor das Gewitter uns stoppen würde. Die Moskitos begannen selbst mitten auf dem Fluß ihre Angriffe zu verstärken. Der Wind frischte auf, Wellen erschienen, im Nordwesten zogen sich größere Wolkenmassen zusammen, die sich nach einigen Minuten wieder auflösten. Wir hielten uns dicht am Ufer, um jederzeit schnell landen und die Zelte oder die große Plane spannen zu können – bevor ein paar Blitze das Wasser um uns aufladen konnten.

Dann war es endlich soweit, grauschwarze Wolken ballten sich unheilverkündend zusammen, fraßen die Sonne und rückten uns mit beängstigender Geschwindigkeit entgegen. Ein wütendes Rauschen setzte ein, hohe Bäume begannen zu schwanken und gequält zu ächzen. Büsche wurden unsanft gebeutelt, aus den Kräuseln und Wellchen des Wassers wurden allmählich Wellen. Dann schwoll der Wind orkanartig an, fegte mit schaurigem Heulen und Brausen über die sich duckende Wasserwelt, warf hohe Wogen in der Hauptströmung, die bald für kleine Boote unbefahrbar wurde. Zuerst flogen uns nur dürre Blätter entgegen, Zweige folgten, dann Äste.

Wir stritten uns, wahrscheinlich aus lauter Vorfreude über das nahende Inferno, ob wir auf der Sand-Kiesinsel rechts im Flußarm oder im Windschutz des Hochwaldes am Flußarmrand biwakieren sollten. Da nur der letztere Platz die Möglichkeit bot, die Zelte und die große

Plane aufzuschlagen, gab Helmut maulend nach, errichtete sein Mini-zelt in Rekordzeit, zog sein Boot an Land, drehte es um und ver-schwand fluchend und nörgelnd mit einer dicken Tüte Erdnüsse in seiner Polyamid-Hundehütte. Ich spannte währenddessen meine Großraum-Plane über ein paar herabhängende Baumstämme, schnappte das Gewehr und erkundete vorsichtshalber erst unsere nä-here Umgebung.

Als die ersten Tropfen fielen, eilte ich zurück zum Boot, griff mir den Rucksack mit den Kameras und den Schreibutensilien und er-reichte gerade noch den schützenden Baldachin, bevor sintflutartige Regenschauer einsetzten. Große Tropfen trommelten wütend auf die Plane, Blitze zuckten und erleuchteten die Weltuntergangsstimmung, begleitet von salvenartigen Donnerschlägen. In das aufkochende Wasser peitschten Platzregensalven wie Maschinengewehrgarben. Es gluckerte und gurgelte, und mit großen Augen verfolgte ich das ra-pide Ansteigen des Wasserspiegels. Das Licht war zum Schreiben noch ausreichend, und so fand ich genügend Zeit für meine Tage-buchaufzeichnungen.

Wie sich doch mit der Landschaft auch das seelische Empfinden, die emotionale Grundstimmung ändern kann: Daheim in Deutsch-land würde ich wohl kaum so seelenruhig während eines tobenden Gewitters an irgendeinem See unter einer Plane sitzen und schreiben.

Es trommelte, schüttete und kübelte gnadenlos – ich schrieb seelen-ruhig weiter, und Helmut knabberte an seinen Erdnüssen, wie ein gieriger Hamster in Klausur. Warum sollte ich mich aufregen, wir hatten doch massenhaft Zeit, das Unwetter würde ja eh bald wieder vergehen, und außerdem war die Plane wohl gespannt, wasserdicht, und ich hatte Ruhe, so viel Ruhe zum Schreiben.

Es kam hier ein Lebensgefühl auf wie auf dem Meer oder im Gipfel-bereich des Hochgebirges – nein, hier konnte man nicht einfach igno-rieren, übersehen, es gibt nur ein Annehmen oder Ablehnen, die Landschaft zwingt zur Stellungnahme. Mittlerweile konnte ich mir vorstellen, warum manche Menschen den »Wildniskoller« bekamen, durchdrehten und dabei sich selbst und andere gefährdeten. Bald sollte ich dies anhand der Gefühle eines anderen Menschen kennen-lernen – aber noch wirkte die Erdnußbremse.

Plötzlich drängte sich mir ein Vorspann der *Yukon Saga* auf: So ähnlich wie die Yukon Flats mußten die riesigen Kohle-Sumpfwälder des Karbons, mehr als 300 Millionen Jahre vor unserer Zeitrechnung, ausgesehen haben. (Erinnern Sie sich noch an die Kohlenschichten im

Yukon-Charley?) Ich befand mich in einer Landschaft, die zumindest in den Dimensionen, den Wasser- und Holzmengen den Riesensümpfen des Karbons glich; auch das Klima jetzt zur Sommerzeit war sicher dem dieser Kohle-Zeit recht ähnlich. Ich konnte mir durchaus vorstellen, plötzlich eine urtümliche Panzerechse auftauchen zu sehen oder eine Riesen-Libelle, die unter meiner Plane Schutz suchen wollte. Und dann, so grinste ich hämisch, würde es Helmut schwer haben, seine Erdnüsse zu verteidigen.

Meine Gedanken begleiteten die Wasser des Yukon, ließen sich einhüllen und forttragen. Dieser Fluß hatte keine Uferbefestigungen, weder Betonkorsetts noch Erddämme, und erreichte er nicht sein Ziel? Kann der Mensch auch so leben? Kann der Fluß nicht einer meiner Lehrer werden? Freiheit erfährt man doch nur in der Freiheit, ein freier Fluß als Lehrer, ist dies nicht schön? – Die Seiten meines Tagebuches füllten sich – während Helmuts kleines Zelt, so stellte ich mir grinsend vor, mittlerweile randvoll von Erdnußschalen sein mußte.

Nachdem das Gewitter sich ausgetobt hatte, drehte alles flugfähige Stech- und Blutsaugegetier schier durch und eine Art »Tanz der Vampire« begann. In der Polyamid-Hundehütte regte sich etwas, und Helmut kroch an das Licht der wieder erschienenen Sonne. Zuerst ertrug er mit stoischer Gelassenheit die wütenden Angriffe der blutsaugenden Insekten. – Ob die Yukon-Impftruppen gemerkt hatten, daß er voll und prall war mit nahrhaften Erdnüssen und sein Blut voller Vitamine?

Schließlich geriet er doch in heftige Bewegung, und deutlich hörte ich die wütend klatschenden Geräusche seiner Luftabwehrbemühungen und dazu ätzende Kommentare ob meiner unmöglichen Rastplatzwahl. Blitzschnell hatte er sein Zelt abgebaut und im Boot verstaut, und ehe ich mit meinem Krempel fertig war, paddelte er schon in Richtung Hauptströmung, verharrte dort wie ein knurriger Feldwebel und feuerte mich zu größerer Eile an.

»War da ein Gewitter heute nachmittag?« fragte ich mich nach einer halben Stunde. Unglaubliche Fernsicht belohnte uns, die Sonne brannte herunter, spiegelglatt blinkte die seenähnliche Wasseroberfläche des Yukon-Hauptarmes. Nach etwa drei Stunden tüchtiger Fahrt kam Helmut plötzlich näher heran und fragte:

»Zeig doch mal bitte auf der Karte, wo wir stecken.«

»Keine Ahnung, Helmut, du kannst ja mal nachsehen. Sieh, da irgendwo, ich habe die Karte schon lange ignoriert. Ich folge nur der Hauptströmung, das klappt doch prima!«

»Was? – Sag, daß das nicht wahr ist, Mann! Um Himmels willen, bist du verrückt geworden?«

Er starrte mich aus weitaufgerissenen Augen ungläubig an – es hatte ihm die Sprache verschlagen.

»Was hast du plötzlich, Helmut, wir fahren nach der Hauptströmung – schon seit gestern. Ich dachte, du weißt das?«

Helmut stammelte unzusammenhängende Worte, giftige Lichtblitze zuckten aus seinen harten, kalten Augen. Dann fand er wieder seine Sprache.

»Sag bitte nicht, daß du dem besoffenen Indianer geglaubt hast. Ausgerechnet du, der gute Landkarten dabei hat – also laß den Scherz – er ist dir gelungen, gratuliere – aber jetzt zeig mir, wo wir sind, ja?«

»Ich scherze nicht, Helmut, wir fahren nach der Hauptströmung – wie es der besoffene Indianer geraten hat!«

Ich beobachtete Helmuts Mienenspiel, das in heftige Bewegung geraten war – es mußte brodeln und toben in ihm – doch möglicherweise brachte ihn die Erinnerung an meine körperliche Überlegenheit und die ständige Anwesenheit meiner 303 wieder zur Vernunft.

»*Okay*«, preßte er hervor, »*bitte, gib mir die Karte*, bitte!«

Ich gab sie ihm. Wie ein Ertrinkender an den so oft zitierten Strohhalm, klammerte sich Helmut jetzt an die Karte und suchte sie mit fiebernden, wilden Blicken ab.

Ich sagte nichts, wollte kein Öl ins Feuer gießen, achtete weiterhin auf den Kurs nach der empfohlenen Methode und hielt sein Kanu fest, während ich mit der Fußsteuerung manövrierte.

»Okay, okay, okay«, murmelte er nach einigen Minuten, »du hast ja recht, der indianische Suffkopf auch, machen wir weiter wie bisher. – Aber wohl ist mir bei der Sache nicht, das sag' ich dir. Ich habe die Flats auf einer Landkarte in Dawson gesehen – Mann o Mann – und da stecken wir jetzt mitten drinnen…«

»200 mal 200 Kilometer etwa«, sagte ich lakonisch, »eines der größten Sumpfgebiete der Erde. Etwa 400 Kilometer lang, ein paar Verirrungen eingerechnet, werden wir da drinnen stecken.«

»*Ihr seid wahnsinnig*«, sagte Helmut ruhig.

Wer mit dem Ihr gemeint war, wollte er wohl nicht sagen – ich fragte nicht danach, denn der Mann hatte offensichtlich genug zu kämpfen.

Während meine Seele hier in den Gefilden der schier unendlichen Weite schwelgte, begann Helmut, die gnadenlose Weite des Yukon-Hauptarmes abzulehnen. Mürrisch, in sich versponnen, trieb er sein leichtes Kanu voran – ich dagegen wollte nicht hetzen, und so mußte er ab und zu auf mich warten. Ich beobachtete, daß er sich immer nur so weit entfernte, daß er mich noch klar erkennen konnte; – er wußte, daß er ohne mich und meine Karten verloren war.

»Verdammt, ich wollte eine Flußfahrt unternehmen«, zischte er giftig, »aber das hier – das ist doch kein Fluß mehr. Manchmal hab' ich das Gefühl, als wäre ich auf einem See – schlimmer noch – auf einem Binnenmeer. Wie erträgst du den verfluchten Sumpf hier? Na, Kanada, das war herrlich – he! sag was!«

»Hast recht, Helmut, Kanada war herrlich – aber die Flats sind es auch, ich weiß nicht, was du hast, aber ich finde es faszinierend hier – endlich Wildnis, total – endlich, endlich absolute Ruhe – ich liebe die Flats.«

»Was? – Ich glaube, ich muß auf dich aufpassen, Gernot – du verträgst das hier nicht. Glaub mir, Junge, wer hier reinfährt, hat 'ne Macke, wenn nicht, kriegt er eine – ich kenn' mich da aus!«

Zum Glück wußte Helmut sich bald zu helfen. Er fing an, nach Wasservögeln zu spähen, die es hier in Unmengen geben mußte. Bald fanden wir beide heraus, daß sich die Tiere hauptsächlich in den Nebenarmen und Seitenkanälen aufhielten, während es im Bereich des Hauptarmes so gut wie keine gab.

Am Abend bogen wir in einen kleineren Seitenarm, und bald bekamen wir wieder unser altes Fluß-Gefühl. Helmuts Laune schnellte nach oben, und auf unserem idyllischen Lagerplatz wurde er wieder freundlich, wenig später sogar gesprächig.

»Wir wär's mit 'nem großen Kübel Spaghetti, Helmut?« fragte ich einladend.

Nach einer arbeitsintensiven Stunde saßen wir am Lagerfeuer, und jeder hielt sich einen überquellenden Teller mit dampfenden Endlosnudeln unter die Nase. Wir grinsten uns an, während sich Mägen und Köpfe beruhigten.

Wumm, wumm – es klang wie Kanonendonner – erschreckt drehten wir uns beide gleichzeitig um – wumm – und dann wußten wir, warum hier donnernde Geräusche die Stille der Flats zerrissen: Ufereinbrüche. Mit geweiteten Augen sahen wir zum ersten Mal, was geschah, wenn unterspülte Uferpartien abbrechen und in das Wasser stürzen. Um den Schrecken noch zu vermehren, ertönte seelenzerreißendes Ächzen, danach Krachen und Prasseln – eine der riesigen Fichten war ins Wasser gestürzt, setzte sich wie von Geisterhand in Bewegung und ging flußabwärts auf die weite Reise.

Kaum waren wir etwa 300 Meter gefahren, mußten wir den ersten Haken schlagen. Ein paar Stunden war der 15. Juli erst alt – und schon stand eine Kurskorrektur um 90 Grad an. Wir waren am Vorabend in irgendeinen Nebenarm des großen rechtsseitigen Hauptarm-Systems geraten, und da wir nun genug Zeit gehabt hatten, uns von der uferlosen Weite des Hauptkanals, in der gestern nachmittag das Unwetter gewütet hatte, zu erholen, wollte ich wieder die schneller tragende große Strömung erreichen. Durch fast gerade laufende Seitenkanäle erspähte ich öfters eine große, schnell strömende Wasserfläche. Dies mußte das Hauptarm-System sein.

Beide manövrierten wir uns in völlig verrückt anmutendem Zick-Zack-Kurs zur schneller tragenden Großströmung. Wie durch eine trennende Pforte verließen wir die kleinräumige und völlig überblickbare, ja fast schon anheimelnde »Gartenwelt« der kleineren Seitenarme und stießen wieder in die grenzenlose Weite des Hauptstromes.

»Können wir nicht in dem kleinen Kanal bleiben«, jammerte Helmut, »jetzt fängt diese Wahnsinnslandschaft wieder an – ich ertrag das nicht. Das soll Alaska sein?! Verflucht, ich will wieder an den Yukon!«

»Zu riskant, Helmut, wir könnten uns da verfransen – außerdem enden die kleinen Kanäle eh bald wieder in den großen – wir würden also nur Umwege fahren. Fort Yukon liegt in der Richtung, sieh, der Kompaß funktioniert in dieser Gegend hier noch. Wir müssen etwa hier stecken« – ich zeigte auf die Karte –, »und ich glaube, wir sind kurz davor. Und wenn wir erst morgen ankommen, dann ist das doch auch egal, wichtig ist nur, daß wir uns hier nicht verirren, daß wir hier heil rauskommen!«

»Du redest von *verirren* und verfolgst nicht mal die Karte…!« knurrte Helmut bissig.

»Ach, rutsch mir doch den Buckel hinunter mit deiner blöden Karte, die nützt dir hier nicht viel, die hat einen für unsere Zwecke viel zu großen Maßstab, ist zu ungenau, und total veraltet! Du bist hier nicht mehr mit deinem dreimal verdammten Lastwagen in Europa, wo an jeder Straßenecke ein eingemessener Orientierungspunkt liegt, Karte ist nicht gleich Karte, das ist alles relativ!« brüllte ich jetzt ungehalten.

»Na klar, nur *ihr Indianer* – du gehörst auch dazu, hab' gesehen, daß der Kerl dich mochte –, und am besten *stockbesoffene* –, wissen, wo's langgeht, daß es mittlerweile Karten gibt, ignoriert ihr einfach. – Mann, wach endlich auf, *Winnetou* ist *tot*, kapier endlich, *bitte*!«

Ich entgegnete nichts darauf, der Fall war für mich hoffnungslos – aber ich wollte ihm eine Lektion erteilen, eine hundsgemeine.

Helmut mußte tatsächlich immer wissen, wo er sich gerade befand, sonst fühlte er sich unwohl, ja sogar verloren. Mein hämisches Grinsen verbergend, reichte ich ihm die Karte:

»Gut, als Fernfahrer bist du ja Kartenlesen gewohnt – hier bitte, probier's mal.«

Ich ließ ihn ruhig erst einmal das verschlungene Flußknäuel studieren und sich navigatorisch austoben. Genau heftete sich jetzt sein forschender Blick auf den Kartenbereich, den ich als unser vermutetes Aufenthaltsgebiet eingekreist hatte. Prompt kam dann auch gleich ein triumphierendes:

»Da, die Inseln da drüben, die mit den dicken Rändern, das könnten doch die in der Karte sein!«

»Oder die da drüben! Vielleicht die, nein, halt, die dort könnte es auch sein«, bemerkte ich lakonisch, »wo soll da der Unterschied sein? Weißt du, wie die Inseln außerhalb deines Sichtbereiches weitergehen? Sicher kann man was mit den Höhen machen, nur, hast du einen Höhenmesser dabei? Und außerdem, da sind zwei und manchmal drei Höhenlinien übereinander, der Abstand der einzelnen Höhenlinien beträgt 25 Meter und die Uferhöhen deiner Inseln da betragen keine fünf Meter. Also, Pfeifendeckel, Fehlanzeige! Aber mach ruhig weiter, großer weißer Bruder! Also, Mann, wohin? Ich höre!«

Nun, Helmut wollte nicht so schnell aufgeben – ich hatte das Gefühl, als ob er jetzt die Karte fressen würde. Und tatsächlich, er setzte sein rotes Kanu in Bewegung, winkte, ich solle nachfolgen – und ab ging's.

Über unsere Fahrtgeschwindigkeit hatte ich tatsächlich schätzen können, wo wir etwa sein konnten. – Der große Nebenarm floß nicht weit weg von uns, mit einem kurzen Blick durch einen Seitenkanal hatte ich ihn gesehen.

Nach etwa einer Stunde hielt Helmut an, ich fuhr zu ihm. Er wirkte irgendwie zerknirscht, spähte in die Landschaft, guckte in die Karte – dutzendemal –, dann brüllte er restlos entnervt:

»Bullshit, verdammter – aus dem Verhau da wird keiner schlau. Zum Teufel mit den verdammten Flats, ich will bloß raus hier, das ist alles! Gut, indianern wir wieder weiter! – Nun mach schon, Mann!«

»Also gut, fahren wir eine narrensichere Strecke, wenn's dich beruhigt, ja? Auf der rechten Seite muß in ein paar Kilometern der Porcupine River münden – den kann man gar nicht verfehlen, äh, ich meine, wenn man sich an der Hauptströmung orientiert – und dort liegt auch Fort Yukon. Alles klar? Na denn los!«

Ob wir beide nichts Besseres zu tun hatten? – Eigentlich schon, aber vielleicht lag es daran, daß die nördliche Sonne den Wasserdampf der Flats auf gut 40 Grad Celsius aufheizte. – Oder – mußte man denn immer genau wissen, wo man sich gerade aufhielt, ist denn die Kartenstudiererei nicht zum größten Teil Unbehagen, ja Angst vor der Landschaft, Angst vor der überwältigenden Natur? Bedeutete die Karte für viele Menschen nicht die Bannung der Gegend auf das Stück Papier? Und... mußte mich der Helmut tatsächlich beobachten? – Lediglich in Badehosen fuhren wir dem Polarkreis entgegen – wer oder was war hier noch normal...?

Helmut zog kräftig durch, wir kamen prächtig voran, jedoch seine Stimmung blieb leicht getrübt. Er mochte die weite Wasserwelt nicht mehr, er hatte seinen Yukon verloren und versuchte gar nicht mehr, sich mit den Flats anzufreunden. »Langweilig und monoton«, war seine aktuelle Landschaftsdiagnose. Er sah einfach nicht, daß man hier beobachten konnte, wie Inseln und Nebenarme, Totwasserkanäle oder die Schlangenbewegung des Yukon entstanden. Auch für die Vielfalt der Botanik und die mannigfaltige Vogelwelt der Flats hatte er keinen Blick. Ich dagegen wollte hier gar nicht mehr heraus – jedenfalls noch nicht.

Die Weite der Landschaft schrumpfte zusammen, grauer Dunst wälzte sich über die Baumwipfel, hüllte Weidendickichte und Untiefen ein, kroch über die Oberfläche des Hauptarmes. Es roch brenzlig. Ein offenbar sehr großes Buschfeuer räucherte die Umgebung meilenweit ein und überdeckte den Duft der üppig blühenden Buschflora. Plötzlich tauchte aus den nebelartigen Rauchschwaden ein besonders großes und sorgfältig gebautes Fischrad auf, und Helmut steuerte freudig erregt darauf zu.

»Vielleicht ist da jemand, den wir nach dem Weg fragen können«, erklang es regelrecht erlöst, während er seine Schlagzahl kräftig erhöhte. Zwei Indianer saßen lethargisch auf einer Kiesbank in Nähe des Lachsfanggerätes und erwiderten unseren Gruß.

»How far is it to Fort Yukon, please?« erklang dann Helmuts unverwechselbares, knarrendes und wie mit russischem Akzent versetztes Englisch.

Ich selbst vernahm einige Satzfetzen mit »four bends«, »on the right hand side« und »nine miles«. Beide freuten wir uns über die Auskunft, und Helmut bekam wieder Sonntagslaune. Voller Optimismus und Lebenslust begann er die trüben Fluten zu bearbeiten, und ich selbst mußte einen Zahn zulegen, um ihn nicht aus den Augen zu verlieren.

Wir entgingen dem Rauch des Buschfeuers wieder und bekamen nun die unbarmherzig herunterbrennende Sonne zu spüren. Da auch noch der Wind einschlief, wurde es drückend heiß, wir entledigten uns wieder der überflüssigen Kleidung und fuhren lediglich in Badehose und Hut weiter. Beide freuten wir uns auf das Ereignis des Tages – die Überquerung des Polarkreises. Ausgelassen wie spielende Jungen und unter schallendem Gelächter durchfuhren wir den »Arctic Circle«. Das spektakuläre Ereignis sah eher wie eine Äquatorüberfahrt aus, erinnerte an Regenwaldatmosphäre und paßte eigentlich gar nicht nach Alaska.

Nach der vierten Flußbiegung tauchten stark reflektierende Flächen auf, dann Antennen und hohe Silotürme – Fort Yukon.

»*Hurra!*« klang plötzlich Helmuts Befreiungsschrei, er riß den rechten Arm mit dem Paddel hoch und fuchtelte wild damit in der Luft herum und brüllte:

»Geschafft, das ist Fort Yukon, wir haben es tatsächlich geschafft, ohne Karten, auf Anhieb, einfach so, ich werd' verrückt!«

Nicht nur der Yukon knickt hier ab – Fort Yukon

Nach der himmlischen Ruhe der Flats wirkte die erste Berührung mit Fort Yukon wie ein Überfall auf das gesamte Wahrnehmungsvermögen. Motorboote rauschten heran und enteilten wieder mit lautem Gedröhn, das sich mit der Geräuschkulisse der Ortschaft vermischte. Alle einzeln durchdringenden Lärmattacken wurden jedoch mühelos von gelegentlich aufbrausendem Flugzeugradau übertönt. Hütten, Häuser und Lagerhallen, Silotürme, Antennen, Zäune und Schilder sprangen regelrecht ins Auge, und zwischen all dem Zivilisationsgerümpel bewegten sich Menschen, Hunde, Hühner und Fahrzeuge aller Art. Bugwellen schaukelten uns durch, brachen sich laut klatschend am Ufer. Geruchswolken, gewürzt mit verbrannten, noch nicht ihrem Zwecke zugeführten Treibstoffen und Schmiermitteln, Fisch und Farbe, Hundedreck und Hausbrand, hüllten uns ein. Und das ganze heillose Chaos wurde von Kabeln, Leinen und Drähten wie von einem alles überdeckenden Spinnennetz zusammengehalten. Eine Zivilisationsoase inmitten der Wasserwildnis der Flats hieß uns willkommen – wirklich?

Und wo bleibt die großartige Wildnis der Yukon Flats?, werden sich manche fragen. Ist doch alles wie bei uns! – Halt, nur auf meine entwöhnten Nerven wirkte dies so bei der Ankunft – tatsächlich hat Fort Yukon nur 665 Einwohner – Gott sei Dank, oder?

Irgendwo halten? Nein, das wäre gegen meine Art gewesen. Natürlich wollte Helmut irgendwo raus, und ich mußte mich wieder einmal stur stellen und möglichst schnell den richtigen Landeplatz auswählen. Mich zog es zur linken Ortsseite. Ich entdeckte bald zwei fröhlich winkende Muskelkerle, die gerade mit Sandsäcken ein Stück Ufer befestigten. Ich fand die beiden auf Anhieb okay, der geschützte Landeplatz war bestens geeignet, die richtige Anlegestelle war gefunden. »So, jetzt schnell zum Postamt, dann etwas einkaufen und wieder ab in den Busch!«, so dachte ich mir das weitere Vorgehen. Das rasant fahrende Militärboot mit seiner freundlich grüßenden Besatzung, das unsere Boote mit seinen beachtlichen Wellen beinahe umwarf, die Ladung Erde, die klatschend neben und in mein Kajak fiel, verstärkten meinen Wunsch, so bald wie möglich wieder von hier zu verschwinden.

»Was, du willst heute gleich wieder weg, wieso denn? Ich will doch Fort Yukon ansehen! Ich will sehen, wie die Leute, besonders die Indianer, hier leben!« entrüstete sich plötzlich Helmut.

»Nicht so schnell, Mann«, rief ich, »du hast wohl noch nie etwas über Fort Yukon gehört? Das soll das übelste Kaff in Alaska sein. Das ist nicht nur Garnisonsort – hier sei alles übel, haben mich Leute in Kanada gewarnt. Mord und Totschlag, Rauschgift und vor allem Suff – totaler Suff. – Weißt du nicht mehr, was der Typ aus Circle gesagt hat: ›Am besten mit gezogener Waffe vorbeifahren!‹«

Während wir uns durch Hühnergehege, Hausgänse, Netze, Schlitten, Schneemobile und freudig mit dem Schwanz wedelnde Hunde in Richtung zu den beiden Burschen durcharbeiteten, schimpfte ich: »Ich bin auf Wildnistour, habe keine Zeit, um ein Wildwestdorf full in action zu erleben und vielleicht noch meine Ausrüstung zu gefährden.«

Aus der Nähe wirkten die beiden freundlichen Modellathleten, Hugh, ein riesenwüchsiger Athabaske, und Stephen, ein ähnlich gebauter »lower 48-Amerikaner«, sehr vertrauenerweckend.

»To the post office? Okay, we can go by car«, bot sich der Athabaske an.

Unterwegs stellten sich die beiden gutgelaunten Schwerarbeiter als Studenten vor, die jetzt während der Semesterferien für die Busch-

Baptistenmission das Ufer mit Sandsäcken befestigten. Die beiden luden uns zum Lunch ein und versicherten, in der Nähe der Mission könnte den Booten mitsamt dem Gepäck nichts geschehen.

Wie man ausgerechnet im verrufenen Fort Yukon zielgerecht in den sicheren Schoß der Baptistenmission gerät? – Nun, vielleicht Schicksal, oder ich hatte eben den »richtigen Riecher« gehabt, wie Helmut sich ausdrückte. Angeregte Gespräche entwickelten sich. Endlich erfuhr ich, was Baptisten sind, und berichtete selbst über meine Erfahrungen mit fremden Religionen aus Indien. Der Lunch weitete sich aus, die beiden Missionare hatten Humor, Scherze und Gags wurden eingeflochten. Einmal bei Missionaren zu Gast sein? Es reizte mich, und auch Helmut nahm das Angebot zum Übernachten an. Als wir jedoch zum Dinner bei der Leiterin der Mission, »der besten Köchin von Fort Yukon«, eingeladen wurden, blieb Helmut ausgesprochen reserviert und warnte mich:

»Vorsicht, Sektierer! Das kenne ich alles schon, die sind sehr eigen! Vorne die Wurst und hinten nach zieht sich ein ellenlanger Rattenschwanz mit Ansprachen, Ermahnungen und Aufforderungen – gespickt mit Bibelzitaten und endlosen Gebeten. Paß auf, am Ende wollen sie dich nur bekehren!«

Ich dagegen brannte nur so vor Neugierde, wollte herausfinden, was Baptisten in der »heißesten Gemeinde Alaskas« ausrichten konnten.

Eine herzliche, sympathische Frau mittleren Alters empfing uns. Wie staunten wir, als uns entgegen dem etwas lockeren Wohnstil in Alaska eine Umgebung voll mustergültiger Ordnung, Sauberkeit und Organisation entgegenglänzte. Dies war das Reich einer Superhausfrau. Alle hatten wir uns feingemacht, sogar Helmut, der gewöhnlich eher einer Krähe in der Mauser ähnlich sah, und auch ich, der Typ, der seit Wochen einer gefährlichen Wild-West-Erscheinung glich. Zugegeben, ich fühlte mich etwas deplaziert – schließlich war ich mitten aus der wüstesten Sumpfwildnis in diese beispiellose Musterwelt katapultiert worden.

Ein Bankett wurde auf dem großen Eßtisch aufgebaut, und geheimnisvolle Bezeichnungen wie »Caribou-Burger« (Rentier-Burger), »Moose Meat« (Elchgulasch) und »King Salmon« schwirrten durch den Raum. Diverse Gemüse dampften aus dekorativen Schüsseln, und appetitanregende Salate lachten uns entgegen. Auch die Suppe fehlte nicht, und gegen den Durst der Gäste halfen die Karaffen mit Eistee oder Eiskaffee. Allein schon der faszinierende Anblick des

Banketts war sättigend. Ich war platt, dachte ich doch noch Stunden zuvor, in Fort Yukon höchstens ein paar blaue Bohnen zu bekommen.

Three, two, one – zero! – Oh, nein! Nicht hier!

Zuerst folgte das Tischgebet, danach die Attacke, die durchaus hätte verfilmt werden können. Die beiden athletischen Uferbefestiger konnten sich nicht nur mit ihrer Arbeitsleistung sehen lassen. Helmut und ich kamen schon wie ausgehungerte Wölfe hier an die Tafel, jedoch die Eßgeschwindigkeit dieser beiden war atemberaubend. Während ich fast gebannt das Tischgeschehen verfolgte, warf jetzt Helmut alle Hemmungen weit von sich und fing an, abzuräumen. Dann sicherte ich mir in wenigen Tischoperationen meinen Anteil. Die freundliche Missionsfrau lachte glücklich über den durchschlagenden, interkontinental wirksamen Erfolg ihrer Kochkunst.

Als dann eine Bibel auf dem Tisch erschien, befiel Helmut auf einmal eine eigenartige Nervosität, in meinen Augen ein deutliches Zeichen für einen bevorstehenden Fluchtversuch.

»Das war ein ausgezeichnetes Essen, Madam, vielen Dank, aber ich will unbedingt bei Tageslicht noch Fort Yukan besichtigen, auf Wiedersehen!« und ehe die Bibel sich öffnete, war Helmut auch schon wie ein böser Geist entschwunden.

Für einige Sekunden kam ein wenig Befremden auf, das sich aber gleich wieder legte, als die Missionsfrau aus der Bibel vorlas. Sie betonte, das Essen vorher wäre nur Speise für den Leib gewesen, doch dies sei nicht viel gegen die Speise für die Seele. Der Geist sei viel wichtiger, die geistige Speise würde viel länger, eigentlich für immer sättigen.

»Der größte und schönste Dom oder die gewaltigste Kathedrale ist der eigene, feste Glaube!« Ich hörte auf, weltbekannte Kirchen in Europa zu nennen. »Wie soll Jesus einem helfen, wenn jemand sich nicht helfen läßt?« Das würde ich dem Helmut sagen, er hatte zu früh Lunte gerochen, hier lauerten keine Dauerprediger oder Schnellkursbekehrer.

Für meine weitere Reise bekam ich ein Neues Testament geschenkt, und ich glaubte, jetzt würden Ruhe und eine gehörige Pause folgen. Weit gefehlt, auch die Verdauung scheint in Alaska anders zu funktionieren. An Leib und Seele frisch gestärkt, konnte jetzt ja Volleyball gespielt werden – vier Stunden lang! Eine junge Indianerin, Hugh, Stephen und ich kämpften mit vollem sportlichem Einsatz gegen ein Team der »State Trooper«, der lokalen Polizei von Fort Yukon. Und

– man beherrschte diesen Sport hier, der in ganz Alaska, besonders bei Indianern und Eskimos beliebt ist. Ich war an die allerbeste Adresse geraten – was konnte einem auch schon bei den »State Troopern« geschehen?

Danach endlich Ruhe? Es war mittlerweile 24 Uhr, Hugh und Stephen gingen jetzt zum Joggen!! Die beiden fragten mich allen Ernstes, ob ich mit wolle. Diesmal zog ich die Notbremse und widmete mich meinen längst fälligen Aufzeichnungen. Während Helmuts Stimmungstief zur vorherrschenden Seelenwetterlage wurde, bedurften die Einwohner Fort Yukons keiner zusätzlichen Aufheiterung: es war Sommer – 24 Stunden lang Licht und Wärme. Im polaren Winter würde man das Gestirn monatelang für nicht existent erklären. Klar, dies mußte gefeiert werden – und wem die Sonne nicht genügte, der schüttete sich ein paar Tropfen Feuerwasser in die Kehle. Es war nicht zu übersehen, daß die alte Goldrauschgemeinde kein Alkoholverbot hatte – im Gegensatz zu den meisten anderen Orten Alaskas.

Draußen zog mich das sommerliche Naturschauspiel in den Bann: die Umgebung war in warmes, intensiv rotes Licht getaucht, über den tiefschwarzen Silhouetten der großen Nadelbäume am Horizont stand ein großer glühender Feuerball und bewegte sich langsam und stetig immer auf gleicher Höhe über den Wipfeln der Baumriesen. Tatsächlich, die Sonne weigerte sich unterzugehen. Es war so warm draußen, und nur die Bahn der Feuerkugel zeigte an, daß wir uns jenseits des Polarkreises aufhielten.

Die Uhr und der Kalender jedoch übten Verrat: Sie waren die Stimmungskiller und zeigten unerbittlich, daß die helle Gegenwart in Vergangenheit umgewandelt wurde. O doch, für ein Klavierkonzert in der Baptistenkirche war allemal noch Zeit. Wie im Traum nahm ich wahr, daß ich der Solist war. Wenn man hinterher in gehobener Stimmung noch schnell die Bibliothek besichtigt, gehört es sich auch, philosophische und religiöse Gespräche zu führen. Aktive Menschen brauchen Energie – einen Nacht- oder Tag-Imbiß lehnt hier niemand ab. Und wer feiern kann, hat auch noch Kraft für eine Bibellesung – schließlich befanden wir uns in einer Missionsstation.

Lang sind die Tage im subarktischen Sommer – und am Wochenende hören sie überhaupt nicht mehr auf. Ich war eben doch nur ein Gast aus fremden Landen – unwiderstehlich zog es mich in den Schlafsack.

V Allein in den Yukon Flats

Abschied von Fort Yukon

Drei Briefe, mit dem Stempel vom 16. Juli versehen, traten die lange Reise nach Deutschland an, eine Karte ging nach Seattle zur Bootsfirma, um ein Ersatzteil nach Tanana oder Galena zu schicken. Ab Fort Yukon sollte ich den größten Teil allein durch die Flats fahren:

Helmut hatte sich, schlecht gelaunt wie immer, endgültig von mir verabschiedet. Ich mußte noch mein Boot reparieren, das bei einem unglücklichen Transportversuch beinahe zu Bruch gegangen wäre.

Aber nicht nur ich hatte Glück im Pech gehabt. Vater und Sohn der Missionarsfamilie kamen buchstäblich aus den Wolken, nein, nicht als verklärte Engel – sie waren in Fairbanks mit dem eigenen Flugzeug einkaufen gewesen, da Fort Yukon viel zu teuer sei. Beide waren noch von ihrem gefährlichen Flug gezeichnet – von einem riesigen Buschfeuer waren Rauchschwaden bis in über 3000 Meter Höhe gestiegen und hatten die Sicht gefährlich behindert. Trotzdem war Zeit für eine freundliche Begrüßung, und alle zusammen, sowie die hübsche hawaiianische Adoptivtochter, beteten für meine weitere gute Reise.

Um Haaresbreite entronnen

Rasch riß die schnellfließende Strömung des Yukon das Boot mit sich, der Wind hatte wieder hohe Wellen aufgeworfen, der Kampf mit den entfesselten Elementen begann von neuem. Als ich mich nach einigen turbulenten Minuten umdrehte, war Fort Yukon schon verschwunden. Ich war alleine in den Flats. Die Fahrt wurde immer unruhiger, der »Sea Eagle« und ich mußten wieder beweisen, daß wir auch stürmischen Verhältnissen gewachsen waren.

Teilweise machte ich recht flotte Fahrt und folgte der jetzt tobenden und kochenden Hauptströmung. Es war jetzt kinderleicht, diese auszumachen, da sie wie ein Wildwasser-Streifen mal links, mal rechts im Fluß pendelte – aber darin bleiben ... Sollte jetzt eine wilde Jagd bis zum Bering-Meer losgehen?

Zunächst wurde es dunkel. Graue Wolken und der Qualm des großen Buschfeuers erzeugten eine düstere, bedrückende Stimmung. Das Wasser rauschte und toste um mich, wütend, lauernd und unheimlich. Der unermüdliche Sturm zauste die Weiden, riß an den großen dunklen Nadelbäumen und fegte wirbelnde Staubwolken über die trockenen Teile der Inseln. Die ersten Regentropfen sausten waagerecht mit Sturmböen heran – mir wurde kalt.

Aber noch war es nicht soweit – ich mußte noch ein paar Minuten warten – warten auf meine schlimmste Prüfung!

Wenn die Flauten längere Zeit andauerten und die Wellen der Hauptströmung verschwanden, mußte ich oft anhalten, um die Fließrichtung zu finden. Obwohl es gefährlich und mühsam war, in dem aufgewühlten Wasser zu fahren, wartete ich immer sehnsüchtig auf den heftig einsetzenden Wind, der mich innerlich befreite. Die Windstillephasen lasteten bedrückend auf mir, und das düstere Labyrinth der Flats schien wie ein riesiges Ungeheuer zu lauern. Ich mußte jetzt das Alleinsein im großen Sumpfgebiet lernen.

Die Suche nach dem Nachtlager begann. Eine Stelle nach der anderen schied aus: entweder waren die Inseln zu groß und dicht bewaldet oder die Ufer erwiesen sich als heimtückische Schwimmsandfallen. Bärenspuren warnten mich, daß ich hier keineswegs allein war. Einmal hörte ich plötzlich krachende Geräusche im Uferdickicht, nur wenige Meter von mir entfernt, als ich fast lautlos landen wollte. Ich hatte wahrscheinlich ein sehr großes Tier aufgeschreckt und beschloß, auf gar keinen Fall auf einer bewachsenen Insel zu lagern.

Einige Male machte mir der Fluß selbst einen Strich durch die Rechnung; die Wasser des nur scheinbar ruhig dahinfließenden Hauptarmes zeigten mir deutlich ihre immense Kraft, als ich wiederholt und immer vergeblich versuchte, eine geeignete Insel anzusteuern.

Entkräftet, müde und schlecht gelaunt erreichte ich eine einladend aussehende, langgezogene Sandbank – das hätte ich besser bleibenlassen sollen! Was jetzt folgte, verdient Bezeichnungen wie Fiasko oder höllischer Alptraum. Zuerst bemerkte ich erfreut menschliche Fußabdrücke, sah jedoch niemanden weit und breit. Beim ersten Landemanöver drohten schräg anlaufende Wellen ins Boot zu schlagen, und ich entkam gerade noch rechtzeitig, indem ich blitzschnell mit dem Einsatz aller verbliebenen Kräfte zum Rückwärtsspurt ansetzte. Dann ergriff mich die Strömung und versuchte, das Boot von der Sandinsel wegzureißen. Fluchend arbeitete ich mich gegen das brutal wegdrückende Wasser und erreichte das jenseitige Ufer der großen Sandbank.

Wie freute ich mich, als ich einen leidlich geschützten Ausstiegsplatz fand. Sehr bald mußte ich erkennen, daß hier alles voller weichem, puddigartig nachgebenden Silt war, und es dauerte eine Weile, bis ich einigermaßen tragfähigen Boden fand. Vorsichtig stieg ich aus, hielt mich am Boot fest, um nicht allzu tief einzusinken. Verärgert merkte ich, daß die Gummistiefel jetzt mehr hinderlich als nützlich waren, ich sank so tief ein und der feine Schlamm schloß sich so zäh um die Stiefel, daß ich beinahe alle beide verloren hätte. Als ich endlich genügend stabilen Boden unter die Füße bekommen hatte, zog ich das Kajak ein ordentliches Stück – wie ich dachte – an Land und begann, mit dem Gewehr in den Händen die Umgebung abzusuchen.

Richtig einladend sah es hier allerdings nicht aus, egal, ich war müde und wollte das Zelt möglichst rasch aufstellen. Während ich im heftigen Wind mit dem andauernd davonfliegenden Zelt kämpfte, hatte ich plötzlich das Gefühl, ich müsse mich unbedingt umdrehen, und gleichzeitig vernahm ich deutlich eine Stimme:

»Look back, Gernot!«

»Nein!! Das darf doch nicht wahr sein! Ja verflucht noch mal, um Gottes willen, nein!« brüllte ich voller Entsetzen.

Das Schlimmste, was man sich als Bootsfahrer in den Yukon Flats vorstellen kann, war geschehen: das Boot war abgetrieben worden!

Für Sekunden glaubte ich, es sei alles gar nicht wahr, und versuchte, mich so schnell wie möglich wieder zu beherrschen.

Aber der grauenvolle Anblick war keine Fata Morgana: etwa fünfzig Meter von mir entfernt trieb wirklich das Boot im Yukon – in nur wenigen Minuten würde es die wütende Hauptströmung erreichen.

Blitzschnell erfasse ich die Situation, handle wie im eintrainierten Alarmzustand – tue zum Glück das einzig Richtige: ich reiße mir die Kleider vom Leibe, renne zum Ufer und springe ohne zu zögern in die strömende braune Flut. Klatschend stürzt das eiskalte, dunkle Wasser über mir zusammen. Ich schieße nach oben, schnappe nach Luft, ignoriere Kälte, Strömung und heranbrandende Wellen. Mit Entsetzen erkenne ich nun, daß das Boot weiter abgetrieben ist, als ich gesehen habe. Ich lege los, lasse meine Körperkräfte explodieren und kraule, so schnell und kräftig ich nur kann. Wie ein Torpedo verfolge ich das weiße, gut sichtbare Kajak. Ich muß nach Luft ringen und blicke dabei zum Boot.

»Verfluchter Wind, hundsgemeiner!« stoße ich wütend hervor.

Selbst mein kräftezehrender Spurt hat den Abstand nicht verringert – im Gegenteil – er scheint größer geworden zu sein!

»Drauf, hau rein, Junge, drauf so fest du kannst, wenn du das Boot nicht kriegst, bist du erledigt!« schießt es mir siedendheiß durch den Kopf.

Nochmals aktiviere ich alle meine Energien, wie wahnsinnig peitsche ich mich durch die Wellen dem Fahrzeug zu, von dem hier alles abhängt. Jetzt ist mir alles egal, ich weiß, ich muß es erreichen. Mein Herz hämmert wie rasend in der Brust, ich keuche, schnappe verzweifelt nach Luft. In meinem Inneren beginnt es zu dröhnen und zu sirren – ich drohe zu zerspringen. Ich blicke kurz nach vorn – der Anblick lähmt mich, eine eiserne, eiskalte, alles zerquetschende Faust droht mich zu zerdrücken: nur noch wenige Meter und der »Sea Eagle« wird in die Hauptströmung treiben.

»Verflucht, ich kriege das Boot!« presse ich in infernalischer Wut hervor.

Mein ganzes Sein beginnt sich zusammenzuziehen, all mein Denken, Fühlen, Können, ja meine ganze persönliche Welt schrumpft zu einem Punkt zusammen, verdichtet und konzentriert sich auf eine einzige, wilde, verzweifelte Handlung: Schwimmen!

Ich reiße das letzte Fünkchen Energie aus mir und tobe durch die Wellen. Mit ohnmächtiger Wut beobachte ich die Windattacken, die das Boot zwar ständig von mir weg treiben, den Abstand aber nicht mehr vergrößern können.

»Endlich, um Gottes willen, endlich!« Ich kämpfe mich näher und näher heran – ich weiß nicht mehr, wie ich noch Luft bekommen soll, in meinen Lungen wüten stechende Schmerzen.

»Aushalten, aushalten, du schaffst es, nur noch wenige Meter!« rede ich mir zu.

Ein Kraftstoß durchfährt mich, ich verspüre neue Energien und schieße noch einmal vorwärts.

Jetzt, endlich, überglücklich berührt meine Hand das Bootsdeck. Völlig entkräftet, total ausgepumpt und verzweifelt nach Luft schnappend erwische ich das Heck des »Sea Eagle«, halte mich nur für eine Sekunde fest und schiebe mich auf dem Bauch zur Hecksitzluke vor. Zitternd vor Entkräftung, Erregung und Kälte klettere ich ins Boot. Wie freue ich mich, daß sogar das Paddel noch da ist.

»Dem Himmel sei Dank, ich bin gerettet!«

Aber ich bekomme keine Verschnaufpause, wie nach einem vernichtenden Schlag erkenne ich, daß ich bereits in der brodelnden Hauptströmung stecke. Das Boot schlingert, bäumt sich auf – eiskalter Wind rast mir entgegen – ich bin nackt, naß, friere. Triumphierend und wütend zugleich ergreife ich das Paddel, steuere und fahre die

Wellen aus, wende das lange Doppelkajak und kämpfe mich gegen die gnadenlos drückende Strömung zum Lagerplatz zurück.

Jetzt endlich ausruhen, wieder zu Atem kommen – von wegen, weit gefehlt. – Das Zelt flattert wild, droht vom Wind weggerissen zu werden. Ich sause mit dem Bug ein Stück das schlammig-sandige Ufer hoch, springe aus dem Boot, packe das vordere Tragegriffstück und zerre das Kajak vollständig an Land. Sogleich haste ich zum Zelt, das mein Rucksack durch sein enormes Gewicht gehalten hat, jetzt aber heftig flatternd zum Gleitflug ansetzen will, hechte mitten darauf und suche nach dem Heringsbeutel.

In fieberhafter Eile befestige ich das widerstrebende Gewebe mit gut einem Dutzend Heringen, rase zurück zum Boot und verbinde Zelt und »Sea Eagle« mit der langen Reepschnur. Erst jetzt habe ich Zeit, mich abzutrocknen und anzuziehen. So schnell wie ich nur kann, baue ich fluchend das Zelt vollständig auf, das im errichteten Zustand wie ein Kastendrachen abheben will, verzurre das verhinderte Luftfahrzeug mit mehreren Sturmverspannungen und richte es ein.

Hastig versuche ich, vor Kälte zitternd, mein gewaltiges Kaloriendefizit zu begleichen, indem ich mir etliche Scheiben Weißbrot in den Rachen stopfe, schluckweise Speiseöl hinunterwürge und gierig eine ganze Tafel Schokolade hinunterschlinge.

Der Sturm war noch stärker angeschwollen – nicht auszudenken, wenn der vorherige Alptraum jetzt stattgefunden hätte. Ich freute mich außerdem nachträglich, daß die Moskitos und sämtliches blutrünstiges Stechgetier Startverbot hatte – wie unangenehm, wenn sich das Höllengetier auf meinen völlig nackten Körper gestürzt hätte! Ich befestigte das Boot mit einer zweiten Reepschnur und diese wieder am Zelt.

»Falls ich hier wegfliegen soll, dann aber mit Zelt und Boot!« dachte ich mir grimmig. Selten in meinem Leben bin ich so gern in meinen warmen Schlafsack gekrochen.

Anfreunden mit den Traumsümpfen

Unruhig wachte ich früh bei Morgengrauen auf. »Komisch, irgend etwas stimmt hier nicht«, dachte ich zunächst mißmutig. Nur mit Mühe bekam ich die Augen auf, die Lider waren merkwürdig schwer und in Mund und Nase hatte ich ein völlig ungewohntes, verstopftes Gefühl, so als wäre ich verklebt.

»Ich bin noch müde! Laßt mich bloß alle in Ruhe – Drecksinsel, blöde!« murrte ich unwillig. Nein, den 17.7. wollte ich noch nicht begrüßen.

Ich schlief wieder ein, um bei besserem Licht die neue Bescherung von »Desaster-Island«, wie ich das gastliche Fleckchen Erde getauft hatte, zu bewundern. Nachdem ich mich buchstäblich freigekratzt hatte, traute ich kaum meinen Augen. Alles, aber auch wirklich alles war mit puderfeinem Staub überzogen: mein Gesicht, Schlafsack, Kameras, Kleider und das Gewehr. Alles verdreckt mit ekelhaftem, hellbraunem Staub. Ab und zu heulte draußen der Wind auf, wölbte die Zeltwand boshaft nach innen, und hurtige Staubwirbelchen tanzten lustig im Zeltinneren, während der Zeltboden zu flattern und vibrieren anfing und ganze Staubschichten zu interessanten, aber nur kurzlebigen Gebilden aufgeworfen wurden.

»Mir reicht's jetzt, verdammt noch mal! So etwas gibt's doch gar nicht! Woher kommt denn dieser lästige Mist?!« Erbost blickte ich zum Zelteingang, natürlich war der zu. Ich öffnete den Reißverschluß und freute mich kurz über den Anblick des gestern nacht in heißer Schlacht zurückeroberten Bootes. Fluchend kroch ich jetzt zum Eingang hinaus und prallte zurück.

»Bin ich in der Wüste?« brüllte ich, »was hat denn ein Sandsturm mitten in einem Sumpfgebiet verloren?«

Wirbelnde Staubhosen, peitschende Sandkörner und eine stechende Sonne begrüßten mich. Eine plötzlich aufkommende Sturmböe, die mir jegliche Sicht nahm, trieb mich wieder in den schützenden Unterschlupf.

Doch im Zeltinneren mußte ich mit ansehen, wie sich ein wirklichkeitsgetreues Modell des äußeren Infernos aufbaute. Bald fand ich die Erklärung für die Miniwüsteninszenierungen mitten in meiner Polyamid-Laube: immer wieder rieselten kleine Staublawinen an der Außenseite des Baumwoll-Innenzeltes herunter; stoßweise einsetzender Wind wirbelte den mehlartigen Silt wieder empor und drückte ihn durch die feinen Gewebeporen.

»Hoffentlich haben die zwei Kameras den Sandsturm überlebt«, knurrte ich. Um sie zu schützen, hatte ich sie mit ins Zelt genommen, und meiner 303 Enfield sollte ja selbst eine Packung Schlamm nichts ausmachen, hatte man mir erklärt, aber ich ärgerte mich dennoch, als ich das über und über mit Staub bedeckte Gewehr sah.

Nun folgte ein zweifelhaftes Sonntagsvergnügen: als der Wind nachgelassen hatte, schmiß ich kurz entschlossen den ganzen verschmutzten Krempel aus dem Zelt. Bald merkte ich, daß ich im Windschatten einer Art Schlamm-Sanddüne und eines verrotteten Baumstumpfes lag. Der Windrichtung entgegen lagen ganze Felder mit hellem, knochentrockenem Silt, der immer wieder von Windböen hochgewirbelt und wegtransportiert wurde – ausgerechnet in Richtung meines Lagerplatzes, wo der ganze Dreck im Windschatten kurz vor dem Zeit wieder herunterging.

Ich baute das Zelt ab, ging zu einem siltfreien Teil der Insel und ließ den Wind den ganzen mehlartigen Staub, den er mir gebracht hatte, wieder mitnehmen. Bei der Reinigungsaktion schwor ich mir, nie, nie wieder in der Nähe von trockenem Silt zu lagern!

Ich traute diesem Platz überhaupt nicht mehr, weder die verdiente Sonntagsruhe noch Gegenwind und meterhohe Wellen konnten mich hier festhalten. Kaum hatte ich eine Extra-Sonntags-Ration von Kalorien aufgenommen, verließ ich die heimtückische Insel.

Die Hauptströmung war schnell gefunden: ein brodelnder, kochender Streifen wütenden Wassers inmitten des Flußarmes.

»Los, rein und ab, das packst du schon!« feuerte ich mich selbst an, als ich beim Anblick der angreifenden Wellen in der Strömung zögerte. Gelegentlich fragte ich mich, ob ich das Wasserinferno wirklich bewältigen könnte. Ich hatte zweifellos die eigentliche, große Hauptströmung gefunden, das, was man hier mit einiger Berechtigung Yukon nennen konnte. Die Wellen gingen über eineinhalb Meter hoch und brachen sich donnernd an Untiefen und Uferbereichen. Manchmal tauchte der »Sea Eagle« vollständig ins brodelnde Wasser und wütende Brecher klatschten selbst über den Packsack auf der Deckluke. Manchmal saß ich mitten in tobendem Wasser und glaubte, ich sei auf dem Meer und nicht in den Flats. Die wilde Jagd zum Beringmeer hatte wieder begonnen. Die tosenden Wasser der Hauptströmung mit ihren hohen Wellen waren Ausdruck eines elementaren Kampfes: der Fluß gegen den Wind. Ab und zu fuhr ich in ruhigere Bereiche und versuchte, den entfesselten Fluß zu fotografieren – für jede Aufnahme mußte ich hart arbeiten.

Gegen 21 Uhr erreichte ich eine wunderschöne, halbmondförmige Kiesinsel, ohne den ekelhaften Silt, weder im trockenen noch im nassen Zustand; selbst die Uferränder bestanden aus sympathisch sauberem Grobkies. Hier würde mich das lästige Zeug nicht plagen, hier konnte ich bleiben. Das Boot zog ich sicherheitshalber über das flache Ufer bis zum Zelt. Eine Mordsplagerei war das, aber der Schreck der letzten Nacht saß mir noch in den Knochen.

Hier war das Inselparadies für Bootsfahrer: freie Sicht nach allen Seiten, nichts Eßbares wuchs oder lebte hier – so daß man Ruhe vor Elchen und Bären hatte; es gab keine Moskitos, genügend Feuerholz, und der Zeltboden war auch trotz des harten Kieses recht brauchbar. Endlich Sicherheit, Ruhe und Erholung, ich war ziemlich müde, hatte schmerzende Schultern und fand, daß auch mein Kreuz eine Belastungspause verdient hatte.

Hier spürte ich, daß ich Kraft tanken konnte. Bei einem gewaltigen Nudeleintopf, angereichert mit Jim Shockleys Schinken, heißer Suppe und Tee saß ich vor dem Lagerfeuer und sah mir in meinen Erinnerungen den gestrigen »Horrorfilm« in aller Ruhe nochmals an. Was würden wohl Jeff und Bruce, Glenn und Tim gerade erleben, wie es wohl Jim mit seinem Motorboot in den Flats erging?

Als ich meinen Blick über die Weite der Insellandschaft schweifen ließ, die Strömung um die Kiesinsel rauschen hörte, den großen roten Sonnenball über den mächtigen Nadelbaumriesen majestätisch am Horizont ziehen sah, ertappte ich mich dabei, daß ich meine neue Einsamkeit genoß.

Dies sollte der Tag der längst fälligen, kleinen Reparaturarbeiten werden. Ein Tag hin oder her, was war das schon, gemessen an der Zeit, die ich zur Verfügung hatte? Meine Schultern und der Rücken benötigten dringend Ruhe und Entspannung, und ich wußte, daß noch mancher Überlebenskampf von meiner Fitness und Belastbarkeit abhängen würde. Und hatte es in Eagle nicht geheißen »don't be in a hurry, speed kills«?

Ich reparierte meine Schuhe, machte eine superfeste Naht aus Zahnseide, nähte Knöpfe fest, putzte das Gewehr und erledigte viele andere Kleinarbeiten. Am Boot war alles heil – auch die Kameras?

Eine Schimpfkanonade erschütterte bald die Stille der Sumpfwildnis. Meine alte Spiegelreflexkamera, die schon die härtesten Touren überlebt hatte, funktionierte nicht mehr. Sie war Opfer dieses widerlichen Siltangriffs geworden. Es gelang mir nicht, sie zu reparieren, obwohl ich in Eagle meine zweite elektronische Kamera mit ähnlichen Verweigerungssymptomen hatte kurieren können – so hatte ich für die nächste Zeit eineinhalb Pfund Elektronikballast im Gepäck.

Mit dem Verlassen von Fort Yukon hatte ich den nördlichsten Punkt meiner Fahrt erreicht, mittlerweile steckte ich wieder etwa in der Höhe des Polarkreises. Nach diesem Zenit mußte ich meinen Orientierungssinn neu einstellen – es herrschten jetzt völlig neue

Richtungen der Geomorphologie vor, das heißt der Bergrücken, Täler und geologischen Strukturen. Nach Fort Yukon hatte ich die Richtung Nordwest fahren müssen, nun ging es nach Südwesten – und dies ist die große neue Richtung in Alaska. Die Küste im Süden, sowie sämtliche Terranes, Hügelketten und Gebirge und auch die Alëuten-Inseln weisen die Richtung Südwest auf, und dieser Jahrmillionen alten Richtung muß sich selbst der mächtige Yukon fügen. Nur weiter oben im Norden herrscht die West-Ost-Richtung der Berge der »Brooks Range« und der Terranes, aus der sich diese Bergkette zusammensetzt.

Wo es mich hin verschlagen hatte, wußte ich beim besten Willen nicht – es machte mir auch nicht viel aus, denn ich fuhr auch weiterhin den besten Kurs, den man in den Yukon Flats fahren konnte: nach der Hauptströmung. Erst beim Indianerdorf Beaver würde ich mich wieder neu orientieren können, dies lag etwa einhundert Kilometer weit weg von Fort Yukon.

Apollinisches Licht verzauberte die Welt und – auch die Unterwelt! Dies muß der Startschuß für das Bremsenheer gewesen sein, das sich meinetwegen die Insel zum Schlachtort erwählt hatte. Ich begegnete dem Angriff mit äußerster Härte; gut gepanzert und eingeölt erschlug ich Hunderte dieser Quälgeister, ohne selbst gebissen zu werden. Das plötzliche Auftauchen der lästigen Insekten erleichterte mir den Abschied von der schönen Kiesinsel.

Bald schien sich der Hauptarm regelrecht zu zerschlitzen und obendrein auch noch zu verknäulen, von Orientierung konnte gar keine Rede mehr sein, und so folgte ich mit stoischer Gelassenheit der Strömung, die ich als die stärkste einschätzte. Mit der Zeit wurde es mir egal, ob ich eventuell Umwege fuhr, ich vergewisserte mich nur, daß ich so gut vorankam, wie es die Situation eben erlaubte. Ich wußte, daß Totarme und Altwässer keine ständig aktive Strömung haben konnten, und wenn ich auf irgendeinem Nebenarm fuhr, der mich genügend schnell voranbrachte, dann bedeutete das ein Vorwärtskommen, auch wenn ich nicht wußte, ob ich am rechten oder linken Hauptufer des Flußlabyrinths fuhr. Ausnahmsweise wurde ich heute von Rückenwind verwöhnt, es war das reinste Vergnügen auf dem Wasser, ein wirklich seltenes Geschenk Alaskas.

Am späten Nachmittag war Alaska der Ansicht, ich sei genug verwöhnt worden – pechschwarze Wolkenungeheuer zogen auf, die sich bedrohlich in meine Fahrtrichtung bewegten, um dann aber wieder seitlich abzuschwenken. Beinahe wollte ich schon ein Regennotquartier aufbauen und das Unwetter abwarten. Immer wieder schoben sich neue, unheilschwangere Finsterwolken vor die Sonne, drehten aber wie in Scheinangriffen immer wieder ab. Dann geschah etwas sehr Merkwürdiges, ja Aufregendes: die Schlechtwetterfront schien mit einem hartnäckigen, wehrhaften Hoch zu kämpfen. In einem riesigen Wirbel begannen die Wolkenmassen sich wild zu drehen. Der äußere Wirbel rotierte dunkel und drohend, während aus dem Zentrum blauer Himmel lachte und sich um den mittleren Bereich feuerrote Ringe ineinander verflochten. Minutenlang starrte ich gebannt nach oben – betrachtete ein Wetter, das eher auf einen fremden Planeten als auf die Erde paßte.

Weltuntergangswolken hin oder her, ich begann den Spuk zu ignorieren, steigerte dafür gehörig die Schlagzahlen. Es tat so richtig gut, dem Unwettergebiet einfach davonzufahren. Erst spät in der Nacht, als das Zelt schon stand, schienen sich die Wettergeister meiner zu erinnern, suchten und fanden mich. Rächend zog sich der Himmel dunkel und bedrohlich zusammen, Wind heulte um die Uferbäume, riß unwirsch an den Zeltwänden und griff mit ungemein kräftigen Regenschauern an.

Wie es auch schüttete und stürmte, auf die Zeltwände prasselte und in den Spannschnüren zu singen begann – das Zelt stand fest, und kein Tröpfchen Regen drang ein; ich fühlte mich trotz des wütenden Wetterinfernos geborgen und in Hochstimmung. Was für ein wildes Genießen! Es war wie – ja, wie das Erleben einer tosenden Wagneroper, wie das jubelnde Aufbrausen eines großen Orchesters bei einer Beethoven-Symphonie. Und hier fand ein Konzert statt – Mutter Natur selbst gab sich die Ehre mit der großartigen »Yukon Flats«-Aufführung.

Es war ein Konzert für Sturm und Windböen. Ohne auch nur einen Blick nach draußen zu werfen, konnte ich mir meine nähere Umgebung bildlich vorstellen. Besonders heftige Böen begannen zuerst im etwa 400 Meter entfernten Uferwald zu rauschen, näherten sich meinem Logenplatz, indem sie die vorbeiziehende Strömung kurz aufkochen ließen, um dann kleinere Wellen ans Ufer und gegen das Boot anbranden zu lassen. Dann wurden die niederen Weidengebüsche am Landeplatz durchgeschüttelt, und die harten Blätter der Weiden rasselten wie exotische Rhythmusinstrumente, kurzzeitig übertönt vom Flattern des Zeltes und dem Singen der Sturmleinen. Bevor sich die nächste Sturmböe ankündigte, erbebten die größeren

Weiden- und Erlengebüsche auf der rückwärtig gelegenen, dicht bewachsenen Nachbarinsel.

Die gluckernden Geräusche des fließenden Wassers gaben ein ruhendes, tragendes Geräusch der Symphonie ab, das vom Wind moduliert wurde. Ab und zu ertönte das Ächzen eines windgequälten, hohen Baumes oder der klagende Ruf eines Nachtvogels. Immer wieder erschollen die trompetenartigen Protestschreie von Wildgänsen, die sich dann bald darauf massenweise, laut flügelschlagend, erhoben und auch weiterhin im Fluge aufgeregt warnten und schimpften. Nach einigen Minuten kamen die aufgeschreckten Wasservögel zurück und schienen sich dann etwas ruhiger über den nächsten, sicheren Landeplatz zu verständigen.

Nachdem mein Lagerfeuer mit zischenden Geräuschen dem prasselnden Regen nachgegeben hatte, landeten immer wieder Gänse in meiner allernächsten Umgebung. Neugierig und leicht mißtrauisch anmutende, quäkende Töne drangen dann zu mir, und ich hätte mich nicht gewundert, wenn plötzlich eine Gans forschend in meinem Zelteingang aufgetaucht wäre. Seltenere Solisten waren Füchse, die oft nicht weit vom Lager entfernt erregt zu bellen anfingen.

Spannend und dramatisch war es, wenn plötzlich Kanonenschüsse laut krachten: das Geräusch einstürzender, überhängender Uferpartien und fallender Bäume, die in die aufrauschenden Fluten stürzten.

Zum Höhepunkt steigerte sich die großartige Inszenierung, als dann Gewitterstürme mit rollendem Donner, peitschenden und prasselnden Hagelschauern für kurze Zeit alle anderen Töne und Geräusche in den Hintergrund drängten. Grelle Blitzentladungen ließen die Zeltwände für Sekundenbruchteile aufflammen, und durch den offenen, tunnelförmigen Eingang meiner behaglichen Zuflucht sah ich die schlagartig beleuchtete Naturbühne, auf der Baumriesen im Hintergrund wild ihre Kronen schwangen und einzelne Wellen silbern im unwirklich erhellten Flußarm aufblitzten.

Aber war und ist denn nicht die ganze Fahrt ein großartiges, nie enden wollendes Konzert? Ist es nicht wundervoll, wenn ich den »inneren Dialog« unterbreche und versuche, mit der Umgebung zu verschmelzen? Ist nicht das Himmelsgewölbe der herrlichste Konzertsaal – welche noch so raffinierte Beleuchtungseinrichtung kann blaues, klares Himmelslicht ersetzen? Gerne sitze ich im Logenplatz »Boot« und füge mich so harmonisch, wie ich nur vermag, in die Strömungen des großen Wasserlabyrinths. Einem fast lautlos treibenden

Birkenstamm gleich, fügt sich das weiße Kajak in die fließende Umgebung. Die Paddel bewegen sich ruhig und maßvoll wie die Flossen eines großen Fisches.

Gehöre ich denn nicht schon lange selbst zur großen »Yukon-Symphonie«? Während die Lachse, um ihr Dasein zu erhalten, den gewaltigen Yukon hinaufziehen, so versuche ich durch meine Fahrt in die andere Richtung, zum Meer hin, meinem Dasein wieder Tiefgang und Sinn zu geben.

Öfters sah ich an diesem Tag große Fische, die sich in gewaltigen Sätzen aus dem Wasser katapultierten, um dann laut klatschend ganz nahe beim Boot wieder in ihr Element einzutauchen. Ich fragte mich, ob ich die großen Burschen wohl mit meinem Paddel irritierte. Gelegentlich erschrak ich, wenn solch ein über einen Meter messendes Torpedo dicht an mir und in Augenhöhe vorbeischwebte.

Unvergessen blieb mir, wie ich beinahe einem Bären in die Arme gelaufen wäre. Voll Freude hatte ich mich einem vor mir auftauchenden Fischercamp genähert, um vielleicht meine Position auf der Karte herauszufinden. Doch irgendwie traute ich dem Frieden nicht und blieb im Boot, anstatt sofort an Land zu gehen. Ich blieb auch noch im Kajak, als ich Schritte hörte, die laut und deutlich auf mich zu kamen. Als es dann wütend krachte, Wellblech polterte und Holz barst, wußte ich und konnte gleich darauf sehen, wer sich im Fischercamp aufhielt: ein großer, alter Schwarzbär. Wie war der riesige Kerl erschrocken, als ich ihm laut zurief:

»Hey, mußt du hier alles ruinieren, du Idiot!«

Nach dem Bärenerlebnis benötigte ich ein paar Minuten Verschnaufpause, bevor ich den Versuch startete, einen der springenden »King Salmons« an die Angel zu kriegen – vergeblich, auch nicht mit den auffälligsten Blinkern. Intensiven Kontakt zu den flotten Wanderern jedoch bekam ich, als ich aussteigen wollte und den nackten Fuß auf den Rücken eines Ruhe suchenden großen Lachses setzte. Wir erschraken beide, ich flüchtete zurück ins Boot, der getretene King flutschte unter dem Kajak durch in fußfreies Wasser. Ob sich daraus eine Fangmethode entwickeln ließe?

Beim letzten Blick nach draußen, vor dem Einschlafen, entdeckte ich, daß sich im schützenden Windschatten des Bootes ein paar Enten niedergelassen hatten. Die meisten duckten sich am Boden, während der Chef der Clique seinen Beobachtungsposten auf der abgedeckten Luke des »Sea Eagle« einnahm.

Japaner, Indianer und Eskimos – Native Village Beaver

Am nächsten Morgen regnete es – und »pfui, zum Teufel mit dem Zeug!« –, ich litt unter Haferflocken-Ekel! Warum streikte mein Körper? Lag es vielleicht daran, daß ich gestern nacht lediglich besagtes Pferdefutter mit Milchpulver, braunem Rohrzucker und nicht abgekochtem Yukon-Wasser zu mir genommen hatte? Ich hoffte, der Anfall ginge bald vorüber – schließlich bewegte ich ein paar Kilo der Kraftkost durch Alaska.

Entgegen aller Gewohnheit stürzte ich mich auf eine Dose »Pork and Beans with Tomato Sauce« und verschlang gierig den Doseninhalt in kaltem Zustand. Danach rutschte eine kleine Tafel Schokolade in meinen wehrlosen Magen.

War das alles, kein Kaffee, kein Tee, überhaupt nichts Warmes? – Nein, wer wird schon wählerisch sein, wenn Regenschauer auf das Zelt prasseln und der Wind ständig versucht, das Zelt abzubauen?

Ich ließ das Wetter sich entwickeln, sozusagen ausreifen, und schrieb währenddessen an meinen Tagebuchaufzeichnungen. Das Unwetter klang zum Sauwetter ab – versprach mir allerdings Rückenwind.

Zwei Stunden später glänzten Blechdächer am regenschwarzen Horizont – das mußte Beaver sein. Nach der »Milepost«, aus der ich alles aktuell Wissenswerte über Alaska erfuhr, sollte dies ein echtes Buschnest sein, eine wildromantische Native-Siedlung mit gerade nur 65 Bewohnern, »an unincorporated Eskimo and Indian village«, natürlich ohne Hotels, Restaurants, Bank- oder anderen Service. Die Verwaltungsbehörde hieß hier »Beaver Tribal Council«, war also eine »Stammes-Ratsversammlung«.

Gleich an der Bootsanlegestelle saß ein alter Beaverianer auf einer Bank über dem etwa drei Meter hohen Ufer und meditierte in die endlose Sumpflandschaft. Auf mein: »Hallo! is this Beaver?« nickte er, sagte »Yeah, it's Beaver!« und meditierte weiter. Wieso stammten hier eigentlich fast alle Motorboote aus dem japanischen Hause Yamaha? Dann paddelte mir eine eskimoisch aussehende Frau in einem Kanadier entgegen. Die Ortschaft mußte ich einfach besuchen. Ich verließ das Boot vor einem Blockhaus mit einem großen, runden Schild »Innuit Native Cooperation Beaver«.

Beaver heißt Biber – und dieser Name war gut gewählt: gleich die ersten am Yukon-Ufer gelegenen Holzhäuser duckten sich wie niedrige Biberbauten. Die breiten, flachen Aluminium-Gebrauchsboote am Ufer, Telegrafendrähte und Antennen unterstrichen eher den urwüchsigen Charakter der Ortschaft, als daß sie störten – kein Zweifel, ein Jäger- und Trapperdorf. Etwas verkrampft kletterte ich ans Ufer, dabei begegnete ich weiteren Beaverianern, von denen einige brummig, die meisten jedoch freundlich grüßten. Nach der ersten scheuen Schnupper-Kontaktaufnahme wagte ich mich in Richtung Ortsmitte und wurde plötzlich von einem alten Indianer angesprochen.

Er fragte mich, woher ich käme, von wo aus ich gestartet und wie lange ich denn schon unterwegs sei. Erleichtert gab ich ihm Auskunft. Ein überraschend gutes Englisch sprach er, hatte ein ausdrucksstarkes Gesicht und intelligente, wache Augen. Ihm gehörte das neue, schöne, mustergültig gepflegt aussehende Holzhaus, das mir schon vorher aufgefallen war. William, so hieß der alte Indianer, lud mich ein, bot mir Kaffee an, und wir unterhielten uns ausgiebig. Das Eis war gebrochen – jetzt erst war ich in Beaver gelandet.

»Ist es denn nicht langweilig, immer nur Wasser zu sehen?« fragte er mich neugierig, und ich antwortete, daß ich Wasserlandschaften liebe und momentan jedenfalls nicht genug davon kriegen könne. Es interessierte ihn, ob ich Bären und Elche gesehen habe und wie der Yukon denn in Kanada aussehe. In ihm war noch eine uralte Tradition lebendig: wenn jemand aus fremden Gebieten kam, ließ man ihn berichten, und gewährte dafür Gastfreundschaft. Ich berichtete ihm vom Zustand der hochmodernen deutschen Flüsse und der restlos durchorganisierten Enge meiner Heimat. Unter Lachen gab er zu, daß er wohl etwas von Deutschland kenne, aber nur durch TV und Zeitungen.

»Es freut mich, daß es dir hier gefällt. Ich liebe die Sümpfe und die Wälder hier, bin noch nie woanders gewesen und will auch nirgendwohin. Wo hätte ich denn etwas verloren? Ich gehöre hierher, woanders würde ich nur Heimweh haben.«

Er fuhr selbst noch Kanu, hauptsächlich zum Jagen und Fallenstellen, und so konnten wir ausgiebig fachsimpeln.

Das Angebot, hier bei ihm zu kampieren, nahm ich gern an. Er war sehr gespannt, ein modernes Kajak zu sehen, und wollte auch beim Zeltaufbau helfen. Er spürte, daß ich mir Sorgen um Boot und Ausrüstung machte, beruhigte mich aber sogleich, daß hier nichts wegkommen und niemand das Boot auch nur berühren würde.

Hellroter Lachs leuchtete mir auf einem Trockengestell in der Nähe des Bootes entgegen. Ob William meinen hungrigen Wolfsblick bemerkt hatte? Noch ehe ich meinen Raubtierblick tarnen konnte, hatte William schon gehandelt, lachend schenkte er mit einige Kilo allerbestes Lachfilet. Ich revanchierte mich mit kanadischer Schokolade.

Es kam aber nicht mehr zum Zeltaufbau. William führte mich zu einem alten, grundsolide gebauten Blockhaus, dessen wuchtige Balken bereits den Goldrausch miterlebt hatten und das nur wenige Meter gegenüber von seinem Neubau stand. Das Haus wirkte auf den ersten Blick verlassen, aber all die Geräte wie Fallen, Werkzeuge, Waffen und Munition sagten mir, daß hier noch Jäger wohnen mußten.

»Willst du hier bleiben?« fragte er mich einladend, »mehr kann ich dir leider nicht anbieten.«

Er selbst zog sich zurück, um bald schlafen zu gehen. Er wolle die sich verbreitende Unsitte, viel zu lange in der Nacht aufzubleiben, nicht teilen, auch wenn es noch hell sei. Er stehe lieber früh auf, das bekäme ihm besser.

Mit großen Augen sah ich mich um. Es dauerte noch eine Weile, bis ich meine Situation völlig begriffen hatte. Tatsächlich, ich steckte wirklich in einer echten Eingeborenen-Siedlung, saß in einem echten Indianer-Blockhaus. Ich war nun Gast eines alten indianischen Jägers und Fallenstellers. Lachend erinnerte ich mich an den Kommentar aus der »Milepost«. Endlich wußte ich wieder, wo auf der Landkarte ich steckte: in einem winzigen »Native Village« inmitten der riesigen Flats gelegen, 100 Kilometer südwestlich von Fort Yukon und 180 Kilometer Luftlinie nordwestlich von Fairbanks.

Das Innere des Blockhauses, ein etwa 25 Quadratmeter großer Raum, war spartanisch und zweckmäßig eingerichtet. Tisch, Stühle und Regale waren von geschickter Hand selbst gefertigt. Jagdkleidung, Waffen, Munition, Messer und Jagdtrophäen hingen ordentlich an Nägeln, belegten Regale und Staufächer. Größere Gerätschaften wie Netze, Beile, Schlitten und Schneeschuhe, Fallen und Seile lagerten im abgetrennten Vorraum. All dies wirkte nur für wenige Minuten etwas beunruhigend – eine wilde, fremdartige Umgebung, aber stimmungsvoll und bald behaglich. Als meine Blicke auf den Holztisch fielen, verspürte ich Lust zu schreiben. Und so entstanden die vorhergehenden Absätze sowie einige folgende auf dem Holztisch der Native-Jäger aus Beaver. Hätte ich einen stilvolleren Schreibtisch für ein Alaska-Tagebuch finden können?

Ich begann mich hier immer wohler zu fühlen, die Feder schien von allein zu schreiben, bald war ich mit meinen Tagebuch-Aufzeichnungen auf dem laufenden. Was macht man allein in einem so herrlich verlassenen Buschdorf kurz vor Mitternacht? Wie wäre es mit einer kleinen Nachtmusik? Für genau solche Gelegenheiten hatte ich meine Konzert-Blockflöte dabei – ob die Indianer meine Alaska-Serenade mochten? Nun, fünf Minuten Darbietung waren vorbei – und ich lebte immer noch. Der erste, etwas verhaltene Test blieb nicht ungehört: an verschiedenen Bewegungen in Fenstern und Eingängen und der plötzlichen Unterbrechung einiger Geräusche merkte ich, daß man mir zuhörte. Die wildromantische Umgebung beflügelte mich, uralte Melodien erklangen über den Dächern von Beaver, verhallten über dem Yukon.

Bald klopfte es an der Tür – ob man mir die Chance zur Flucht geben wollte? – aber nein, ein Indianer, ungefähr 15 oder 16 Jahre alt, trat ein, um direkt an der unerwarteten Tonquelle zu lauschen. Etwas später klopfte es nochmals und mein Gastgeber, den »selten zu hörende Klänge« aus dem Schlaf hatten erwachen lassen, gesellte sich für einige Zeit hinzu.

Nein, nein, bloß nicht aufhören, sie würden solche Art Musik sehr gerne hören, versicherten sie mir, und ich solle mich von ihrer Anwesenheit nicht stören lassen. Mit meiner Flöte erzählte ich von Bildern aus der Natur, von sonnendurchfluteten Waldlichtungen, Bergschluchten und einsamen Seen, aber auch vom mächtigen Yukon, einsamen Inseln und unendlichen Wäldern. Unmerklich, wie von einer magischen Kraft angezogen, erschien plötzlich die blumenübersäte Waldlichtung bei Eagle, in der eine merkwürdige Wohnstatt inmitten von Gemüsebeeten und Schlittenhunden stand. Und... spielte da nicht ein wilder, langhaariger Naturbursche auf seiner chinesischen Bambusquerflöte? »Hey, Mark, kannst du mich hören?« Vor kurzem hatten wir noch zusammen musiziert, war das wirklich schon wieder fast drei Wochen her?

Am nächsten Morgen führte mich mein Gastgeber durch die Ortschaft, und durch ihn lernte ich die urigsten und malerischsten Winkel, Plätze und Häuser kennen, zu denen ich allein nie hingegangen wäre. Beaver hatte nicht viele Einwohner, aber die 65 Jäger- und Trapperseelen schienen sich ihrem Beruf gemäß voreinander zu verstecken. Die meisten Häuser lagen weit voneinander entfernt, verstreut in kleinen Wäldchen, Hainen, Hecken und Gebüschen, so daß das ganze Siedlungsgebiet sich recht weiträumig dehnte. Die verschlungenen Pfade, die ich zurücklegen mußte, lohnten die Mühe: Keines der Blockhäuser, die ich sah, glich dem anderen, und besonders originell fand ich die Versuche, hier in Alaska ein wenig Blumen und Gemüse zu ziehen. Und dann gab es hier natürlich viel Gehörn, breit ausladende Geweihe – schließlich befand ich mich ja bei Jägern.

William wollte nicht, daß ich nur Holz, Blumen und Geweih sah, darum besuchten wir seine Verwandten und Freunde, und so bekam ich auch Einblick in eine »weiß-rote« Mischehe mit japanischer Tradition. Bei dieser Gelegenheit erzählte man mir etwas, was mir Stielaugen und Elefantenohren wachsen ließ: Beaver wäre erst vor nicht allzu langer Zeit im japanischen Fernsehen zu sehen gewesen. Beaver sei kurioserweise in Japan bekannter als in Alaska oder den »lower 48«, wo man von dem erstaunlichen Ort so gut wie nichts wüßte. Ich erfuhr, daß Beaver so gegen 1900 von einem japanischen Waljäger namens Yasuda und seiner Eskimofamilie gegründet wurde. Im Zuge darauf ließen sich noch einige Eskimos hier nieder, da es an der Beringmeer-Küste Probleme mit der Walfängerei gegeben hatte. Beaver ist nun von den Japanern gewissermaßen wiederentdeckt worden, und dies ist auch der Grund für die japanischen Motorboote und Schneemobile. Indianer erzählten mir später, die Japaner wären als ehemalige Harpuniere von amerikanischen Walfangschiffen geflohen, hätten Eskimofrauen aufgegriffen, um sich danach weit von der Küste weg in den Sümpfen zu verkriechen.

Es dauerte eine Weile, bis ich das alles »in der Reihe« hatte. Bei der Gelegenheit mußte ich an einen guten Freund denken, der mir geraten hatte, nach Alaska zu gehen, in ein »total verrücktes Land mit genauso verrückten Gestalten im Busch«, wie er seiner Meinung nach eine sei. Die »Spinner«, Indianer, Goldsucher, ja sogar die verkappten Russen und Japaner, die er erwähnt hatte, standen jetzt tatsächlich vor mir.

Dann beobachtete ich wieder William, der mir bald interessanter vorkam als die Einrichtungen und Leute von Beaver. Alles, was er machte, ob reden, deuten, bemerken und hinweisen, geschah souverän, fast zeremoniell. Er verhielt sich distanziert und freundlich zugleich. Er offenbarte dabei einen typischen Charakterzug der Indianer.

In William mußte noch der ruhige, elegante, indianische Jäger stekken oder sogar mehr, denn manchmal hatte er etwas Forderndes, fast schon Befehlendes in seinem Wesen. Alle respektierten ihn hier – er mußte ein Häuptling sein; der entschlossene und intelligente Wesenszug in seinem Gesicht, die wohldosierte Gestik und die gerade Haltung deuteten darauf hin. Selbst wenn er lachte, bekam er nie einen völlig entspannten, harmlosen Blick. In Williams Gesicht stand noch etwas raffiniert Wildes geschrieben, das er mit Würde gut versteckte.

Wie viele »Spinner«, Käuze und Originale mochten hier wohl noch verborgen sein? Der Stil ihrer Häuser ließ darauf schließen. Ich steckte aber noch zu tief in den Flats und hatte leider nicht die Zeit, um mehr von ihnen kennenzulernen. Einzelne Blockhäuser trugen einstöckige Anbauten. Überall verstreut lagen mehr oder weniger sorgfältig abgestellte Hundeschlitten, Schneemobile, Dreirad- oder Vierradgeländemotorräder mit dicken, grobprofilierten Ballonreifen, dazwischen dösten Schlittenhunde in der Sonne, angebunden an Pfählen, Baumstümpfen und ähnlichem. Mittendrin spielten Kinder, balgten sich junge Hunde, blecherne Kamine qualmten, und aus einigen Fenstern drang der Duft deftiger Mahlzeiten. Rotes Lachsfleisch trocknete an Gestellen, daneben hing bunte Wäsche, Brennholzstapel lagen neben großen Propangasflaschen.

Ob Schneemobile oder Geländemotorräder, Parabolantennen oder Lichtleitungen, nichts konnte die urwüchsige Atmosphäre totschlagen. Selbst die paar vereinzelt stehenden neuen Artic-Holzfertighäuser und das große neue Schulgebäude wurden von der wilden, romantischen Jäger- und Trapperatmosphäre geschluckt. All die fremdartigen Bilder und Szenen schlugen mich in einen sanften, jedoch fast unentrinnbaren Bann. Der Begriff »Dorf« erfuhr in mir eine lebendige Bereicherung.

Strahlender Sonnenschein verwandelte den staubigen Uferweg in eine anmutige Strandpromenade und lenkte den Blick vom blumenübersäten Ufer zum Yukon hin, der hier von einer weidenbestandenen länglichen Insel geteilt wurde. Ein Fischer legte gerade ein Netz aus, Möwen kreisten, Indianerkinder spielten bei einem Boot, irgendwo bellten verhalten ein paar Schlittenhunde. So abgelenkt und eingefangen vom Charme Beavers war ich, daß ich glatt vergaß, daß ich seit eineinhalb Tagen nichts mehr gegessen hatte. Der Anblick des herrlich roten Lachsfleisches auf den Trockengestellen brachte meinen Magen zu konvulsivischen Zuckungen, doch zum Essen hatte ich momentan keine Zeit. Ich mußte jetzt auf das Postamt, vielleicht wartete da bereits ein Brief auf mich, und dann war eine Nachricht von mir nach Deutschland längst überfällig.

Seit Fort Yukon war der letzte »Heimatkontakt« abgeschnitten. Ob die daheim wohl noch eine Ahnung hatten, wo ich gerade steckte? Vielleicht war die Post aus Fort Yukon irgendwie verschüttgegangen? Wenn ja, dann müßten sie mich daheim als vermißt in den Flats betrachten. Schnell verdrängte ich wieder die Gedanken an meine Leute, aber der abgerissene Kontakt schmerzte. Ich mußte mich auf das freie, wilde Jetzt konzentrieren.

»Hier in Alaska bin ich jetzt zu Hause, hier am großen Fluß inmitten der Wildnis, und hierher gehört auch mein Kopf. Mit den Füßen im Busch und mit dem Kopf in Deutschland, das kann nie gutgehen!«

William hätte mich gern noch länger bei sich gehabt, aber mich zog es jetzt wieder unwiderstehlich zum Boot. Ich mußte meiner Grundstrategie folgen, die Sommermonate so gut wie nur möglich zum Vorwärtskommen zu nutzen, um für den zu erwartenden harten Endspurt bei üblen Wetterbedingungen im Deltagebiet genügend Zeit zu haben. Ich nahm Williams Einladung an, ihn zur Winterzeit zu besuchen, um dann bei ihm alte Jagdkünste wie Fallenstellen und Überlebenstricks zu erlernen. Dann wäre auch mehr Zeit zur Muße vorhanden. Eines mußte ich ihm versprechen mitzubringen: die Flöte.

Ein wenig vorwurfsvoll fixierten mich seine leicht zusammengekniffenen Augen beim Abschied. Aufmerksam beobachtete er meine komplizierte Einstiegsprozedur, bei der ich sorgfältig darauf achtete, daß weder Wasser noch Schmutz in das Kajakinnere gelangten.

Ruhig und gemessen ging der alte Indianer zur Aussichtsbank am hohen Uferrand und nahm eine würdevolle Haltung an. Wir winkten uns zu, und ich rief noch: »Ich werde schreiben und komme wieder!«

Der Kopf war voll von neuen Eindrücken, der Magen dagegen seit zwei Tagen leer. Auf einer kleinen überschwemmten Weideninsel legte ich an, schlüpfte schnell in die Gummistiefel und patschte durchs Wasser um das Boot. Meine, wie ich mir einbildete, nun elementar bedrohte Existenz ließ mich alle Erziehung vergessen. Wie ein halbverhungerter Wolf stürzte ich mich auf meine Vorräte. Innerhalb von etwa fünf Minuten war das halbe neue Brot im Rachen verschwunden, gut geschmiert mit etlichen Schluck Speiseöl, gefolgt von drei rohen Eiern, Chesterkäse, Schokolade, einer Möhre und einem Apfel. Nachdem das leidgeprüfte Raubtier in mir einigermaßen beruhigt worden war, konnte ich mich mannhaft zurückhalten, den rohen Lachs auch noch hinunterzuwürgen. Bei der anschließenden Durststillung tat ich mir überhaupt keinen Zwang mehr an, um mich herum flossen ja Millionen von Kubikmetern Süßwasser. Also bückte ich mich und bediente mich aus der hohlen Hand. Frisch aufgetankt fuhr ich weiter.

Gegen neun Uhr abends sichtete ich gleich drei Schwarzbären an einer Stelle am rechten Ufer. Sie schienen zu spielen, bemerkten gar nicht, wie ich näher heran fuhr, vermutlich gab mir, wie schon oft, der dichte Rauch eines nahen Buschfeuers Geruchsdeckung. Vorsichtig fuhr ich mit schußbereiter Kamera bis auf etwa 15 Meter heran. Es tat ausgesprochen gut, das während der Fahrt oft als lästig empfundene Gewehr jetzt auf den Beinen zu spüren. Die drei agilen Blackies waren wohl noch nicht vollständig erwachsene Jungtiere, und wenn man den schwarzen Kerlen beim ausgelassenen Herumtollen zusah, konnte man glatt ihre Gefährlichkeit vergessen. Da wurden plumpe Boxhiebe ausgeteilt, Bisse weitergegeben und Drohgebärden dramatisch übertrieben. Plötzlich richteten sich zwei wie eng umschlungene Ringkämpfer auf, strauchelten, und auf die aufeinanderpurzelnden Kontrahenten warf sich vom Spiele mitgerissen der dritte.

Das Klicken des Kameraverschlusses schienen sie zu bemerken, während sie von mir scheinbar keine Notiz nahmen. Jetzt begannen sie sich gegenseitig von einem umgestürzten Baumstamm herunterzujagen und durchlatschten dabei schier mühelos das niedrige, aber doch ziemlich dichte Weidengebüsch. Urplötzlich bewegte sich im Dickicht eine offenbar recht große schwarze Gestalt, und die drei munteren Baribals hielten kurz im Tollen inne, um jedoch gleich wieder weiter zu toben. Ich suchte das Weite – mit Bärenmüttern legt man sich besser nicht an.

Nachdem ich einen gehörigen Sicherheitsabstand von der Bärenbande erreicht hatte, fing ich nach einem geeigneten Nachtlager zu suchen an, doch um elf Uhr abends war ich immer noch auf dem Fluß. Ich war zwar an schönen, für das Zelten bestens geeigneten Stellen vorbeigekommen, die Plätze genügten jedoch nicht meinem gesteigerten Sicherheitsbedürfnis. Die muntere Bärenriege hatte mich doch stark beeindruckt, und ich wollte unter allen Umständen verhindern, daß solch eine Gesellschaft mir nachts oder früh am Morgen, während ich vielleicht noch schlief, einen Besuch abstattete.

Ich begann, mich mit Durchhalteparolen zu motivieren, machte Altemübungen, kombinierte Atem mit Paddelrhythmus, schluckte japanisches Pfefferminzöl, sang irische Sauf- und Kampflieder und, als ich mit meinem Latein am Ende war und das lange Sitzen und Paddeln immer unerträglicher wurden, biß ich die Zähne zusammen und beschloß, die Hoffnung nicht aufzugeben.

Und tatsächlich, nach qualvollen Minuten, entdeckte ich völlig überrascht den Rauch und Lichtschein eines Lagerfeuers. Während ich darauf zusteuerte, erkannte ich drei Zelte und an Land gezogene Kanus. Die gut sechs bis acht Mann starke Expedition campierte auf einer steinigen Uferterrasse, auf der die Zelte oder einfach nur Schlafsäcke lagen. Zwei Mann hielten Nachtwache.

Sie hatten gegen meine Anwesenheit nichts einzuwenden, im Ge-

genteil. Bei der Bridge, der Pipeline-Brücke, würde ihre »most excit-
ing expedition« enden, und am Schluß der Tour freuten sie sich, doch
noch einem der »river cowboys« zu begegnen, jenen »crazy challen-
gers«, die den ganzen Yucon River allein fuhren. Ich genoß es, einmal
im Schlaf beschützt zu sein.

Auf dem Zahnfleisch nach Stevens Village

Günstige Strömungsverhältnisse und Windstille ließen mich am 22. Juli
anfangs flott vorankommen. Die vergebliche Suche nach Lagerplätzen
wurde mein alaskanischer Alptraum. Was sollte ich anderes machen als
weiterzufahren? Ich zog alle Register, um mich aufzuheitern und munter zu halten. Spätestens alle drei Stunden veränderte ich meine Sitzposition. Mal nahm ich hinten auf dem verstärkten Teil der Einstiegsluke
Platz, dann wurde im Knien gepaddelt, und wenn gar nichts mehr die
Sitzbeschwerden lindern konnte, lehnte ich mich weit im Sitz zurück
und legte die gestreckten Beine auf die mittlere Gepäckluke.

So quälte ich mich bis kurz vor Mitternacht vorwärts, als es auf einmal
hinter einer dicht bewachsenen Insel wild aufrauschte. Es war bereits
dunkel, und so jagte mir das unheilverkündende Geräusch einen ordentlichen Schreck ein. Obwohl ich nach Sekundenbruchteilen wußte,
was da auf mich lauerte, fragte ich mich, ob ich überhaupt noch eine
Chance zum Ausweichen hätte. Natürlich steuerte ich das Boot vom
aggressiven Tosen weg, so gut es mir meine Kräfte und die starke
Strömung erlaubten. Sämtliche Klagen über unkomfortables Sitzen
verschwanden augenblicklich, als ich die Ursache des nächtlichen
Horrors endlich sah: ein gefährlich aussehendes, trichterartiges Loch
von etwa fünf Metern Durchmesser, um das Äste, Balken und ganze
Bäume kreisten. Selbst im Umkreis von etwa 25 Metern zwang das Ungeheuer im Wasser allerlei Treibgut, in ständigem Umlauf zu bleiben.

Schlagartig wurde ich munter und nahm wieder ordentliche Kajak-
fahrer-Haltung an. Mit explosiver Kraftentfaltung kämpfte ich mich
vom Rand des gähnenden Wasserloches weg. Für ein paar Augenblicke
sah ich in den saugenden Höllenschlund, die Spitze und die Bordwände
des Kajaks stießen dumpf gegen kreisende Äste und Baumstämme.

»Verdammt, jetzt bloß nicht wegen so einem blöden Baumstamm
kentern«, schoß es mir durch den Kopf, als ein großer Stamm mit
polternden Geräuschen unter den Bootsboden gezogen wurde.
Schließlich trieb ich den »Sea Eagle« aus dem Einzugsbereich des Rie-
sen-Eddy und entkam in der links davon vorbeieilenden Strömung.

169

Für diesen Tag reichte es mir völlig, ich konnte einfach nicht mehr, und der soeben überstandene Schreck saß mir noch in den Knochen. Da tauchte vor mir eine Gruppe von festsitzenden Bäumen in der Strömung auf – »wie vor Circle«, erkannte ich und erinnerte mich an den schwarzen Tag und die elende Nächtigung im Boot. Lieber wollte ich am nächsten Morgen meine Knochen wieder geradebiegen, als im nächsten Strudel vielleicht unterzugehen oder Bärenbesuch am Ufer zu bekommen.

Nein, der Platz sah wirklich nicht einladend aus, und ich starrte auf die kleinen Wirbel, die sich im Geäst des Baumes drehten, und auf die beängstigend reißende Strömung, die den Baum ständig zittern und erbeben ließ. Es rauschte und gluckerte zwischen den umfluteten Ästen und Zweigen der Baumleiche, und besorgt fragte ich mich, ob ich hier wirklich nächtigen sollte. Diesmal mußte ich den »Sea Eagle« bombenfest anbinden. Große Äste benutzte ich als Widerlager, die Bootsleine befestigte ich gleich an zwei Haltepunkten des Bootes mit dem Baum, und außerdem wurden die äußerst stabilen Gepäckluken-Verzurrungsriemen in der Mitte des Bootes zusätzlich mit dem Baumstamm verbunden. Mein Nachtlager war sicher, ich glaubte, daß nicht einmal ein Tsunami das Kajak hätte wegreißen können.

Eine grauenhaft unbequeme Nacht folgte. Ich hatte furchtbare Krämpfe in Beinen, Bauchmuskeln und Schultern und konnte einfach nicht schlafen. Ich wechselte ständig von der einen unangenehmen Ruhestellung zwischen allerlei Ausrüstungsgegenständen in die andere. Wenn ich mich ausstreckte, setzten die Krämpfe im Bein ein, und wenn ich mich halb sitzend, halb liegend zusammenkauerte, meldete sich mein geschundener Allerwertester. Dichter Nebel kam auf, verhüllte die Umgebung, und es schien, als ob er mir sämtliche Körperwärme rauben wollte. Ich zog mir alle Kleidungsstücke an, die ich erreichen konnte, schlüpfte in die Neopren-Spritzdecke und dichtete mit ihr das Boot ab. Als ich mich dabei im Boot aufstellen mußte, was ich mittlerweile beherrschte, ließen endlich die lästigen, schmerzhaften Krämpfe nach, und ich konnte mich dann später wenigstens etwas entspannen und ausruhen.

Von vier Uhr morgens an war alles dicht, die Sichtweite betrug erst etwa zehn, dann nur noch fünf Meter. Wie von einem bösen Geist durchdrungen, wurde alles naß, klamm und weiß eingehüllt. Es gab nur noch das Boot, den großen, dunklen Baumstamm und gurgelndes, rauschendes Wasser. Weiterfahren? – das war völlig unmöglich.

Gefangen, mitten auf dem Yukon. Unsagbar langsam und quälend vergingen Minuten und Stunden. Kälte drang aus dem Nebel, kroch unbarmherzig in mich hinein. Wie lange würde es so weitergehen?

Zerschlagen, übermüdet und frierend harrte ich aus – bis 7 Uhr, dann riß mir der Geduldsfaden. Vorsichtig band ich das Boot los und legte ab, hinein ging es in das dichte, unheimliche Weiß. Höchster Konzentration bedurfte es, um durch die Waschküche zu fahren – ich wurde verdammt schnell munter. Ich vertraute mich der Strömung an, horchte gespannt auf gefährliche Geräusche. Als ich plötzlich das traurige Zerrbild eines »Bald Eagle« erblickte, der sich wie ein frustrierter Pleitegeier auf einen überhängenden Baumstamm klammerte, mußte ich lauthals lachen und bemerkte zu meiner großen Freude, daß der Nebel durchsichtiger wurde. Dem großen Federkerl war, höchstwahrscheinlich wie mir, Abendessen und Frühstück durch den Nebel verpatzt worden.

Magisches, unheimliches Licht glomm über den Wassern des großen Stromes. Tiefschwarze, wild gezackte Silhouetten tauchten aus dem ziehenden und treibenden Weiß auf, schwebten wie unwirkliche Gebilde über der hell leuchtenden Nebelwelt. Gleißende Lichtstrahlen durchdrangen die wallenden Gespinste, um sich bald wieder zu verlieren. Dann befreiten sich die dunkelgrünen Mauern der Uferwälder, vollkommen in Weiß gehüllte Inseln erschienen, blinkendes, dampfendes Wasser schälte sich unter schwebenden, weißen Bänken hervor. Dunkel, grau und weiß erwachte da eine fremde, abweisende Welt – die minutenlang düster drohte, um dann plötzlich in hellem Blau, Licht und Farbe aufzuleuchten. Die Welt der Flats, wie ich sie liebte und kannte, war wieder erwacht, und ich fuhr weiter in sie hinein.

Ich mußte höllisch aufpassen, gelegentlich hatte ich jetzt Blackouts, während derer ich für Sekunden richtig einschlief, um dann wieder ruckartig hochzuschrecken. Die ganze Nacht hindurch hatte ich jämmerlich gefroren, und jetzt knallte die Sonne so unbarmherzig vom strahlend blauen Himmel, daß ich das Gefühl hatte, rundum angebraten zu werden.

Endlich, die ersten Netze und Fischräder erschienen, und ich wußte, daß dies die »Ortsschilder« der Busch-Dörfer waren. Ein paar Begleiter hatten mich seit geraumer Zeit am Ufer verfolgt – ob es Wölfe oder streunende Schlittenhunde waren? Als die ersten Häuser erschienen, waren sie verschwunden.

Ich war so übermüdet, fühlte mich so ausgelaugt, daß ich überlegte, ob ich die Ortschaft Stevens Village besuchen sollte. Neugierig fuhr ich in weitem Abstand am Ufer des Dorfes entlang. Der Anblick eines alaskanischen Busch-Dorfes war mir bereits vertraut: reflektierende Blechdächer über der hohen Uferböschung, niedere Blockhütten und Arctic-Häuser auf Pfählen, Leitungsmasten, die wie abgestorbene Bäume aussahen, Holzgestelle mit trocknenden Lachsen und am Ufer die angeseilten Aluminium-Motorboote. Doch warum war es hier so merkwürdig ruhig, wieso regte sich hier überhaupt nichts? – Das Dorf wirkte wie ausgestorben, keine Menschen vor den Häusern, keine Stimmen, keine Motorengeräusche. Irgendwo, weit entfernt, bellten Hunde verhalten, zwei Boote stießen dumpf aneinander.

»Hat hier eine Seuche gewütet oder wurde das Dorf verlassen?« fragte ich mich, »oder – liegen die etwa im Hinterhalt, wollen vielleicht nicht gesehen werden?«

Im großen Kehrwasser drehte ich einige Ehrenrunden und versuchte mich zu erinnern, was man mir in Beaver über Stevens Village erzählt hatte. 94 Indianer sollten hier sehr zurückgezogen leben – was ich auch sofort glaubte.

»Der will wohl keinen Besuch machen!« tönte es plötzlich vom Ufer.

Erschrocken legte ich die Landkarte weg und bemerkte einen Mann auf der hohen Böschung. Schlagartig war die Müdigkeit nun weg. Neugierig fuhr ich an Land, band das Boot fest und ging so gut, wie ich konnte, die etwa fünf Meter hohe Böschung hinauf. Ein etwa dreißigjähriger Indianer stand da und musterte mich vorsichtig. Instinktiv erfaßte ich, daß hier weder ein Überfall drohte, noch eine Seuche ausgebrochen war.

»Hi! Darf ich das Dorf ansehen und vielleicht auch fotografieren?« fragte ich vorsichtig.

»Okay, go ahead!«

Etwas beruhigt startete ich zum Rundgang. Wie auffallend niedrig die Blockhäuser sich hier duckten – einige davon mußten noch aus der Goldrauschzeit stammen. Lichtmasten und Antennen, alte Kühlschränke und Schneemobile konnte man wirklich nicht übersehen, doch schmälerte dies keineswegs den ursprünglichen, ja geradezu wilden Charakter von Stevens Village. Beaver hatte dagegen harmloser ausgesehen. Der Indianer war plötzlich verschwunden – wie ausgekehrt wirkte die Ortschaft, wie eine verlassene Goldgräbersiedlung. Erbarmungslos brannte die Sonne vom wolkenlosen Himmel, und wenn ich ging, wirbelten meine Füße kleine Staubwolken auf. Ein

Motorboot startete irgendwo weit entfernt und fuhr flußabwärts. Als die Motorengeräusche erstarben, schien die wieder einkehrende Stille noch drückender zu lasten. Aus einem winzigen Blockhaus hörte ich Gitarrenspiel, aber keine Menschenseele ließ sich blicken. Ich atmete erleichtert auf, als ich am Ende meiner Runde wieder den Indianer traf, der mich begrüßte.

Nachdem wir uns gegenseitig etwas scheu »beschnuppert« hatten, taute Chuck, der Athabaske, allmählich auf und bot mir Kaffee an. Endlich belebte sich nun die nähere Umgebung: Hunde bellten, zwei Kinder kamen neugierig aus dem alten Blockhaus. Aus dem Inneren des urtümlichen Hauses drang völlig unpassend supermoderne, hammerwerkartige Popmusik, die Frauenstimme, die live dazu sang, klang schöner als die der Aufnahme.

»Sag mal, Chuck, warum ist denn das Dorf so ruhig?« fragte ich neugierig.

»Das ist wegen des Buschfeuers«, erklärte der Indianer, »fast alle sind jetzt firefighting. Hier leben so hundert bis hundertzehn Leute im Sommer, im Winter nur etwa vierzig.«

»Und was machen die anderen?« hakte ich nach.

Chuck klang etwas melancholisch: »Was die machen? Arbeiten, zur Schule gehen, studieren. Einige kommen nur noch auf Besuch, denen gefällt es jetzt in der Stadt besser.«

Das war jetzt natürlich der Aufhänger für eine Unterhaltung – und für viele Tassen Kaffee. Meine Müdigkeit verflog restlos, und der Athabaske berichtete von der Geschichte des Dorfes. Der schlanke Indianer mit den markanten, scharf geschnittenen Gesichtszügen und den langen, blauschwarzen Haaren erzählte ruhig und in gut verständlichem Englisch. Dies stand in krassem Gegensatz zu seinem ständigen Hantieren und Arbeiten. Während ich ihm meine volle Aufmerksamkeit widmete, stürzte sich der Indianer von einer Tätigkeit in die andere. Als ich ihn bei einer Frage neugierig musterte, bemerkte er leicht erregt, ich solle ihn nicht anstarren, er möge dies nicht, kein Indianer ließe sich gern fixieren – denn dies ginge in die Seele!

Sein Großvater hatte ihm noch von blutigen Auseinandersetzungen zwischen Athabasken und Eskimos erzählt, die weit ins indianische Gebiet eingedrungen waren. Die zahlreichen und obendrein sehr angriffslustigen »Waldeskimos«, wie er sie nannte, hatten die Athabasken in arge Bedrängnis gebracht.

Chuck öffnete das verlassene Nachbarblockhaus und deutete auf einen gewaltigen Speer, der neben anderen indianischen Kultgegenständen an der Wand hing. Ich wußte, daß er mir damit eine Ehre erwies, und obwohl ich vor Neugierde beinahe platzte, zeigte ich Respekt, hielt Abstand, griff nichts an.

»Dies ist unser Familienspeer, der wird nur vom Vater auf den Sohn vererbt«, erklärte Chuck in deutlich tieferer Tonlage als bisher.

Wir unterhielten uns noch stundenlang, wobei Chuck die unterschiedlichsten Gegenstände reparierte. Ab und zu verschwand er in seinem Holzwigwam und brachte neuen Kaffee. Seine Frau erschien nur einmal und sorgte dafür, daß die »Hammerwerk-Popmusik« nicht verstummte – zum Glück sang sie auch weiterhin dazu. Nachdem die Reparaturarbeiten abgeschlossen waren, holte Chuck aus dem Blockhaus ein perfektes Modell eines Fisch-Rades. Er legte letzte Hand an das Modell und erklärte, es sei für die Schule bestimmt.

Ein Weißer erschien plötzlich – der einzige Weiße, den ich in Stevens Village zu Gesicht bekam – und schleppte einen alten Außenbordmotor heran. Für eine längere Begrüßung war gar keine Zeit, da Chuck sich gleich eifrig auf den reparaturbedürftigen Motor stürzte. Seine Diagnose erfolgte nach wenigen Minuten. Beide montierten dann den Außenborder auf einen stabilen Holzblock. Mit professionellem Geschick rückte der Indianer der Maschine zu Leibe.

Ich benötigte einige Minuten, um die Situation voll zu erfassen: da reparierte ein Indianer einen Außenbordmotor, und zwei Weiße dienten lediglich als Handlanger oder Statisten. Wie sich die Zeiten doch ändern können, verrücktes Alaska. Wir nutzten die Zwangspause, um uns näher kennenzulernen. William, »Bear Man William«, wie ihn ein skandinavischer Reporter treffend genannt hatte, gab mir einen alaskanischen, leider nur theoretischen, Intensiv-Nachhilfe-Unterricht in »dog mushing«, der Kunst des Hundeschlitten-Fahrens.

»William ist heuer beim ›Yukon Quest‹ dabei, dem härtesten Hundeschlitten-Rennen der Welt«, tönte plötzlich Chuck und vernachlässigte sogar für ein paar Sekunden den halbzerlegten Außenborder.

»Aber das ist doch das ›Iditarod‹ von Anchorage nach Nome«, warf ich erstaunt ein.

»›Iditarod‹, vergiß das! Das ist Kommerz, nichts als Materialschlacht und Kommerz«, ereiferte sich Bear Man.

Seine stämmige Gestalt straffte sich jetzt noch mehr, seine Augen begannen wild zu leuchten. Innerlich heftig berührt, aber mit deutlich beherrschter Sprache fuhr er fort:

»Das kannst du nicht wissen, die wenigsten wissen über ›Iditarod‹

Bescheid. Du bist doch so etwas wie ein Reporter – ich sehe das an deiner Art zu fotografieren, Notizen machst du auch laufend. Okay, guy, paß gut auf, du bekommst die Chance zu erfahren, was hinter den Kulissen so läuft. Weißt du, das ist nicht mehr das alte ›dog mushing‹, wie es früher im hohen Norden betrieben wurde, davon ist nicht mehr viel übriggeblieben. Heute ist das ›big business‹, so etwas wie ›dog mushing industry‹. Da werden Hunde wie Schlachtvieh behandelt, zu Hunderten brutal verschlissen.«

»Genau, ekelhaft so was«, bekräftigte Chuck Bear Mans Worte.

»Weißt du, zwischen Härte, echter natürlicher Härte und brutalem ›big business‹ besteht ein Riesenunterschied«, erklärte dann wieder Bear Man. »Anstatt hart zu züchten, also von vornherein starke, tüchtige Hunde heranzuziehen, wachsen die Tiere zu lasch auf, und hinterher wird gnadenlos, äußerst brutal ausgewählt und verschlissen. Jeder ›dog Musher‹ operiert mit Dutzenden von Hunden und tonnenweise Ausrüstungsmaterial. Du kannst dir gar nicht vorstellen, was dieser ganze Zirkus kostet. Glaub mir, das ist so etwas wie ein brutaler Millionärs-Sport geworden. Du kannst das durchaus mit Autorennen vergleichen, mit all den eingeschalteten Service-Stationen, dem Materialverschleiß und Materialwechsel, und mit all dem vielen Geld, das da mitrollt.«

Nachdem sich Bear Man ordentlich Luft gemacht hatte, fixierten mich seine raubtierartigen Augen, die jetzt spöttisch und wütend zugleich aufblitzten.

»Und die Charaktere der Schlitten-Rennfahrer! Da sind komische Typen dabei, Männer wie Frauen, die reden gar nicht mehr miteinander. Da herrscht ein Umgang, sag ich dir, in jedem Wolfsrudel geht es gesitteter und freundlicher zu. Nicht alle sind so, natürlich nicht. Leider werden die echten, traditionellen ›dog Musher‹ mit diesem Zirkus nicht fertig, entweder werden die von der brutalen Maschinerie untergebuttert oder das ganze Tamtam kotzt sie an!«

Daß ihn genau dies tat – das sah ich, es brannte aus seinen Augen heraus.

Nach einer kurzen Pause klang Bear Man versöhnlicher:

»Da ist das ›Yukon Quest‹ etwas anderes.«

Zwei Gesichter strahlten mich jetzt an.

»Natürlich ist das auch nicht mehr das alte ›dog mushing‹, aber es kommt dem viel näher als das ›Iditarod‹. Da haben ›dog Musher‹, die über keine dollarschweren Sponsoren verfügen und keine Schlittenhunde-Industrie benutzen wollen, noch eine echte Chance.«

Ich hatte fasziniert zugehört, und von irgendwoher kannte ich diese Art Gesicht, diesen Typ Mensch. Das von vielen knallharten Anstrengungen gemeißelte Gesicht, das durch den mächtigen Oberlippenbart und den legeren Haarschopf noch stärker betont wurde, erinnerte mich an jemanden. Raubtierartige Augen brannten aus dem Großkatzen-Gesicht und hielten einen unentrinnbar fest. Aber hinter all der Wildheit, Entschlußfähigkeit und Willenskraft strahlte auch Wissen und Intelligenz hervor. Seine kräftigen, stämmigen Beine steckten in alten, verschmutzten Blue Jeans, die Füße in soliden Bergschuhen. Den athletischen Oberkörper bedeckte ein bedrucktes T-Shirt, auf das sich jede waschaktive Zivilisations-Hausfrau sofort gestürzt hätte. Die muskulösen Arme und die kräftigen Hände konnten sicher jedes wild daherrasende Schlittenhunde-Gespann bändigen. Die ganze Erscheinung pulsierte vor Kraft und Willen – dabei strahlte er eine Ruhe aus, wie ich es nur ganz selten erlebt hatte. Der skandinavische Reporter hatte wirklich die treffendste Bezeichnung gefunden: Bear Man.

Jack Londons Erzählungen wurden wieder in mir lebendig, und da, direkt vor mir, stand so ein Typ Mensch, als hätte ihn Jack London selbst dahingestellt.

Bear Man fixierte mich wieder, und mir kam es vor, als habe er meine Gedanken gelesen. Er spürte mein Interesse und berichtete aus der Praxis des »dog mushing«.

»Die richtige Ernährung der Hunde spielt ebenfalls eine große Rolle. Meine Hunde bekommen nur Ordentliches: die kriegen Trockenfisch, Reis und Fleischabfälle der Großwildjagd und im Winter das Fleisch der getrappten Pelztiere – und nichts anderes. Der ganze Fertigfutter-Kram kostet viel zuviel und taugt nichts. Ausgezeichnete Schlitten-Hunde brauchen auch keine Leistungspräparate oder künstliche Vitamine. Oder hast du schon mal von Wölfen gehört, die Vitaminpillen dabei hatten?«

Brüllendes Gelächter unterbrach die Nachhilfe-Lektion, und selbst der emsig arbeitende Chuck ließ für einige Augenblicke den Außenborder liegen.

»Dann kommt die Teamarbeit. Da muß man regelrecht Hunde-Psychologie betreiben. Kein Hund ist wie der andere, je nach ihren Fähigkeiten und Eigenarten werden die Zugtiere ins Gespann eingegliedert. Die einen passen nach vorn, rechts, links oder in die Mitte, andere sind in den hinteren Positionen besser. Dann müssen die sich auch untereinander vertragen, verstehst du? Wenn da ein Team nicht harmoniert, ein ›fight‹ im Gespann ausbricht, dann nützen auch Gebrüll und Peitschenhiebe nichts mehr. Und glaub mir, zu harte und zu lasche ›dog Musher‹ sind schon von ihrem eigenen Gespann angefallen worden. Die sind dann schlimmer als Wölfe, weil sie keine Scheu vor Menschen mehr haben.«

»Da habe ich's leichter«, grinste ich, »mein ›Sea Eagle‹ beißt mich nicht.«

»Aber der wärmt dich auch nicht, falls du mal ins Wasser fliegen solltest, und dein Boot warnt dich auch nicht vor irgendwelchen Gefahren«, konterte Bear Man erheitert.

»Welches ist denn das beste Material für Schlitten?«

Bear Man begann extra breit zu grinsen: »Oh, da gehen die Meinungen auseinander, ich sag' dir, da gibt es raumfahrttüchtige Materialien, die aber hier in Alaska versagen. Holz und Kunststoffe, Metalle oder Verbundmaterialien wurden mehr oder weniger erfolgreich eingesetzt. Weißt du, da spielen persönliche Vorlieben oder Abneigungen eine Rolle. Es gibt sogar kulturell bedingte Vorlieben, da fuhr mal ein Japaner mit einem Bambus-Schlitten. Bei wärmerem Wetter ging's ganz gut, aber als es mal saukalt wurde, da ist dem das Bambusding mitten während der Fahrt glatt unter dem Arsch geborsten.«

Wieder ausgelassenes Gelächter. Ich mußte so lachen, daß ich mir heißen Kaffee über die Hand schüttete, und Chuck gelang es auch nicht mehr, seinen Schraubenschlüssel sicher zu handhaben.

Bear Man faßte sich wieder als erster: »Weißt du…« Gelächter, und dann beim zweiten Anlauf: »Ich mag auch Holz, zwar keinen Bambus, aber ›hickory‹. Das Zeug wächst hier leider nicht und ich muß es aus den ›lower 48‹ bestellen. Ist 'ne teure Angelegenheit, aber ich bin damit zufrieden.«

»Wovon finanziert man hierzulande das ›dog mushing‹?« Bear Man berichtete über ›trapping‹.

»Das Sterben der Tiere ist auch für den ›trapper‹ nicht gerade angenehm. Nein, du sitzt da nicht mit dem Arsch im Warmen und wartest bei einem guten Whisky, bis sich die Tiere selber fangen. Die einen sind so clever, klauen die Köder und hauen wieder ab. Große Raubtiere kontrollieren ebenso die Fallen – wenn der ›trapper‹ nicht rechtzeitig da ist, holen die sich die gefangenen Tiere. Während der ›trapping season‹ ist es hier die meiste Zeit stockdunkel. Die Temperaturen stürzen in den Keller, da kann sogar das Thermometer einfrieren. Und auf Windstille hofft man hier in Alaska besser nicht. Oft genug muß ich auch draußen, irgendwo auf der ›trap line‹ kampieren oder kann einige Tage überhaupt nicht schlafen. Im Winter wird hier gearbeitet, ich habe noch nie Winterschlaf gehalten, und das werde ich heuer auch nicht tun.

Aber so wild geht es bei uns in Stevens Village auch nicht immer zu – zumindest nicht im Sommer. Komm mal mit, ich zeig dir was ganz Friedliches.«

Ein paar Blockhäuser weiter standen wir dann vor einem blühenden Garten. Bear Man löste sich inmitten eines kräftig wuchernden Kartoffelbeetes regelrecht auf. Der wilde »dog Musher« und »trapper« verwandelte sich in einen friedlichen Gärtner und erteilte mir eine Lektion in Sachen Kartoffelanbau in Alaska.

»Ich bau mir meine Kartoffeln für den Winter selber an. Das gefällt mir, und außerdem habe ich keine Lust, die begehrten Dinger dann stückweise für je einen Dollar zu kaufen.«

»Willst du ein paar meiner Hunde sehen?«

»Ja, sicher«, antwortete ich begeistert.

Knurren, Zähnefletschen und zornfunkelnde Augen dämpften mein Interesse schlagartig. Nein, Bear Mans Schlitten-Zieher waren alles andere als Streicheltiere. Ein auf den ersten Blick recht harmlos aussehender Mischling mit sympathisch goldbraunem Fell gebärdete sich besonders gefährlich. In dem Knurren lag ein raubtierhafter Unterton, die Nackenhaare stellten sich deutlich auf, die ganze Gestalt duckte sich wie kurz vor einem Sprung an meine Kehle, weiße Reißzähne leuchteten, Augen brannten vor unverhohlener Angriffslust.

»Mein ›lead dog‹ ist das«, tönte Bear Man. »Sie ist ein bißchen nervös, weil sie gerade Junge hat. Bleib ihr lieber fern, sie kennt dich nicht, sie verteidigt nur ihre Jungen. Schau, sie ist ein braves Mädel.«

Die goldbraune Mord-Bestie von soeben wedelte jetzt freudig erregt mit ihrem Schwanz, himmelte ihren Bändiger an und drückte sich freundschaftlich an Bear Mans Beine.

Eine Rotte kraftstrotzender Raubtiere schien mich mit den Augen zu verschlingen. Der Mann hier beschäftigte nur Wölfe, Halbwölfe waren ihm zu lasch.

»Alaskan Special Blend! – Nice, eh?«

Wie der Herr, so's Gescherr, dachte ich bei mir.

»Hast du Wölfe unterwegs gesehen?« fragte er mich.

»Gesehen habe ich bis jetzt keine, aber ich habe welche gehört. Das war in völlig abgelegenen Gegenden, und ich glaube nicht, daß es streunende Huskies waren.«

»Die sind harmlos, sei froh, wenn du welche zu sehen kriegst. Ich habe noch nie negative Erfahrungen mit Wölfen gemacht. Ich habe mich mit diesem Thema intensiv beschäftigt, du kennst ja sicherlich die unterschiedlichen Berichte und Geschichten über Wölfe. Interessiert dich das, willst du mehr über Wölfe wissen?«

»Ja, von klein auf haben sie mich schon immer fasziniert«.

»Warte einen Augenblick, da habe ich etwas für dich«, meinte er und verschwand in einem Blockhaus.

»Da, sieh mal, wenn du dich für Wölfe interessierst, dann gebe ich dir dieses Buch. Da steht die Wahrheit über Wölfe!« Bear Mans Augen leuchteten jetzt warm auf, als er mir das Taschenbuch schenkte: Farley Mowat: »Never Cry Wolf«.

»Bist du Bären begegnet? Weißt du, daß die alle Top-Schwimmer sind? Wie ich dich einschätze, hast du ja ein Gewehr mit, ja? Gut, bingo, spricht für dich.«

Ich gab zu, daß ich trotz meiner 303 einen Heidenrespekt vor Grizzlys hatte.

»Na dann, jetzt erzähle ich dir etwas über mein Verhältnis zu Bären, okay?«

»Klar, leg los.«

Bear Man fixierte mich und sprach sehr deutlich – wie einer, der genau wußte, wovon er berichtete, und der einem weniger Erfahrenen überlebenswichtige Tips mit auf den Weg geben wollte. Ob er ahnte, daß ich seine Tips bald bitter nötig haben sollte?

»Der Grizzly ist natürlich der stärkste, der größte und der respekteinflößendste Bär. Aber nur bei Gefahr – das heißt in den meisten Fällen bei Unachtsamkeit des Menschen – der gefährlichste Bär! Der Grizzly ist jedoch ein Gentleman, berechenbar und greift dich nicht an. Der kommt nicht in dein Lager, er läßt dich in Ruhe, weil der selber seine Ruhe haben will. Etwas neugieriger, schwächer, aber auch noch einschätzbar ist der Braunbär. Der ist dem Grizzly sehr ähnlich. Der blöde Hund jedoch, der Idiot, der in dein Lager kommt, alles durchwühlt, und, wenn du ihn dabei störst, auch gleich angreift, das gemeine Biest unter den Bären – das ist der Schwarzbär! Hüte dich vor ihm, das ist der gefährliche Bär! Ich schieße den Schwarzbären, das gibt dann Wurst, Schwarzbärenwurst, schmeckt wirklich prima. Und wenn du mal schießen mußt, ziele auf den Hals, das macht ihn bewegungsunfähig. Spring schnell zur Seite, schieße nochmals, aber bleibe nie stehen. Manch blöder ›trophy hunter‹ bleibt stehen – das gibt die Unfälle!«

Ich nickte und schüttete den Rest des Kaffees hinunter. Die Sonne brannte immer noch erbarmungslos vom wolkenlosen Himmel, und der hell flirrende Staub des Weges reflektierte Licht und Hitze. Auf den leichten Wellen des Yukon gleißten Tausende von Lichtpunkten, selbst die Blätter der Weidengebüsche wirkten wie Myriaden kleiner Spiegel. Die sanfte Brise milderte die Backofenhitze hier um kein bißchen. Ich konnte die Tortur der Übernachtung ja später im Boot herausschwitzen. Die Begegnungen und Gespräche hier hatten mich meine arg ramponierte Verfassung glatt längere Zeit vergessen lassen. Aber jetzt drohte ich bald aus den Schuhen zu kippen, wollte jedoch keine Schwäche zeigen, riß mich zusammen, obwohl ich mich am liebsten im Schatten des nächstgelegenen Blockhauses zum Schlafen niedergelegt hätte.

Mittlerweile kam wieder etwas Leben in Stevens Village auf: ein Indianer steuerte sein Motorboot flußabwärts, Chucks Vater und später noch sein Bruder gesellten sich zu uns. Unter hustenden und gleich danach knatternden Geräuschen erwachte Bear Mans Uralt-Außenborder zu neuem Leben. Chuck gab eine neue Runde Kaffee aus, es herrschte gute Laune vor seinem Blockhaus.

Ich wäre gern etwas länger in Stevens Village geblieben, aber ich war so völlig erschöpft, daß ich mich nur nach Ruhe sehnte. Ich wollte in diesem Zustand niemandem zur Last fallen, weder langweilen noch enttäuschen. Als Chucks Vater flußabwärts fahren wollte, schilderte man mir die kürzeste Strecke zur »Bridge«, der Pipelinebrücke über den Yukon, die ich auch auf der Karte nachvollziehen konnte.

»Hey, Mann, du kannst ja wiederkommen«, donnerte Bear Mans Baß plötzlich in meinen Ohren. Er mußte bemerkt haben, was sich in mir abspielte.

»Du brauchst ja das nächste Mal nicht mit deinem Kajak zu kommen. Wir haben hier auch einen Busch-Flugplatz. Nimm dann aber mehr Zeit mit als diesmal. Wenn du willst, bringe ich dir die Grundbegriffe des ›dog mushing‹ bei, dann kriegst du sicher 'ne tolle Story zusammen.«

»Okay, Bear Man, ich werde auf alle Fälle mal schreiben, ja, ich werde auch zurückkommen – ja, wenn – wenn ich die Fahrt überlebe. Weißt du, vom Ende der Flats bis zur Küste ist es noch ein verdammt weiter Weg.«

Jetzt erwischten mich Bear Mans Augen, ich spürte plötzlich eine Art Kraftstrom überspringen. Er konzentrierte sich jetzt vollständig auf mich, nichts konnte diesem Blick mehr entrinnen. Ich vergaß meine Umgebung, vergaß meine zuvor so quälende Müdigkeit, sah nur noch das konzentrierte Gesicht, sah in die raubtierartigen Augen. Ich fühlte mich wie an eine Starkstromleitung angeschlossen, an eine Quelle positiver Kraft, als die tiefe, kräftige Stimme in mich eindrang: »Du wirst es schaffen!«

Irrwege zur »Bridge«

»Verdammter Mist, verfluchte Sauerei, elende – warum muß ich denn jetzt noch gegen Ende so 'nen Mist bauen? Da fließt ja gar nichts mehr in diesem Drecks-Tümpel! Was ist hier los, Sumpfbrühe, tückische, fließt du vielleicht gar rückwärts? Ihr blöden Möwen, wollt ihr mich verarschen, auslachen, ja?«

Ein Seitenarm des Yukon dehnte sich in langgestreckten Biegungen. Die Wasseroberfläche zeigte keine Bewegung, und die schier undurchdringlichen Uferwälder spiegelten sich beinahe symmetrisch in den Randbereichen des Flußarmes. Hier gab es keine harten oder gar markanten Konturen. Die flachen Uferböschungen gingen von spärlich mit Weiden bewachsenen Zonen zu lebhaft grünen Schachtelhalm-Sümpfen über. Vom dunstverschleierten Himmel funzelte eine milde Sonne über der trägen Holz-Schlamm-Wasserwelt. Selbst der Wind war eingeschlafen, als wollte er die dösende Sumpfwelt nicht stören. Lediglich ein weißes Doppelkajak mit einem lästerlich fluchenden Einmann-Heckantrieb unterbrach die friedliche Ruhe.

Meine Ratgeber aus Stevens Village hatten mir den kürzesten Weg zur berühmten Pipeline-Brücke gewiesen, und ich wollte auch so fahren. Nur dachten und handelten die Leute hier in ihrer vertrauten Motorboot-Perspektive und konnten die Möglichkeiten von Einmann-Stärke-Booten nicht mehr richtig einschätzen.

»Geschieht dir recht, du Blödmann! Warum hast du auch deinen bewährten Grundsatz, ›follow the main stream‹, vergessen! Und als du die Gegenströmung zur Abkürzung nicht packen konntest, mußtest du auch noch auf der verdammten Karte den optisch kürzesten Weg suchen. Jetzt sitzt du Depp in der Tinte und kannst dich blöde paddeln!« beschimpfte ich mich selbst.

Die lebensgefährlichen Blackouts vom Vormittag kamen nach Stevens Village nicht mehr, aber ich fühlte mich alles andere als in Bestform. Stundenlang quälte ich mich durch den scheinbar stetig länger werdenden, trägen Flußarm.

Mit einem Mal kam Leben in den »Sumpf-Friedhof«. Möwen flogen auf, kreisten über dem Boot und stürzten plötzlich wild kreischend in Tiefflieger-Art knapp über meinen Kopf. Einmal bedrängte mich eine Möwe so hartnäckig, daß ich mit dem Paddel nach ihr schlug. Ich verfehlte den Vogel nur um Haaresbreite und bereute auch nicht meine Abwehrmaßnahme. Schnell lernte ich, daß die aufgebrachten Vögel lediglich ihre Jungen verteidigten. Der Flußarm war keine 50 Meter breit, und da die noch flugunfähigen Jungmöwen sich in Ufernähe aufhielten, galt ich als Bedrohung.

Auch die Schachtelhalm-Sumpfflächen hatten sich belebt: Enten und Gänse gerieten in helle Panik, watschelten hektisch in die schützenden Weidengebüsche, starteten laut schreiend und trompetend zu wilden Rundflügen. Es gab aber auch auffallend nervenstarke Naturen unter den gefiederten Panikern. So äugten kleine und größere Vogelfamilien ruhig in meine Richtung, schwammen ein wenig hin und her, erkannten, daß ich harmlos war, und ließen meinen weißen, überdimensionalen »Schwimmvogel« passieren.

Ab und zu musterten mich Polarfüchse, die offenbar zur Beschaffung des Abendessens unterwegs waren. Einmal stutzte ich, paddelte bedächtig, fast geräuschlos, als ich die Umrisse einer großen Katze durch das Ufergestrüpp bemerkte. Endlich sah ich einen Luchs aus der Nähe. Ich beobachtete die Großkatze ständig aus den Augenwinkeln, legte äußerst bedächtig das Paddel auf die Bootsluke, tastete vorsichtig nach der bereitliegenden, mit dem Teleobjektiv bestückten Kamera. Millimeterweise brachte ich die Kamera in die richtige Position, prüfte kurz die Lichtverhältnisse – und warf meinen letzten Blick auf den fliehenden Luchs.

Frustriert verstaute ich die Kamera wieder im Boot, stopfte mir eine kleine Tafel Schokolade in den Rachen, schüttete Tee nach, ergriff energisch das Paddel und schaltete auf Vollschub. So schaufelte ich mich und den »Sea Eagle« in mehr oder weniger stillem Ingrimm durch den Flußarm, bis ich wieder die Hauptströmung erreichte. Das Vorwärtskommen beflügelte mich, Kraft und Ausdauer waren wieder zurückgekehrt. Als ich nach Stunden neugierig auf die Uhr sah, entdeckte ich, daß ich unbeabsichtigt schon wieder auf Abendfahrt gegangen war. Ich suchte die jetzt wieder weite Flußlandschaft nach einem geeigneten Lagerplatz ab und stutzte: »Moment mal, was war denn das?«

Ich blickte wieder auf die Wasserfläche, ließ die seit Wochen vertraute Szenerie der flachen Sumpfwelt auf mich einwirken. Wieder hob ich den Kopf und ließ meine Blicke die hohen Uferböschungen der großen Rechtskurve des gewaltigen Flusses hinaufklettern.

»*Kaili!*, hurra – Hügel, Berge! Mensch, da sind ja Berge, endlich wieder Berge. Junge, festhalten, nicht abheben, nicht durchdrehen, laß deinen Arsch im Boot, wo er hingehört, mach jetzt keinen Blödsinn!«

Alle Selbstermahnungen blieben zwecklos, mich packte euphorische Begeisterung. Ich stand auf, balancierte kurz den braven »Sea Eagle« aus und hob das Paddel triumphierend zum Himmel:

»*Kaili!* Ich hab's geschafft! Da vorn – da ist das Ende der Flats. Mein Gott, ich bin gleich durch, nur noch ein paar Minuten und ich hab's geschafft!«

Ich setzte mich wieder, ergriff das Paddel und ließ die letzten paar hundert Meter Flats tief auf mich einwirken. Rasch erfaßte mich die kräftige Strömung und riß mich in Richtung der canyonartigen Durchbruchstelle des Yukon durch die »Fort Hamlin Hills«. Ich drehte mich zum letzten Male um, sah die flache Sumpflandschaft mit ihren Weidengebüschen an den Ufersäumen, die etwas höheren Uferkanten mit den überhängenden Bäumen, die flachen, braunen Sand- und Schlammbänke. Als letztes erblickte ich noch die dunklen Nadelwälder, die scheinbar im Wasser wuchsen, und bewunderte das Spiel der Wolken, die die hohen Baumwipfel zu streifen schienen. – Langsam, als würde ein sanfter Kulissenwechsel geschehen, verschwand die Welt der Yukon Flats.

Endlich sah ich wieder einen »richtigen« Fluß mit festen Ufern und deutlicher Fließrichtung. Ich fühlte mich nach Kanada zurückversetzt. Der Fluß hatte sich jedoch verändert: obwohl er sich durch die Fort Hamlin Hills durchzwängte, war er hier im Schnitt einen Kilometer breit. Das Queren von der einen Seite zur anderen bedeutete ein ordentliches Stück Arbeit. Bald hatte ich mich an die neuen Dimensionen gewöhnt und freute mich, daß meine Flußwelt wieder in Rand und Band gefaßt war.

Auch in dieser Gegend galt die Gesetzmäßigkeit: Wenn keine Leute im Camp sind, kommen die Bären. Da nirgends Sand- oder Kiesinseln zu sehen waren, auf denen ich mich sicher fühlen konnte, fuhr ich weiter. Kurz vor Mitternacht sah ich die Pipeline-Brücke. Mein Tagesziel war erreicht – aber was hier auf mich eindrang, bot eher Grund zur schnellen Flucht. Der Anblick der grob planierten Kiesflächen am rechten Ufer hatte etwas Destruktives. Eine Handvoll Kanuten, die ich vor Stevens Village getroffen hatte, verstauten hier Boote und Gepäck ihrer Abenteuerfahrt auf einem Kleinbus mit Anhänger. Ich sah ihnen an, daß sie sich nicht leicht vom Yukon trennen konnten. Daß ich weiter bis ans Beringmeer fahren wollte, war für sie alles andere als ein Trost – die wären verdammt gern mit mir weitergefahren!

Ich begann, mich immer unwohler zu fühlen, während ich die Umgebung der weltberühmten »Alaska Pipeline« musterte. All die Wahrzeichen menschlicher Überlegenheit hier inmitten des alaskanischen Busches lösten in mir fast vergessene Seelenstimmungen aus: ich fühlte mich elendig allein, einsam und verlassen. Unter Menschen fühlt man sich einsam, nicht in der freien Wildnis. Ich fuhr gleich weiter.

Sicherlich war ich müde, hungrig und durstig, doch kaum bekam ich wieder Yukon-Wasser unter den Hintern, ging es mir schlagartig besser.

»Hello, how far will you go?« Zwei Männer winkten freundlich unter der Brücke.

»Hello, down the Yukon, to the ocean, to the Bering Sea!« hörte ich mich rufen.

»Great, guy – have a safe trip!«

»Thank you, bye!«

Der Fluß erglühte wie geschmolzenes Metall, tiefschwarze, spitze Zacken schienen den großen roten Feuerball zu durchspießen, rubinfarbene Strahlenbündel durchbrachen an einigen Stellen das Dunkel der Urwälder und färbten schleierartige Nebelbänke rötlich ein. Ein plötzlicher Windhauch brachte süßlich-würzige warme Luft, die ich so liebte, aus den Uferwäldern. Eine aufgescheuchte Schar Wildgänse rauschte erregt schimpfend in Richtung Feuerball, schrumpfte zu kleinen, schwarzen Vs, verstummte und verschwand. Sprach dies alles nicht so deutlich zu mir wie: »Da bist du ja wieder, willkommen, bleib hier. Halt noch eine Weile aus, du bekommst schon noch ein schönes Camp, freue dich wieder, sei erst mal willkommen.«

Und es war, als fielen Zentnerlasten von mir ab, überglücklich lenkte ich das Boot wieder in die alles einhüllende Wildnis.

VI Durch die endlosen Weiten Zentral-Alaskas

Ausruhen unter Bären

Neugierig spähte ich aus dem Zelt. Nein, ich träumte nicht, die Umgebung blieb, ich konnte mir über die Augen streichen, den Kopf drehen, nichts verschwand oder löste sich auf. Ich zog mich schnell an, eilte die paar Meter zum Ufer und wusch mir das Gesicht mit herrlich kaltem Flußwasser. Am sandigen, flachen Ufer der kleinen Bucht lag der »Sea Eagle«, und davor drehte sich ein großer, aber harmloser Wirbel im Fluß. In weitem Bogen strömte der Yukon durch die Berglandschaft. Das diesseitige wie das jenseitige Flußufer fielen ziemlich steil ab, waren aber fast lückenlos mit dichtem Wald bestanden.

Der Campgrund paßte eigentlich gar nicht in die Steiluferlandschaft. Vor dem etwa 400 Meter hohen Steilhang, gleich vor meiner Nase, hatte der Yukon eine flache Feinsand-Schürze angebaut. Das grüne Kuppelzelt verschwand fast in der dichten Schachtelhalmwiese, auf der vereinzelte Weidenpflänzchen sprossen. Etwa fünfzehn Meter hinter dem Zelt verdichteten sich die Weiden und bauten zusammen mit Erlen, Pappeln und einigen Birken eine schier undurchdringliche grüne Wand. Mit dem fast übergangslosen Ansteigen des Uferhanges begann das Gebiet der Nadelbäume, die sich dicht drängten und offenbar keinen Laubbaum unter ihresgleichen duldeten. Erst später bemerkte ich die kleinen Quellen, die aus dem grabenartigen Grenzbereich zwischen Sandinsel und dichtbewaldetem Steilhangfuß sprudelten. Ich beglückwünschte mich zu diesem wunderbar gelegenen und obendrein zweckmäßigen Lagerplatz, den ich nach ein Uhr morgens gefunden hatte.

Dies war der ideale Ort zum Ausruhen, Nachdenken und Kraft-Tanken. Ja, und eines durfte ich nicht vergessen: das Feiern – hatte ich doch die Hälfte der großen Tour hinter mir – und die Yukon Flats. Stark und glücklich fühlte ich mich.

Die Feuerstelle war schon eingerichtet, die Utensilien zum Buschbankett ausgebreitet, als ich beim Wasserschöpfen an einer der vielen kleinen Quellen den Henkeltopf fallen ließ, auf der Stelle wendete und zum Zelt spurtete. Selbstverständlich holte ich gleich darauf meinen heißgeliebten Henkeltopf aus Eagle wieder, – nur diesmal hatte

ich das Gewehr dabei. Neugierig betrachtete ich jetzt das Fährtenge-
wirr um die kleinen Quellen. Von da an rechnete ich mit Besuch.

Der erste kam nach Stunden. Die Geräusche kamen vom Boot her,
und deswegen griff ich schnell zum Gewehr und schlug an. Innerlich
lachend legte ich bald wieder den Donnerprügel zur Seite und beobachtete den Polarfuchs, der neugierig das Kajak untersuchte. Der
Fuchs zerbiß nichts, turnte nur scheinbar spielerisch auf dem Boot
herum, schnappte sich etwas und enteilte in Richtung Uferwald. Er
hatte mir einen Lederriemen geklaut – ob er ihn als Kaugummi genießen wollte?

Mein Tagebuch war mittlerweile stark angeschwollen, die Ereignisse hatten sich überschlagen, ich lernte täglich Neues dazu, veränderte mich, ja, blühte zusehends auf. Da geschah etwas in mir – ich
hatte dies schon in Kanada bemerkt. Was da so alles stand – das war
mehr als nur laufende Tagebucheintragungen, viel mehr als ein Log-
buch des »Sea Eagle«. Manchmal distanzierte ich mich wieder von
dem Aufgeschriebenen, blätterte neugierig in Seiten, die mir vorkamen, als wären sie von einer fremden Person verfaßt worden.

»Da wächst etwas, da steht ja mehr drin, als du ursprünglich aufschreiben wolltest, das lebt ja!« hörte ich mich plötzlich urteilen.

Ich faßte den Entschluß, ein Buch zu schreiben. Und der Titel des
Buches?

Die Geräusche des Feuers wurden leiser, müde Rauchwölkchen
ermahnten mich, Holz nachzulegen. Genußvoll sinnierte ich.

»Wer kann den Rauch des Feuers halten? Ist er nicht wirklich frei?
– Das ist es – du hast den Buchtitel: 2000 MEILEN FREIHEIT.«

Ich schrieb gerade, als ich plötzlich Motorboot-Geräusche vernahm.
Wir winkten uns zu, und zwei Indianer begannen, im Kehrwasser vor
meinem Camp ein Netz auszulegen. Sie fragten mich nach Start und
Ziel, wo ich herkäme, wie lange ich schon unterwegs sei, ob ich ein
Buch schriebe, und wie ich denn mit den Bären zurechtkäme. Seltsam,
Indianer interessierten sich immer für Bären.

»Wenn du so allein im Busch bist, hast du denn keine Angst vor
Bären?« fragte der ältere.

»Nun ja, das hat sich gelegt, mit den ersten Begegnungen bin ich
ruhiger geworden. Außerdem habe ich ja ein starkes Gewehr. Im
Boot habe ich überhaupt keine Angst und wenn möglich, campiere
ich nur auf Sand- oder Kiesinseln. Wo Bärenspuren sind oder verdächtige Stellen, bleibe ich nicht.«

Da lächelte der eine der beiden Indianer seltsam, und was er mir nun zurief, ließ meinen Adrenalin-Spiegel augenblicklich höherschnellen. Und für die nächste Zeit sollte ich das Gewehr nicht mehr aus der Hand legen.

»Hier, wo du kampierst, da um die Ecke, ganz nahe am Ufer, da ist eine Braunbärin mit zwei Jungen. Sei vorsichtig!«

Die Motorgeräusche verstummten, die letzten Wellen brachen sich am Ufer, und im Kehrwasser hüpften die Bojen des Netzes auf und ab. Bald raschelten nur noch die Blätter der Laubbäume, und das Lagerfeuer machte mit knackenden Funken auf sich aufmerksam. Ich war wieder allein – das heißt, nicht ganz, irgendwo hier im Gebüsch steckte eine Braunbärin mit zwei Jungen.

»Ja ausgerechnet, da habe ich mir genau den richtigen Rastplatz ausgesucht! Besser hätte ich es ja gar nicht treffen können! Eine Braunbärin mit zwei Jungen, da ist es ja ungefährlicher, mit einer Kiste Dynamit zu leben oder neben einer scharfen Bombe zu schlafen!«

Als ich meinen Schatten erblickte – geduckt, sprungbereit und mit vorgehaltenem Gewehr, mußte ich plötzlich auflachen. Die Gestalt da war einfach zu komisch.

Ich beschloß, mir die Freude an dem schönen Platz nicht vermiesen zu lassen. Gut, da waren heute morgen Schritte im Busch, das hatte deutlich nach Bär geklungen. Na und? Hier gab es schließlich überall Bären, ganz Kanada und Alaska war voll von ihnen. Das Geräusch kannte ich doch schon seit Wochen. Alles Gewohnheit. Was hatte einmal ein stets optimistischer Freund in so einer Situation gesagt? »Laß dir doch nicht den Arsch schwarz anmalen!«

Und genau dies wollte ich nicht – was sollte ich sonst tun, außer hierzubleiben?

Nun, die Bären waren wohl besser als ihr Ruf. Wie oft hatte ich solch schöne Campmöglichkeiten an den unterschiedlichsten Ufern des Yukon links liegen gelassen? Vielleicht hatte ich übertrieben, war all die Wochen zu vorsichtig gewesen? Warum sollte ich denn nicht in Zukunft auch an den Flußufern rasten? Dann hätte ich auch nicht mehr das Problem der ewigen Sucherei nach Sand- und Kiesinseln. Ich wäre beweglicher, schneller, könnte die Wildnis Alaskas eindrucksvoller genießen, würde vielleicht sogar mehr erleben.

Bären, Bären, Bären – außerhalb und im Inneren des Zeltes

27. Juli: es wurde höchste Zeit, den Platz zu verlassen – man wollte mich hier schon eingemeinden. Der Polarfuchs pflegte mittlerweile regelmäßig mein Camp zu inspizieren, bewegte sich immer unbefangener. Ich wäre gar nicht überrascht gewesen, wenn er mir bald seine Familie vorgestellt hätte. Eine Möwe fühlte sich so richtig wohl auf der Luke des Bootes, nachdem ich ihren alten Sitzbaum längst in Kohlendioxid verwandelt hatte. Auch schien mir, daß die Geräusche aus dem Uferwald, im Verhältnis zu meiner Aufenthaltszeit, immer ungenierter klangen. Vielleicht hätte mir die Braunbärin bald ihre Jungen präsentiert, wer weiß? Jedenfalls fühlte ich mich zu diesem Zeitpunkt einer derartigen Begegnung noch nicht gewachsen.

Ich war gerade erst vor etwa einer halben Stunde aufgebrochen und paddelte auf der rechten Seite des Flusses. Ein Fischercamp tauchte auf, Indianer arbeiteten, Kinder spielten. Jemand warf Fischabfälle ins Wasser, wir winkten einander zu. Ich fragte mich, wohin die Strömung wohl die Abfälle tragen würde. Die Antwort kam prompt. Keine hundert Meter unterhalb des Fischerlagers wartete ein großer, ausgewachsener Braunbär auf die nächste »Fütterung«. Das schlaue Tier hatte ein Stück Schlaraffenland gefunden. In einer Bucht, gut durch dichtes Gebüsch getarnt, drehte sich ein kleines Kehrwasser. Wie an einem sich drehenden Selbstbedienungstisch stand das große Pelztier und wählte unter den ständig nachgelieferten Leckerbissen.

Der Yukon strömte recht kräftig an dieser Stelle, aber in die Nähe des Kehrwassers zog es mich keinesfalls. Als sich der Braune auch noch aufrichtete und neugierig um sich sah, verzichtete ich lieber darauf, meinen ersten Braunbären zu fotografieren.

»Die machen sich ja ihre Bärenprobleme selber«, schimpfte ich plötzlich, »nun gut, wenn die Fischercamps als Bärenfutter-Plätze dienen, dann habe ich wenigstens in der unberührten Wildnis vor ihnen Ruhe.« – Dachte ich ... wenigstens für kurze Zeit.

Nach etwa drei Stunden flotter Fahrt stellte ein schnell wachsender, schwarzer Fleck am steinigen Ufer meine Überlegungen in Frage. Weit ab von irgendwelchen Fischercamps schlenderte ein prächtiger Schwarzbär am Wasserrand entlang. Langsam, fast lautlos, fuhr ich näher. Keine dreißig Meter trennten uns mehr, aber der Bär bemerkte mich gar nicht. Gemütlich latschte er daher, scheinbar voll beschäftigt mit sich selbst. Fünfundzwanzig Meter – keine Reaktion –, zwanzig

Meter, längst hatte ich die Kamera im Anschlag, achtzehn Meter, fünfzehn – jetzt blieb er stehen, drehte sich um und sah in meine Richtung. Der Abstand schrumpfte auf keine zehn Meter, ich schoß die letzten Bilder, legte die Kamera ganz langsam wieder an ihren Stammplatz, vermied jede hastige Bewegung und jedes Geräusch. Ich ergriff vorsichtig das Paddel und ließ das Boot noch ein Stück näher gleiten.

Der Blacky konzentrierte sich jetzt auf die seltsame Erscheinung, verfolgte jede Bewegung, indem er sich stets mit dem gesamten Körper drehte. Er wirkte ganz und gar nicht gefährlich, eher ein wenig tölpelhaft, und so griff ich nochmals zur Kamera. Der pechschwarze Kerl mit dem hellbraunen Nasenfleck und den großen runden Ohren tänzelte verlegen, drehte sich um und marschierte davon – flußaufwärts, in die Gegenrichtung.

Ich war inzwischen auch rückwärts ausgewichen, wollte schon wieder weiterfahren, als wir uns beide noch einmal umdrehten. Dies geschah gleichzeitig, völlig synchron, wirkte wie eine einstudierte Bärennummer im Zirkus. Ich mußte lachen, winkte dem Schwarzpelz zu und wünschte ihm eine gute Saison.

Ich genoß die gebirgige Landschaft, freute mich naiv über die Bärenbegegnungen und kam gut voran. Am Abend entschloß ich mich, etwas früher zu lagern. Die rechte Flußseite war ungeeignet, und so begann ich, das linke Ufer mit dem Fernglas abzusuchen. Nach den Flats hatte ein neues Flußkapitel angefangen: ohne Fernglas konnte ich das gegenüberliegende Ufer gar nicht mehr beurteilen, jede Querung überlegte ich mir sehr wohl. Diesmal war ich bereits nach wenigen Minuten überzeugt, daß sich die Querung lohnen würde. Die Aussicht, einen schönen Lagerplatz zu finden, ließ mich die Viertelstunde Galeerenarbeit ertragen.

An der etwa zwei bis drei Meter steil abfallenden Uferkante zog sich eine sechs bis acht Meter breite Kies-Terrasse entlang, die sanft zum Wasser hin abfiel. Zwischen pflasterartigen Geröllflächen lagen Stellen mit sauber ausgewaschenem Feinkies. An einigen Flecken hatten die letzten Hochwasser schmale Sandstufen übriggelassen.

Am Ende einer kleinen Bucht wölbte sich halbinselförmig eine kiesbedeckte Uferterrasse. Zwischen Bucht und Miniaturhalbinsel thronte ein angeschwemmter Baumstumpf, der einem vollen Natur-Blumenständer glich. Zwischen den von Kies, Sand und Erde bedeckten Wurzeln blühten Blumen und Gräser. Entlang der Stufen lag abgeschliffenes Treibholz in rauhen Mengen. Wer würde hier nicht gern rasten? Bärenspuren gab es auch nicht am Ufer – doch halt, oben an der steilen Uferböschung – auf der obersten, tonigen Hochwasser-Terrasse – konnte ich deutlich Tatzenabdrücke erkennen.

»Ach was, laß dich doch nicht ins Bockshorn jagen! Da unten sind keine Spuren und nur das zählt. In letzter Zeit ist hier kein Bär gewesen. Mach dir doch nicht ins Hemd, wenn da mal während des Frühjahr-Hochwassers ein Bär die Böschung hinuntergegangen ist. Und außerdem, der Bär läßt sich jetzt sicher bei irgendeinem Fischerlager füttern. Komm, probier's, ist doch schön hier.«

Ich kannte mich selbst nicht mehr wieder, entfachte ein balkenfressendes Warnfeuer unterhalb der verdächtigen Stelle. Das Feuer konnte sicherlich auf Meilen von keinem Bären ignoriert werden. Während ich das Lager einrichtete, war das Gewehr stets griffbereit. Alles blieb ruhig, das Wetter hielt, Wellen plätscherten leise. Ich setzte mich mit dem Rücken zum Fluß auf einen Baumstamm und genoß die Atmosphäre und den dampfenden Eintopf. Kein Bär machte mir das Essen streitig, und auch der Kaffee blieb mir allein vergönnt. Lediglich die Moskitos steigerten ihre Luftangriffe, und vermiesten mir etwas die Stimmung. Sie sind die schlimmsten Tiere Alaskas, ohne Zweifel.

Ahnte ich etwas? Kurz bevor ich mich ins Zelt zurückziehen wollte, kam ich auf die Idee, Leinen ums Zelt zu spannen, legte eine Verbindung zum Boot, baute aus Baumstämmen eine Art Zaun. Ich schürte das Feuer, legte kräftig nach und vergewisserte mich, daß das »Bären-Bann-Feuer« längere Zeit gefahrlos brennen konnte. Zuletzt verharrte ich einige Minuten bewegungslos vor dem Zelt und horchte angestrengt. Beruhigt ging ich dann schlafen.

Bäng! Ratsch! Eine gespannte Leine wird aus der Bodenverankerung gerissen. Kies knirscht. Schlagartig werde ich wach. Da… wieder: Schritte, Kies knirscht rhythmisch, die Geräusche kommen näher. Schnell und so lautlos wie möglich arbeite ich mich aus dem Schlafsack. Jetzt packe ich das Gewehr, lade durch, knie mich in die Zeltmitte, schlage die 303 an.

Verdammt noch mal, jetzt war es soweit, ich bekam Besuch – Bärenbesuch. Abhauen ging nicht mehr, er war schon zu nahe. Für Sekunden jagten sich meine Gedanken , ich wagte kaum zu atmen, wie ein Hammer begann mein Herz zu klopfen.

Da, es knirscht und scharrt… ganz nahe bei der Zeltapsis. Pling! – ein Zelthering löst sich.

»Will der durch's Zelt? Trau dich Bursche!« erklingt eine innere Stimme in mir. Automatisch folgt der Gewehrlauf den am lautesten vernehmbaren Geräuschen. Ich fange mich wieder etwas, zwinge mich, tief zu atmen – bin aber geichzeitig zum Zerreißen angespannt. Völlig geräuschlos bewege ich mich, konzentriere mich auf das Knirschen und Scharren, bereit, blitzartig zu reagieren.

Wusch! Die Zeltwand vibriert leicht, Steinchen klirren, ein undeutlicher Schatten bewegt sich.

»Was war das jetzt? – Schnauft da nicht etwas heftig? – jetzt hat er mich gerochen!«

»Komm du nur durch's Zelt, du Biest – ich knall dich ab! Laß das lieber –, los, hau ab!« brülle ich innerlich – nach außen bin ich mucksmäuschenstill.

»Mache ich was falsch, soll ich ihn anreden, anschreien vielleicht?«

Ich höre jedes Steinchen einzeln klingen. Jetzt höre ich nur mein Herz schlagen – draußen ist alles vollkommen still – nichts bewegt sich.

Dann – ganz deutlich höre ich schwere Schritte, lange schwere Schritte auf knirschendem Kies.

Haut er ab oder geht er jetzt zum Boot? – Ich mußte raus, das Kajak verteidigen.

Unbeschreiblich vorsichtig öffne ich geräuschlos den rückwärtigen Reißverschluß des Zeltes, stecke zuerst den Gewehrlauf, dann den Kopf ins Freie.

Nein, der Bär ist nicht beim Boot. Lauert er an der Seite? Er ist noch da, ich spüre ihn...

»Nein, das gibt's nicht! Das darf nicht wahr sein!« Wie gelähmt vor Schreck sehe ich, wie eine große schwarze Masse auf den offenen Zelteingang zukommt, Zentimeter um Zentimeter näherrückt. Die Umrisse werden deutlicher, verdichten sich zu einem großen, tiefschwarzen Körper – einem Schwarzbären.

Mir stockt der Atem, eine grausame, unheimliche Macht umklammert meine Brust und preßt mir die Luft ab, mein Herz rast, ich denke, ich zerspringe gleich. Irgendwie kann ich mich drehen, ziele wieder auf den Unhold.

»Was soll ich denn jetzt machen?« frage ich mich bang.

»Sei ein Jäger!« tönt plötzlich eine Stimme in mir, »du bist der Jäger, zeige keine Angst!«

Der dunkle Kopf kommt näher und näher. Endlich, Gott sei Dank, bleibt er stehen. Näher geht es gar nicht mehr, nur noch das lächerlich dünne Moskitonetz trennt uns. Jetzt höre ich ihn atmen, er schnüffelt, es klingt laut wie mein Herzschlag. – Da, jetzt glimmen zwei phosphorisierende Augen auf, in denen der Widerschein des Lagerfeuers flackert. – Sekundenlang sehen wir uns an. Der schwarze Kopf rückt etwas nach hinten.

»He, was machst du hier?« würge ich endlich hervor.

Meine Stimme klingt fremd, deutlich hallen die Worte in mir nach.

»Wieso kommst du in der Nacht? – Du willst mich doch gar nicht angreifen, stimmt's?« sage ich so ruhig, wie ich nur kann.

Der Bärenkopf neigt sich zur Seite, nach links, dann nach rechts und wieder nach links.

Es sah aus wie bei einem Hund, genauso reagieren Hunde!

Plötzlich durchzuckt mich ein böser Gedanke: »Der Kopf ist doch unverfehlbar!« Ich höre mich aber ganz anders reden:

»Hey, Blacky, geh lieber weg, ist doch für uns beide besser. Trennen wir uns doch friedlich, du bist ja gar kein übler Bär. Du hast ja vorher nicht mein Zelt zerrissen, du bist ein netter Kerl, Blacky. Ich will auch gar nicht auf dich schießen. Ich bin gefährlich, also sei friedlich!«

Plötzlich stutzt der Bär, geht langsam rückwärts, dreht sich um, kommt wieder. Jetzt schnüffelt er, wirkt erstaunt, ja verlegen. Deutlich erkenne ich sein Mienenspiel im Widerschein des Lagerfeuers. Ich rede weiter auf ihn ein, ruhig, freundlich, aber bestimmt und mit tiefer Stimme. Ich weiß nicht mehr, was ich da alles herausbringe, ich rede und rede – und der Bär entfernt sich. Ab und zu dreht er sich um – ich rede weiter – dann klettert er behende die Böschung hoch, schiebt sich elegant über die Uferkante. Er verschwindet im Uferwald, Blätter rascheln, Zweige knacken, dann kann ich nichts mehr hören.

Ich weiß nicht mehr, wie lange ich noch mit angeschlagenem Gewehr im Zelt kniete. Irgendwann setzte ich mich, dann legte ich mich völlig erschöpft auf den Rücken. Das Gewehr ließ ich nicht aus der Hand. Ich erwachte, die schwere Waffe war immer noch fest in den Händen. Wann ich endlich die 303 entspannte und ob ich irgendwann eingeschlafen oder bis zum Morgen wachgeblieben bin, weiß ich bis heute nicht.

Wie schnell ich doch abbauen und packen konnte – der 28. Juli, ein Turbo-Tag. Ich staunte, mir selbst fremd, wie rasch das Camp leerer und das Boot voller wurde, obwohl ich alles andere als munter und unternehmungslustig war. Auf Gaumenfreuden verzichtete ich ganz,

um meinen freundlichen nächtlichen Besucher nicht durch Essens-
düfte doch noch zu unkontrollierten Handlungen zu bewegen.

Was für eine Erleichterung spürte ich, als der Yukon mich wieder
aufnahm. Ich ließ das Boot treiben, steuerte nur ein bißchen und genoß die Sicherheit, die das fließende Wasser bot. »Wie idyllisch hier
doch die Ufergebiete wirken«, dachte ich mir, »aber wie viele Neugierige, Hungrige oder gar Aggressive mögen da in den Uferwäldern
unterwegs sein?«

Ein Ideal-Camp nach dem anderen zog vorbei. Aber weder trockener, planer Boden und genügend Feuerholz in der Nähe, noch klare
Bäche und Quellen konnten mich anlocken. Da trösteten mich auch
keine reizenden Wildblumengärten, keine freie Rundum- oder prächtige Fernsicht. Lediglich eine kahle Kies- oder Sandinsel, öde, einsam
und verloren im Fluß gelegen, hätte mein Interesse erregt.

Ich bekam Durst, fand ein kleines Rinnsal, das mit erstaunlich lautem Geräusch das steinige Ufer durchbrach. Aussteigen war unnötig,
und so ließ ich aus dem Mini-Wildbach das glasklare, aber eiskalte
Wasser in die Feldflasche fließen. Dann wusch ich die Hände mit feinem Sand, wollte gerade klar spülen, als mein Blick auf den ver-
schmierten Händen hängen blieb.

Da glitzerten kleine Pünktchen, leuchteten, wenn ich die Handflä-
chen in die Sonne hielt. Ich hatte eine weitere Gefahr dieser Gegend
entdeckt: Keime einer gefährlichen, ansteckenden Krankheit. Diese
glänzenden Keime hatten vor etwa hundert Jahren eine wahre Epide-
mie in Alaska ausgelöst: Goldfieber! Ich spielte ein wenig mit der
Goldwaschpfanne, erfreute mich an den gelb glänzenden Flitterchen
und ärgerte mich keineswegs, daß es nur bei geringen Spuren blieb.

Die Rampart-Episode – crazy friendly Rampart

Rampart kam in Sicht. Nach den Angaben der »Milepost« sollten
49 Bewohner in Rampart leben, hauptsächlich Athabasken-Indianer.
Und die würden sich im wesentlichen vom Fischen und Jagen ernäh-
ren. »Crazy friendly Rampart« steht in meinem Tagebuch. Warum? –
Ich glaube, das wird gleich klar werden.

Mein weiteres Vorgehen war fest geplant: Kurzer Aufenthalt in
Rampart, einkaufen, Post, ruhigen und bärensicheren Zeltplatz am
Ortsufer finden, essen und schlafen – Aufbruch am nächsten Tag. Das
wäre sehr wahrscheinlich auch so geschehen, doch da mußten mir
gerade beim Erreichen der Ortschaft zwei Indianer in einem Motor-

boot begegnen. Wir winkten uns zu, und nach einigen Sekunden trieben die Boote schon längsseits. Beim Außenbordmotor saß ein freundlich lächelnder End-Dreißiger, ganz in solider Jagdkleidung, er war zweifellos ein Athabaske. Auf dem Kopf saß die typisch amerikanische Schirmmütze; militärischer Haarschnitt und gestutzter Schnurrbart deuteten auf ehemaligen GI. Doch hinter der getönten Brille blickten freundliche Augen hervor.

Auch der zweite, wesentlich jüngere Indianer war sehr gut gelaunt, trug moderne, wetterfeste und leichte Kleidung, lange schwarze Haare wehten um das verschmitzte Athabasken-Gesicht. Nie im Leben hätte ich den beiden die Willkommens-Bierdose abschlagen können. Daß dies das Einladungs-Ticket zu »crazy-friendly Rampart« sein sollte, konnte ich zu diesem Zeitpunkt noch nicht ahnen.

Wir landeten und banden die Boote fest. Ich sollte mit ihnen kommen. Aus all den Jokes, Gags und Blödeleien hörte ich immer wieder, daß ich in ihrem »Ramp-City«, wie sie ihr Dorf nannten, willkommen sei und ruhig dableiben könne. Mittlerweile hatten wir ein großes Holzhaus erreicht, offensichtlich ein Zentrum allgemeiner Fröhlichkeit. Kaum angekommen, wurde ich gleich integriert.

Ja, da war was los im und vor dem Haus: auf der etwas leger gemähten Grünfläche vor dem Gebäude gruppierten sich völlig zwanglos Ramparter, Brennholzstapel, Maschinenteile, spielende Kinder, Ausrüstungs-Gegenstände, buntes Spielzeug, Dreirad-Geländemotorräder, Freiluft-Herd, Sportgeräte, Hunde und Hühner. Zur allgemeinen Erheiterung versuchte ein hungriger Hausbewohner zunächst vergeblich, ein äußerst sportliches Huhn für den Kochtopf zu fangen. Heiter und gelassen überhörte er die »fachmännischen« Anleitungen zum erfolgreichen Hühnerfang und blieb am Ende siegreich. Bierdosen knackten, Kinder spielten, der normale Alltag für die verbliebenen Federtiere begann wieder, Männerstimmen lachten, Frauen kicherten, und aus dem Hause drangen Tabakschwaden und Countrymusik.

Es war gar nicht einfach, auf all die Zurufe, Begrüßungen, Scherze, Fragen und Bemerkungen einzugehen. So manche Zunge war durch den Geist der Getränke etwas schwer geworden, und ich mußte ganz schön arbeiten, um das Wesentliche mitzukriegen, den Überblick über die Situation zu behalten.

»…ja, und dann ist mir nichts Besseres eingefallen, als ihn einfach anzureden«, erzählte ich gerade einem Indianer meine Großwild-Erlebnisse, «und der Bär reagierte wie…«

»Was sagtest du gerade über Bären? Habe ich richtig verstanden? Du hast einen Bären angesprochen, ja?« Navajo, wie sie ihn hier alle nannten, kam schwankend aus dem Hauseingang, sah mich mit einem langen forschenden Blick an und setzte sich neben mich auf die Bank vor dem Haus. Ihm fiel sofort auf, daß ich keine Bierdose mehr in den Händen hatte, und innerhalb weniger Sekunden hatte er für Nachschub gesorgt. Meine Dose knackte, und Navajo lachte gönnerhaft.

Ich schilderte ihm meine letzte Bärenbegegnung und die »Bären-Bann-Anrede«.

»Hey man, in English or in German«, jokte da ein anderer Indianer dazwischen, bevor Navajo mir antworten konnte.

»Du wirst's nicht glauben, aber ich habe den auf Deutsch angesprochen.«

»Gar nicht so dumm unsere Bären hier, die verstehen sogar…«

»Ach, laß den Quatsch!« unterbrach Navajo ihn plötzlich recht unwirsch und nahm mich wieder ins Visier. »Du hast da genau das Richtige getan, wirklich. Die alten Jäger und Trapper haben Bären früher auch angesprochen. Ich glaube, es ist völlig egal, in welcher Sprache man die Tiere anredet, die spüren einfach, was man für einer ist, was man will, wie man drauf ist. Heutzutage wird vielzuviel geschossen. Ich kann das beurteilen, ich bin selbst Trapper, habe so was auch schon mal erlebt. Nur so nahe, ›face to face‹ mit 'nem Schwarzbären, war's nicht gewesen.«

»Hat man Töne«, schaltete sich ein Zuhörer unseres Gespräches ein, »seht euch die beiden da an, die kennen die Bärensprache. Hey, ihr beiden, German, Navajo, könnt ihr mir das nicht beibringen?« lachte der Witzbold und machte mit seinen Händen eine bittende Geste.

Navajo zog eine Grimasse, bellte kurz einige indianische Ausdrücke, die er aber mit schlimmen Amerikanismen wie »bloody«, »fucking« und »ashole« kräftig würzte und grinste mich dann wieder komplizenhaft an.

»Ärgere dich bloß nicht, denen hier kann man nicht helfen, die kapieren gar nichts, die Blödmänner. Die sind doch hier alle besoffen!«

»Macht nichts«, witzelte ich darauf, »wenn wir alle wieder nüchtern sind, können Navajo und ich ja einen Kurs, ›Wie spricht man Bären korrekt an‹, veranstalten.«

– Brüllendes Gelächter erschallte und hielt eine geraume Weile an.

Roy Evans gab Gas, der Außenbordmotor dröhnte, weiße Gischt kochte hinter dem Aluminium-Boot, der Bug bäumte sich auf, als wollte sich das plötzlich wild gewordene Wasserfahrzeug in die Luft erheben. Das knallte, bockte, röhrte und stampfte. Meine Gesäßmuskeln wurden wie Steaks geklopft, es zog mörderisch, die Augen tränten mir, und mit den Händen klammerte ich mich an der Sitzbank fest.

Für Zweifel war es bereits zu spät. Wie hätte ich diese verlockende Einladung ablehnen können? Roy, der freundliche Motorboot-Fahrer, dem ich kurz vor Rampart vor den Bug gefahren war, hatte mich mitgenommen. Er wollte Navajo und einen anderen Trapper zu ihren »fish camps«, in der Nähe der »Ramparts«, zurückbringen. Ich hatte mir lediglich den Fotorucksack und die Papiere mitgenommen. Der »Sea Eagle« und all das überlebenswichtige und wertvolle Gepäck waren in »Ramp City« zurückgeblieben. Leichtsinnig? – Möglich, aber ich vertraute Roy und den Rampartern.

In eleganter Linienführung raste das Aluminium-Geschoß um Untiefen, Felsblöcke, Sand- und Kiesinseln, pendelte von einem Ufer zum anderen. Mit schlafwandlerischer Sicherheit fand Roy den optimalen Kurs. Völlig gelassen, locker und lächelnd, verschmolzen mit Boot und Fluß, saß er beim Außenborder. Gelegentlich deutete er auf besonders eindrucksvolle Landschaftsformen.

Nach etwa einer Dreiviertelstunde ließ der Reiz der rasanten Bootsfahrt nach. Auf dem Rheumageschoß zog es so gnadenlos, daß mir Hören und Sehen verging. Ich setzte mich zu Navajo, der schon lange auf dem besser windgeschützten Boden des Bootes Platz genommen hatte. Unser vierter Mann genoß die bestmögliche Windschutzposition: er lag, eingepackt in einem dick gefütterten Grobleinwand-Overall, am Boden. Aus seiner völlig entspannten Haltung zog ich den Schluß, daß er höchstwahrscheinlich gar nicht mehr sitzen konnte. Ich war gespannt, wie Moskitos auf sein Blut reagieren würden.

Die dröhnenden Geräusche erstarben plötzlich, die Bootsnase stieg kräftig nach oben und nahm langsam wieder die normale Position ein. Vorn hielt ein Motorboot auf uns zu. Ein langmähniger Indianer saß hinter einem selbstgebastelten Steuerpult und grüßte. Er stoppte sein Fahrzeug, und aus »allen möglichen Positionen schälten sich eine Handvoll Indianer hervor. Wilde Gesellen waren da unterwegs. Schon anhand ihrer derben Kleidung war leicht zu erkennen, daß dies keine Motorbootsausflügler sein konnten. Roy und Navajo kannten sie, während ich in markante, harte Athabaskengesichter mit dunklen, forschenden Augen, umrahmt von wehenden Mähnen, blickte. Bierdosen und Zigaretten wurden ausgetauscht.

»Hey, gib ihm 'n Bier!« tönte plötzlich Roy, »das ist ein deutscher Kanu-Fahrer, der fährt hier allein den Yukon 'runter. Der ist auch Indianer, ist schon okay, er ist mein Gast.«

Schlagartig wechselte die Stimmung, eine Bierdose wurde mir entgegengehalten, ich schüttelte kräftige Hände, Indianerstimmen versuchten das ungewohnte »Gernot« zu artikulieren. Den meisten Teilnehmern der spontanen »River-Boat-Herren-Party« bereitete es Spaß, das für sie so exotische »r« in meinem Vornamen nachzuahmen.

»Lediglich ein etwa zwanzigjähriger Athabaske, mit besonders langer Haarpracht, wollte sich nicht an dem erheiternden linguistischen Gesellschaftsspiel beteiligen. Er titulierte mich mit einem indianischen Ausdruck und verhielt sich abweisend.

»Was bedeutet denn das?« fragte ich ihn trotzdem.

Erstaunlich nüchtern funkelten seine dunklen Augen, das Gesicht verzog sich halb spöttisch, halb verächtlich. – »Ich nenne dich ›White Man‹!«

Eine Whiskypulle wurde enttarnt, und jeder von uns nahm einen ordentlichen Begrüßungs-Schluck. Kleine Palaver entstanden, und die gute Stimmung weckte sogar unseren vierten Mann, der unter großem Hallo wieder in die Senkrechte kam.

»Wo steckt ihr in Rampart?« fragte einer beim Abschied.

»Geht zu Leeroy«, antwortete Roy.

Zwei Motoren heulten auf, erklangen kurze Zeit im Duett, und dann dröhnte nur noch Roys Außenborder.

Die Weite des Yukon verengte sich, steile Ufer drängten den Fluß noch weiter zusammen, Berge rückten näher, als ob sie den Fluß blockieren wollten. Dann erschien der V-förmige Durchbruch, letzte Sonnenstrahlen fielen schräg auf die bewaldeten, sanft gerundeten Bergrücken. Der Fluß beschleunigte seine Wassermassen, zwängte sie in das mühsam erschaffene V. Ein riesiges Kehrwasser drehte sich auf der rechten Seite, Wellen bäumten sich auf, rauschten wütend vor großen Felsblöcken in der Flußmitte. Wir waren bei den »Ramparts«, den Klippen oder Riffen.

»Hey, Gernot, dort drüben, da mußt du durchfahren!« Roy deutete zum linken Ufer. »Präg dir das ein, ja!« Undeutlich ausgesprochene Tips und Ratschläge folgten, Arme fuchtelten, Finger zeigten, man klopfte mir mehrmals auf die Schultern. Auf diese Weise wollten mir auch Nevajo und der inzwischen wiederbelebte vierte Mann helfen.

Geschickt nützte Roy das große Kehrwasser für das Landemanöver. Wir stiegen aus, banden das Boot fest. Vier Mann wankten mehr oder weniger einen Pfad zum steinigen Steilufer hoch. Ein großes Zelt zeichnete sich vor dem Ufergebüsch ab, leuchtete aus der Dämmerung. Rauch, warme Luft, angereichert mit Zigarettenqualm, Fischgeruch und den Duftspuren diverser Toilettenartikel schlugen mir entgegen. Ein hagerer, fröhlicher Mittzwanziger mit prächtiger Pferdemähne begrüßte uns zuerst, dann eine hübsche junge Indianerin.

Feuer wurde geschürt, Tee gekocht und verteilt. Meine Blicke erforschten die ungewohnte Umgebung, erkannten eine mannigfaltig eingerichtete Buschküche. Aus einer Ecke dudelte ein Transistorgerät. Längst waren Stühle und Sofa besetzt, Teetassen dampften auf dem Tisch zwischen Zwieback und getrockneten Elchfleischstückchen. Ein mit Kräutern gewürzter Glimmstengel wurde laufend weitergegeben, Teekannen füllten und leerten sich unaufhörlich. Im hellen Licht der Gaslampe entdeckte ich Navajo, der in einer »ruhigen« Ecke auf einem Feldbett dem konzertierten Angriff der Dosen- und Flaschengeister keinen Widerstand mehr leisten wollte.

Gespräche wurden kreuz und quer geführt, Nachrichten ausgetauscht, Witze gerissen, nicht ernstgemeinte Kommentare abgegeben. Der vierte Mann klagte mir sein Leid über die geplatzte Beziehung zu seiner ehemaligen deutschen Freundin. Nein, ich konnte ihm auch nicht erklären, warum sie auf ein Trapperleben mit ihm im alaskanischen Busch verzichtet hatte.

Ich erzählte von meinen Yukon-Erlebnissen. Ganz besonderer Beliebtheit erfreute sich wieder das »Bären-Gespräch«.

»Hey, German Geee-nod, wenn du vorbeikommst, dann bleib doch noch in unserem Camp, ja?« lud mich der Begrüßungsindianer ein.

Die einzig Nüchterne war die hübsche Indianerin. Sie stellte intelligente Fragen, hörte aufmerksam zu, und minutenlang gelang es uns, ein »ernsthaftes« Gespräch zu führen.

Selbstverständlich fanden Roy, der vierte Mann und meine Müdigkeit aus eigener Kraft zurück zum Boot. Problemlos erreichten wir auch das nächste Fischercamp. Dort war unser vierter Mann, inzwischen erstaunlich nüchtern, schon geraume Zeit vermißt worden. Erregte, tadelnde Stimmen erklangen aus dem Weidendickicht. Und aus dem gemischten Begrüßungschor aus Baß, Alt und diversen Kindertonlagen schallten einzelne Fetzen, wie:

»Suffkopf?«... »wo bist du wieder versumpft?«... »Lüg nicht, bist ja immer noch besoffen!«

Ein freundlicher stämmiger Riese in Latzhose und großkariertem Hemd erschien, begrüßte uns herzlich, knetete mir die Hand.

»Er ist ein German, sieht doch aus wie ein alter Germane«, stellte mich Roy vor, »kam mit 'nem Kajak allein den Yukon runter. Er ist eigentlich wie 'n Indianer, spricht mit Bären, hat 'nen Häuptlingsnamen, nein falsch, 'nen Namen von einem alten germanischen König. – Geee-nod, ja. Aber vielleicht kannst du das richtig aussprechen?«

Der Riese probierte es und kam der korrekten Betonung ziemlich nahe. Er lachte und gab mit wohlklingendem Baß zu, deutsche Vorfahren zu haben.

Im letzten Fisch-Camp war keiner mehr munter. Ich stolperte hinter Roy den steilen Pfad zu einem großen Blockhaus hinauf. Trotz meiner zunehmenden Müdigkeit und des schwachen Dämmerlichtes fiel mir die Ordnung in diesem Camp auf. Roy lieferte Post ab, weckte dabei seinen Freund Robert. Für längere Begrüßungs-Feierlichkeiten – es war schon nach Mitternacht – waren wir alle längst zu müde. Robert, er erinnerte mich an »Bear Man« aus Stevens Village, wärmte uns noch mit einem Kaffee, und dann donnerten wir weiter.

Ich steckte längst im gefütterten Overall und glich eher einem Astronauten als einem Bootsfahrer. Auf der linken Flußseite, einige Meter vom Ufer entfernt, nahmen wir noch drei unfreiwillige Passagiere mit: drei große »King Salmons«. Ordentlich legten wir das Netz wieder aus. Bevor er den Motor startete, meinte Roy:

»Kannst du jetzt noch ein ›porcupine‹ (Stachelschwein) am Ufer erkennen?«

Ich nickte bejahend. Stachelschweinbraten galt hierzulande als Leckerbissen.

Die Rheumarakete beschleunigte, weiße Gischt spritzte in weiten Bögen vom Bug, hinter dem Heck tobte Wildwasser. Wir mußten jetzt zwar gegen die Strömung fahren, doch das Boot spielte sich nur. Befreit von Navajo und dem vierten Mann, den sie in seinem Camp »Suffkopf« genannt hatten, glich es einem in die Nacht rasenden und ab und zu auf der Wasseroberfläche aufhüpfenden Geschoß.

»Sieh nach porcupines«, erinnerte mich Roy. Ich nickte, während mir der schneidende Fahrtwind die Tränen in die Augen trieb. Jetzt wurde es kälter, die Luftfeuchtigkeit nahm stetig zu. Plötzlich wirkte die Flußlandschaft wie verschleiert. Roy donnerte mit unverminderter Geschwindigkeit weiter, obwohl die Schleier sich zu weißlichen, dichten Vorhängen entwickelten und wir zuletzt in undurchsichtiger Milchsuppe steckten. Anfangs wischten wir noch unsere Brillen ab, dann gaben wir die Wischerei auf, steckten die nutzlos gewordenen Dinger weg. Wir grinsten uns aufmunternd an.

Die Sichtweite schrumpfte gegen Null. Die Bootsspitze konnten wir gerade noch erkennen, – was davor lag, war weiß übertüncht. Endlich drosselte Roy den Motor. So etwas hatten wir beide noch nicht erlebt: Yukon im Schlafrock. In Schrittgeschwindigkeit ging's weiter, Ewigkeiten lang. Ab und zu lichtete sich das Deckweiß etwas, und Roys Augen bohrten verzweifelt nach Orientierungspunkten.

»Wo ist denn bloß Rampart?« hörte ich dann, »wir müssen schon vorbeigefahren sein. Da sieh mal, da kommen unsere Wellen, das sind nicht die Strömungswellen des Flusses. Das sind unsere reflektierten Bootswellen, jetzt weiß ich wieder, wo wir sind.«

Roy wendete, und nach einer halben Stunde fanden wir endlich Rampart. Wir waren beide ziemlich fertig. Mittlerweile zeigte die Uhr 3 Uhr 15, und ich wäre am liebsten unter den nächstbesten Busch gekrochen und eingeschlafen.

»Hey, Gernot, du brauchst hier kein Zelt aufzustellen, komm mit zu meinem Bruder, da können wir übernachten.«

Leeroy, Roys Bruder, war schon unterwegs, er hatte wohl Roys Außenborder erkannt. Ich war dermaßen müde, hing nur noch schlapp im derben »Astronauten-Anzug«. »Was ist denn das für ein Komiker?« fragte Leeroy halb ratlos, halb belustigt. Auf Roys Erklärungen hin meinte der ganz in Jeansklamotten gekleidete Indianer aufmunternd:

»Na, dann komm mal mit rein, für dich werden wir schon auch noch ein Plätzchen finden.«

Das »Plätzchen« verband ich natürlich mit Nachtruhe, schlafen, abschalten, Kräfte sammeln – oder: erholen. Man sollte eben nie von seinem Zustand auf den anderer schließen. Von Müdigkeit und Ruhebedürfnis war hier nichts zu erkennen. In dem großen, sorgfältig ganz mit Holz ausgekleideten Raum schien noch ein Familienfest im Gange zu sein. Mehr oder weniger muntere, aber durchwegs heitere Indianergesichter musterten mich neugierig. Ich benötigte einige Sekunden, um mich auf die neue Situation einzustellen. Aus der unsicheren, kalten Nebelwelt des Flusses fühlte ich mich in eine sehr belebte Indianerkneipe katapultiert.

»Hi, German!« klang es da mehrfach aus gemütlich warmer, aber zigarettenverqualmter Atmosphäre. »Ja, hello!« Ich erkannte meine ersten Ramparter und Leute von der spontanen »River-Boat-Herren-Party« auf dem Yukon. Ein Stuhl wurde mir unter den Hintern geschoben, Leeroy brachte Kaffee, »knack«, sagte meine Bierdose – und schon war ich eingemeindet.

Eine geschlossene Gesellschaft oder der übriggebliebene harte Kern einer Feier war das nicht. Das war ein Kommen und Gehen der unterschiedlichsten Charaktere – alles Indianer natürlich –, die Leeroy Evans gastliches Heim besuchten. Manche blieben nur auf eine Bierdose, einen Kaffee, rauchten ihre Zigarette, unterhielten sich für ein paar Minuten und gingen wieder zu einem neuen Treff, den sie vorher bekanntgaben.

Irgendwann vernahm ich Schlafgeräusche: deutliches Schnarchen, und dann meldete sich einer ab, ging zielstrebig zu seinem abgeteilten Schlafplatz. Nach diesem auslösenden Ereignis wurde ich mir meiner Müdigkeit wieder bewußt, und Roy war mittlerweile auch nicht mehr gesellschaftstüchtig. Ich latschte zum Boot, holte mir Isomatte und Schlafsack und spendierte den immer noch Durstigen den Rest meiner Anti-Erkältungs-Rumflasche. Roy war mir schon Meilen voraus, weilte längst in anderen Dimensionen, und seinen Innenborder-Geräuschen nach zu urteilen, erlebte er die rasante Nebel-Bootsfahrt zum zweiten Male.

In den wenigen ruhigen Minuten von »crazy friendly Rampart« fragte ich mich, wie ich denn dieses Erlebnisfestival hier durchschauen, verdauen oder gar aufschreiben sollte. Eigentlich müßte ich ja vom Regen in die Traufe geraten sein: nach der Begegnung mit einem als unberechenbar geltenden Bären war ich mitten in die Gesellschaft ausgelassener Indianer geraten. Und die sollten doch, gemäß den Warnungen einiger weißer Amerikaner, genauso unberechenbar sein. Würde das »dicke Ende« noch kommen? Was hielt mich hier denn überhaupt? Nachdem ich Neugierde und Abenteuerlust als zweitrangig erkannt hatte, wurde es mir klar: ich mochte ganz einfach die Typen hier und wollte noch eine Zeitlang bei ihnen bleiben. Inmitten der Dauerfeier blickte ich auf das metallene Adressbüchlein, das ich im Laden geschenkt bekommen hatte und las:

»Stop On Over For A Friendly Visit! RAMPART CITY TRADING POST.«

An die endlosen Feiern und an das unaufhörliche Kommen und

Gehen – diesen Bienenhaus-Betrieb –, gewöhnte ich mich – nur an eines nicht: an den fürchterlichen Umgangston. Ja, was dachten die sich denn dabei, einander dermaßen ordinär und dreckig anzureden? Diese Sprache mußte ich erst mal wegstecken. Da gab es zwei dominierende Wörter: »fuck« und »piss«, die kamen fast in jedem Satz vor. Danach folgten »bloody« und »bullshit«. Besonders beliebt waren auch »bloody bastard« und »bitch«, sowie die noch ordinäreren Kombinationen der oben genannten Vulgär-Amerikanismen. »Wohnen hier Sprachraufbolde, die sich andauernd mit übelstem Vokabular eher bekriegen als verständigen?« fragte ich mich öfters.

Die Zeit verging, und ich beobachtete, lernte und mischte mit, so gut ich konnte. Die rüpelhaften, »hundsgemeinen« Anreden und Verbal-Duelle trafen mich nicht mehr. Das Gegenteil trat ein: ich begann mich zu amüsieren, wunderte mich nur noch ab und zu, zu welcher Ausdrucksstärke und Wortgewalt die Kerle hier gelangen konnten. Manchmal fragte ich mich, ob hier nicht eine »normale, höfliche und gesellschaftsfähige« Ausdrucksweise als faustdicke Beleidigung aufgefaßt worden wäre.

»Ja, kann denn hier keine Figur mal für fünf Minuten auf dem eigenen Arsch sitzen bleiben!« entfleuchte es mir, als ich mich für kurze Zeit ins Tagebuch verkriechen wollte. Leeroy grinste – endlich hatte ich den richtigen Ton getroffen. Manchmal glaubte ich, daß da ganze Stämme auf Wanderschaft wären. Ich hörte die Namen einiger Ortschaften am Yukon, in manchen war ich schon gelandet. Und das Verblüffendste: die kannten sich fast alle untereinander, viele waren verwandt und verschwägert.

Auch ich lachte so manchem bekannten Gesicht zu. – »Yukon Family« fiel mir dazu ein, »the ever moving Yukon Family«. Dann verbiß ich mir das Lachen und radierte die »dreckige« Variation dazu, »the ever fucking Yukon Family«, schnell wieder aus dem Tagebuch.

Wie in einer großen Familie üblich, wurde hier vieles geteilt. Leute wie Leeroy boten Unterkunft, Roy und ein Verwandter setzten ihre Motorboote für verschiedene Transporte ein. Irgendwer hatte stets noch etwas zu essen oder zu trinken. Zigaretten oder Kautabak schienen sowieso Gemeinschaftsgut zu sein. Auch die gute Stimmung wurde geteilt. Jeder war informiert, wo gerade »was los« war. Wenn die Stimmung einmal unrettbar zu sinken drohte, wechselte man das »Lokal« und freute sich eben woanders des Lebens.

Diese freundliche, gemeinschaftsbetonte Lebensweise barg aber eine immense Gefahr, nährte geradezu ihren schlimmsten Feind: den

Alkohol! Diese »Pseudo-Gaudium-Droge« bewirkte ein böses Echo, einen vernichtenden Rückschlag. Der Stimmungsmacher löste leider nicht nur störende Hemmungen, Sorgen und Nöte, sondern auch Ehen, Familienbande und Arbeitsverhältnisse. Der ausgeprägte Gemeinschaftssinn verhinderte jedoch das Alleinsein, niemand wurde »fallengelassen«, man tröstete sich gegenseitig, feierte neu vereint weiter, – und der Kreislauf war wieder geschlossen.

Bald vergaß ich, daß ich ja eigentlich der Exote unter ihnen war. Niemand verhielt sich argwöhnisch, unfreundlich oder gar feindselig zu mir. Während eines Lachskopf-Essens, das Leeroy ausgab, erschien der mir gegenüber so abweisend reagierende Typ der »River-Boat-Herren-Party«. Unter Zurufen und Anleitungen aller Art war ich gerade dabei, einen besonderen Leckerbissen der indianischen Küche zu testen: den gekochten Augapfel eines großen »King Salmon«. Auch der kritische Typ bekam eine Portion Fischkopf, taute immer mehr auf und verwarf schließlich seinen Groll gegenüber dem »white man«. Am Ende konnten wir beide uns sogar freundlich unterhalten.

Sollte mal das Informationsnetz zwischen den unentwegt Agierenden gerissen sein, oder wollte jemand wissen, wo wer bei wem steckte und was gerade im Gange war, der erhielt bei Larry Auskunft. Larry, Leeroy's Bruder, verblüffte mich laufend. Hätte Rampart eine eigene Zeitung gehabt, Larry wäre wohl der Redakteur gewesen. Er lebte für seine Leute, seit er nicht mehr voll lebenstüchtig war. Starke Schmerzen und Lähmungs-Anfälle quälten ihn – außerdem war er blind. Trotzdem hatte er eine durchweg positive Ausstrahlung, lachte gern, trug sein Schicksal mit Würde. Er war sehr wißbegierig und man konnte sich prächtig mit ihm unterhalten. Im Winter wollte er wieder auf die Blinden-Schule nach Seattle gehen und sogar – Deutsch lernen.

Damit ich nicht bloß in Rampart herumsaß, lud mich Roy ein, ein paar Elchjagdgründe anzusehen. Wir fuhren mit seinem Boot los. Er wollte mir das »fish camp« seines Vaters zeigen. Leeroy und ein junger, weißer Trapper kamen mit.

Die Exkursionslaune mußte wohl gerade allgemein verbreitet gewesen sein. In der Nähe meines Bären-Meetings, wo ich erregt auf die noch sichtbaren Spuren deutete, trafen wir auf das einzige Ramparter Sportboot. Ricky und der Besitzer des für hiesige Verhältnisse völlig aus der Art geschlagenen Bootes, ebenso Verwandte von Roy und Leeroy, wollten den »historischen Platz« auch selbst sehen. Nach dem üblichen Begrüßungsschluck konzentrierte sich das Interesse auf etwas Außergewöhnliches: In Roys Boot lag eine uralte Jagdausrüstung, die alle Gemüter erregte, unwiderstehlich anzog – ein Jagdbogen mit entsprechenden Pfeilen. Wer war der Wilde, der mit solch antikem Jagdgerät umgehen konnte? Wer hatte hier diesen Spleen?

»The crazy German!«

»Wir schauen nebenbei nach Kleinwild«, kommentierte Roy und grinste mir zu, wenn jemand die Zugstärke des Bogens unterschätzte und keuchend nochmals probierte.

Ein respekteinflößendes, ausgezeichnetes Motorboot tauchte plötzlich auf, nahm Kurs auf unseren Bootstreff und hielt längsseits. »fish and game«, hörte ich mehrmals recht bedeutungsvoll, und dann begrüßten uns auch schon die Beamten der Fischerei- und Jagdaufsichtsbehörde.

»Aha, Pfeil und Bogen, schönes Gerät, wer kann denn damit umgehen?« fragte ein Beamter, der überhaupt nicht wie ein Beamter aussah.

»Das ist meine Jagdausrüstung«, gab ich an, »ich hab' das zur Verpflegungsaufbesserung dabei. Und hier ist meine Jagdlizenz.«

»Um die Verpflegung zu verbessern?« hakte der andere Beamte nach.

»Ich bin nicht auf Jagdurlaub hier, o nein, ich bin mit dem Kajak unterwegs, ich will den ganzen Yukon 'runterfahren. Das lange weiße Doppelkajak in Rampart gehört mir. Ich bin hier nur bei einem kleinen Ausflug dabei.«

Ich blickte in zwei freundliche Gesichter und hörte dann:

»Tolle Sache, viel Spaß und sichere Reise!« – die beiden meinten dies ehrlich.

»Kein Wunder, das ›Yukon Flats National Wildlife Refuge‹ ist hier nahe – über zwei Millionen Gänse und Enten – die müssen bewacht werden, du verstehst? Vielleicht haben die unsere Mägen knurren gehört. Dein Bogen mit den Jagdpfeilen schießt lautlos – hm, wäre zu überlegen. Die können überall auftauchen, auch wenn du Hunger hast, halt dich an die Jagdvorschriften. Die riechen förmlich jeden Verstoß, wie Jagen außerhalb der Saison, zu viele Stückzahlen an einem Tag, seien es Fische oder Enten«, wurde ich aus unserer Gruppe sehr eindringlich gewarnt.

»35 000 Quadratkilometer Sumpfwildnis – ein Katz-und-Maus-Gelände für Wilderer und Parkranger, Indianer und Cowboys«, dachte ich bei mir, aber gleich darauf setzten das Dröhnen des Außenborders, Spritzwasserfontänen und schneidende Zugluft jeder Art von Sinnieren ein Ende.

Dann, als wir in einen Nebenfluß fuhren, wechselte die Landschaft: Laubbäume, Kräuter und blühende Blumen spiegelten sich in klarem Wasser. Weite Ebenen, begrünt von jungen Weidenarealen und Schachtelhalmwiesen, dehnten sich kilometerlang. Altwässer, Sumpflöcher und zahllose Rinnsale unterbrachen das wuchernde, satte Grün.

Hier konnte man Elch sein, oder besser: hier mußte man Elch sein. Nur ein langbeiniges Elchkörpergestell war hier in der Lage, sich problemlos zu bewegen. Ruhe und Frieden lagen über den Elchgründen, lediglich einige lästige Moskitos sirrten störend. Doch wie lange durften die Könige der Sümpfe noch in Ruhe leben? In einigen Wochen würden hier Jagdgewehre knallen, schwer beladene Motorboote ihre blutige Fracht transportieren. Das Knurren des Magens war eben schon immer stärker als die Stille der Wildnis. Das wird wohl immer so sein, solange es Menschen gibt. Möge die Jagd fair bleiben hier in Alaska.

»Davon kann man nichts mitnehmen«, erkannte ich plötzlich, »alles dort gehört zusammen: Wasser, Erde, Pflanzen und Elche, und das wieder liegt eingebettet in Luft, Licht und Himmel. Eine beeindruckende Inszenierung der Schöpfung liegt hier vor deinen Augen. Und das Thema? Lautet es nicht: Arktische Sumpflandschaft mit Elchen? Wer wollte nach der Aufführung einer Oper oder eines Theaterstückes einen Musiker, ein Instrument, eine Requisite oder ein Bühnenbild mitnehmen? Aufnehmen, erleben und sich erfreuen gelten doch für beide Darbietungen, für die Wildnis ebenso wie für Theater und Musik. Auf beiden Gebieten gibt es Mitwirkende, Zuhörer, Gäste. Was soll demnach die Trophäe des Gastjägers in seiner meist total andersartigen Alltags-Umgebung? Gierig, archaisch vorbelastet – oder schizophren? Was für Wesen sind wir?«

Meine Blicke fielen sekundenlang auf meinen Bogen, verharrten auf dem kalten Blinken der messerscharfen Pfeilspitzen. Gerade als ich mich wieder in die Sumpflandschaft versenken wollte, spürte ich eine Hand auf meiner Schulter, drehte mich um, blickte in Roys forschende Augen. Ich war mir sicher, daß er meine Gedanken lesen, in meine Seele blicken konnte. Dann sprach er leise:

»Es ist schön hier, wie im Paradies. Aber auch hier muß man für alles kämpfen. Gott hat uns als Herrscher über Land und Tiere eingesetzt, es war sein Wille.«

»Alles Echte, Wesentliche kann man nicht kaufen«, erwiderte ich ruhig und blickte suchend in seine sonnenbrillen-geschützten Augen.

»Ah, da warst du also, jaa…« Roy lächelte sanftmütig und verständnisvoll, nickte wissend – Überflüssiges brauchten wir uns nicht mehr zu sagen.

Der Ausflug endete in einer ausgelassenen Feier, für die auch ich meine letzten Energien aktivieren mußte. Ich wurde wie ein Sippenmitglied behandelt und fühlte mich auch als solches. Inmitten der allerbesten Stimmung zog es mich plötzlich unwiderstehlich nach draußen. Ein kurzer Regenschauer hatte die Umgebung erfrischt. Sanfter Wind raschelte in Büschen und Bäumen, brachte den süßlichen, würzigen Duft der Wildnis. Tief atmete ich die belebende Luft und ging zum Yukon-Ufer. Einsam und verlassen, angebunden an einem großen gestrandeten Baumstamm, rollte der »Sea Eagle« in der schwachen Uferbrandung. Ich stieg vorsichtig auf den Anlegestamm, bückte mich und tätschelte das Boot. Kleine Wellen klatschten aufmunternd gegen die Bordwand, Nebelschleier wogten über dem Fluß, verdichteten sich in den Uferwäldern. Nebeltröpfchen kondensierten auf meiner Jacke, ich erschauderte, als ein ahnungsvoller Gedanke langsam mein Bewußtsein zu durchdringen begann: die ersten Zeichen des Herbstes!

Erschreckt blickte ich auf die Datumsanzeige meiner Armbanduhr – Sun 31 stand da überdeutlich. »Morgen um die gleiche Zeit wird der August anfangen, August, Junge! – du steckst noch immer in Rampart und die weiten, einsamen Streckenabschnitte der Alaska-Durchquerung beginnen erst. Bis zum Bering Meer sind es noch gute 1350 Kilometer! – Und die werden es, allen Informationen nach, verdammt in sich haben!«

Ich wußte, was ich zu tun hatte. Entschlossen stand ich auf und ging wieder ins Haus. Allerbeste Stimmung füllte das Innere des Holzhauses bis zum Dach. Roy musterte mich aufmerksam. Bedauern lag in seinem Blick, er nickte ruhig lächelnd und verständnisvoll, wie das so seine Art war. Er wußte, daß ich morgen, nein heute, aufbrechen mußte.

»Da hat man zu ihm gesagt, er solle die Indianer mit großer Vorsicht behandeln, den Ortschaften besser fernbleiben, und jetzt will er gar nicht mehr weg!«

»Mußt du denn wirklich schon weiter, German?«

»Bleib doch noch 'ne Weile in ›Ramp City‹, ist doch prima hier, wir können alle noch jede Menge Spaß haben.«

Ein ganzer Chor von Stimmen versuchte, mich zum Bleiben zu bewegen, doch ich mußte hart bleiben.

»Tut mir leid Leute – ich muß weiter. Da sind noch ein paar Meilen zum Meer zu machen, und man sieht schon die ersten Zeichen des Herbstes.«

Längst gab es verfärbte Blätter, Blütenfarben verblaßten, Beeren reiften. Gelegentlich wirkte der Himmel so kalt und klar – und den Flußnebel hatte ich ja schon intensiv kennengelernt.

»Der Nebel, hm –, um die Zeit war das noch nie gewesen«, kommentierte Roy knapp und etwas melancholisch. »Du fliegst doch von Anchorage zurück, ja?... Okay, da hast du meine Adresse, Gernot, besuch mich bitte. – Dir gefällt Alaska, der Yukon, die verrückten Typen hier, die einsame Wildnis, die Jagdgründe und die Tiere... und – ja, du magst auch die Bären – selbst wenn sie zu dir ins Zelt kommen. Du wirst noch lange unterwegs sein, laß dich aber nicht vom Winter erwischen, ich überwintere auch nicht in Rampart. Wenn du dein Meer erreichst, bin ich in Anchorage. – Hey, wild German – Indianer – paß auf dich auf!«

»Du magst doch Lachs, ja? – da sind ein paar getrocknete Lachsstreifen für dich, wirst du vielleicht noch gut brauchen.« Die gesamte Family Evans grinste gönnerhaft, als ich überrascht und etwas schüchtern die große Tüte mit Räucherlachs entgegennahm.

»Hier, unsere Adresse, auch in Anchorage, komm vorbei, ruf kurz vorher an. Have a safe trip.«

Ich wollte sie natürlich alle besuchen – nur, daß ich Anchorage äußerst knapp – sozusagen gerade noch – und ziemlich desolat erreichen würde, war zu diesem Zeitpunkt noch nicht absehbar – nur Roy schien dies zu ahnen.

Der »Sea Eagle« bekam wieder ein paar markante Unterschriften mehr auf sein Oberdeck, mit wasserfestem Marker natürlich, mit extra breitem, tiefschwarzem Strich. Alle sollten sie da unterschreiben, ihre Namen, Adressen, irgendeinen Spruch auf meinem »Sea Eagle« hinterlassen, alle sympathischen Alaskaner, denen ich begegnen würde.

Roy begleitete mich noch einige Minuten mit dem Motorboot. Fassungslos sah er zu, wie das germanische Bootstier verbissen gegen den Wind schaufelte – auch noch mitten in der brutalsten Strömung. Das Yukon-Tal glich einem gigantischen Windkanal – und da herrschte selbstverständlich Gegenwind, damit es jemand, der flußab fuhr, nicht so leicht hatte.

Einige Minuten hörte ich noch den Außenborder, spürte meinen

Freund in der Nähe, dann hatte ich andere Gedanken: schaufeln, schaufeln und steuern, nur nicht kentern, bloß nicht absaufen, dem dreimal verfluchten Wind trotzen. Die Wildnis hatte mich wieder, Wind und Wellen schnitten mich los. Rampart und die herrlich verrückte Zeit lagen da hinten, nach etwa anderthalb Meter Fiberglas begann die Vergangenheit. Da vorn, an der Bugspitze, in fünf Metern Entfernung, da begann die Zukunft, die Alaskadurchquerung – wenn ich vorsichtig blieb, bereit war, mein Äußerstes zu geben.

Nach etwa zwei Stunden Knochenarbeit wurde ich einsichtig: es hatte keinen Sinn, gegen den Wind anzukämpfen, ich akzeptierte das langsamere Vorankommen, hielt Kurs und sorgte für ausreichende Steuergeschwindigkeit. Dummerweise kannte ich diesen Flußabschnitt bereits aus der Motorboot-Perspektive, und daher dauerte es eine Zeitlang, bis mir völlig klarwurde, daß ich mir diesen Streckenabschnitt erst jetzt verdiente.

»Hi, komm rauf, trink ein Bier mit mir!« rief jemand aus der Dämmerung – es war Robert Kokrines, Roys Partner.

Ich zierte mich nicht lange, kletterte aus meiner Privatgaleere und erklomm den schmalen Pfad zu seinem Meditationsplatz. Mir verschlug es fast den Atem, so schön war es hier, während ich mich der Holzbank näherte, auf der er thronte. Etwa zehn Meter über dem Yukon, knapp an der Kante der steilen Uferböschung, war der Platz, an dem er seinen Einflußbereich überblicken konnte. Am Flußufer ankerte die schwimmende Arbeitsplattform, daran festgebunden lagen zwei Motorboote und der »Sea Eagle«. Am Fuß des Hanges trockneten Lachse in Holzgestellen, aus dem wellblechverstärkten Räucherhaus fächelte der Wind verführerisch duftenden Geruch von geräucherten Lachsfilets. Jenseits der einige hundert Meter silbern glänzenden Wasser dehnten sich dicht bewaldete Hügel und ein schlüsselförmiges Tal, soweit ich blicken konnte. Zarte Nebel entstiegen den Urwäldern des Tales, röteten sich zusammen mit einigen Wolken im Abendlicht der hinter den Hügeln versteckten Sonne. Dann wandte ich mich dem Mann zu, der mich eingeladen hatte.

Seine Augen blitzten freundlich auf, ein schraubstockartiger Händedruck folgte, meine Bierdose knackte, dann wandte ich mich fasziniert seinem Blockhaus zu. Auf der gerodeten, fast ebenen Fläche blühten Kräuter zwischen vereinzelt stehenden Laub- und Nadelbäumen. An einem Baum Richtung Haus lehnte ein gewaltiges Elchgeweih. Aus der grünen, bunten Fläche wuchs ein wuchtiges Blockhaus.

An den Seiten des auffallend breit gebauten Hauses prunkten die bunt angemalten, weit vorstehenden Enden der Längsstämme. Unter dem Schutz des vorstehenden Daches hingen ordentlich verschiedene Ausrüstungsgegenstände. Hier wirkte ganz offensichtlich ein Ästhet. Jetzt erst konnte ich mich von dem überraschenden Anblick losreißen, mich zu ihm auf die Bank setzen und das Bier genießen.

»Es ist schön hier, freut mich, daß es dir hier auch gefällt. Das Camp hier gehört mir, und da drüben«, er deutete in die dicht bewaldete Hügellandschaft jenseits des Flusses, »da liegen meine Jagdgründe und trap lines. Weißt du, ich habe auch schon einiges von der Welt gesehen, bin recht weit herumgekommen, kenne das Leben in den Großstädten. Jetzt lebe ich vom Fischen, Jagen und Fallenstellen.«

»Ich habe kurz vor Rampart zufällig ein paar Stäubchen Gold gefunden, hast du hier schon mal gesucht?«

»Gold! – o ja, bei dem Blödsinn war ich auch mal dabei. Mit einem Partner habe ich da eine Mine betrieben, wir haben auch welches gefunden. Das war alles sogar recht rentabel – aber – die elende Plackerei, der Dreck, der Radau, diese knochenbrechende Schinderei. Nein danke, nie mehr, ich fische jetzt lieber. Ich habe hier alles, was ich wirklich brauche. Von hier gehe ich nie mehr weg – ich habe meinen Platz gefunden.«

Ich verbarg mein Erstaunen erst gar nicht – ich war einem Glücklichen begegnet. Was für eine Ruhe, Gelassenheit und Freundlichkeit ihn umgaben, und das ohne Heilslehren, Yoga oder Seelenhirten. Er war hier ein absolut glücklicher König, der keinen Hofstaat und keine Verehrung brauchte. Oder – hatten alle Athabasken-Indianer, wie er einer war, früher so gelebt?

»Du warst gern in Rampart, ja? Du bist gut mit Indianern zurechtgekommen, das freut mich, mach weiter so, du hast Zugang zu ihrer Seele gefunden. Du bist so spät gekommen, Roy wartete auf dich, aber dann mußte er nach Fairbanks. Du weißt ja, warum. Ich mochte seinen Bruder sehr gern.«

»Ja sicher, ich mag die Bande aus Rampart, wir hatten 'ne tolle Zeit. Bloß, die sollten nicht soviel trinken, ich mache mir Sorgen deswegen – es tut ihnen gar nicht gut.«

Robert war der gleichen Meinung, wir beide hielten den Lachs für den wahren Segen Alaskas.

Allerhand los um Tanana

Ich befolgte Roberts Lagerplatz-Tip und fand den Beaver Creek. Wie um dem Namen gerecht zu werden, tummelte sich gerade eines dieser begehrten Pelztiere sorglos im klaren Wasser. Bis auf einen Meter konnte ich mich an das ab und zu tauchende Nagetier heranpirschen, so geräuschlos konnte ich den »Sea Eagle« mittlerweile fahren. Das Lager war schnell fertig, aber ich konnte noch nicht abschalten und saß noch gut zwei Stunden am Lagerfeuer. Meine Gedanken kreisten um die Ramparter, all die tollen Erlebnisse, und dann um Robert und sein Busch-Königreich.

Ich hatte den Eindruck, in einer anderen Welt, in einer anderen Realität gewesen zu sein. Die Leute hier lebten doch fast wie die Indianer Castanedas in einem der westlichen Zivilisation völlig diametral entgegengesetzten Dasein. Ich hatte keine Gestreßten, keine Nervensäge, keinen Hektiker und keinen Workoholic kennengelernt, sondern nur sehr lebendige, gastfreundliche, hilfsbereite und originelle Menschen.

Die Sache hatte allerdings einen Haken: die stets freundlichen Indianer soffen alle wie die Löcher.

Und woher kam der Alkohol? Aus eben jener fortschrittlichen Zivilisation, die auch die meine war.

Man stelle sich vor, von einem Tag auf den anderen gäbe es in der westlichen Welt keinen Tropfen Alkohol mehr, – falls überhaupt jemand sich so etwas Ungeheuerliches vorstellen kann! Kein »Bierchen«, kein »Weinchen«, auch kein »Likörchen«. – Nun, käme dann nicht der ganze gesammelte Wahnsinn endlich heraus? Könnten dann all die Zivilisationsträger ihre Zivilisation noch tragen – vielmehr ertragen? Steckt in dem Glaubensbekenntnis von »viel mehr« und »noch schneller« nicht der eigentliche Irrtum, vielleicht gar der Suff-Wahnsinn unseres Jahrhunderts? Was ist besser, den Unfug und seine Nachwirkungen mit Spiritus aus dem Hirn zu ätzen... oder einfach die Drehzahlen zu drosseln?

Nieselregen setzte ein, Nebelbänke bildeten sich über dem Yukon, und als der Wind auffrischte, fand ich es an der Zeit, endlich schlafen zu gehen.

Die Rampart-Episode hatte es in sich gehabt, und dementsprechend müde, hundemüde, war ich. Doch auch im ferneren Einzugsbereich dieser lebhaften Gemeinde sollte ich nicht ganz zur Ruhe kommen.

Gegen drei Uhr morgens wurden die straff gespannten »Fußangeln« meines »Frühwarnsystems« herausgerissen, wich etwas Großes und sehr Schweres zur gegenüberliegenden Felswand hin aus über herabgefallene Steine, polterte und wetzte sich geräuschvoll an Büschen. Der Lauf meines Gewehrs verfolgte die Geräuschquelle, vorsichtig spähte ich aus dem Zelteingang – gerade noch rechtzeitig, um ein gewaltiges Hinterteil auf hohen, stelzenartigen Beinen im Gebüsch verschwinden zu sehen. – Nicht auszudenken, wenn der Elch mein Zelt »betreten« hätte!

Gleich nach dem Aufstehen begutachtete ich die Fährte des Groß-Vegetariers. Die paarförmigen Eindrücke waren so groß, daß ich sie kaum mit meiner Hand bedecken konnte. Mein Lagerplatz der letzten Nacht konnte sich sehen lassen: Ich war gestern inmitten bewaldeter, sanft gerundeter Berge gelandet. Der Yukon zwängte sich hier in einer Linkskehre durch die Mittelgebirgslandschaft, den Erosionsresten eines ehemaligen Hochgebirges, die den schnell dahineilenden Fluß so stark zusammendrängten, daß er wieder wie der jugendliche Yukon in Kanada wirkte.

»Postamt, einkaufen, bärensicherer Schlafplatz und dann wieder ab«, – ich mußte schallend lachen. Die Erinnerungen an Rampart lebten auf, und ich wußte, daß ich sie nie vergessen würde.

In meinen Gedanken stolperte ich gerade wieder über Larry, den Blinden aus dem Evans-Clan. Leeroy und Roy – eigentlich alle, die ich kennengelernt hatte, waren wilde, pfiffige Gesellen, die hinter Kraftausdrücken und pseudo-rüdem Verhalten ihre empfindsamen Seelen versteckten. Wieviel Interesse und Mitgefühl doch in Larrys Worten steckte, wenn er über die neuesten Ramparter Nachrichten berichtete! Selbst Auseinandersetzungen, Familienzwiste und kleinere Fehden gerieten in Larrys Schilderungen in ein mildes, menschliches Licht. All diese Rauhbeine, Holzhacker und Fürchte-mich-vor-gar-nichtse konnten Hunger, Kälte, Hitze und Verletzungen ertragen, manche, so schien es, konnten von fast gar nichts leben. Nur eines ertrugen sie hier nicht: Gefühllosigkeit und menschliche Kälte.

Und allein wird hier auch keiner gelassen, der blinde kranke Larry ist ein gleichwertiger »bull shit«-redender Kumpel, »what a big as-hole«! Nein, keine Schonung für den Kerl – wir sind alle »Arsch-löcher« hier, da gibt's für keinen eine Ausnahme – darum stecken wir auch alle unter einer Decke. Lieber ein freundlicher sprachlicher Tritt in den Hintern, als ein eiskaltes gefühlloses »sehr geehrter Herr Soundso«!

»1. 8. – Stille im Wald – Lärm im Kopf«, schrieb ich in das Tagebuch.

So schnell wie möglich steuerte ich durch die Klippen der »Ramparts«, arbeitete mich in den Dauerleistungs-Rhythmus und zog kräftig durch. Ich hoffte, daß mir die Bekannten von der nächtlichen Mo-
torbootfahrt nicht allzu böse sein würden, wenn ich einfach weiterfuhr, ohne sie zu besuchen. Nein, die heißen, verrückten Tage in
»Ramp City« waren es wert gewesen, ich fühlte keine Reue, aber jetzt
mußte ich endlich wieder ein paar Meilen absägen – mindestens 1000
warteten schließlich noch auf mich.

Vorbei ging es an Fischerlagern, an gelegentlich entgegenkommen-
den oder überholenden Motorbooten, meistens handelte es sich um
Indianer, die stets freundlich grüßten. Nie mehr sah ich auf einem
Yukon-Flußabschnitt so viele Fischercamps wie zwischen Rampart
und Tanana.

Bumm! Das galt mir – das wußte ich instinktiv. Der ungewöhnlich
laute Schuß war vom linken Ufer abgefeuert worden. »Das ist eine
Einladung«, vermutete ich, fuhr jedoch weiter. Ich paddelte momentan knapp am rechten Ufer und fühlte mich außerstande, nach links
zum jenseitigen Ufer zu queren. Die Strömung zog recht kräftig, und
seit etwa vier Stunden kämpfte ich mit zermürbendem Gegenwind.
Plötzlich dröhnte ein Motorboot hinter mir, ging längsseits, und ein
junger, besonders breit gebauter Indianer grüßte ungewöhnlich
barsch.

»Hey, das galt dir! Du kannst doch nicht den Schuß überhört haben, das war meine stärkste Schrotflinte! Ich wollte dich einladen –
und du fährst einfach weiter.«

Als ich ihm meine Situation erklärte, klang er gleich viel versöhnlicher. »Du bist kein Skandinavier, deinem Akzent nach kommst du
aus Deutschland, stimmt's?«

»Richtig, ich bin Deutscher, stamme aus West-Deutschland,
wohne im Süden, in Bayern…«

»Kommst du vielleicht aus München, wo es das berühmte Bier-
Festival gibt?«

»Genau, ich sehe, du kennst dich aus.«

»Dann trinkst du sicher gern Bier, schade, daß du nicht 'rüberge-
kommen bist. Bist du wirklich schon so müde? Hmm! Paß 'mal auf,
da muß ich dir was erzählen. Vor zwei Jahren kam da eine Skandina-
vierin den Yukon herunter. 'Ne Schwedin glaub ich war das, ja, rich-

tig, 'ne Schwedin. Ich sag dir die Frau war großartig. Sie kam auch wie du alleine den Fluß runter, auch von Whitehorse in Kanada, hatte auch so ein Boot wie du, nur etwas kürzer. Mann, ich sag dir, die paddelte wie die Hölle, hatte 'ne Mords-Winchester dabei, war ausgesprochen fröhlich und trinkfest. Ihr Englisch war zwar schlecht, aber macht nichts, wir hatten alle viel Spaß. Die Frau blieb kurze Zeit bei uns, soff uns alle unter den Tisch – und dann fuhr sie wieder allein weiter. Was sagst du jetzt?«

»Eine Schwedin kam da den Yukon 'runter, interessant. Weißt du, mich wundert das gar nicht, bei uns sind die Frauen stark im Kommen. In Mittel- und Nordeuropa schmeißen sie zur Zeit alles um.«

»Ihr habt noch mehr solche Frauen? Ha, ha, bist du vielleicht deswegen zu uns nach Alaska gekommen? Kann ich verstehen, Mann, kann ich verstehen!«

»Nun ja, nicht gerade deswegen, ich will den ganzen Yukon fahren, bis zum Bering Meer...«

»Wollte die auch, bis nach Emmonak glaub ich, hat's wahrscheinlich auch geschafft. Eine verrückte Frau, 'ne tolle Frau war das, wirklich. Ich war auch schon im Mündungsgebiet, bloß mit so einem Ding da natürlich nicht. Ich fahr da ab und zu mit dem Motorboot runter, hat 55 Pferdestärken, da kommt man voran, verstehst du? Aber ich will dich nicht länger aufhalten. Nach etwa fünf Meilen am rechten Ufer, nach dem zweiten fish camp, liegt ein guter Lagerplatz. Ich muß ab und zu 'mal nach Tanana, vielleicht besuch ich dich dann. See you later!«

Der Wind ließ nach, und so fing ich wieder an, die Landschaft zu genießen. Besonders an der rechten Seite wechselten lebhaft schroffe Felsen mit flachen Kies- und Sandufern. Sich allmählich öffnende Täler durchbrachen die dunkelgrünen Sichtbarrieren der Auenwälder, zogen unwiderstehlich die Blicke in das bergige Hinterland. Meilenweit durchwanderte ich in Gedanken die sanft geschwungenen Berge und Täler, die ein riesiger, lückenloser Waldteppich bedeckte. Ob man wohl diese so sanft geformte grüne Weite zu Fuß durchqueren konnte? Ein spitzkegeliger, vulkanähnlicher Berg spießte sich durch die abgerundeten Konturen der Mittelgebirgslandschaft, und der kleine Nebenfluß, der von dem markanten Berg zu kommen schien, mündete in einem sumpfähnlichen Delta in den Yukon. Ein großer Adler saß auf einem abgestorbenen Baum, blieb zuerst völlig ruhig, flog dann aber, als ich das Delta ansteuerte, auf die Spitze eines hohen Baumes.

Mein Magen knurrte, das Hinterteil schmerzte vom langen Sitzen, und ich konnte mir nichts Schöneres vorstellen, als hier zu rasten.

Schwupp! Klatsch! – »Was war das?« – »Patsch!

Ein großer Fisch machte einen Riesensatz und eilte in das turbulente klare Wasser des mündenden Gewässers.

»Da noch einer, dort gleich drei! Was für Prachtburschen! Ob ich einen kriege?«

Im Nu war ich aus dem Boot, hatte das Angelzeug zurecht gemacht und eilte zu den Fischen. Wurf auf Wurf folgte, Blinker dahin, Blinker dorthin – kein Fisch biß an. Ich wechselte großen Blinker gegen kleinen, »Spinner« gegen »Wobbler«, dann wurde eine »Naßfliege« gebadet, diese wieder durch ein Stückchen Käse am Haken ersetzt, zuletzt hüpfte ein konserviertes Lachsei unter dem rot-weißen Schwimmer durch die Strömung. Nichts rührte sich, alle verwendeten Köder waren den springlebendigen Fischen einerlei. Mein Anglerlatein war zu Ende.

Kladatsch! Der etwa ein Meter lange Fischkörper springt aus dem glasklaren Wasser. Meine hungrigen Augen blieben an dem glitzernden Körper kleben, folgen dem rasanten Bio-Torpedo.

»Das sind ja Lachse, die rasten hier in der Flußmündung! Du brauchst endlich wieder einmal etwas Frisches. Mensch, du bist doch ein Jäger, willst du dich von dem Adler dort drüben auslachen lassen? Der hängt doch sicher schon flugunfähig vor Lachen am Baum! – Der Bogen, »bow fishing«, das ist die Lösung!«

Fiebernd vor Erregung spanne ich den Jagdbogen, befestige eine Angelrolle mit Klebeband am Griffstück, kurz vor den Plastikfedern des Aluminium-Jagdpfeiles binde ich die Angelleine fest, ziehe kräftig dran – es hält bombensicher – jetzt noch die Fischspitze aufgeschraubt – fertig.

Vorsichtig pirsche ich mich am Ufer flußaufwärts zu den flachen Stellen. Etwas undeutlich umrissene, längliche Körper liegen da im welligen, kreisenden, glasklaren Wasser, bewegen sich langsam, dann ruckartig, schießen zum gegenüberliegenden Ufer, rasen wieder zurück, bilden Zweier-, Dreier- und größere Gruppen. Da springt einer aus dem Wasser, klatscht wieder zurück, rast zu einer Gruppe hin, blinkende Körper berühren sich, jagen einander, stieben wieder auseinander. Dunkle Schemen lösen sich aus grünblauem Wasser, blinken in hellem Silber, verdichten sich zu armlangen Fischkörpern, katapultieren sich einen halben Meter in die Luft, klatschen aufs Wasser zurück, tauchen unter, beschleunigen und halten wieder im seichten, wirbelnden Kristallklar.

Gebannt genieße ich das brodelnde Leben vor mir und konzentriere mich auf nahegelegene Ziele. Näher als sechs, höchstens fünf Meter lassen mich die Fische nicht heran. Unmöglich – blitzartig schießen sie davon, eilen zum anderen Ufer.

»Jetzt die Wassertiefe abschätzen, gar nicht so leicht hier in dem kristallklaren Wasser – wie tief ist denn der da vorn, – einen Meter, einen halben oder nur dreißig Zentimeter?«

Jetzt wähle ich einen besonders großen Fisch, mit Breitseite zu mir gerichtet, – der Pfeil liegt schon im Bogen. Vorsichtig, nur nicht die Leine verheddern – langsam spanne ich den schweren Jagdbogen, den Blick ständig auf die glitzernde Silhouette gerichtet. Die Pfeilspitze mit den zwei Widerhaken zeigt weit vor das Ziel, um die Lichtbrechung zu berücksichtigen. Der Pfeil schnellt von der Sehne, rast mühelos ins Wasser, zischt jedoch über den Rücken des fliehenden Fisches. Schemen bewegen sich ruckartig. Schatten fliehen, dann tritt wieder Ruhe ein.

Schnell hole ich das Geschoß mit der Angelrolle ein, »na ja, immerhin funktioniert's«. Dann hole ich bewußt tief Luft, peile ein neues Ziel an. Schön breit liegt es vor mir, etwa sieben Meter weit weg, ungefähr einen halben Meter tief. Der Pfeil zischt ins Wasser. Da, der Pfeil schwimmt anders als bei dem Fehlversuch, wird im Wasser umhergetrieben. Treffer!

Ich beginne die Schnur einzuholen, fühle Widerstand, das geht nicht so leicht. Ein großer dicker Lachs kämpft da im Wasser, in seinem Rücken, unterhalb der Flosse, steckt der Pfeil. Die Bewegungen des getroffenen Fisches ermatten, ich hole die Leine schneller ein, – ein Griff, und schon habe ich meine Jagdbeute: ein prächtiger, etwa einen dreiviertel Meter messender Hunde-Lachs, oder »Chum Salmon«.

Donnerwetter, ich hatte dieses Prachtexemplar mit Pfeil und Bogen erlegt!

Freilich bedauerte ich den Fisch, wünschte ihm, wie es früher üblich war, gute Wiedergeburt! Aber das Jagdglück, die Freude an der Bogenjagd, überwältigten mich, so daß ich noch einen zweiten Lachs erlegte.

Obwohl ich gerne noch länger geblieben wäre, packte ich schnell und fuhr weiter. Doch eins stand fest: zum Abendessen würde es heute frischen Fisch geben.

Regentropfen prasselten auf das Zelt, und Windböen zerrten am schützenden Tuch. Keine Aufbruchstimmung wollte mich am Morgen des 3. August aus dem gemütlichen Zelt treiben, und so erinnerte ich mich mit Vergnügen an den gestrigen Tag und schrieb. Und wenn Bären, Raubkatzen, Adler oder Raben mir an diesem Platze wohlgesonnen sein sollten, dann könnte der heutige Tag mit einem Lachsfrühstück gerettet werden.

Dem war so. Alles Raubgetier schien sich wegen des schlechten Wetters zurückgezogen zu haben. Lachs am Baum – das sah irgendwie komisch aus: Ein blauer Henkeltopf mit der restlichen Lachseiersuppe hing da in etwa fünf Metern Höhe an einem Ast, und darüber baumelte ein in Zellophan verpackter Fisch. Kaum bruzzelten die Fischstücke, kochten Kaffee und Tee, da erschien auch schon der erste Besucher: der kräftige Indianer, der mit Schrotflinten-Salut Kanuten einzuladen pflegte.

Nein, mit gebratenem Fisch konnte ich ihn nicht in Begeisterung versetzen, aber mit einer Tasse Darjeeling-Tee ließ er sich gerne verwöhnen. Ich erfuhr, daß die »Orientals«, wie er die Japaner nannte, mit dem Raubfischen vor der alaskanischen Küste aufgehört hätten, und die jetzige Lachs-Saison deswegen so gut wie seit Jahren nicht mehr ausgefallen sei.

Nach dem unterhaltsamen »lunch-tea« fuhr der Indianer mit seinem Motorboot den Fluß hinunter nach Tanana, ich dagegen begann mich für das steil ansteigende Ufer zu interessieren. Wie es wohl aussah, da hinter der grünen Mauer des Uferwaldes? Ich begutachtete den Fuß des Hanges, an dem massenhaft Baumstämme und Äste, wohl vom letzten Hochwasser zusammengeschwemmt, kreuz und quer verkeilt lagen. Aus dem Verhau wucherten junge Weiden, Dornengestrüpp und Kräuter. Der etwa fünf Meter hohe Hang selbst war ein einziges Chaos aus Treibholz aller Größen, umgestürzten Bäumen und Büschen. Unter den gefallenen Artgenossen kämpften kräftige Erlen, Birken und Fichten um ihren Halt – weiter oben, wo kein Blick mehr durchdringen konnte, zerlief alles in dichtem, sattem Grün und Braun.

Diesen Wald hatte sicherlich noch keine Menschenseele betreten – vielleicht warteten dort Traum-Jagdgründe auf mich?

Entschlossen kramte ich die Jagdbekleidung aus dem Boot, zog mich um, ergriff den Bogen und die Pfeile mit unterschiedlichen Jagdspitzen. Ich kletterte über den Treibholzverhau, balancierte über Baumstämme, zog an lianenartigen Klettergewächsen, zwängte mich durch Vegetationslücken, schlüpfte unter Holzbarrikaden hindurch – dann erreichte ich den Uferwald.

Mit einem Mal hörte der eng verfilzte Wirrwarr auf. Ich staunte, daß ich zwanzig, dreißig Meter, und an einigen Stellen sogar noch weiter, sehen konnte. Oh, das war kein deutscher Holz-Plantagen-»Wald«, hier hatte kein ordnungsstrenger Forst-Spezialist Bäume wie Zinnsoldaten ausgerichtet. Da stürzten und lagen mächtige Bäume, wuchtige Reste ehemaliger Baumriesen verrotteten, wurden von jungen Pflanzen durchwachsen. Moose und Flechten wucherten überall, auf den stehenden Bäumen hingen sie wie Bärte von Riesen oder Waldgeistern von den Ästen, und wie dichte Matten überzogen sie am Boden Wurzeln und liegende Stämme.

Sah das hier nicht aus wie die Säulenreihen antiker Tempelruinen, zerfallende Kathedralen, überwuchert von Pflanzen, die sich die ehemals geraubten Gebiete zurückeroberten? Ein paar Schritte, und die Stiefel versanken in dichtem Moos-Kräuter-Filzteppich, der Äste, Zweige und Tannenzapfen zudeckte. In der Tiefe des Waldes standen vereinzelt Laubbäume wie Relikte einer zarteren, gebrechlich wirkenden Architektur inmitten der wuchtigen Säulen und Pfeiler der Fichten-Monumentalbauten.

Alles war wild hier, alles konnte hier gedeihen, von Beeren bis zum Bären. Lange stand ich wie im Boden verwurzelt, Bogen und Pfeile hielt ich fest an mich gedrückt. Ruhig war es hier. Leise atmend lauschte ich in den Urwald hinein, nein, nichts, kein Laut drang an meine Ohren, Schweigen, Stille – Totenstille? Gelassen, ja beinahe erfreut, ertrug ich die sporadischen Angriffe der Moskitos – da bewegte sich immerhin etwas, durchbrach die unheimliche Ruhe des grünen Mausoleums.

Endlich wurde mir bewußt, wie gut es hier roch, meine Atemzüge wurden tiefer, genossen den schweren, modrigen Geruch des Moosteppichs, die leichteren, ätherischen Düfte der Baumharze und das süßliche Aroma der Kräuter, Knospen und Blätter. Jetzt begann das Grün um mich heller zu werden, von der Uferseite fielen schräg, wie aus Scheinwerfern, Sonnenstrahlen auf den feucht glitzernden Moosteppich. Zarte Nebelschwaden stiegen über dem Waldboden auf, fingen die Düfte des Waldes ein, verdichteten die Gerüche, brauten das köstliche, trunkenmachende Aroma der Wildnis.

Da, ein Pfad! Erst im schräg einfallenden Sonnenlicht erkannte ich die schmale Spur, die sich quer durch den Urwald schlängelte. Vorsichtig arbeitete ich mich hin und untersuchte die Neuentdeckung. Etwa zwei Handbreit maß die Spur, es war ein Wildpfad, die einzige Möglichkeit, durch den braungrünen Filz zu kommen. Neugierig folgte ich ihm über Hügel und Täler, durch Büsche oder verstürzte

Bäume. Zwischendurch blieb ich einfach völlig ruhig stehen, oder ich kniete im Moospolster und ließ mich von der düsteren und erhabenen Atmosphäre des Waldes verzaubern.

Erst nach Stunden gelang es mir, dem Locken der Waldwelt zu widerstehen, und es trieb mich zurück. Plötzlich hörte ich Stimmen, eindeutig Frauenstimmen. Dann vernahm ich deutliches Rufen aus der Richtung des Zeltplatzes, und ich wußte instinktiv, daß es mir galt. Ich flog nur so über die Hindernisse und Fußangeln, erreichte das Lager in Rekordzeit und sah dort zwei Frauen. Wie der wilde Mann stürzte ich aus dem Busch, setzte aber sofort mein Sonntagslächeln auf und begrüßte die beiden netten Indianerinnen.

Die zwei Besucherinnen mochten so um die zwanzig Jahre alt sein, waren recht hübsch und wildnistauglich angezogen und wollten einfach mal den »crazy German« besuchen, von dem sie aus Stevens Village und Rampart gehört hatten. Längst hatten sie die inzwischen enorm angewachsene Unterschriften-Sammlung auf dem »Sea Eagle« begutachtet und bekannte Namen entdeckt: Väter, Mütter, Schwestern und Brüder; auch Onkel und Tanten, Nichten und Vettern waren vertreten, kurzum, fast die ganze Verwandtschaft.

Schnell kramte ich den wasserfesten Filzschreiber hervor und freute mich, daß die beiden Wildkatzen sich ebenfalls verewigten. Da lachte eine von ihnen, reichte mir eine Tüte:

»Wir haben dir etwas mitgebracht, kannst du sicher noch gut brauchen.«

Wie bitter nötig der getrocknete Lachs noch werden sollte, konnte ich momentan noch nicht ahnen. Ich bewirtete die beiden mit Tee und Schokolade. Plötzlich donnerte ein kräftiger Bootsmotor heran, und bald darauf sprang der dritte Gast an Land: der Flintenschuß-Salut-Indianer.

Mit einer weiteren Kanne Darjeeling-Tee feierten wir in prima Stimmung eine ausgesprochen gelungene »Five-o'clock-tea-Nieselregen-Party«! Nur verewigen wollte sich der dritte Gast nicht, – ob er mir wohl doch noch die übergangene Schrotschuß-Einladung verübelte?

Nachdem er dann raketenartig gestartet war, mußten auch die beiden Indianerinnen weiter.

»Etwa zwölf Meilen vor Tanana, auf der rechten Seite, da ist ein besonders schönes fish camp, »Bowen's Camp«. Nette Leute sind dort, da mußt du unbedingt halten, besuch die bitte, die freuen sich bestimmt. Und, vielleicht sehen wir uns da wieder, see you!«

Am nächtlichen Lagerfeuer vertilgte ich die Reste der Fischjagd.

Allein? – Diesmal schon, aber nicht einsam und verlassen, o nein, da war die seelenwärmende Ausstrahlung der Yukon-Family, und die zog sich offenbar weit, sehr weit, den ganzen, schier unendlich langen Fluß hinunter.

»Family Bowen's Paradise«

Die paar Meilen zu »Bowen's Fish-Camp« wollten verdient sein. Heftiger Gegenwind ließ die Strecke zum »open air-Windkanal-Test« für den neu gepackten »Sea Eagle« werden. Der große, rote wasserdichte Lebensmittelpacksack mit der schwarzen Beschriftung »North to Alaska« lag jetzt nicht mehr vor mir auf der Mittelluke des Bootes, sondern sorgte als Front-Ballast in der Spitze des Kajaks dafür, daß der Bug etwas tiefer ins Wasser tauchte. Der »Sea Eagle« sah jetzt aus wie eine Rennmaschine, der stetige Gegenwind ließ jedoch keinerlei Regatta-Gefühl aufkommen.

Endlich tauchte ein hohes Ufer auf, ein Bach pätscherte im Verborgenen, Rasenmatten leuchteten in hellem, einladendem Grün zwischen Laub- und Nadelbäumen hervor. Kinderstimmen, Hundegebell und Rauch drangen aus dem sonst so dichten, schweigenden Uferwald. Boote lagen am Ufer, Wellen spielten mit ihnen, klatschten gegen die Bordwände, überspülten teilweise die großen, runden Felsbrocken davor. Weiter oben, zwischen licht stehenden, gesunden großen Birken, verbarg sich ein einstöckiges Blockhaus.

Eine kräftige Stimme durchbrach das anschwellende Gebell der Hunde, und dann stand urplötzlich ein freundlicher, bärtiger Riese vor mir.

»Hi, Dave ist gerade beschäftigt, der kann dich momentan nicht begrüßen, du mußt erst mal mit mir vorliebnehmen. Na komm, ich helfe dir 'raus.«

Schon steckte das Kajak wie in einem Schraubstock, ruck, und da war ich am Ufer und ließ mir die Hand tüchtig pressen. Und mit einem »Donnerwetter, ist das Ding schwer!« fand er sich damit ab, daß das schnittige und scheinbar leichte Wassergefährt von zwei Männern nicht an Land getragen werden konnte.

»Du bist doch der German, ja? Wir haben dich schon viel früher erwartet, entschuldige, ich muß Dave helfen, geh da zum Blockhaus 'rauf, Patty Bowen ist da und die anderen auch.«

Ich hatte »Bowen's Fish-Camp« gefunden, *das* »fish camp«, das ich unbedingt besuchen sollte – ein Fischercamp? Die angebundenen

Schlittenhunde beruhigten sich, einige verkrochen sich wieder zu ihren geschützten Schlafplätzen, andere musterten mich neugierig und wedelten sogar freundlich. Ich stieg den Trampelweg zur Uferterrasse empor, wo ich vom Boot aus die Rasenflächen gesehen hatte.

»Wie bei Robert«, dachte ich zuerst, doch dann: »Was für ein schönes Vorratshäuschen da auf dem Gestell, gut vier Meter hoch. Und dort drüben, ein richtiges Gartenhaus. Nein, das ist tatsächlich ein gepflegter Gemüsegarten, was da alles wächst, ja und Blumenbeete gibt's auch. Na so was, ein halber Fußballplatz mitten im Birkenwald!« Dazwischen lagen eifrig benutzte Kinderspielplätze, dort drüben eine Schaukel, am Vorratshäuschen wartete ein Basketball-Netz auf Spieler. An der Uferkante, etwa sechs Meter über den Wassern des Yukon, lud eine hölzerne Bank zum genießerischen Bestaunen der Flußlandschaft ein.

Vorbei ging ich an verstreut herumliegendem Kinderspielzeug und betrachtete das einstöckige Blockhaus. Ordentliche, saubere Arbeit wurde hier demonstriert, an der überdachten Veranda hingen bunte, indianische Stoff-Fische – ein Brauch, den es in derselben Art auch in Japan gibt – und kündeten von freundlichen Bewohnern. Durch die großzügig offenen Fenster grüßten Blumen und allerlei indianische Dekorationen. Ein Fischerlager? – nein, das war mehr, ich besuchte ein kleines Paradies – »Family Bowen's Paradise«.

»Hi, hello«, tönte es dann in schneller Wechselfolge, als drei Mädchen und ein kleiner Junge mir entgegenliefen. Da kamen keine Indianer auf mich zu, wirklich nicht, ich glaubte mich nach Irland oder Skandinavien versetzt. Rote und blonde Haare leuchteten, blaue Augen strahlten mich aus sommersprossigen Gesichtern an.

Wenn da ein Bär oder wenigstens ein Riesen-Schlittenhund gleich hinter der geöffneten Tür gewesen wären, es hätte mich kaum überrascht, – aber ein Klavier, ein echtes Piano, umgeben von anderen Instrumenten wie Gitarren, Flöten, ja sogar einer Geige? All die Noten und Liederbücher lagen hier bestimmt nicht zur Dekoration herum. Gewehre, Jagdkleidung, Geweihe und Felle, das sonst übliche Kanada-Alaska-Ambiente, versteckte sich hier scheu hinter schönen Holzmöbeln, Bücherregalen und Bildern. Dann erblickte ich in Richtung der Erwachsenenstimmen das große Plakat mit der Aufschrift: »Irish Folk Music Festival«.

»Hi, schade daß du erst jetzt kommst, wir haben dich viel früher erwartet. Nun, wir haben schon alle gegessen, aber wenn du hungrig bist, da ist noch einiges übrig.« Patty Bowen, eine attraktive, stämmige Frau mit freundlichem Gesicht, hüftlangen, prächtig schönen Zöpfen und wohlklingender Stimme, hörte auf, abzuspülen.

»Heute habe ich hier mal gekocht, magst du ›Beef Stroganoff‹?« Hätte ich antworten sollen, nein, ich haue mir nur zwischen Sand, Holz und Wasser Pfannkuchen, Haferflocken und Bratfisch in den Magen? Pete, Pattys Gastkoch, wie er sich vorstellte, servierte mir eine echt alaskanische Portion. Während ich dem Koch hemmungslos alle Ehre machte, informierte mich der drahtige, untersetzte Mann, daß er und der Riese, der mir aus dem Boot geholfen hatte, von Fort Yukon per Kanu gekommen seien. Nach meiner zweiten Würdigung der hiesigen Kochkunst, einer Jumbo-Portion »Beef Stroganoff«, frischem Salat, selbstgemachtem Joghurt, Brot und Tee, blinkten die flinken Augen in seinem verschmitzten, bärtigen Gesicht:

»Heute abend feiern wir hier unsere Abschiedsparty, da gibt's dann noch mehr Überraschungen.«

Die zwei Kanuten, beide Amerikaner, ein Lehrer und ein Geologe, hatten schon so manche harte Wildnistour gemeinsam überstanden, es handelte sich also um alte Hasen.

»Wenn du Zeit hast und dableiben willst, bist du natürlich auch eingeladen, aber du kannst ja erst mal zu Dave gehen, der arbeitet mit Patrick an der neuen Sauna unten am Bach«, schlug Patty vor.

Jetzt war ich auf Dave gespannt und setzte mich in Richtung der sägenden, hämmernden und knatternden Geräusche in Bewegung. Zur Saunabaustelle ging es erst den mit schönen Birken bestandenen Hügel hinunter, dann den völlig naturbelassenen Bach entlang, durch ein paar Buschreihen, und schon leuchteten helle Balken und Bretter aus dem dichten Grün. Dave, das konnte nur die rotblonde Type da auf dem Dach sein, die in einer Jeans-Latzhose steckte und mit der Motorsäge hantierte.

»Hi, German, Dave, entschuldige, aber die Motorsäge funktioniert gerade, ich traue mich nicht, das Ding abzuschalten.« Blaue Augen leuchteten schelmisch aus dem rotblond umrahmten Gesicht. »Wir sehen uns später, ja? – bleib hier, wenn's dir bei uns Kannibalen gefällt. Da oben auf dem Rasen steht schon ein anderes Zelt, auch ein Opfer, da ist auch genügend Platz für dich, okay? – see you later!«

»Aha, daher das Begrüßungs-Mastessen!« Ich nahm sein Angebot an.

Vor der Abend-Party zelebrierte ich eine völlig unerwartete Camping-Zeremonie: nach wochenlangem Lagern auf Sand, Kies, festem Schlamm oder Schachtelhalmbewuchs verwöhnte mich hier Rasen, ebener, geschnittener, echter Rasen – und obendrein noch bären- und elchfrei.

Während ich mich – ganz gegen meine Eßgewohnheiten – mit Kuchen und herrlich duftenden Butterhörnchen vollstopfte, erfuhr ich, daß selbst hier in Alaska solche schönen »fish camps« inzwischen sehr rar seien. Und wie kommt man zu solchen Oasen der Harmonie zwischen Wildnis und Mensch? Den Platz hatten die Bowens einem alten Trapper abgekauft – den Rest, alles, was darauf stand, auch die Inneneinrichtung, hatten sie sich selbst gemacht. Halt, nicht ganz, das Klavier hatten sie gekauft. Ich habe später kein schöneres Camp mehr gesehen – Paradiese waren nun mal selbst in den entlegensten Gebieten der Welt selten geworden.

»Klang da nicht gerade eine Gitarre?« Ich drehte mich um und konzentrierte mich auf den musizierenden Dave, den Gastgeber. Er spielte sich nur etwas warm, und bald sang er irische Folklore-Stücke. Ich versuchte erst gar nicht, meine Überraschung zu unterdrücken. Gleich darauf flüsterte mir einer der beiden Kanuten zu:

»Paß auf, das kommt gleich noch viel besser, wir müssen Patty bitten, daß sie mitsingt.«

Patty und Dave waren bühnenreif – war ich hier wirklich in Alaska? Die herrlichen Butterhörnchen verloren ihren Reiz – und sogar das selbstgebraute Bier interessierte mich nicht mehr – wir alle schwebten auf der Irish-Folk-Wolke. Aber hier im Muster-Camp gab es keine Zuschauer oder Zuhörer.

»Okay, all together now, der Refrain geht…!« – Ob man ein alaskanisches »fish camp« in einen irischen »pub« verwandeln kann? – Am nächsten Morgen wußten wir alle, daß wir die einmalige Synthese vollbracht hatten – beim heiligen St. Patrick!

Als die beiden Kanuten losfuhren, wollte ich kaum meinen Augen trauen: ein einhundertundneunzig Zentimeter-Riese von mindestens zwei Zentnern Gewicht paddelte tatsächlich mit einem einhundertfünfundsechzig Zentimeter-Mann von etwa sechzig Kilogramm in perfekter Harmonie!

Aber halt, bevor ich wieder weiterfahre, muß ich noch einen der meistbelachten Kommentare zum besten geben. Auf meine Frage, wie denn das ganze Paket an Ruhe, Kraft und Gesundheit, jetzt bald auch noch bereichert durch die neue Sauna, von den Bowens ertragen werden könne, meinte Dave, mit bewußt gespielter »coolness«:

»Hm, na, ja, bevor wir vor Gesundheit zu platzen drohen, könnten wir uns ja gegenseitig in den Arsch treten.«

Die beiden urigen Kanuten wären darauf fast ins Wasser gefallen.

Der Kommentar hielt – auch noch nach Monaten, selbst in miesen Situationen, wenn meine Stimmung auf den Nullpunkt zu fallen drohte, rettete mich Daves markiger Ausspruch, schmunzelnd und lachend fuhr ich dann weiter.

»Gegenwind? – ach zum Teufel mit dem Gegenwind, davon wird noch mehr kommen. Und wenn du dann an Überkondition leidest, kannst du dir dann ja von irgend jemandem in den Hintern treten lassen.«

Tanana, die nächste am Yukon gelegene Ortschaft, wirkte auf mich ernüchternd. Lag es daran, daß ich in letzter Zeit mit so vielen prachtvollen Menschen zusammen sein durfte, und daß man mich hier »in Ruhe ließ«? Oder war es der Gedanke, daß meine Finanzen möglicherweise nicht bis zum Ende der Fahrt reichen würden? Hatten die Indianer hier ihr Pulver bereits verschossen, nachdem das große Festival mit »potlach«, einem großzügigen gegenseitigen Beschenken, wie es unter Indianern üblich ist, vorbei war?

Jemand zeigte mir den Gemeindeplatz, auf dem ich zelten durfte. So blieb ich denn am 5. August auf »Little Stonehenge«, wie ich den Platz wegen seiner zwei konzentrischen Steinringe nannte. Allein? – leider!

Die 418 Seelen, die nach der »Milepost« hier lebten, machten recht ordentlichen Radau: Autos röhrten und klapperten, Flugzeuge starteten und landeten, Kettensägen fraßen sich in Holz und Gehörgänge, Hunde bellten, und ab und zu demonstrierte ein Indianer-Halbstarker, wie göttlich er doch mit seinem (oder Vaters) Motorboot umzugehen wußte. Aber das konnte mich heute nicht ärgern, zumal mit fortschreitender Uhrzeit die Energien der Tanananer nachließen. Oder fuhren sie hier heimlich nach der »Sperrstunde« hinauf nach »Ramp City«?

Da nervte nur eine Kleinigkeit, nämlich Scharen von Beißfliegen. Diese Biester stürzten sich auf jede unbedeckte Körperstelle und bissen rücksichtslos zu. Da half nur die Flucht ins Zelt und blitzschnell das Mosquitonetz zu schließen. Diese neuen Luftkämpfer sollten mich ab heute noch lange begleiten, wochenlang sogar. Frust? – Aber sicher!

Der Geldwechsel im kleinen Supermarkt klappte – nur der Wechselkurs D-Mark gegen Dollar war, gelinde ausgedrückt, miserabel; offenbar hatte der Ladenbesitzer Dollar mit englischen Pfund verwechselt. Ich hatte zwar wieder einige Dollar in der Tasche, aber ohne eine Finanzspritze von daheim würde es nicht gehen – auch nicht, wenn ich noch spartanischer leben würde. Wer noch niemals solch eine Tour unternommen hat, kann sich nicht vorstellen, was ich in Alaska alles essen mußte – seit Kanada aß ich mehr als das Doppelte von dem, was ich sonst gewohnt war. Ich konnte im Boot gar nicht so viele Lebensmittel mitführen, wie ich brauchte. So mußte ich in den Ortschaften einkaufen und mein Geld schmolz rasch dahin, denn Lebensmittel kosteten hier am Yukon mindestens das Doppelte, oft sogar das Dreifache dessen, was ich in Deutschland hätte bezahlen müssen.

Was hielt mich in Tanana, nachdem ich den Proviant aufgefrischt hatte? Nichts – trotz des Regenwetters. Ich freute mich, daß ich Tanana schnell hinter mir ließ – die zusätzlichen Millionen Liter Wasser vom Tanana River, einem der größten Nebenflüsse des Yukon, der in der Alaska Range entspringt, trugen kräftig dazu bei. Der sechste August startete etwas trist.

Übel anzusehende Wolken ballten sich über mir zusammen, dann kam Wind auf, der leichte Nieselregen ließ nach, und genau in Fahrtrichtung öffnete sich ein riesiges Wolkenfenster. Ein paar Kilometer, oder aber nur einige hundert Meter links und rechts vom Boot goß es wie aus Kübeln. Ich steuerte stets in Richtung Wolkenloch, aus dem später nicht nur klarer Himmel grüßte, sondern auch eine strahlende Sonne brannte. Merkwürdig war das Wetter hier in Alaska, Wetterkundler könnten schier verrückt werden. Stundenlang hielt das Schönwetterloch über mir an, um dann jäh zusammenzubrechen.

Triumphierend zog ich schnell meine neue Regenjacke mit Kapuze an und testete die neuen gummierten Handschuhe. »Ha, was für ein Gefühl – wasserdicht rundum, überall, vollständig – Regen, du kannst mich mal!«

Eine Insel schälte sich aus Wolken und Regenvorhängen, und auf der kaum bewachsenen Uferseite lief mir ein dunkler Punkt entgegen: ein Schwarzbären-Baby kam näher, zeigte überhaupt keine Scheu, und ich verfluchte innerlich den Regen, der mich hinderte, die Kamera auszuprobieren. Zu gerne hätte ich dem kleinen schwarzen Knäuel auf den Hintern geklopft – aber ich unterließ es, da garantiert eine resolute Mutter in der Nähe wachte.

Radiogeplärr drang durch den Regen, weit und breit war von Menschen nichts zu sehen – hatte ich Halluzinationen? – dann rief irgend jemand. Ich zog die Kapuze zur Seite und erkannte nur wenige Meter von mir entfernt ein kleines Fischercamp auf einer Insel. Nachdem ich das schönste Fischercamp schon gesehen hatte, betrat ich nun das ärmste: wie noch vor der Besiedelung durch die Weißen lebte man hier während der Frühjahrs- und Sommermonate vom Fischfang.

Weder ein Stück Land noch ein Blockhaus mit Vorratslager besaßen sie hier, die modernen Nomaden des hohen Nordens. Bewußt lebten sie so, fühlten sich als eine Gruppe echter Traditionalisten – ohne Presserummel, ohne einen schielenden Blick auf Tourismus. In mir sahen sie auch einen Nomaden, der einsam im Regen paddelte und aussah, als müßte er ein wenig aufgemuntert werden.

Zwei junge Frauen, eine Indianerin und eine Weiße, sowie zwei Indianer unterhielten das improvisierte Camp. Alles machte hier einen recht klapprigen, wenn nicht gar ärmlichen Eindruck. Gearbeitet und gelebt wurde unter mit Planen abgedeckten Gestellen und in Zelten.

Eine altersschwache Motorsäge sprang hustend und bockend an, und nachdem für Brennholz gesorgt worden war, ging es an die Reparatur des Außenborders Marke Uralt. Ein paar wundervoll schmutzige Kinder tobten mit jungen Hunden auf dem Campgelände. Hier herrschte gewiß kein Wohlstand, und trotzdem waren sie reich: alle waren sie freundlich, bestens gelaunt und – sie verstanden sich darauf, ein mehrgängiges Busch-Menü zu bereiten. Der Umgangston war liebenswürdig, ganz besonders zu den Kindern, die Zusammenarbeit der Erwachsenen klappte, das Essen wurde zum fröhlichen Festbankett.

»Soll ich dich fotografieren?«

Ich blickte erstaunt zur Indianerin mit der schönen, langen, blauschwarzen Mähne, die mich freundlich anlächelte.

»Das ist eine mechanische und manuelle Nikon, da…«

»Ich weiß, du kannst sie mir ruhig anvertrauen, mit so einem Ding habe ich in der Schule Fotografieren gelernt.« (Die Ergebnisse daheim bestätigten ihre Worte.)

Alle bereicherten die Unterschriftensammlung auf dem Bootsdeck, die den Fischern hier so gut gefiel. Der Name »Bowen« hatte bei ihnen einen guten Klang.

Leider hatte ich heute morgen etwas zu lange auf die Kalenderanzeige meiner Uhr gestarrt – ich mußte das Angebot, heute noch dazubleiben, ablehnen.

The call of the wild

Ich kurvte durch ein stockdunkles Insellabyrinth, spähte angestrengt nach den geeignetsten Durchgängen zwischen den unmittelbar am Ufer stehenden, pechschwarzen Waldmauern. Vorbei ging es an mehrere Meter hohen, unterspülten Steilufern, an denen überhängende Bäume drohten. Am merkwürdig dunklen Himmel glitzerten ein paar Punkte.

»Sterne, das sind ja Sterne! Wie lange habe ich keine Sterne mehr gesehen? Aber – wo ist denn die Mitternachtssonne? Warum ist es denn plötzlich so finster?«

Es dauerte eine Zeitlang, bis mir bewußt wurde, daß ja die erste Augustwoche zu Ende ging und die Nächte von jetzt ab dunkler werden würden – das bedeutete das Ende der hellen Nächte, dieser schier unbegrenzten Aktionszeit.

Doch wie zum Trost für die versunkene Mitternachtssonne ging der Mond auf, und ich freute mich, daß das silberne Licht die tiefen schwarzen Waldschluchten aufhellte. Fast lautlos glitt der weiß leuchtende »Sea Eagle« durch das märchenhafte Wald-Wasser-Labyrinth. Nebelschleier schwebten über den spiegelglatten Wassern des Stromes. Die Bugwellen ließen die Schatten der Bäume, die Wasserspritzer der Paddel und die große leuchtende Mondscheibe wie in einem Zauberspiegel tanzen.

»Oouuu, ooouuu!«

Was war das?

»Ooouuu – oouu – oouuuuu!«

Jetzt, ein Heulkonzert bricht los, zuerst etwas zögernd, flaut wieder ab, um gleich wieder anzuschwellen. »Ooouuu – oouuu!« in mehreren Stimmlagen. Ich lasse das Paddeln, erstarre fast, atme lautlos und spähe in Richtung der schaurigen Töne. Da! Dort drüben auf der Spitze der kleinen Halbinsel: Wölfe! Ein ganzes Rudel Wölfe!

Wie lang hatte ich auf dieses Geräusch gewartet, daheim davon geträumt – und jetzt, endlich, ist er da: »the call of the wild«!

Ich erschaudere, das dringt tief ein, vibriert im Rückenmark, Stromstöße erreichen jedes Nervenende, ja selbst die Seele schwingt im Echo der Heultöne.

All das in Filmen verzerrt gesehene Zeug, all die knallharten Geschichten Jack Londons erwachen in meiner Vorstellung zu neuem Leben und steuern zur selbstgebrauten Panik bei. Meine rechte Hand tastet zum Gewehr, umfaßt den Griff – das hilft – augenblicklich werde ich ruhiger. Der Atem geht wieder tiefer, und – Neugierde kommt auf, ich werde wieder Herr über Gedanken und Vorstellungen, lausche gebannt dem unheimlichen Chor der Nacht.

»Da sind ja die Kerle! Sehen sie nicht aus wie große Hunde? Wen heulen die eigentlich an, den Mond – oder mich im weiß reflektierenden ›Sea Eagle‹?«

Jetzt beruhigt sich das Rudel, wie von einem unsichtbaren Dirigenten geführt. Alle verstummen. Dafür starren sie in meine Richtung. Aufglimmernde Punkte fixieren das treibende, leuchtende Ding mit dem Lebewesen drinnen. Ich bleibe ruhig, völlig regungslos – sekundenlang, oder sind es schon Minuten?

Jetzt, sie bewegen sich unruhig, fast gleichzeitig, zwei stehen auf, gehen ein paar Schritte, setzen sich wieder – starren zu mir rüber.

Da! »Ooouuu – ouuu«, einer eröffnet wieder das Konzert, zögernd zuerst, dann, nach und nach, fallen alle in den mitreißenden Chor ein.

»Aoouuuo – aauuuoo – oouuu!« – Ich weiß nicht, welcher Teufel mich gerade reitet, aber ich muß ihnen antworten, genau so, wie ich früher aus Spaß mit meinem Hund geheult habe.

»Oh, wie unruhig sie werden – hoffentlich hauen die jetzt nicht ab!«

Und dann bekam ich Antwort – von wilden Geschöpfen Alaskas, freien Wölfen der Wildnis!

Freude, Überraschung und Schauer durchlaufen mich. Und wieder imitiere ich den klagenden, schaurigen Ton, sie erwidern ihn, ich reagiere wieder. Wir steigern uns gegenseitig, ermuntern uns zu immer neuen Wechselgesängen – bei sternklarer Nacht, hell scheinendem Mond, um den seit Minuten ein großer leuchtender Ring wächst, mitten auf dem Yukon, umrahmt von schwarzen Uferwäldern einsamer Inseln.

Ich fühlte mich nicht mehr einsam und verloren inmitten des düsteren Wasser- und Waldinsel-Labyrinths – ich durfte mit weit verwandten Wesen singen, in einer Sprache die es schon vor uns Menschen auf der Erde gegeben hat.

Das gute Wetter hielt die ganze Nacht, ich kam zügig voran – fuhr wie in Trance. Die Begegnung mit den Wölfen wirkte noch lange in mir nach. Wie auf Tonfilm aufgenommen, konnte ich das Konzert der Nacht im Wasser-Wald-Labyrinth immer wieder neu erleben. Doch das Boot zu verlassen und an Land zu gehen, schaffte ich einfach nicht – ich blieb im Kajak, eine nicht enden wollende, harte Nacht lang.

Gegen fünf Uhr am Morgen des 7. August begann ich dann müde und fröstelnd nach einem Lagerplatz zu suchen. Schwupp, schon steckte ich im Schlamm und konnte nur noch möglichst schnell versuchen, ins rettende Boot zu gelangen. Allein das genügte, den schönen Platz an einem Bach aufzugeben – der Anblick frischer Bärenspuren trug noch zur Beschleunigung bei.

Eine Stunde später, um sechs Uhr, kam mir der Verursacher der Fährten entgegen: ein ziemlich großer Schwarzbär, der wohl dicht am Ufer nach Lachsen Ausschau hielt. Mit müder Neugierde musterten wir uns wie zwei, die gerade von ihrer Nachtschicht zurückgekehrt sind und eigentlich nur noch ihre Ruhe wollen.

Ich fuhr noch zwei Stunden, um einen ausreichenden Sicherheitsabstand zu dem schwarzen Ungetüm zu haben. Nirgendwo gab es etwas Besseres zum Lagern als ebene Sand- und Kiesterrassen am rechten Flußufer. Nach den üblichen Sicherheitsmaßnahmen suchte ich gleich den warmen Schlafsack auf und ließ mich von der leichten Uferbrandung in den Schlaf plätschern.

»Muß ein merkwürdiges Bild sein – verdammt noch mal, warum bin ich Idiot auf diesem dreimal verfluchten Platz geblieben?« fauche ich grimmig, während ich zitternd vor Kälte und Wut vor meinem »Sea Eagle« stehe. Oder ist es üblich, mit einem Gewehr in den Händen um drei Uhr morgens, lediglich in Unterhose und T-Shirt, in Wind und Regen am Yukon, mitten in der alaskanischen Wildnis zu stehen? Aber halt – ich erzähle erst einmal, wie es dazu kam.

Es waren nicht die knackenden Geräusche im dichten Ufergebüsch und der Besuch eines Stachelschweins, die mich von diesem Platz vertreiben konnten. Es hatte den ganzen Tag lang geregnet, so hatte ich endlich Zeit zum Schreiben und Lesen gefunden. Das Tagebuch war wieder auf dem laufenden, und selbst ein Brief an einen Freund daheim, der eigentlich bei dieser Tour hätte dabeisein sollen, war geschrieben.

Endlich ergab sich die Gelegenheit, Bear Mans Taschenbuch »Never Cry Wolf« zu lesen. Ich teilte gerade Mowats Ironie gegen Bürokraten, lachte still vergnügt in mich hinein:

Kracks! Wusch!

Das Lachen vergeht mir augenblicklich. Scht! Das Zelt vibriert leicht.

»Nein, nicht schon wieder!«

Längst liegt das Gewehr in meinen Händen – durchgeladen. Die

Zeltwand beult sich nach innen, Steinchen knirschen – ja, wie kurz vor Rampart – erregtes Schnaufen, im Zelteingang wird es dunkel – und Gott sei Dank auch gleich wieder hell! Augen und Gewehrlauf folgen den Geräuschen.

Ratsch! Pong, pong, pong, platsch. Meine Goldwaschpfanne fliegt durch die Luft und landet im seichten Uferwasser. Das Scharren und Kratzen kommt vom Boot. Ich öffne den Moskitonetz-Eingang, starre in Richtung »Sea Eagle«.

»Mein Gott, nein – nein! Ja verflucht noch mal, der ist ja schon im Kajak! Los, raus hier, schnell!«

Der Schwarzbär wühlt mit den Vordertatzen in der hinteren Sitz-luke, scharrt und schlägt dumpf gegen die Bordwände, die Neopren-Spritzdecke fliegt mir entgegen.

Ich habe genug, das Maß ist voll. Kochende Wut packt mich. Soll hier die Endstation meiner Yukon-Tour sein?

»Los, hau ab du blödes Vieh!« brülle ich, so laut ich nur kann.

Wütend, außer mir vor Zorn, renne ich ihm entgegen. Da, schon ist er aus dem Bootssitz draußen – droht in meine Richtung.

»Ja verdammt, haust du gleich ab, los, los, hau ab! Ich knall dich ab, du gemeine Bestie!«

Er droht beängstigend, scharrt mit den Vorderpranken im Sand, da! – kommt ein paar Schritte auf mich zu.

»Du willst mir drohen?! – Soll ich dich zur Hölle schicken, du Mistvieh!« –

Rasend vor Wut reiße ich das Gewehr in Schußposition, presse es wild entschlossen an Schulter und Backe – alles spannt sich in mir und eiskalte, grausame Ruhe überkommt mich, zielsicher wandert der Lauf in die Richtung zur Hals-Nackenstelle. – Nein, da zittert nichts, gar nichts, regungslos droht die Mündung. Woher plötzlich die Ruhe? – Nur das Herz rast schmerzhaft links oben – woher meine Eiseskälte?

Jetzt bewegt er sich zur Seite – hört aber nicht auf, mir zu drohen. Was für Zähne der Kerl hat!

»Hau ab, verflucht, ich geb dir noch eine Chance – sonst knallt's!« brülle ich den schwarzen Unhold in infernalischer Aggression an – und gehe auf ihn zu. Endlich – zögernd, langsam, widerwillig geht der Bär rückwärts, läßt noch einmal drohend aufblitzende Reißzähne sehen. Er hievt sich schwerfällig über das liegende Treibholz, zögert, dreht sich nochmals in meine Richtung und verschwindet im Uferge-büsch. Weidenbüsche werden durchgeschüttelt, Äste krachen – aber, die Bestie bleibt! Ich kann ihn hören, Unterholz knackt, Büsche bewegen sich – er bleibt da – ich spüre ihn, ganz deutlich. Uns trennen keine fünf Meter. Um mich herum dunkle Nacht, es regnet, der Wind zieht mörderisch, und ich habe fast nichts an.

»Los zum Boot! Stell dich vor's Boot, der kommt wieder, der will gar nicht verschwinden – zum Boot, verteidige das Boot – ohne die Ausrüstung ist alles aus – Endstation!«

Rückwärts gehe ich zum Kajak, ständig zeigt der Gewehrlauf in Richtung des versteckten Bären – ich muß die Zähne zusammenbeißen, trete auf Dornen, spitze Äste oder Steine, bin barfuß, friere – stehe in Unterhose und T-Shirt vor meinem »Sea Eagle«. Eine lächerliche Gestalt? – möglich! Aber ich stehe entschlossen da, mit wutverzerrtem Gesicht, lasse die eiskalten Regentropfen auf mich einpeitschen.

»Los, verzieh dich, du miese Bestie, du kommst mir nicht mehr ans Boot. Ich bleibe hier – du kannst die ganze Nacht in deinem Versteck lauern, du elendes Aas, ich werd's dir geben, mein Boot anzugreifen – zieh Leine oder ich hau' dich auf den Grill!«

Da stand ich, eine Stunde, zwei, drei – dann wurde es mir zu dumm und zu kalt. Langsam ging ich zum Zelt, zog mir schnell die Faserpelzjacke an, schlüpfte in Hosen und Wetterjacke, dann schnell rein in die Stiefel – und baute mich wieder vorm Boot auf. Diesmal stand ich im Wasser, wollte mehr freie Fläche, mehr Reaktionsraum.

Es regnete bis zum Morgengrauen und irgendwann verzog sich der Bär in den Uferwald. Insgeheim wußte ich, daß er bei Tageslicht nicht kommen würde.

Das war schon die dritte Nacht, die ich mir um die Ohren geschlagen hatte, aber ich mußte jetzt weg hier, so durfte es einfach nicht weitergehen. Während des Tages herrliche Ruhe – und nachts das Stelldichein des Bären – das mußte aufhören. Im Morgengrauen des 9. August räumte ich das Feld. Nein, nicht fluchtartig, o nein, sondern ganz bewußt vorsichtig und – unter für meine Verhältnisse völlig ungewohntem Radau. Ich wollte dem hartnäckigen Riesenschwarzbären etwaige Rückkehrversuche von vornherein vermiesen: Geschirr klapperte aufdringlich, Axthiebe hallten meilenweit, und dazu grölte ich, so laut ich konnte, irische Sauf- und Kampflieder. Haben Sie schon einmal Kaffee gekocht und dabei ständig ein geladenes Gewehr in einer Hand gehalten?

Zum Glück waren weder der »Sea Eagle« noch die Ausrüstung

ernsthaft beschädigt – die paar Kratzer und Schmutzflecken waren mir das Erlebnis wert. Der freche Bär hatte sicherlich auch seinen Teil abgekriegt: man schnüffelt nicht ungestraft an und in einem Boot, das vorher tüchtig mit Cayenne-Pfeffer gewürzt wurde. Dies hatte mir die wertvollen Sekunden verschafft, während derer ich reagieren konnte. Ohne den roten Pfeffer in der Nase hätte der Bär es geschafft, mein Boot in Stücke zu hauen und die Lebensmittel zu fressen.

Unwetter brauten sich periodisch zusammen, brausten über mich hinweg, Regen peitschte mir hin und wieder fast waagerecht entgegen. Der Wind ließ nie nach, heulte bis in die späte Nacht. Die 200 Kilometer zwischen Tanana und Ruby wollten verdient sein – und da war nichts dazwischen als Wildnis, ohne Siedlungen, und nur wenige »fish camps«, und die waren auch noch leer. Erhaben schweigender Busch dehnte sich weit aus, und der Fluß wurde immer gewaltiger. Die Weiten Zentral-Alaskas hatten mich geschluckt.

Völlig ausgepumpt mußte ich mehrmals rasten. Mir war kalt, trotz angestrengten Paddelns, erstmals mußte ich sogar Handschuhe anziehen – ich war übermüdet, und vielleicht hatte ich mich gestern nacht, trotz der heißen Begegnung, etwas erkältet.

Dafür belohnte mich die Sicht auf die Kokrines Hills: bezaubernde Kuppeln, stumpfe Kegel und grüne Talkessel stimmulierten mich in kurzen Schönwetterpausen.

Von kiesigen Ufern des Flusses hatte ich endgültig genug. Verbissen fuhr ich weiter, fiel immer wieder in meinen alten, bewährten Paddelrhythmus, ich wollte durchhalten, bis eine vegetationslose Sandinsel auftauchte – falls es solche Inseln hier überhaupt noch gab!

Robinsonade am Fuß der Kokrines Hills

Ein Bilderbuch-Mittelgebirge erstrahlte im Morgenlicht, kleine Wolkenschatten spielten auf grünen Kuppelformen, davor dehnten sich kulissenartig dichte Wälder auf den vorgelagerten uralten Schuttfächern. Ruhig strömten die hellbraunen Wasser des Yukon dahin – ob es wohl zwei Kilometer bis zu den Uferwäldern drüben waren? Der Strom bog zu einer gewaltigen Linkskehre ab, Dutzende von Kilometern säumten lange Auenwälder das metallisch glänzende Band, bis es zu der mächtigen Kehre einbog. In der Flußrichtung versanken die endlosen Uferwälder unter dem spiegelnden Horizont. Die Blicke verloren sich in unendlichem Blau. Den Bergen gegenüber, am anderen Ufer, baute sich eine mehrere Kilometer breite Front mächtiger

Baumriesen auf, versperrte den Blick in die flach gelegene Wildnis dahinter. Möwen und Wildgänse lärmten wegen des vermeintlichen Störenfrieds, starteten zu Rundflügen und wasserten wieder im Uferbereich; etwa ein Kilometer Sicherheitsabstand schien ihnen aber doch zu genügen. Tausende von Quadratmetern Sandfläche leuchteten in zarten Gelb-, Grün- und Rottönen der niederen Schachtelhalmwiesen, hoben sich deutlich ab von den umbrafarbenen, flach abfallenden Strandsäumen, die sie umrahmten. Wie von einem Burggraben abgetrennt, erhob sich der mit dichtem Laubgebüsch bestandene Teil der Insel, die mitten in der großen Flußkehre lag.

Ja, das ließ sich ertragen, das war wohl die Belohnung für die letzten, so überaus lebendigen Nächte: romantische Robinsonade auf der Aussichtsinsel. Endlich wieder herrlichstes Fotografierlicht für Bilderbuchlandschaften, freie, wunderbar übersehbare Flächen rund um den Lagerplatz. Endlich wieder frei und ungezwungen mit Träumen und Bildern spielen – wie mit einem riesigen bunten Ball.

Nur ein Tag wurde mir geschenkt, um meine Seele zu erfrischen. Jetzt begann alaskanischer Busch-Alltag: Überleben hieß es heute! Die meiste Zeit war ich an meinen Arbeitsplatz gefesselt. Mit etwa vier Quadratmetern mußte ich vorlieb nehmen, liegen konnte ich, aber nicht aufrecht sitzen, schon gar nicht stehen. Sollte ich mich beklagen? Im Gegenteil – um und auf meiner Polyamid-Hundehütte feierten einige Klabautermänner eine handfeste Orgie. Ein paar Wetterhexen hatten sich zu ihnen gesellt und heulten mit ihnen um die Wette. Was für schaurige Töne man doch mit den Spannschnüren des Zeltes erzeugen konnte! Wann wohl das Außenzelt in Fetzen ging?

Durch Krachen, Rauschen und Wummern des Yukon hindurch hörte ich ungutes, gepeinigtes Schlagen und Flattern. Es hatte Heringe herausgerissen – wenn ich weiterhin ein Dach über den Kopf haben wollte, mußte ich hinaus. Umwerfen konnten mich die Stoßfronten des wütenden Sturms nicht, aber baden – dazu genügten ein paar Sekunden, wenn mehr Wasser als Luft gegen die Insel geschleudert wurde.

Auch der »Sea Eagle« wurde bedrängt, schmutzig braunes Wasser des Flusses bäumte sich zu respektablen Wellen auf, klatschte aufrührerisch ans Ufer, tastete gierig nach dem Boot. Das Höllenspektakel war unglaublich – vor allem nach der wunderschönen Nacht am Lagerfeuer, nach dem Festessen unter funkelnden Sternen in der milden, würzigen Abendbrise.

Die ehemals so anmutige Bilderbuchlandschaft glich nun einem Bild, das man boshafterweise durch einen grauen, nassen, kalten Kohlensack verhängt hatte.

Frischluftzufuhr bekam der Spiritusbrenner mehr als genug, wenn ich hustend und mit brennenden Augen versuchte, im Tunneleingang doch etwas Kaffee oder eine Suppe zu kochen. Herumfliegende Rußschwaden hielt ich für besser, als zu frieren. Kein Wunder, daß jetzt die sonnendurchflutete Waldlichtung bei Eagle oder die Blockhäuser von Stevens Village und Rampart in meinem »inneren Kino« auftauchten.

O ja, Mark und Bear Man hatten recht, hier war nicht der Ort für Fehlkonstruktionen, nicht für Schlampereien, Mängel, zweit- oder gar drittklassiges Material. Nein, hier wurde nicht nach »Marktgerechtem«, Scheinfunktionellem, werbewirksam gestyltem Kram gefragt – im Wetterinferno Alaskas verlor der weltweit so intensiv und erfolgreich ausgeübte Werbe-Voodoo seine Wirksamkeit.

»Sieh es dir gut an. Hast du Zweifel? – laß die Finger davon! Nur das Beste ist gut genug für Alaska«, hörte ich Marks Worte. »Jeder, der sich in eine derartige Wildnis wagt, sollte genau prüfen, ob man mit den angepriesenen »out door-Artikeln« nicht lieber »in door« bleibt!«

Gerade versuchten ein paar Wellen, mein Boot zu erreichen und mitzureißen – vergeblich, es war gut angeleint, die solide Nylonreepschnur hätte selbst ein großes Motorboot gehalten. Und dieses Boot dort hielt einiges aus – hatte es doch sogar diesem neugierigen Bären für einige Sekunden standgehalten. Ich flitzte raus, ließ mich abspritzen, zerrte meinen »Sea Eagle« weiter ans Ufer. Drüben donnerten zwei Fichten ins Wasser – schnell wurden die Baumriesen mitgenommen und abgetrieben.

Die Insel war verdammt klein geworden – doch die zwei Fremdkörper ließen sich nicht abschütteln. Das lange weiße Boot wackelte heftig, rollte um die Längsachse, mehr konnten die Orkanböen nicht ausrichten. Die grüne Kuppel mit den vielen Schnüren bauchte und duckte sich, ließ sich beuteln und zerren. Ob der Zweibeiner da, der sich so schief gegen den Wind lehnen mußte, mehr vor der Zerstörung hätte retten können? Ob man bei diesem Wetter nur im Zelt ausharrt und zweifelnd ins Freie späht, ob sich all die Gedanken nur aufs bloße Überleben richten? Gegnern von Abenteuern und Unternehmungen dieser Art sei gesagt, daß sich die Gedanken sehr wohl aufs Wesentliche richten!

»Klar, Mark, Überfluß macht blind, trübt den Blick für das Wesentliche – Reklamationen kommen oft zu spät – Und wie hier im Kleinen«, durchzuckte es mich plötzlich, »ist es zur Zeit nicht auch so im Großen? Brauchen die Menschen wirklich all die vielen Dinge, die uns die Marktstrategen andrehen wollen? Ja, du hast recht mit dem ›Hyper-Super-Super-Market‹, diesem ›Space-Bazar‹, der sämtlichen Bäumen ein buntes Plastikstützkorsett, jedem Fisch eine Sonnenbrille und jedem Vogel einen Zweit-Walk-Man verpassen will.

Und was, wenn mit all dem Plunder gar das Überlebenswichtige mit zu Bruch ginge – vielleicht Flüsse, Meere, Luft, Boden – und all das Leben? Und wer will da reklamieren – vielleicht etwa gar umtauschen, nachbestellen? Wo ist denn das große Ersatzteillager für die Erde und das Leben? Der Wettbewerb um den Dritt-50-Kanal-Fernseher in jedem anständigen Haushalt oder den EinhundertzylinderIch-bin-wer-Wagen hilft doch nicht, die drohenden Ökokatastrophen aufzuhalten.«

»Räum die sich durchbiegenden Regale ab, weg mit den Verzierungen – und du wirst wieder nüchtern und sehen: weniger ist mehr. Gernot, das habe ich hier auf dieser Lichtung gelernt – fünf Sommer und vier Wintersemester. Ich kenne kein College, wo ich das hätte lernen können. – Das Leben hier auf der Erde, auch das Leben der Menschen, ist ein Kampf ums Überleben – kein ›Super-Super-Market‹!«

In der Nacht vor dem Vierzehnten wollte der Sturm wohl zum Orkan auffrischen. Mehrmals dachte ich: »Jetzt, gut festhalten, gleich fliegst du mitsamt dem Zelt davon!« Das rauschte, heulte, wütete draußen, in den Spannschnüren sang der Wind wie auf einem Segelschiff im Sturm. War es der Regen oder schon der Yukon, der da auf das bebende Zelt einschlug? Plötzlich, ein Knall draußen, dann wildes Flattern – und schon war ich draußen. Ich sprintete zum Boot, raste hinter der davonfliegenden Plane her, setzte zum Hechtsprung an und warf mich auf das wütend schlagende Flatterding. Fieberhaft raffte ich die widerstrebende Plane zusammen – das war ebenso harte Arbeit, wie bei Sturm die Segel zu reffen. Zitternd vor Kälte deckte ich das Boot ab, bevor es zur Badewanne werden konnte.

Am 14. 8. schlug das Wetter um – nur, wie so typisch für Alaska – in Form eines Schönwetter-Sturms! Eiskalter Wind pfiff mir um die Ohren, und mit klammen Händen verpackte ich meine Überlebensutensilien im »Sea Eagle«. Trotz des tagelangen Regens war der Wasserspiegel des Flusses kräftig gefallen, und so mußte ich mich hart placken, um das Boot ins Wasser zu bringen.

Die ersten paar Meter auf dem Trockenen waren nicht so schlimm, doch dann, im flachen Wasser des Ufers, zeigte der Sand seine Tücken: Treibsand von der gemeinsten Art lauerte hier. Oft hielt der fallenartige Untergrund für einen oder zwei Tritte, doch dann – dann konnte es einem mehr als nur die Stiefel kosten! Ich schob und drückte, zog und preßte, das Boot hing wie in Kaugummi – und dabei mußte ich ständig aufpassen, daß ich nicht versank. Ich schimpfte und fluchte lauthals – aber, das verklang im Sturm wie Flüstern in der Brandung.

Am Ende mußte ich aus Baumstämmen und Treibholz eine Art Landungssteg bauen – eine Arbeit, die sich ab jetzt wiederholen sollte, allzuoft sogar. Ich paßte eine kurze Sturmpause ab, schlüpfte, so schnell es nur ging, ins Kajak, balancierte eine Welle aus, die mich gleich wieder ans Ufer werfen wollte – und:

»Juhu-Kaili! geschafft!« brüllte ich erleichtert.

Geschafft? Sicherlich, schon bald nach zwei Stunden war ich geschafft – und als ich kaum noch das Paddel halten konnte, setzte der Regen wieder ein.

So ging es weiter mit der typisch alaskanischen Mischung: knallende Sonne, eiskalter Wind, fieser Niesel- und deftiger Platzregen, blendende Helligkeit und schier unendliche Fernsicht – und dann steckte alles um mich herum wieder im großen, düstergrauen Kohlensack.

»Okay, Junge, jetzt kennst du das Klima hier – weitermachen bis zur Küste oder aufhören? – Quatsch! Jetzt geht's doch erst richtig los! Was hatten da einige Alaskaner gesagt? ›Es war ein außergewöhnlich schöner Sommer heuer.‹« Der Monolog wurde rabiat unterbrochen: eine weltuntergangslüsterne Wolkenzusammenballung mit schwefelgelber Gift-Aura eilte mir beängstigend rasch entgegen.

»Sommer ade!« fluchte ich nur noch kurz, und dann sollte ich etwas Neues serviert bekommen: Graupel und Hagel!

Das prasselte und knallte auf den Fiberglaswänden des Bootes, Wellen bäumten sich auf, ließen das Boot rollen und schlingern, der Wind riß am Paddel, drückte mich brutal rückwärts. – Das Inferno dauerte nur ein paar Minuten – schlagartig kam die nächste Schönwetterfront angestürmt – ich blickte kurz auf die Kuppen der Kokrines Hills.

Nein! Nicht möglich – die Kuppen waren weiß, blendend weiß.

Mitten während des nächsten Platzregenüberfalls mußte ich plötzlich lachen – mir war das Motto des alten Goldsuchers aus Dawson City wieder eingefallen: »Since I gave up hope – I feel much better!«

Also biß beziehungsweise kniff ich Zähne und Arschbacken zusammen und paddelte unverdrossen weiter. Die Ortschaft Kokrines fand ich nicht – Kunststück, Kokrines war zerfallen, war aufgegeben worden, wie ich später erfuhr.

Die Ruby-Episode:
Kunst, germanische Götter und ein Lachs namens Gernot

Ein altes rostiges Blechschild bereitete mir am Spätnachmittag zur Abwechslung endlich mal eine angenehme Überraschung: Neben »Trading Post, Hardware, Liquor, Food« stand da ganz deutlich »RUBY« – ich hatte mein Teilziel heute schneller erreicht, als ich erwartet hatte.

Und, wie zur Belohnung für mein Durchhalten, flaute der Wind ab, die Sonne wärmte, tauchte die am malerisch bunten Hang gelegene Ortschaft in freundliche Farben. Wie eine Ansammlung bunter Spielzeughäuschen auf einer herbstlichen Märchenwiese wirkte Ruby auf mich. Gegen Osten glänzte ein riesiges, metallenes Band in der schräg stehenden Sonne, Wälder prunkten in smaragdfunkelndem Grün – aber da und dort leuchteten schon unübersehbar die Farben des Herbstes hervor. Wie bei Föhnsicht waren die Kuppen der Kokrines Hills näher gerückt, puderzuckerbedeckt leuchteten die höchsten Berge – idyllisch und freundlich – war es je anders gewesen?

»Are you in a hurry?« rief mir ein Mann zu.

»No, not at all!«

»Come on, get out of your boat, – there is a potlach still going on!«

Der Mann ging wieder weiter – ich war eingeladen.

Es war wohl gut, daß die Schlittenhunde angeleint waren. Das war ein Knurren, Zähnefletschen und Bellen! Ich mußte da durch, links und rechts neben wütenden Pelzteufeln, den kleinen Weg zur Anhöhe entlang. Ich hatte keine Lust, dieses Spektakel vielleicht noch öfters zu erleben: Also bückte ich mich nach einem Stein, fixierte die ungehaltenste Bestie und drohte. Das wirkte, sogar augenblicklich – danach konnte ich das wilde Volk sogar freundlich anreden.

Um das Haus, in dem das »potlach« stattfand, ging es zu wie in einem Bienenhaus – ich war derartige Menschenbewegungen gar nicht mehr gewöhnt, darum wollte ich mich erst langsam durch einen Erkundungsgang akklimatisieren.

»Hi, where do you come from?«, fragte mich eine hübsche junge Indianerin.

»Hello, from Germany.«

Die langhaarige Frau lächelte freundlich, und ich teilte ihr mit, daß ich den Yukon bis zur Mündung hinunterfahren wollte.

»Hier wohnt auch ein Deutscher. ›Wulfgäng‹ heißt er, den mußt du unbedingt besuchen. Der freut sich sicherlich, komm mit, ich führe dich zu ihm.«

In fünf Minuten waren wir bei dem soliden Holzhaus mit Traumausblick auf den Yukon angelangt.

»›Wulfgäng‹ ist okay – aber paß auf seine Hunde auf, die tückischen Biester schnappen immer nach mir!«

Aber – an der Haustür stand auf einem Poster etwas ganz anderes: »Don't mind the dog – watch the owner!« – und ich blickte auf die Faust mit dem Colt 45.

Ein freundliches, etwas untersetztes Kraftpaket begrüßte mich mit nicht zu verachtendem Händedruck – auf deutsch! – ich war das gar nicht mehr gewohnt! –, nachdem mich die junge Frau vorgestellt hatte. Kaum im Hause, verschlug es mir auch schon fast die Sprache: da wohnte tatsächlich ein Deutscher – aber, in was für einer Umgebung:

Auf schönen Brandmalereien rings im Raume starrten Wotan, der oberste der germanischen Götterwelt, und seine wilden Gefährten auf mich herab, hinter Runenkränzen äugten listige Kobolde; Feen und Waldgeister guckten scheu aus der Deckung knorriger Bäume, plätschernder Quellen oder magischer Nebelschwaden hervor. Hier ein Wolf, da ein Lindwurm und dort, ja ganz deutlich: die beiden Raben Wotans, Hugin und Munin! Weit ging mein Blick zurück, weit, ganz weit in die unheimliche Mysterienwelt des hohen Nordens. Uralte Jagdwaffen – Pfeile, Bögen, Jagdmesser und Lanzenspitzen – alle mit schönen Runen verziert, hingen an den Wänden – wurden sie vielleicht erst vor kurzer Zeit benutzt? Und da – ja, da war die Nabe der germanischen Welt, der Eckstein all der Sagen und Mysterien: Am Urdbrunnen ragt die Weltenesche Yggdrasil in den Himmel – und angebunden am Baum, der die Welt stützt und zusammenhält, ist Wotan, der soeben vom Weltenschicksal die Runen erhält.

Meine Blicke wandern weiter, finden Geweihe, und aus den Geweihen entwinden sich Gesichter, Bären, Wölfe, Adler. Das knorrige Stück Holz dort – lebt das nicht? Grinst da nicht ein Koboldgesicht heraus? Daneben hängt eine Eskimoarbeit, zart geschnitzte Lederarbeiten erzählen von Jagdabenteuern aus den einsamen Tundren, Eskimo- und Indianerporträts prüfen mich mit erhabener Würde, Felle künden von erfolgreicher Jagd und Blumen und Ornamente, aus vielen, vielen kleinen bunten Perlen geknüpft, bringen freundliches Licht in die germanische Sammlung, die da widerspruchslos mit der alaskanischen Welt harmoniert.

»Puh, Donnerwetter, ist ja toll, einfach toll«, kommentierte ich bewegt.

»Dir gefällt das, ja? Du kennst solche Sachen, denke ich.«

Und da – jetzt erkannte ich den Gegenstand an seiner Halskette: wunderbar minuziös gearbeitet in Bronze und Bernstein – ein Thorhammer!

»Jetzt setz dich doch erst einmal zu uns, du mußt hungrig sein, du bist mit einem Kajak unterwegs, ja?«

»Uns? Oh, natürlich«, dann begrüßten mich Alice, seine Frau, und sein Sohn Logan. Daß Wolfgangs Ehepartnerin eine attraktive Eskimofrau aus Nome war, überraschte mich eigentlich gar nicht. Zur Gesellschaft paßte dann auch der blonde, blauäugige Wikingertyp, der sich mit Neil Eklund vorstellte. Dann begrüßten mich Neils Bruder Gerd und sein Sohn Erik.

Die Tafelrunde war respektabel – »lang nur zu Gernot, ist genügend da, hau rein, solange der Vorrat reicht!«

Warum ich bei strömendem Regen, eiskalter Zugluft auf einem Lachs-Floß am Yukon erwachte? Na ja, einerseits hatte ich dummerweise dem Wetter vertraut, andererseits wollte ich unbedingt bei meiner Ausrüstung und dem braven Boot sein. Sicher, das Floß, auf dem die gefangenen Lachse verarbeitet wurden, war mit wasserdichten Planen überspannt – nur, wenn der Regen waagerecht ankam, wurde das eben unangenehm.

Wolfgang lachte nur, als ich wie ein begossener Pudel ankam und deutete auf einen nassen Schlafsack, der über dem Ofen zum Trocknen hing. – Neils Drang, unter freiem Sternenhimmel im Zelt zu schlafen, hatte auch Spuren hinterlassen.

»Ich fürchte, das wird 'ne geraume Zeit so weitergehen«, orakelte Wolfgang, »am besten, du bleibst mal hier, wenn du nichts dagegen hast.«

Wolfgang behielt recht: Es regnete stundenlang, tagelang – fast ununterbrochen! Mein Abenteuerdrang war vorerst dahin – nun hatten wir Zeit für ausgiebige Gespräche, Zeit zum Anfreunden. Zum Glück regnete es – Wolfgang hatte so viel zu erzählen: Klapperschlangen-Fangen in Arizona, einen wütenden Elchbullen mit dem Revolver erledigen, eine Eskimohäuptlingstochter in Nome, hoch oben an der Beringmeer-Küste, heiraten – sich mit Indianern raufen und Freundschaft schließen, die Liste wurde lang und länger. Bevor Wolfgang sich hier in Ruby niedergelassen hatte, war auch er zusammen mit Frau und Kind den Yukon heruntergefahren – per Kajak, wie ich.

Er lachte, als ich ihm meine Beinahe-Bootskatastrophe in den Yukon Flats schilderte und erzählte seine: Ihm war, als er mit Frau und Kind in den Flats unterwegs war, tatsächlich das Kajak, und damit der größte Teil der Ausrüstung – Lebensmittel und Gewehr – abgetrieben worden. Mit dem Rest der Ausrüstung – Messer, Axt, Seil und Angelzeug, dazu einem Zelt, gelang es ihnen, ein Floß zu bauen und sich – immerhin – bis zum Yukon Delta durchzuschlagen.

Deutschland war ihm vor über zwanzig Jahren zu eng geworden. Die Heimat empfand er als zu hektisch, überlaufen, zu bürokratisch, ungeeignet für Menschen wie er, die »frei atmen und sich beim Umdrehen nicht immer gleich den Hintern anschlagen wollen«. Meine Erzählungen von »New Germany« quittierte er mit verständnislosem Kopfschütteln. Kein Wunder, selbst die »lower 48« waren ihm zu überlaufen und hektisch gewesen, bevor er sich für die alaskanische Ruhe entschloß.

Irgendwann fiel dann auch die beinahe unausweichliche Frage:

»Wolfgang – und was, wenn du das Leben hier nicht mehr aushältst, wenn du nicht mehr für deinen Lebensunterhalt sorgen kannst?«

Hinter aufblitzenden Augen erkannte ich da etwas Wikingerhaftes, und was nun kommen sollte, dürfte durchaus der stilreine »Abgang« einer harten Pionierseele sein – modern ausgedrückt: Altersversorgung auf alaskanisch:

»Nun, wenn das geschehen sollte, – dann gehe ich unbewaffnet zu meinem Kanu, überquere noch einmal den Yukon – und trete dem nächstbesten Grizzly in den Arsch!«

Auch von Wolfgang mußte ich mich schweren Herzens verabschieden. Dies war der Grund, warum ich am 18. August mit kaltem Hintern aufwachte – auf einer Sandbank im Yukon, und bald darauf sollte ich auch noch lästerlich über den explodierten Benzinkocher fluchen.

Aus unerklärlichem Grund war meine Thermarest-Liegematratze nicht mehr da – und die nähere Gebrauchsanweisung für den Benzinkocher war wohl bei Wolfgangs germanischen Göttern verschütt gegangen.

Klamme Feuchtigkeit, Nieselregen und wärmefressender Wind machten mir schnell klar, daß ich ohne meine Super-Liegematratze so gut wie verloren war.

»Operation Lachs« schien mir die einzige Lösung, um dem drohend bevorstehenden Desaster zu entrinnen! Wie sollte ich das Vorhaben sonst nennen: über dreißig Kilometer flußaufwärts – gegen eine unbarmherzig drückende Strömung – zurück nach Ruby zu paddeln?

Zum Glück schien wenigstens während des ganzen Tages die Sonne – bei Regen hätte ich glatt aufgegeben. In nicht mehr zu überbietender Eindringlichkeit konnte ich nun das Flußufer studieren. Baum für Baum, Busch für Busch näherten sich mir in entnervender Langsamkeit, während ich mich mühte und abrackerte. Selten hatte ich für eine Unachtsamkeit so bitter zahlen müssen.

Oh, wie staunten Wolfgang und seine Familie, als ein Lachs namens Gernot an die große Tafelrunde zurückkehrte! Und wen wundert es, warum der Urd-Brunnen am Fuße der Weltenesche mir im Schlafe zumurmelte:

»Halte deine Sinne beisammen – in der Wildnis macht man keine Fehler!«

Windpause und strahlender Sonnenschein ermutigten mich zu einer meiner Lieblingsbeschäftigungen: Ganzkörperwaschung im erfrischenden Yukon-Wasser – bei circa 10 Grad Celsius. Sichtlich erfreut und applaudierend fuhren einige Indianer ganz nahe mit ihren Motorbooten an mir vorbei. Als kurioser Flußgeist bot ich wohl eine willkommene Unterhaltungseinlage für die Indianer. Ein Waldbrandeinsatz war für sie zu Ende und in gehobener, ja sogar angeheiterter Stimmung kehrten sie von Galena, dem Basislager für »fire-fighter«, wieder heim.

Meine eigene Abendunterhaltung am 20. August gestaltete sich völlig anders: Bärenbeobachtung und Lagerplatzsuche im Finsteren. Wegen des unbeständigen Wetters hatte mir Wolfgang geraten, in einem verlassenen, zur Zeit unbewohnten Fischcamp zu übernachten. Obwohl die Lachssaison zu Ende war, und auch die Bären jetzt für gewöhnlich zur vegetarischen Lebensweise – der Beerenernte – übergehen sollten, wollte sich ein offenbar sündiges Schwarzbärenexemplar nicht an die Regeln halten. Dieser Quertreiber erschien just in dem Augenblick, als ich mich zum Zelten auf einer einladenden Grünfläche inmitten eines Fischerlagers entschloß.

Wie lautlos und gezielt der Kerl das Camp inspizierte, in das Räucherhaus eindrang, wieder in Deckung ging, als er ein Motorboot nahen hörte. Kaum war die vermeintliche Gefahr vorüber, rumorte der Dieb im Räucherhaus weiter und erschien wieder mit einer ordentlichen Portion Räucherlachs im Maul. Irgendwie ortete er mich dann, setzte sich in Trab und verschwand behende im Wald. – Der Lagerplatz war für mich gestorben. Verlassene Fischcamps blieben für mich bis kurz vor Wintereinbruch im Yukon Delta tabu!

Bloß gut, daß kein Bär sich heute das Fell naß machen wollte, denn die wild über meinem Lager kreisenden und laut kreischenden Möwen hätten durchaus eine ergiebige Nahrungsquelle angezeigt: einen explodierten Supermarkt, dessen durchfeuchtete Waren in der Sonne trockneten. Na ja, vielleicht hielt der erzürnte Ladenbesitzer allzu Neugierige ab, während er über »dämliche Idioten« und »unterentwickelte Halbstarke« fluchte, und Personen meinte, die mit ihren »verdammten Motorbooten« Querwellen ins Bootsinnere hatten schlagen lassen, – bis sich die Schimpfkanonade schließlich an die Hersteller von sogenannten »wasserdichten« Packsäcken richtete, denen er letztendlich die Hauptschuld zuwies.

Jedoch eine wohlmeinende Sonne trocknete den Schaden – und rotes, wirklich wasserfestes Klebeband gab den zuvor schlichten Packsäcken eine bunte, persönliche Note. Ein reichhaltiges Abendmahl unter sternklarem Himmel am wärmenden Lagerfeuer ließ bald allen Ärger vergehen.

Eiskalter Wind drang in das Innenzelt, eigenartig düsteres Licht fiel durch den offenen Zelteingang. Ich wollte ja gar nicht in das unangenehme Draußen – indes die Magnum-Portion Suppe und die zweite Kanne Tee von gestern nacht drängten unbarmherzig zu ihrer letzten Bestimmung. Oh, war das gemein, ich schälte mich aus dem warmen Schlafsack und tröstete mich mit dem Gedanken an eine schnelle Rückkehr.

»Was ist *das*?« Fröstelnd stand ich in der Kälte... Dann eilte ich zurück ins Zelt, schnappte mir die griffbereiten Kameras, das Stativ und stürzte wieder ins Freie. War ich verrückt – sollte ich nicht besser sehen, daß ich weiterkam?

Dunkelgraues Gewölk drohte im Osten, brauende Nebel vermittelten zwischen einstürzendem Himmel, gefährlich blinkendem Wasser, düsterem Sandboden und rabenschwarzen Zackenreihen. Flußaufwärts, zwischen den zerschlitzten Konturen der Wälder, dort wo die silbergrauen Nebel sich lichteten und die dunkelgrauen Wolken des bedrückenden Himmels zerrissen wurden, glomm ein brennendes Band, das das brauende Silber und Dunkelbraun schluckte und durch wärmendes Blutrot verdrängte. Wollte eine andere Welt das Land und den Strom übernehmen? In schaurigen, unwirklichen Violettönen begannen die Schattenwälder, ziehende Nebelschwaden und das fließende Blei im Bett des Yukon aufzuleuchten. Regungslos starrte ich in eine mir fremd gewordene Landschaft.

Wie eine Feuerwalze waberte dann brennendes Orange über den zerrissenen Horizont, als käme das Licht aus einer anderen Welt, so, als wollte eine heilbringende Macht die lila Düsterwelt neu beleben. Doch deren Kräfte schlugen zurück, wallten, brauten, zerquetschten den Eingang des belebenden Rots, blaurote Flecken mit dunkelbraunen Schatten schlugen in tötendes Schwarz um, fraßen das wärmende Licht. Die Uferwälder ertranken in drückender Dunkelheit, eiskalter Nieselregen setzte ein. Aus den Wassern des Flusses entstiegen Nebelschwaden, verdichteten sich, hüllten die unheimliche, farbenfressende Dunkelwelt wieder ein.

Zähneklappernd, zitternd, nicht nur vor Kälte, wandte ich mich ab von dem so unheimlich gestorbenen Sonnenaufgang. Nein, für die nächsten Stunden würde mich nichts mehr aus dem Zelt bringen, ich hatte genug gesehen – meine Seele zog sich zurück, suchte freundlichere Gefilde.

Nach unheimlichen Stunden wurde es heller, wärmer und wärmer – zuletzt so heiß, daß ich, so schnell ich konnte, aus meiner Bratröhre floh, zum Fluß eilte, um mich abzukühlen. Dann folgte ein kräftiges Frühstück mit dramatischem Höhepunkt: Weitwurf eines angekohlten Pfannkuchens in die Wasser des Yukon. – Der Tag wollte einfach nicht richtig…

Mittlerweile hatte sich wieder die große Brause eingeschaltet – wahrscheinlich, um meinen Start nach Galena zu beschleunigen. Ich schlug alle meine bisherigen Lagerabbruch- und Bootpackrekorde, schmiß mich ins Regenzeug, zog die Spritzdecke über – gerade noch rechtzeitig als – die Sonne wieder herauskam und Bilderbuchwetter zur Weiterfahrt einlud.

Wendepunkt oder Endpunkt? Hot Spot Galena

Galena war eine Schrotschuß-Siedlung: da ein Häuschen, dort ein paar Gebäude, irgendwo aus dem Wald drang Fluglärm, lugten Türme und Radaranlagen aus wucherndem Grün. In der größten Hüttengruppierung vermutete ich den »Ortskern« und landete. Nach einigen Minuten ging ich in Richtung des vermuteten Buschflughafens, kreuzte den Weg zum wahrscheinlich wichtigsten Gebäude der Siedlung: dem »Liquor-Store«, der Schnaps-Bude.

»Hey, what about you, wild man!« Das galt mir, eindeutig.

Der Indianer dort im Bus lachte so überaus einladend, daß ich einfach zu ihm gehen mußte. Daß es der Bursche faustdick hinter den Ohren hatte, war mir von vornherein klar. Lachend reichte er mir eine Bierdose – knack! – neben dem Fluglärm das typischste Geräusch hier ertönte.

»Welcome to Galena!« –

»Hi, a canoe-man? Am I right? – Phil! – do you know where to stay?«

»Nein, ich kam erst gerade vor zehn Minuten – frisch aus dem Busch!«

»Oh yeah, all right, du wohnst bei mir – na komm, rein in die Karre, – ein Bier hast du ja schon, – der Gerry weiß, was sich gehört!«

Und schon saß ich im Bus, links der blonde Schrank von einem Mann, der auf den Namen Phil hörte und rechts sein Freund Gerry, der Athabaske mit weißen Blutstropfen – wie er mir später erzählte.

»Hier wohne ich«, grollte Phil in tiefem Baß, »direkt an der Quelle – ›Hobo's Inn‹ – prima Lokal sag' ich, – wirst du ja bald kennenlernen!«

Erstaunt blickte ich auf das kleine Holzhäuschen, kaum zehn Quadratmeter groß, das er sein eigen nannte, und vor dem eine blutrünstige Bestie von Hund teuflisch wild an der klirrenden Kette riß.

»Sei vorsichtig, das ist ein »Bear Dog«, die einzige Rasse, die Bären aufstöbert und festhalten kann... ohne sich dabei zerfetzen oder auffressen zu lassen – take care of your legs!«

»Übrigens«, er deutete auf ein älteres Mobilhome am Rande des Buschwerkes, »da kannst du einziehen, ist sogar noch ein Bett drinnen – okay? Und an deiner Stelle würde ich das Boot und das Gepäck hierher holen, na ja, man weiß ja nie – da hinten – siehst du – da ist gleich der Yukon – bei mir ist dein Zeug sicher, okay?«

Bombenstimmung drang bereits durch Fugen und Ritzen, krach! – die Tür flog auf und zwei Indianer machten wieder ihre ersten Gehversuche nach stundenlangem Zechen. Rauchschwaden wälzten sich ins Freie, wieherndes Gelächter, Countrymusic und Live-Gitarrenklänge schlugen mir entgegen. Die Theke war dicht belagert – und wie: Abenteurer-Typen ließen die Bierdosen krachen, Zigarren und magere Glimmstengel glühten in bärtigen Männergesichtern, Frauengesichter leuchteten hinter Qualmwolken und breiten, buntkarierten Hemden hervor. Lebensweisheiten und Gags auf den obligatorischen Schirmmützen, Buttons, Stickers und auf originellen T-Shirts machten keinen Hehl aus der Daseinsphilosophie der jeweiligen Träger.

Urige Blockhaus-Atmosphäre ließ erst gar keine Lokal-Sterilität aufkommen, dafür sorgten schon die mächtigen Elchgeweihe, Bärenköpfe, Häute und Felle. Da grinsten pfiffige Trapper von den Wänden, grüßten ehrwürdige Indianer-Charaktere, verzauberten traumhafte Naturmotive. Um die Ecke, in einem nicht abgetrennten Nebenraum, kämpfte ein singendes Gitarrenduo erfolgreich gegen die Musikbox an. Gleich daneben knallten die Billard-Kugeln, und einen Tisch weiter futterten drei Heißhungrige um die Wette. Tür auf – Tür zu – ein wildes Kommen und Gehen. Da! – aufbrandendes Gelächter – der Witz mußte gut gewesen sein – dort hallo! und hi! – Freunde umarmten sich, Frauenstimmen kreischten, Bässe dröhnten, Baritons schmetterten. An der Theke brandete plötzlich ausgelassener Gesang auf – endlich, endlich erklang wieder das Lieblingslied! –, verscheuchte lästigen Alltagsärger und Sorgen. Hurra, wir leben wieder – endlich – »Saturday-Night-Fever«!

Ich guckte etwas verdattert ins brodelnde Leben – bekam ein Bier in die arbeitslose Hand gedrückt – wurde einigen vorgestellt.

»Hi, Junge, prima hier, was! Keep in the crazy box!« – Händeschütteln, Rückenschläge.

»Hey, guy, listen to Digger Jack... don't believe anything, stay away from this bloody, Yukon water drinking pack. Nothing but pissing – talking bullshit. Cheers, down with the friendly whiskey!«

»Mann, gib dem noch'n Bier – trocknet ja noch aus, der Arme!« – »Jesus, would be a shame for Galena! Here, take the brew... but keep it away from fucking moose.«

»Der kommt aus Germany, war noch nie in Alaska, fährt gleich den ganzen Yukon runter, allein, mit 'nem Kanu. Ist hier gestrandet – wir päppeln ihn wieder auf, yeah.« Phil und Gerry grinsten.

»Was für ein timing Mann, kommst genau richtig – unter der Woche gibt's hier nur Milch – bloody warm milk for dirty suckers, am I right?«

»Oh, Jesus… a lot of lonely nights. Time for a change… eh?«

Sicher, ich wurde schon munter, taute auch auf – bloß, über allem stand die große Frage: »Wo ist das wilde Alaska – wo? – im Busch, aus dem ich gerade komme, oder – hier?«

Meinen privaten Kummer versuchte ich erst gar nicht zu ertränken – da half nur kühles Nachdenken, und die richtige Entscheidung zu treffen: Ich war pleite! – Mit den paar Dollar würde ich nicht einmal bis an die Küste kommen – bis dahin waren es noch immerhin fast eintausend Kilometer –, geschweige denn könnte ich ein Rückflugtikket von der Küste nach Anchorage bezahlen! Natürlich nährte ich da eine Hoffnung: Geld von Old Germany – ich hatte ja auch in den Briefen darum gebeten – Geld per Postanweisung – nach Galena! Irgendwie ahnte ich zwar Unheil, rechnete mit dem Schlimmsten. – Aber, die Typen heizten hier dermaßen ein, hielten mich ständig auf Trab – solch wilden Alaskanern war ich bis jetzt noch nicht begegnet. Das lenkte ab, ließ das Problem kleiner erscheinen.

Phil, das bekam ich bald heraus, war nicht nur sehr beliebt, sondern auch gleichermaßen gefürchtet! Etwas Wildes, Unberechenbares flackerte in ihm, das sich öfters in Jähzorn und Gebrüll Luft machte. Ich tippte auf grausamen Lebensfrust. Nach zwei Tagen rückte er damit heraus:

»Hem, hm, du fotografierst für 'ne Zeitung, stimmt's? Ich seh' dich auch dauernd schreiben, – soll 'n Buch werden, ha? Früher lebte ich auch mal anders – ganz anders als die ›little pink asholes‹ hier. Bin nämlich in New York aufgewachsen, ja, du hörst schon richtig, in New York City – und nicht in einer von euren mickrigen Vorstädtchen, alle anderen Städte sind doch nur ›suburbs‹ von New York.

Have got a great time at High School… ›flower power‹ and all the rest, oh yeah, these pretty wild fucking sixties. War auch bei den ›Hell Angels‹, hatte natürlich 'ne tolle ›Harley‹, you know. Glaubt ihr armseligen Fußgänger da hinten mir nicht? Motorradfahren? – No, ihr nicht, würdet euch sicher auf 'nem Fahrrad den wackeligen Hals brechen, shure!«

No, niemand wollte ihm widersprechen.

»War dann lange Zeit auf See, bin dabei fast um die ganze Welt gekommen – ja, ›Wild Phil‹ kann auch noch was anderes als Bierdosen aufmachen, yeah! – Lacht nicht so blöde, ihr Armleuchter da«, brüllte er unwirsch die Anwesenden an –, »habt noch nie den Arsch aus dem Wald 'rausgekriegt, Blödmänner! Und du, my pretty love, hör' nur zu, bleib sitzen, die Story erzähl ich nur einmal. Ist eigentlich nicht für die Öffentlichkeit... hm, hab heute Beichttag.«

Die mollige Indianerin sah hilfesuchend und schmollend in die Runde der Lauschenden, blieb sitzen, sah dann »Wild Phil« mit gerunzelter Stirn an.

»Stop this nonsense, mach dem German keine schönen Augen, my Indian sister, der hat anderen Kummer, sugar, hier, hello, hier spielt die Musik. –

Ha, laß doch mal deine Kamera sehen – keine Angst, ich tu der schon nichts, kann mit Kameras besser umgehen, als du denkst – yeah, ihr Rindviecher! Nikon, FM 2, yeah, nicht schlecht Mann. Kennst du die F 2 – ha, jetzt bist du platt, was? – So eine hatte ich mal – Tausende von guten Dias – 'ne gute Schreibmaschine – und ein paar hundert Seiten erstklassige story – yeah man, – ›Wild Phil‹ – live!

Grins' nicht so saublöde du Arschloch da hinten, aber ich tu dir ja nichts, die alten Indianer haben ja Blöde auch in Ruhe gelassen – Pfoten weg vom Bier! – du kriegst ja eins – aber frag' mich vorher – yeah!«

Eine Bierdose tanzte, drohte vom Tisch zu rollen – erst dann griff das Halbblut danach.

»Wo war ich stehengeblieben? Ah, ja, – alles verbrannt – alles – vollständig! Hier – da siehst du noch die Reste! – Ist noch gar nicht so lange her – ich hatte ein anderes Haus, als diese Hundehütte da. War ein festes Blockhaus mit einem Stockwerk sogar. Ich hatte da einen Freund – das arme Arschloch fing hier zu spinnen an, drehte glatt durch – faselte da manchmal konfuses Zeug von kommunistischen Ideen, wollte sogar nach Rußland, der arme Idiot – tat fast nichts mehr. Well, okay, ich sagte dem Rindvieh, er solle den Ofen reinigen und das Rohr durchfegen – wir bekämen sonst Ärger im Winter. Ich hatte viel zu tun, sonst hätte ich's selber gemacht – wäre vieles anders gekommen! – Ganz bestimmt! Wenn du da nicht gleich zu grinsen aufhörst...!«

Der Indianer ließ es.

»Na, dann kurz vorm Winter passierte es auch: Ein dumpfer Schlag, dann Rauch – mitten in der Nacht! – ich wußte gleich Bescheid – ging die Treppe runter – unten alles voller Rauch! Mann, das war heiß, ich wußte schon, daß es da nichts mehr zu löschen gab!

Aus! Und was tat ich blöder Hund? – weckte das besoffene Schwein – der Kerl wäre sicherlich erstickt! – machte ihm klar, daß wir jetzt vorsichtig zur Tür robben mußten! Steckte mir noch ein paar wichtige Sachen in die Tasche – und ab ging's! Wir mußten gleichzeitig raus zur Tür – machte das dem Arsch klar – dann trat ich die Tür auf – wir schmissen uns gleichzeitig ins Freie, rollten gleich ab, und: Bumm! Kaum kam die frische Luft in die Bude, da flogen uns auch schon die brennenden Balken um die Ohren. Stichflammen schossen aus allen Ecken heraus – und der Kamin – ich sag dir – der fauchte wie 'ne startende Rakete und haute ab – ehrlich, wie 'ne Rakete! Fucking bloody hell. Ging alles dann viel zu schnell, da gab's auch keinen Job mehr für die Feuerwehr, obwohl es fürchterlich regnete – alles weg, alles verbrannt – yeah, man, alles im Arsch! Und der blöde Hund, dem ich das alles verdankte, – ging nach Rußland – kann mir nicht vorstellen, daß die dort so einen Idioten gebrauchen konnten!«

Knack, knack, knack – »Hier Leute, löschen wir erst mal – ich hab' noch ein Sixpack in Reserve!« Phil strahlte in allerbester Sonntagslaune – es stand ihm gut – yeah!

Postamt – Montag morgen – jetzt drohte meine Welt unterzugehen! Nichts war gekommen, kein Cent war für mich überwiesen worden. Sicher, ich freute mich über die Briefe von daheim. Schwierigkeiten, festes Postfach – in Alaska nicht möglich – in Hawaii auch nicht – Geld nach Alakanuk – wird schon noch klappen… die Satzfetzen begannen in meinem Kopf zu kreisen.

»Nein, leider sonst nichts für Sie da! Aber das Postflugzeug kommt am Nachmittag noch mal – vielleicht ist es morgen da, dann kommt die nächste Ladung! Tut uns leid!«

Am Nachmittag – wieder nichts!

Tags darauf: Fehlanzeige! – Ich schrieb nach Hause. Schickte zwei Briefe ans andere Ende der Welt.

Phil bemerkte sofort meinen Kummer. »Da läßt sich was machen, ich frage Hobo, vielleicht kann er dir helfen – ich bin momentan auch trocken!«

»Sorry«, kam es von Gerry, »aber bei mir staubt's nur noch im Geldbeutel, muß hier gerade blöde Jobs machen, kann kaum die Bierrechnung bezahlen. Aber, ich kann dir helfen – du brauchst doch Fressalien – ja? Du kennst doch die Indianer hier, frag' nach Fisch – die lassen dich schon nicht verhungern, es ist hier anders als in Europa, glaub' mir – vertrau uns! Kennst du die Einsatz-Rationen hier?

Prima Zeug, leicht, dehydriert, mußt du nur mit Wasser wieder aufweichen, damit kann ich dir helfen. Die Jagdsaison beginnt – du kannst doch schießen – so kommst du durch. Come on my friend, hab' das Zeug daheim!«

Gerry wohnte in einem alten, aber äußerst soliden Indianerblockhaus. Er zeigte mir seine Native-Kunstwerke, mit denen er schon beachtliche Preise gewonnen hatte.

»Hier Mann, good luck! – Das mußt du ab jetzt immer tragen – und wenn ich sage immer, dann meine ich ständig. Lege das nie ab – hast du mich verstanden?! – Da ist jede Menge gute Medizin drinnen, a big bunch of good luck!« Gerry legte mir die Halskette um, eine Halskette aus handgeschnitzten Holzperlen, Vogelknochen und Elfenbein, auf eine Lederschnur aufgezogen. Er blickte mir dabei tief in die Augen und wiederholte noch einmal:

»Immer, verstanden – du wirst noch verdammt viel Glück brauchen – ich weiß es!«

Hobo, der Inhaber der wohl heißesten Kneipe Alaskas, lieh mir tatsächlich ganze einhundert Dollar! – Yeah, no bullshit. Damit konnte ich es schaffen!

Ich wäre noch gern etwas länger bei den wilden Gesellen hier geblieben – jetzt, als ich sie ein wenig verstehen gelernt hatte – aber der schlimmste Teil des »big bloody… river« lag noch vor mir: 1000 Kilometer wilder Yukon, weit auseinandergelegene Ortschaften, von denen einige recht gefährliche Bewohner beheimaten sollten, wie ich aus Erzählungen wußte. Und – es war Ende August, der 24.8., als ich wieder in den »Sea Eagle« stieg. Das Wetter könnte noch ein paar Wochen halten, informierte man mich. Aber das Yukon Delta wäre eh die »Hölle schlechthin« – oder, wie Phil sich ausdrückte: »beschissen!«

Das Indian-Summer-Rennen beginnt

Ein harter Tag steckte noch in meinen Knochen. Glücklich und zufrieden saß ich am Lagerfeuer und genoß, was meine Feldküche bieten konnte. Zum Essen war ich in Galena kaum gekommen. Ein wenig gierig sah ich ab und zu nach einer Schar von Gänsen, die nicht weit von mir gelandet waren. Jedoch die vorsichtigen Tiere beobachteten mich ständig, und kein einziges Exemplar dachte auch nur im entferntesten daran, mir als Braten zu dienen. Ob auch andere Augenpaare sehnsüchtig nach den Federtieren spähten?

Ich war schon dabei einzuschlafen, als mich plötzlich erregtes Bellen aufschreckte. Gänsegeschrei ertönte, Flügel schlugen, über dem Fluß rauschte es. Na ja, nur ein Fuchs, wollte ich schon zu meiner Beruhigung sagen, als plötzlich ein schauriger Schrei durch die Nacht drang. Alarmiert schreckte ich auf. Uferwellen plätscherten leicht gegen Treibholz, selbst den leisesten Schwapp hörte ich. Wieder gellte dieser Schrei auf, nochmals das eigenartige Bellen. – Was näherte sich dem Lager, verharrte lautlos einige Sekunden... Minuten?

Völlig ruhig lag ich da, wagte kaum zu atmen. Dann endlich, langsam, so geräuschlos wie möglich, schälte ich mich aus dem Schlafsack, griff nach dem Gewehr.

»Das ist kein Bär«, durchzuckte es mich plötzlich – und dann spürte ich fast körperlich die Nähe mehrerer Wesen. Und die waren nahe, sehr nahe – halt, kratzte es da nicht am Boot? Jetzt, das klang doch von der Feuerstelle!

Langsam begann ich, die Situation zu erfassen, ein Verdacht keimte in mir auf, der sich durch einen weinenden Heulton bestätigte: Wölfe! Und diesmal steckte ich mitten unter ihnen.

Diesmal schützte mich kein schnellbewegliches Boot im Wasser – jetzt konnten sie näher an mich heran. Bing! Eine Spannschnur vibrierte.

Schauriger Gesang setzte wieder ein, unheimliche Stimmen von mehreren Jägern der Nacht. – Aber – es klang ein wenig weiter weg vom Zelt als das erste Mal. Entfernten sie sich, gingen sie flußab?«

Dafür verstärkte sich jetzt der gespenstische Chor: Auf- und abschwellendes, langgezogenes, weinendes Klagen geisterte durch die alaskanische Nacht... Nein, diesmal verspürte ich nicht die geringste Lust mitzuheulen. Meine Erregung ebbte zwar ab, aber das markerschütternde Heulen, das aus einer fremden Welt zu kommen schien, drang tief in mich ein – erzeugte eine Mischung aus Angst, Ehrfurcht und gesteigerter Wachsamkeit.

Die gleichen unheimlichen Töne kamen jetzt vom jenseitigen Ufer, mischten sich in die Geräusche des Windes, der in den Zeltschnüren sang, leichte Wellen gegen den »Sea Eagle« plätschern ließ und in den Uferbüschen rauschte.

Bald antworteten die Wölfe auf unserer Flußseite – war das jetzt noch ein Weinen, klang das nicht wie Singen, oder – drückten diese Wesen Gefühle aus, die wir Menschen gar nicht kennen? Oder warnten sie gar vor einem gefährlichen Raubtier, das so unvermittelt in ihre Jagdgründe eingedrungen war?

Meine Seele beruhigte sich, faßte sogar eine Art von Vertrauen zu den Jägern der Nacht – und zum ersten Male in meinem Leben wurde ich von Wölfen in den Schlaf gesungen.

Die Nacht unter Wölfen war ruhig verlaufen, prächtig ausgeschlafen freute ich mich über das Geschenk des »Innoko National Wildlife Refuge«, das von Galena bis nach Kaltag reicht. Vorsichtig umging ich die Wolfsfährten, die frisch und deutlich um das Lager führten. Kein Zweifel – ich hatte nicht bloß geträumt!

Auf der Landkarte sah ich, daß ich kurz vor Koyukuk, am Koyukuk River sein mußte. Und wieder begann ein neuer, wichtiger Abschnitt meiner großen Bootsfahrt: Die großartigen Weiten Zentral-Alaskas lagen hinter mir, und der Yukon änderte hier seine Fließrichtung – er knickte stark nach Süd-Süd-West ab. Und noch bedeutender: ich befand mich nur noch 150 Kilometer vom Bering Meer entfernt.

Jedoch der Yukon fließt hier nicht ins Meer, sondern läuft parallel Hunderte von Kilometern zur Küste entlang. Der Gebirgsriegel der Nulato Hills versperrt dem Strom den Weg, zwingt ihn, weit nach Süden zu fließen, bis etwa auf die geographische Höhe des kanadischen Carmacks. Und nun – nun sollten die einsamsten Strecken der gesamten Fahrt kommen, Strecken, die nicht einmal die Indianer allein in Motorbooten fuhren.

Begeistert paddelte ich heute mit mir selbst um die Wette – Kunststück, bei dem außergewöhnlichen Prachtwetter: azurblauer Himmel, Windstille und leuchtende Herbstfarben. Große Inseln tauchten auf, und bald fuhr ich am versteckt im Busch liegenden Koyukuk vorbei – ja, vorbei, ich wollte das schöne Wetter zum Vorwärtskommen nutzen, so gut ich nur konnte. Dann begann eine freundlich gesonnene Kraft von hinten zu schieben: Rückenwind! Jetzt oder nie – ich verdoppelte, verdreifachte meine Paddelleistung. Durst und Hunger, schmerzender Hintern, all das zählte nicht, nur Paddeln, Paddeln und wieder Paddeln – bis zum Einbruch der Dunkelheit. Eine Nachtfahrt wäre zu riskant gewesen.

Dies war ein Typ »BIS-Day«. Bitte? – Was steckt denn dahinter? – Nichts anderes als ein »Beautiful Indian Summer Day«. Es gab aber auch das Gegenteil davon – den Typ »MIS-Day«, »M« für »miserable«. Doch davon später.

Eine Sandbank, die nur wenige Zentimeter über den Wasserspiegel ragte, wählte ich zum Nachtquartier. Bereits zwanzig Meter vor dem trockenen Teil der Bank mußte ich das Boot verlassen, da das Wasser zu flach war. Dies bedeutete ein ständiges Hin und Her zwischen Boot und Zelt – viele Lagerplätze sollten in Zukunft so liegen. Die ersten Schritte waren besonders tückisch: Ständig drohte ich, in den Treibsand einzusinken.

Das Zelt war noch gar nicht vollständig aufgestellt, da erschien ein Motorboot, hielt an, und zwei Leute winkten mir zu.

»Hello, möchtest du einen Fisch? Komm doch mal rüber!«

»Fisch, Fisch, Fisch…« hallte es in mir nach, und mein ewig hungriger Magen zog sich in Vorfreude zusammen.

Ein älterer Indianer begrüßte mich, seine Frau lächelte mir zu. Ich erzählte den beiden kurz von meiner Bootstour.

»Dann mußt du ja sehr hungrig sein. Da, wähle einen Fisch aus – und – du solltest beim Postamt in Nulato vorbeisehen! Viel Glück!«

Dann stand ein Kajakfahrer mitten im seichten Wasser des Yukon – hielt einen großen Lachs in seinen Händen und starrte wohl einige Minuten hinter dem entschwindenden Motorboot her.

Ich sollte heute nacht noch für kurze Zeit mehr Licht bekommen als ich wollte: Für Sekunden stand eine mächtige grelle Flammensäule zwischen Zelt und Kochstelle. Beim Feueranzünden war ich zu nahe mit dem noch glühenden Streichholz an den Brennstoffkanister geraten, und das äußerst leicht entflammbare Gemisch hatte sofort Feuer gefangen. Geistesgegenwärtig griff ich schnell zu und schleuderte die gewaltige Brandfackel in hohem Bogen von mir – gerade noch bevor der Kanister explodierte! Nein, ich war nicht leichtsinnig gewesen – ich hatte nur fürchterlich kalte und klamme Hände gehabt und konnte deswegen das Streichholz nicht schnell genug loslassen.

Stockdunkel war es, als ich meinen Lachs verspeiste, und das Lagerfeuer konnte keine stimmungsvolle Atmosphäre mehr erzeugen wie noch Wochen zuvor, als die Mitternachtssonnen-Nächte den Busch so lieblich verzaubert hatten. In der Dunkelheit wurde die Wildnis jetzt unheimlich. Es sollte Tage dauern, bis ich mich auch an die alles einhüllende Dunkelheit gewöhnen konnte und mich selbst in der Finsternis der alaskanischen Nacht wohlfühlte.

Aber den Anfang der neuen, dunklen Zeit wollte man mir nicht allzu schwer machen: Über den Uferwäldern glomm ein rotgoldener Fleck auf, wuchs langsam über den bizarren Zacken der höchsten Bäume zu einer großen, hellen Scheibe, flackerte in den Wassern des Yukon, und ein leuchtendes, irisierendes Band spannte sich bis zur kleinen Sandinsel mit dem tanzenden Feuerchen darauf. Würden die Wölfe heute nacht wieder singen?

»Danke, nein, keine Fangopackungen und schon gar keine kalten, verdammt!« Aber der breite Schwimmsandfächer war anderer Ansicht. Dem Boot half dies sicher auch nichts, es steckte wie festzementiert. Tragendes Wasser floß etwa 50 Meter entfernt. Daß ich ständig im Schwimmsand einzusinken drohte, ging beinahe über meine Kräfte. Treibholzbrücken baute ich schon seit den Kokrines Hills, aber auch ohne die langen, dünnen Baumstämme, die ich immer als Hebel einsetzte, und mit etlichen Flüchen gelangte ich dann doch in fließendes Wasser. Gewaltige Mengen an Energie, die ich doch so bitter nötig zum Paddeln brauchte, waren dahin.

Jedoch die Auftankmöglichkeit raste bereits auf mich zu. Die beiden Insassen des halb fliegenden Motorbootes waren in prächtiger Stimmung, schienen bereits aus der Ferne mein Kaloriendefizit bemerkt zu haben. Ein Weißer, der sich mit Charley vorstellte, handelte auch sogleich – knack! und schon retteten sie mich mit ihrem »first aid«. Dann erhielt der »Sea Eagle« von den beiden »River-Sanitätern« zwei neue Signaturen.

»Du willst doch noch weiter 'runter, ja? – Na, dann stärke dich mal ordentlich«, und der Indianer reichte mir die Whiskypulle.

»Wir kommen gleich wieder vorbei – see you!« Damit fuhren sie flußauf.

Nach etwa zwanzig Minuten erfolgte fast die gleiche Zeremonie. Man bestätigte mir, daß zwischen Kaltag und Grayling menschenleeres Gebiet sei, reine Wildnis, nichts als Busch, so 200 Kilometer lang. Aber, noch viel schlimmer: ab Kaltag sei alles trocken – totales Alkoholverbot!

»Da, Mann, belebe dich, unten gibt's nur noch Yukon-Wasser – und – da hast du 'ne eiserne Reserve, ›power medicine‹, paß gut darauf auf! Wir sehen uns in Kaltag, ja? Wenn du nach Grayling kommst, frage nach mir«, ermutigte mich der Exkalifornier.

Die Feuerwasser-Rakete bäumte sich auf, zwei Männer winkten, und bald verschwanden die beiden mit ihrer hochprozentigen Ladung. Ob sie auch dem Benzin etwas von der »power medicine« beigemischt hatten?

Harte Tage vor Kaltag – Mit dem U-Boot nach »Nifelheim«

Müde kroch ich aus dem dauerberieselten Zelt, duckte mich, um mir nicht den Kopf an den dunklen, tiefhängenden Wolken anzustoßen. Nein, da wollte ich nicht weiterfahren, nein, so nicht. Gestern hatte ich wenigstens meine Sachen trocken einpacken können – und außerdem spürte ich noch die zehn Stunden Dauerfahrt in meinen Muskeln: zehn Stunden Fahrt bei strömendem Regen und Gegenwind.

Das quälende Vorwärtskämpfen wäre ja noch zu ertragen gewesen, wenn ich am Abend wenigstens auf der Karte die zurückgelegte Strecke hätte abstecken können. Vielleicht hätten sich Fische orientieren können: Die Sicht war gleich Null, die Flußlandschaft ersoff in elendem, kaltem und nassem Grau. Und so wie heute sollte es weitergehen – Rackern und Placken, stundenlang, gnadenlos und schon fast hoffnungslos, hinein in eine erbärmliche Regenhölle. Von einem nassen Loch zum anderen sollte ich paddeln.

Gut, erkannt? – Ja, Typ MIS-Day – und so hatte es angefangen:

Regen beim Lagerabbruch, Platzregenüberfall beim Einstieg. Fünf Stunden Dauerregen folgten – dann etwa eine Stunde gnadenlos stechende Sonne, und im Handumdrehen trocknete die triefnasse Umgebung. Kaum saß ich im T-Shirt in meiner Privatgaleere, rauschte es so eigenartig: Meilen voraus schwoll da dieses merkwürdige Rauschen an, steigerte sich zum Prasseln. Gerade noch rechtzeitig konnte ich ins Regenzeug schlüpfen, die Spritzdecke über die Einstiegsluke ziehen. Erst kam es eimerweise, dann faß- oder badewannenweise – das steigerte sich sogar noch, o ja – zuletzt schien die Luft durch Wasser verdrängt zu werden. Kein Zweifel – ich saß in einem U-Boot! Fassungslos, dann lauthals lachend ließ ich den Segen über mich ergehen – eine vergleichbare Wasserschlacht hatte ich noch nicht erlebt.

Ich fuhr weiter, eins, zwei, drei, vier – ... einatmen – ... sieben, acht – ausatmen. Dann später: zwei Schläge – einatmen – zwei Schläge – ausatmen. Nach zwölf Schlägen ein ganzer Atemzug, einatmen und ausatmen – dann nach 24 Schlägen, 36 bis zu 120 und mehr Schlägen. Maschinenartig lief das ab – ich zählte in Gedanken ständig dazu – stundenlang – und wenn mich negative Gedanken zu schwächen drohten, legte ich noch längere Serien ein. Die Landschaft ertrank – ich war nur noch Maschine: atmen, paddeln, atmen, paddeln ... stundenlang – im Vierstundenpack. Das Wetter hatte keine Macht mehr über mich – Wind, Wellen, Wasser, Wald – Wind, Wellen, Wasser, Wald ...

»Dich muß doch auch jemand fotografieren – give me your camera!«
In einem atemberaubenden Moment wechselte meine Nikon das
Boot, ging in Indianerhände, der Verschluß klickte dreimal, währenddessen ich hoffte, daß meine anschwellende Sorgenfalte nicht bemerkt werden möge. Zwei dunkle Augenpaare blitzten mir zu, als
wollten sie sagen:

»Na, Junge, ist doch Ehrensache, nach einem Begrüßungsschluck
bist du hier Gast!«

Dann bekam ich das hier unersetzliche Gerät wieder zurück.
»Good luck«, riefen sie mir noch lachend zu, während sie Fahrt aufnahmen, »vielleicht treffen wir uns beim Fest in Kaltag wieder.«

»Hi, wir kennen uns doch schon von Galena, willkommen in Kaltag,
– da, stimm dich gleich mal aufs Fest heute abend ein. Tolle Tanzerei,
sag' ich dir, bleib am besten gleich hier, das geht übers ganze Wochenende bis zum Achtundzwanzigsten. Dann bis heute abend, see you.«
So unvermittelt der mir bekannte Indianer mit seinem Geländewagen
erschienen war, so schnell hatte er sich wieder entfernt – dies war ein
Begrüßungsbier im Vorbeiflug. Hinter wirbelnden Staubfahnen entfernte sich das Fahrzeug in die Richtung zum Dreihundertseelen-
Dorf Kaltag. Ich band das Kajak zwischen vielen Motorbooten am
Ufer fest und ging dann ebenfalls in die Richtung, die der Geländewagen eingeschlagen hatte, zu der Ortschaft, die vor einhundert Jahren
von russischen Explorern und Missionaren besucht worden war.

Ich eilte hoffnungsvoll zum Postamt. Meine letzte Hoffnung, vor
dem Ende meiner Fahrt doch noch eine Finanzspritze aus Deutschland
zu bekommen, ging grausam baden. Nein, keine »money order«, auch
kein Brief, nichts war für mich da. Ich versuchte, die Situation mit
Fassung zu ertragen und unterhielt mich ein wenig mit dem Postmann.

Forschende Augen aus dem markanten Indianergesicht musterten
mich für einige Sekunden und dann offerierte er mir die Lösung à la
Kaltag:

»Verkaufe dein Boot, bleibe hier. Gehe jagen und fischen – du wirst
es nicht bereuen, Kaltag ist sehr schön. Und dort, die herrlichen
Berge, wer einmal dort war, der will nicht mehr weg.«

Obwohl der Empfang in Kaltag ziemlich freundlich war, wirkte die
Ortschaft wild und beinahe abweisend.

»So, jetzt bist du in einer der Indianerortschaften, vor der dich alle
gewarnt hatten, in der Gegend, die sich noch einige hundert Kilometer den Yukon hinunterzieht, und wo sie Boote anbohren, stehlen

und auf Weiße schießen sollen!« erklang es plötzlich in meinem Gedächtnis.

Und tatsächlich, irgendwie herrschte hier eine seltsame Atmosphäre. Als ich eine Runde durch die Ortschaft lief, stellte sich eine Art »High Noon«-Gefühl ein, nicht, daß mich jemand bedroht oder auch nur unfreundlich angeredet hätte, nein, ganz und gar nicht – aber der wilde, unberechenbare Eindruck blieb. Jedoch die Kinder zeigten sich auffallend neugierig, und eine kleine Gruppe wollte unbedingt fotografiert werden. Gern tat ich ihnen den Gefallen. In der Indianer-Cooperative mußte ich meinen Einkauf sorgfältig planen, kaufte nur das Notwendigste.

Es war Nachmittag, das Wetter nicht ganz übel, ich fühlte mich kräftig, aber keineswegs in Feststimmung oder gar in Tanzlaune – ich beschloß weiterzufahren. Ein paar Kinder halfen mir beim Ablegen, und kurz vor dem Start wünschte mir ein Indianer noch viel Glück und betonte, daß die Strecke nach Grayling wirklich sehr, sehr einsam und gefährlich sei.

Am späten Nachmittag fuhren einige Motorboote vorbei, alle Insassen winkten mir ausgelassen zu – es herrschte Vorfreude auf das Tanzfest in Kaltag – und ich? – schaufeln, schaufeln und wieder schaufeln. Für einen Moment kam Reue in mir hoch, lähmte meine Paddelleistung – ich mußte mich neu motivieren. – Und das klang dann etwa so:

»Du bist hier nicht zum Tanzen da, verdammt noch mal! Die haben hier alle hart gearbeitet, haben wochenlang Lachse gefangen, Brände bekämpft – und jetzt wollen sie feiern. Ist doch okay – aber – die werden auch ganz bestimmt über alle Stränge hauen: sich total ausleben, werden mehr Alkohol vernichten als eine Seeräuber-Flotte! Und tanzen werden die bestimmt nicht artig nach Flöte und Fiedel. Und – sie haben alle Motorboote, keiner paddelt da nach Hause, kein einziger – aber du. Wenn du nicht richtig mitfeierst, beleidigst du sie womöglich! Also: Hau drauf, schaufle, bis das Paddel kracht!«

Bald war ich allein, tauchte ein in die Wildnis, die sich über zweihundert Kilometer dehnte, menschenleer, einsam – aber nicht abweisend. Das Gedankenrad hörte auf sich zu drehen, ich begann mit dem Boot, dem Fluß, den Uferwäldern, ja sogar mit Wind und Wellen, Wolken und Geräuschen der Wildnis zu verschmelzen. Tief atmete ich den würzigen Duft der Pflanzen, steigerte den Paddelrhythmus – Wind, Wasser, Wellen, Wald – Wind, Wasser, Wellen, Wald – ...

Den 30. August verbrachte ich bei Sturm und Regen im Schlafsack – dafür mußte ich die ganze Nacht wegen eines Grizzlys Bärenwache halten und kroch am nächsten Morgen nur widerwillig aus dem Zelt.

Auch andere Wesen wurden wieder aktiv: Enten und Gänse rotteten sich zusammen, veranstalteten Schrei- und Trompetenkonzerte, starteten zu wilden Rundflügen, um nach Minuten wieder lärmend zurückzukehren. Die Laubwälder wurden auffallend gelb, und aus dem Unterholz begann es überall rot zu leuchten.

Die Jagdzeit brach an, und ich begann mich wieder intensiver mit Bogen und Pfeilen zu beschäftigen. Bogenschießen verlangt Übung, und so bastelte ich mir einige Ziele und steckte sie in den weichen Sandboden.

Wie lebendig jetzt die Farben der Landschaft zu leuchten anfingen; kleine Nebelwolken umhüllten zart die Baumwollwipfel, entstiegen dem Flusse, krochen aus dem sich erwärmenden Sandboden. Den starken Jagdbogen konnte ich mühelos spannen, die Pfeile fanden ihre Ziele, eine wohltuende Sonne am kristallklaren Herbst-Himmel spendete Licht und Wärme. Das taufeuchte Kuppelzelt dampfte in der Sonne, Geschirr blinkte am Lagerfeuer, und am Flußufer strahlte mein blauweißes Torpedo auf dunklem Sand. Ich war glücklich und zufrieden. Ich zog meine Stiefel aus, ging barfuß, sanft berührte ich die Erde – fast andächtig; tief atmete ich die würzige Luft – lautlos, ganz leise – selbst beim Atmen wollte ich kein Geräusch verursachen.

Sommerabschied, Herbstanfang – wie es wohl meinen Leuten daheim ging? – Sicherlich genossen sie nicht diese herrliche Ruhe wie ich hier. Diese Ruhe kann man nicht beschreiben – nur erfahren. Furchtbare Angst hätten sie wahrscheinlich daheim, wenn die große betriebsame Maschine Europa plötzlich still stände, kein Laut ertönte, – es käme einem Weltuntergang gleich. Herbststimmung: Die Farben der Natur leuchten noch einmal für kurze Zeit in der tief stehenden Sonne – so bunt, so grell, wie die Farben der dicht zusammengewachsenen Städte daheim. Üppig und farbenprächtig zeigt sich noch einmal die Natur, bevor sie der Winter überrascht – zartes Grün keimt schon verdeckt in Millionen von Knospen und Samen, auch im großen heißlaufenden Getriebe?

Merkwürdige Unruhe weckte mich. Etwas gereizt und nervös arbeitete ich mich aus dem warmen Schlafsack, griff nach dem Gewehr, zwängte mich durch den Eingang des Zeltes. Schon befand ich mich in einer irrealen Welt – oder gar auf der Oberfläche eines fremden Planeten: Lange schwarze Schatten vom Zelt, von den Baumstämmen und

Sanddünen gravierten sich in das Funkeln und Glitzern Abertausender Kristalle. Ein breites silbernes Band wand sich da zwischen schwarzen Zacken, blinkte ab und zu, strömte wie glänzendes, fließendes Metall. Dort am Nordhimmel über der dunklen Zahnreihe jenseits des silbernen Bandes leuchtete eine riesige Silberscheibe – kalt, abweisend. – Ich bückte mich, betastete das Funkeln und Glitzern zu meinen Füßen – auch hier: kalt, abweisend, Reif und Eis! – Oder gar kalter, irisierender Staub der Sterne? – Erschrocken zog ich die Hand wieder zurück. Markerschütternde, grelle Schreie zerrissen plötzlich die unheimliche Stille der Nacht, in der schneidende Kälte sich anschickte, das Leben zu töten, sie störten die starre Ruhe der tiefschwarzen Mondschatten. Zwei große geflügelte Schemen zogen lautlos über die silbern reflektierende Bodenfläche, warfen verzerrte schwarze Umrisse, flackerten über dem breiten, ehernen Band, um mit dem wilden, düsteren Scherenschnitt am jenseitigen Teil des erzenen Stromes zu verschmelzen. – Ein kleines Kerzenflämmchen tanzte im Inneren des Kuppelzeltes, verbreitete mildes warmes Licht – beschützte Leben.

1. September 1988: Milchiges Weiß drang durch die Eingangsöffnung, verschleierte die Sicht, drang in mein Inneres bei jedem Atemzug. Schimmerndes helles Pulver bedeckte die Wandungen des Zeltes – außen und innen: Schuhe, Kochgeschirr, Axt, alles weiß überzogen. Kalt war der Pulverüberzug, schmolz bei der Berührung mit den Händen. Ein schwacher Windhauch wirbelte in dem alles deckenden, klammen Weiß. Da, aus den dichtesten Schwaden, klangen da nicht murmelnde, sanft plätschernde Stimmen? Ansonsten herrschte Stille, lastende, bedrückende Stille – Totenstille? Da, plötzlich, das wallende Weiß leuchtete auf, dehnte sich, riß auseinander und gleißendes Licht brannte sich stellenweise durch die dichten Schleier, fraß sich weiter, befreite dunkle, dampfende Erde. Lagen da nicht kahle Gerippe auf düsterem Boden, leuchtete dort nicht verwitterndes Gebein? Flacher Atem nur bewegte meine Brust, geweitete Augen starrten auf unheimliche Enthüllungen des Lichtes, zögernde Bewegungen erfroren wieder, der einsame Monolith mit dem langen Schatten dort – war das ich?

Nebelland – Nifelheim, düsteres Dasein am Rande der Welt – war ich im Totenreich, dem Nifelheim der nordischen Sagen? Schwarze, nasse Erde, düstere Sanddünen, die überzogen waren mit wellenförmigen Ornamenten – erstarrten Bewegungen des ehemals lebendigen Flusses –, dehnten sich zu meinen Füßen. Wie mahnende Finger deuteten einzeln stehende Weidenschößlinge durch das ziehende, drehende und pulsierende nasse Weiß. Zerschundene Baumstämme mit zerfetzten Wurzeln, abgerissenen Ästen, ruhten auf kaltem, dunklen Bette – lagen wie gefallene Krieger. Eisiger Windhauch drang von der rabenschwarzen, bizarren Schlachtordnung der Riesen, die immer nachwuchs, sich nicht um die Gefallenen ihrer Art kümmerte. Da! Ein wildes Aufleuchten, ein Lispeln der Weiden, Auftrauschen und Schwanken bei dem Heere der Riesen – Ragnarök? Eine blutige Lohe flammte über der Aufstellung der Riesen – war die Welt bereit, war die Rune des Untergangs gezogen?

Immer noch ragte die erstarrte Gestalt über dem düsteren Boden, immer noch floh der lange Schatten – doch halt, jetzt schrumpfte der Schatten zusammen zu einem grauen Fleck. Sah ich hier in dem Naturschauspiel Zeichen, eine archetypische Schrift, die das Land ausstrahlte, und verstand deren Bedeutung?

»Was tust du denn hier, Menschlein? – so allein in der sterbenden Sommerlandschaft? Hast du keine Gefährten, lebst du hier ganz allein – ja, hast du keine Angst hier, so weit entfernt von deinesgleichen? Sieh, wie die Wasservögel sich sammeln, die großen Tiere sich finden! Und du...? – Was tust du hier in Nifelheim? – Du Tor! – Du bist an den Pforten des Totenreiches. Gehe in dein Boot und fahre zu den Menschen, ehe das Land dich behält! – Fahre zum Meer, da ist noch Leben, verlasse das Land der sterbenden Pflanzen und sommermüden Bäume. Wahrlich, auch die Lachse haben ihr Ziel schon gefunden – fahre weiter kleiner Mensch, finde dein Ziel. Komme wieder, wenn das Leben hier von neuem erwacht, ja, komme ruhig wieder – aber jetzt eile! – Wir geben dir einen wunderschönen Reisetag als Geschenk mit – nutze ihn!«

Ja, ich nutzte den Tag wirklich. Nur ahnte ich damals nicht, daß ich einem Buschkoller gefährlich nahe gekommen war, dem Preis für Wildnis und Einsamkeit.

Bewegter Indian Summer in Grayling

Wir schliefen sehr lange, erst gegen elf Uhr wurden wir energisch geweckt. Eine Frau, in warmer und stabiler Buschkleidung, stand in der Tür und rief:

»Wir gehen zur Elchjagd – gleich jetzt – willst du mit uns mitkommen, Onkel Herbert?«

Das ließ sich Herbert nicht zweimal sagen, blitzartig wurde er munter, kramte und wühlte nach ein paar Sachen, stopfte alles in einen Seesack, warf die Kaffeemaschine an – setzte schon zum Hechtsprung ins Freie an – als ich plötzlich rief:

»Hey, Herbert, darf ich noch hierbleiben?«

»Klar, bot ich dir ja schon an – bleibe solange du willst – see you!« – und schon war er draußen, das war das letzte, was ich von ihm hörte und sah.

Nun, erst einmal zur Lage: Ich steckte zu dieser Zeit gerade in Grayling, genauer gesagt, in einem Blockhaus – Herberts Wohnsitz im 220-Seelen-Dorf im Yukon-Kuskokwim-Delta, einem der abgelegensten Gebiete der Welt – im Distrikt »Bering Sea Coast«. Und damit der Status von Weltverlorenheit und Ursprünglichkeit erhalten blieb, lag das wildnistraumverlorene Dörfchen im tiefsten Winkel des »Innoko National Wildlife Refuge«.

Gleich bei meiner späten Landung war ich einigen Überlebenden des großen Festes von Kaltag in die Arme gelaufen: Männer wie Frauen, alle in gehobener Stimmung. Herbert, Mitte Fünfzig, ein kompakter, vierschrötiger Athabaske mit eskimoischem Einschlag, hatte mich eingeladen und noch vor dem Schlafengehen eine riesige Pfanne mit Elchfleisch und Kartoffeln aufgesetzt. Er war in beste Erzähllaune dabei geraten – die Magnum-Portion Whisky löste Zunge und Erinnerungsgeschichten – und hatte mich zum Mitwisser eines sehr bewegten Lebens werden lassen. Herbert war in Chicago, Los Angeles, Mexico, New York – und wie ich später von seinem Neffen erfuhr – auch in Deutschland gewesen. Jagdgeschichten aus Alaska hatten mit Spaziergängen am Broadway in New York gewechselt. Kleine Abenteuer in Mexico waren nur kurze Erholungsausflüge nach jahrelanger Knochenarbeit auf Hochseefischkuttern gewesen. Harte Wetter um die Aleuten wurden von sonnigen Wochen in Kalifornien abgelöst. Herbert erzählte und erzählte...

»Oh, wie herrlich, was für ein schöner...« – Indian-Summer-Tag wollte ich noch sagen, als sich Herberts Hund schon auf mich stürzte – zum Glück vor Freude. Wir hatten uns gestern spät in der Nacht bekannt gemacht. Herbert war wohl schon zu müde gewesen, um mich richtig einzuschätzen und hatte zu einem uralten Jäger- und Indianertrick gegriffen. Er hatte seinen Hund urteilen lassen. Ich will nur hinzufügen, daß es sich nicht bloß um ein Hündchen handelte, das vor der Tür des Blockhauses angeleint war, sondern um einen großen, starken Husky.

Grayling wirkte eher wie ein bewohnter Park als eine Indianer-Ortschaft: Eingebettet in Birkenhaine, Weidenbüsche und einzeln stehende Laub- und Nadelbäume standen die unterschiedlichsten Häuser. Lediglich in der Nähe der Bootsanlegestelle rückten die Bewohner etwas dichter zusammen. Am südlichen Ortsende, jenseits eines fischreichen Baches, inmitten einer in leuchtenden Herbstfarben prunkenden Gartenlandschaft, lag der Feldflughafen. Wie riesige, bunte, flügelspreizende Insekten standen da einige kleine Propellermaschinen auf einer Blumenwiese, die übervoll von verblassendem »fireweed« leuchtete.

Sowohl die Forellen und Graylinge des Baches, nach denen wohl die Ortschaft genannt worden war, als auch beginnendes Magenknurren erinnerten mich an mein Mitbringsel: einen großen Lachs, den ich unterwegs kurz vor Grayling auf höchst ungewöhnliche Art gefangen hatte, und der jetzt in Herberts Hütte lag.

Die Küchenaktivitäten verstärkten bald das Kommen und Gehen im Hause, und es dauerte nicht lange, da erinnerte mich die Situation an »crazy friendly Rampart«. Verwandte, Freunde und Bekannte von Herbert erschienen.

»Den hast du aus einem Fischrad geholt, stimmt's? – Macht ja nichts, ist ja erlaubt, wenn man unterwegs ist und Hunger hat.«

»Frisch geschossener Lachs aus dem Yukon«, bot ich Fischsuppe und gebratenen Lachs an.

Ungläubige Gesichter begannen sich spöttisch zu verändern – dann betrachtete man meine Lachs-Deklaration als Unfug oder Scherz.

»O nein, das ist kein Witz – hier gibt es frisch geschossenen Lachs, tatsächlich. Ich werde euch erzählen, wie es dazu kam: Schon seit Tagen war ich ständig hinter allerlei Kleinwild her – und vor Grayling, da schwamm etwas Kleines quer zu meiner Fahrtrichtung. Den Bogen konnte ich gerade nicht benutzen, und so griff ich zum Gewehr – und da, hier ist das Ergebnis – deswegen hat der Fisch auch keinen Kopf mehr, das war eine 303.«

»You shot a fish with a 303! – really? – Oh, funny!« George, Herberts zehnjähriger Neffe, kugelte sich vor Lachen. Dann half er mir beim Holzhacken und ganz besonders beim Verzehr der mehr als reichlich vorhandenen Lachseier-Suppe. Der Junge war auffallend agil, intelligent und neugierig, und so nach und nach erzählte ich ihm und anderen Zuhörern von der Fahrt durch das über zweihundert Kilometer lange Stück Wildnis zwischen Kaltag und Grayling.

Mein schönstes Erlebnis? Das war in der Nacht zum 3. September 88. Am Vortag hatte ich fast den ganzen Tag lang im Zelt gesteckt und ins Tagebuch geschrieben: »Alaska, du bist wie eine schöne, wilde, geheimnisvolle Frau – aber leider, eine, die zuviel weint.« – Das gefällt euch, ja? An dem Tag blätterte ich in meinen Aufzeichnungen, las darin und glaubte schon, sie wären aus einer anderen und schöneren Welt. – All das paßte nicht mehr zu dem neuen, dem grauen und wüsten Alaska. Die Tagebuchaufzeichnungen wirkten auf mich wie bunte Wunschträume eines Gefangenen in einer düsteren, sturmgepeitschten Regenwelt.

»3. 9. 88: Alaska lächelt wieder« schreibe ich gleich ein paar Stunden später. Erinnert euch, der Tag war ein Juwel von Indian-Summer – und – es roch noch einmal nach Wildnis, nach dem würzigen, verführerischen Parfum Alaskas.

Spät am Abend mußte ich leider etliche Gruppen Enten und Gänse durch meine Landung an einer flachen, von Schachtelhalmwiesen bestandenen Sandinsel vertreiben. Während ich das Lager errichtete, Abendessen am Feuer bereitete, ließ sich kein Wasservogel blicken. Doch kaum war das Lagerfeuer erloschen und ich im Zelt verschwunden, da hörte ich schon weit in der Ferne die Schreie und Rufe etlicher Vögel. Dann vernahm ich Rauschen und Pfeifen in der Luft, als ob dahinrasende Geschosse die Ruhe über der Insel zerstören wollten. Nach einigen Sekunden hatte ich die Geräusche erkannt und wußte, was da vor sich ging: Die Späher und Zugführer der Wasservögel waren gelandet und erkundeten die Lage. Dann steigerte sich das Rauschen und Lärmen über mir, das kreischte und schrie, quakte und trompetete, und in immer enger werdenden Spiralen näherte sich ein Vogelschwarm nach dem anderen.

Das sollte sich aber noch steigern, und da ich mich mucksmäuschenruhig im Zelt verhielt, ich achtete sogar auf meine Atemgeräusche, setzte jetzt eine wahre Luftlande-Invasion ein. Unter unvorstellbarem Geschrei, Geschnatter und Signalrufen besetzten die Federtiere ihre Insel. Die Landungen erfolgten in immer kürzeren Abständen, und bald steigerte sich all das Schreien und Trompeten, Quaken und Fiepen, Gezeter und Geschnatter zu einer wirren Lärmkulisse, untermalt vom wilden Rauschen zahlloser Flügel. Das dauerte nicht nur fünf Minuten, o nein, das hielt Stunde um Stunde so an, die ganze Insel ging in Wellen flügelschlagender Vögel unter.

In all dem Lärm und Tumult traute ich mich wieder, mich vorsichtig zu bewegen, ich wußte, daß die aufgebrachten Tiere trotzdem wachsam waren, und behutsam, Millimeter für Millimeter öffnete ich die Sichtluken. Ich blickte in ein Gewoge von Flügeln, gefiederten Hälsen mit Schnabelköpfen, staksigen Vogelbeinen, Federbüscheln, aus dem jetzt immer ruhigere Geräusche drangen. Zum Schluß klang es, als ob die gefiederte Gesellschaft sich zu gedämpfter und gepflegter Unterhaltung entschlossen hätte.

Ich war glücklich, so etwas erleben zu dürfen – nicht im entferntesten Winkel meiner Seele dachte ich an Jagd – ich wurde nur müde, und wie auf ein geheimes Kommando begann sich Ruhe und Entspannung über die ganze belagerte Insel auszubreiten. Völlig still wurde es allerdings nie – leise, ganz zart fiepte und schnatterte es gelegentlich und ebenso wurde auch geantwortet. Und dann waren noch die Wächter da, die sich ab und zu ihre Lagemeldungen zutrompeteten, aber auch diese Meldungen klangen gedämpft. Und so kam es, daß da ein recht gefährliches und hungriges Wesen, inmitten Hunderter, ja Tausender von Gänsen und Enten weilte, oder besser, mit all denen um die Wette schnarchte.«

Charleys whiskyseliger Einladung kurz vor Kaltag kam ich natürlich nach und lernte dabei gleich seine Familie, eine hübsche Athabaskin und zwei lebhafte Kinder, kennen. Eine alteingesessene Indianerfamilie hatte mit ihm einen Exoten bekommen – einen blonden Indianer, warum nicht? Der Feuerwasser-Raketen-Pilot gehörte auch zum sehr lebendigen Herbert-Clan. Auf alle Fälle blieb ich ein paar Tage in Grayling – erinnerte es mich doch so an »Ramp City«.

Indianische Tage halte man in der Schule ab, wurde ich informiert, und daher seien auch so viele Schulkinder hier. Man wolle hier alte indianische Traditionen wie handwerkliche Arbeiten und Überlebenskniffe nicht in Vergessenheit geraten lassen – sagten die weißen Lehrkräfte. Einer, den längst schon der Yukon indianisiert hatte, war dabei, seine Heimat- und Universitätsstadt mit Grayling zu tauschen – ein deutscher Lehrer aus Hamburg.

»Fluß ohne Wiederkehr? – Das ist schlimmer mit dem Yukon, sage ich dir. Du wirst es schon noch sehen: Wenn du den Fluß geschafft hast... ich hab's erfahren... dann wird's noch schlimmer – er läßt dich nicht mehr los! Du brauchst mir nichts zu erzählen – ich seh' es dir doch an, Mann – er hat dich doch schon, Gernot. See you, next time in Grayling!«

Überleben mit ihren neuen Berufen konnten auch die beiden indianischen Ladenbesitzer im Ort, die zwar fast die gleichen Waren anboten, sich jedoch in der Geschäftsführung völlig unterschieden. Während eine verschlossen wirkende junge Indianerin per Personalcomputer ihren Laden straff organisierte, blieb der männliche Besitzer des anderen Geschäftes dem uralten und bewährten Geschäftsgebaren treu. Höflich zeigte er sein Angebot, freundlich regte er zu Unterhaltungen an, und am Ende entwickelten sich daraus ausführliche Gespräche.

»Sei unbesorgt«, ermutigte er mich, »der Yukon friert meistens erst Ende Oktober zu, da kommst du schon noch an die Mündung. Das Allerschlimmste werden die Stürme sein, die im Deltagebiet über das Land fegen, beeile dich daher besser. Du kommst dafür aber dann in ein Gebiet mit sehr freundlichen Menschen, die Eskimos werden dir gern helfen, falls es dir übel ergehen sollte.«

Übles sollte sich sehr bald zusammenbrauen, vielleicht empfand nur ich es so. Fröhliche »round-the-clock-action« kannte ich ja schließlich schon aus anderen »river villages«. Die in Herberts Wigwam Versammelten hatten ein wenig zuviel vom »Geisteswasser« in sich. Wir fingen an, unsere Ausrüstungsstücke zu loben und zu vergleichen. Stundenlang kreiste das Gespräch um Jagdgewehre, ein Lieblingsthema im Busch. Meine 303? – eine Bären-Keule, ein Elch-Hammer, die Betonung lag jedoch auf Keule und Hammer. Nie hätte ich geglaubt, daß ausgerechnet das Thema Messer eine äußerst gefährliche Situation herbeirufen würde. Ich war mit meinem alten Bowie-Messer zufrieden – auch wenn man »darauf mit dem nackten Arsch bis nach Texas reiten« konnte.

»Bullshit, ein Messer muß absolut scharf sein, da, fühl mal, so muß eine Klinge sein«, meinte ein junger Indianer und zeigte ein schmales, leicht gekrümmtes Fischmesser.

»Shut up, hab' dich doch nicht so, bloody poor Honkong steel, das krumme Ding da soll scharf sein – gib doch mal her!«

Ein älterer Indianer griff nach der Klinge, die eigentlich mir gereicht wurde. Aber ihr Besitzer ließ sie nicht los.

»Now, you see, ich habe jetzt deinen Fischschaber fest in der Hand, so scharf ist der also gar nicht. Fucking bloody hell – jetzt gib mir das Ding endlich!«

»Nein, Finger weg!«

Plötzlich ein erschreckter Ausruf, ein Fluch, eine gestotterte Entschuldigung – das Messer fiel polternd zu Boden, Blut floß aus der Hand des Messerbesitzers. Minutenlang knisterte die Atmosphäre vor Spannung – eine falsche Bewegung, ein falsches Wort und die

Spannung hätte sich gewaltsam entladen. Jetzt mußte behutsam und umsichtig gehandelt werden. Ich bot all meine Überredungskunst auf, schluckte ruhig bissige Bemerkungen, ignorierte aggressive Anspielungen. Minutenlang stand die Lage im wahrsten Sinne des Wortes auf des Messers Schneide – ein jeder wartete auf eine unkontrollierte Handlung des anderen. Dann endlich beruhigte sich der Verletzte zum Glück. Ich konnte die blutende Wunde verbinden, die Situation klären. Der nachfolgende Versöhnungsschluck schickte uns dann schlafen.

Ich hatte genug, wollte am liebsten irgendwo am Yukon sein, weit weg von menschlichen Ansiedlungen – allein in der Wildnis – in Sicherheit.

Am nächsten Morgen war aller Aufruhr der Nacht vergessen – war irgend etwas gewesen? Der Alkohol war verbrannt, der Teufel gestorben – aber beinahe hätte er all die Erinnerungen an die wunderbaren Begegnungen mit den Indianern am Yukon getrübt.

»Mammas don't let your babies grow up to be cowboys« donnerte es aus Herberts Blockhaus, und eine zweite Stimme, eine mit deutschem Akzent, sang mit Waylon Jennings. Die Lautstärke war so beachtlich, daß in immer kürzeren Abständen neugierige Gesichter an der Tür erschienen und den Sängern aufmunternd zunickten. Als dann nach genügender Wiederholung zum letzten Mal »Are you shure Hank done it this way« die Balken des Hauses in Waylon Jennings Dampfhammer-Rhythmus mitschwingen ließ, war der German genügend stimuliert und verließ eilenden Schrittes das Haus. Zeit dazu war es – man schrieb den 7. September 88. Der kleine George, Herbert's Neffe, half ihm das Gepäck tragen. Flugs ging es zum Yukon, das Boot wurde beladen, wobei einige freundliche Indianerkinder halfen – Grüße hin und her – und dann war ich flußabwärts verschwunden.

Ruhe, Friede, Wildnis und Romantik – nein, noch nicht – ein Motorboot erschien, nahm Kurs auf mich, ging längsseits, und schon hatten zwei Indianer den Sea Eagle geentert. Das Enterkommando, eine alte Frau mit einer Whiskyflasche in der Hand und ihr junger, kräftiger Begleiter in derben Jagdklamotten, mit großkalibrigem Revolver an der Hüfte und mit wehender, rabenschwarzer Mähne, starrte mich erst einmal sekundenlang an. Eine kräftige Hand löste sich von meinem Bootsrand, fand die meine und ich hörte:

»Arthur, from Anvik – and this is my mother.«

»Oh my God, ja, wo kommst denn du her mit deinem langen Kajak – und so spät bist du noch auf dem Yukon unterwegs«, platzte dann die Frau heraus, »und – hm, na ja, weißt du, warum wir hergefahren sind? – Wir waren dort bei dem fish camp, nebelig war es auch schon am Ufer und da sahen wir in der Mitte des Flusses so eine merkwürdige Bewegung, irgend etwas langes Weißes mit Kopf und Hals schwamm da, and... Jesus – und da dachten wir, es wäre vielleicht eine Seeschlange. Aber jetzt erzähle doch mal, wo du herkommst – und, take a drink, a big one, du magst doch Whisky, all right?«

Die Whiskypulle machte eine Runde, und nachdem ich meine Story erzählt hatte und die beiden dabei gründlicher betrachten konnte, war mir klar, daß ich mit deren Alkoholspiegel jedes Kajak mit einem Wikingerschiff verwechselt hätte.

»Ja, von soweit kommst du her, bist hier ganz allein in der Wildnis«, sorgte sich die alte Frau, »was machen jetzt wohl deine Eltern – und wie geht es wohl deiner Mutter? – Sieh, das ist mein Sohn, das ist ein braver Sohn, der bleibt bei mir, der macht nicht solche Sachen wie du. Uns gefällt es in Anvik – wir wollen da gar nicht weg –, gefällt es dir denn gar nicht in Deutschland?«

Das war schwer zu beantworten, und ich war froh, als Arthur nach dem Bogen und den Pfeilen fragte, die auf der Mittelluke des »Sea Eagle« befestigt waren.

»Damit willst du dich verteidigen? – hier gibt es Bären, das weißt du doch«, entsetzte sich wieder Arthurs Mutter, »du kannst einem aber Sorgen machen.«

Und die gute Frau atmete sichtlich erleichtert auf, als ich das Gewehr hervorkramte und es ihr zeigte.

»Oh, der Whisky geht zur Neige – es wird für uns drei nicht mehr ganz reichen«, meinte die Indianerin und blickte traurig auf die Flasche.

»Wir können ihn ja mit Wasser strecken«, schlug ich vor, »dann wird's reichen.«

»Gute Idee, hast du Trinkwasser dabei?« fragte mich die Frau.

»Leider nein, antwortete ich wahrheitsgemäß, »macht doch nichts, wir können auch Yukon-Wasser nehmen.«

Für ein paar Sekunden starrte mich Athurs Mutter verblüfft an, dann lachte sie verschmitzt, tauchte die Whiskflasche entschlossen in den Fluß. Grinsend betrachteten wir drei den Yukon-Cocktail, dann probierten wir nacheinander.

»Oh my boy, der Yukon friert bald zu, beeile dich, fahr so schnell du kannst – give me your word! – Hast du gehört? Versprich mir das! Du mußt dich beeilen, fahre die Flußbiegungen nicht mehr aus, schneide alle große Kurven, beeil dich, fahre so schnell du kannst! Jetzt nimm noch einen Whisky – and then hurry up, have a safe trip, good luck.«

Die ehrliche Besorgnis der alten Indianerin tat gut, wirkte anspornend, und wenn ich zu ermüden drohte, klangen immer wieder ihre Ermahnungen in meinem Inneren nach. Etwa 600 Kilometer trennten mich noch von Alakanuk, dem Ziel am Bering-Meer. Streckenplanung war sinnlos, wenn das Wetter es erlaubte, kämpfte ich mich vorwärts, wenn nicht, erholte ich mich. »Geh in ein ›smoke house‹, wenn es zu kalt wird, mach ein Feuer«, hatte mir die Indianerin geraten. Ich blieb aber lieber bei meinen bewährten Lagerplätzen, auch wenn diese nur wenige Zentimeter aus dem Wasser ragten. Wenn ich einen solchen Ruheplatz nicht fand, blieb ich auf Halbinseln oder an weit übersehbaren, flachen Sandstränden.

BIS-Days? Je schöner sie waren, desto teurer mußte ich das Landschaftserlebnis bezahlen – mit Frieren. Die Lagerfeuer wurden täglich größer; jetzt brauchte ich auch die Flammen, um meine Seele zu wärmen, – wenn in unheimlich klaren Nächten die Sterne wie kalte Diamanten blitzten, wenn die grauenvolle Kälte des Weltraums drohte, sich auf das Land zu senken.

Es kostete immer stärkere Überwindung, sich bei drohendem Sturm oder Regen aus dem Zelt zu treiben, aber längst konnte ich selbst bei starkem Wind das Zelt auf- und abbauen. Anfangs war es ein ungleicher Kampf, wenn ich mit klammen Fingern das Aluminiumgestänge durch die Laschen des sich blähenden oder wild flatternden Überdaches fädelte. Bald lernte ich auch, wie man mit eisigen Fingern die Zeltstangen zu Bögen spannte und in raffinierte Haltevorrichtungen fummelte, wenn gleichzeitig Windböen versuchten, das Gewebe zu zerreißen und einen selbst wegzufegen. Sogar an meinen High-energy-Blitz-Imbissen mit Gummistiefeln vor dem Boot im Wasser, bis zu den Waden im Schlamm steckend (der Rest ist bekannt) lernte ich, Freude zu haben.

Und wenn ich mich an MIS-Days kräftig fühlte, trotzte ich auch dem widerlichsten Wetter, fuhr düsteren Wetterhöllen entgegen, schaufelte mich durch Wellen und Wolkenbrüche. – Ich hatte gelernt, wie ich es schaffen konnte: ich steigerte meinen Paddel-Atemrhythmus, verfiel in eine Art Trance, Wind-Wasser-Wellen-Wald, Wind-Wasser-Wellen-Wald…

Flüche um Holy Cross – habe ich den Wildniskoller?

Die Jagd auf Wasservögel verlief erbärmlich, ich hatte nicht die Zeit, mich lange genug anzuschleichen oder getarnte Unterstände zu bauen. – Hatte vielleicht mein Magen zu laut geknurrt? Weiter, weiter, ich schnitt die großen Flußbiegungen – und verpaßte dadurch die Ortschaft Holy Cross, die an einem bestens getarnten Nebenarm des Yukon lag.

Eine lange vorgelagerte Sandbank, dicht mit Weiden bewachsen, schirmte den Ort vorzüglich ab. Geräusche und Stimmen hörte ich – es blieb beim Fernkontakt.

Holy Cross war für geräucherten Lachs bekannt, in mir wühlte grausamer Hunger – und jetzt, so kurz vor dem Ziel... Ich konnte mich nicht mehr beherrschen und spulte eine Sammlung erlesener Flüche ab, doch Holy Cross versank unwiderruflich im Nebel. Ich bald darauf im Schwimmsand, von dem man hier wirklich gute Qualitäten überreichlich in Reserve hatte.

Der mehrere Kilometer breite Bogen des Stromes verlor sich in der einsetzenden Dunkelheit, schrumpfte zu der kleinen Überlebensbühne: Zelt, Boot und Feuerstelle mit Unmengen an nassem Holz. Ich beachtete die Mühen nicht. Die eisige Kälte der Nacht setzte wieder ein und verstärkte sich noch durch den Wind. Es zog mörderisch an jede nicht bedeckte Körperstelle, drang selbst durch Jacke und Hose – ich beachtete es nicht. Voll Freude genoß ich warmes Essen und Trinken. Nebelfetzen zogen dahin, froren an meiner Jacke fest, überzogen den Baumstamm, auf dem ich saß, mit glitzerndem Kristallpulver – ich nahm dies fast teilnahmslos zur Kenntnis.

Über mir erstrahlte ein völlig ungetrübter Sternenhimmel, und ich begann, nach bekannten Sternbildern zu suchen. Verzweifelt tasteten meine Blicke nach Anhaltspunkten, irrten ziellos über das funkelnde Gewölbe. Herrliche Sternbilder, eingraviert in bezaubernden Nächten am sonnenverwöhnten Mittelmeer, Nachthimmel über den faszinierend schönen Wüsten Amerikas drängten sich in mein Bewußtsein. Warme, würzige Luft umfächelte verführerisch meine Sinne, und dann explodierten die Bilder aus der Vergangenheit: Blütenduft von zahllosen Gewächsen umnebelte mich, Tempelglocken begannen ganz zart zu läuten, monotoner Singsang schwang in meinen Ohren, drang in die Seele. Unzählige Feuerstellen leuchteten, verzauberten die Nacht, und über allem grüßten freundlich blinkende Juwelen auf samtenem, warmem Dunkelblau – Indien.

Dann – ein Sprung, das schöne Traumbild war mit einem Schlag verschwunden. Erschrocken bückte ich mich zur Teekanne – was war los mit mir? Mein Bewußtsein erfreute sich hier am Lagerfeuer unter dem arktischen Sternenhimmel – und meine Seele fror, flüchtete in sanftere Gefilde. War dieses Ausbüchsen in schönere Zeiten, das mir das harte Jetzt erträglicher machte, letztendlich gefährlich für mich?

Als ich erwachte, lachte bereits die Sonne ins Zelt.

»Beeile dich, der Yukon wird bald zufrieren, fahre so schnell du kannst, versprich mir das!«, hörte ich plötzlich wieder die Stimme der alten Indianerin. Und unwillkürlich erwiderte ich:

»Das kann man leicht sagen, wenn man in diesem Land lebt. – Auf mich aber wartet doch wieder die Enge Deutschlands. No, it's not the Whisky, das könnte man abstellen. Es ist dieser Blick, wenn der Yukon am grenzenlos weiten Horizont abtaucht. Danach bin ich süchtig geworden, der Regen kann's nicht wegspülen, der Wind nicht wegwehen.«

Nun war es heraus: Ein Teil in mir rebellierte gegen das rasche Fortkommen, wollte das Dasein am Yukon genießen – selbst die düsteren und harten Zeiten.

Den Rest des Tages tobte ein Unwetter – fast ohne Unterbrechung; und nur für kurze Augenblicke wagte ich mich aus dem Zelt, überprüfte meine Umgebung, verstärkte die Sturmverspannung meiner Polyamidhöhle und sah nach dem Boot. Das Desaster dort draußen gehörte eher zu einem Sturm auf der Venus oder auf dem Jupiter als auf die Erde.

Gegen Mitternacht, das Unwetter wütete immer noch mit ungebrochener Heftigkeit, schrieb ich mit einem Anflug von Zynismus ins Tagebuch: 10.9.88 Ruhetag in Holy Cross.

Beerdigung und Polarlicht

Noch bremsten im Westen die Nulato Hills die aus Sibirien kommenden Winde etwas ab, aber ab Russian Mission würde ich ins fast ungeschützte Deltagebiet geraten. Begann jetzt der Höllentrip, die grausame Fahrt ans Ende der Welt auf dem Styx?

»Ein BIS-Day, sicherlich ein Mißgeschick des Wettergottes«, kommentierte ich den 11. September, sah auf die Armbanduhr – 15 Uhr – und um 15 Uhr 30 paddelte ich bereits aus Leibeskräften.

Ich legte mich tüchtig ins Zeug, stundenlang, schwitzte wie schon lange nicht mehr, und erreichte endlich wieder die Reisegeschwindig-keit vergangener Tage. – Wind, Wasser, Wellen, Wald – Wind …

Gegen Einbruch der Dunkelheit gesellte sich zu brennendem Durst auch noch wühlender Hunger. Als dann das große Stachelschwein von der sich weitenden Sandhalbinsel zum Weidendickicht laufen wollte, handelte ich automatisch. Das Boot lief im Sand auf, ich schlüpfte in die Gummistiefel, griff nach dem bereitliegenden Bogen, schoß einen Pfeil ab und traf das Tier, bevor es das schützende Dik-kicht erreichen konnte. Ich befestigte die Jagdbeute quer auf der Mit-telluke des Bootes und verließ möglichst rasch den Jagdplatz – frische Bärenspuren waren in Ufernähe.

Am schmal zulaufenden Ende einer anderen Sandhalbinsel sichtete ich eine Treibholz-Ansammlung, fand eine feste Anlegestelle im Schwimmsandsaum und schickte mich an, das Porcupine zu braten. – Zunächst wollte das Feuer einfach nicht ordentlich brennen, aber als ich es dann soweit hatte, mußte ich erkennen, daß meine Jagdbeute stark verwurmt war. Der aufkommende Ekel besiegte den quälenden Hunger. Ich tröstete mich damit, das arme Tier von seinem Leiden erlöst zu haben. Und statt dem ersehnten Festtagsbraten gab es in der Nacht – eine Beerdigung.

Das Wetter drohte sich zu verschlechtern, mein Gemütszustand paßte sich an, und ziemlich lustlos verschlang ich eine der Feldratio-nen, die Gerry aus Galena mir mitgegeben hatte – selbst der Kaffee wollte mir nicht schmecken. Wie gestern abend kam ein großer Vogel recht nahe ans Zelt, setzte sich, um mich eine Zeitlang zu beobachten, und flog dann wieder ohne jegliche Hast auf, verschmolz mit dem Dunkel der Nacht.

Meine Phantasie begann zu arbeiten, hatten mich doch während meines Lebens schon öfters große Nachtvögel besucht, und ausge-rechnet immer dann, wenn turbulente Ereignisse bevorstanden. Voo doo-Blödsinn? Was auch immer, ich verzog mich ins Zelt, versuchte zu schlafen, aber meine Unruhe verging nicht, im Gegenteil, sie stei-gerte sich noch. Drohte irgendeine Gefahr? Ich wollte auf alle Fälle draußen nachsehen, vergewisserte mich, daß das Gewehr geladen war, zog mich an und kroch ins Freie.

Der Himmer war erleuchtet und zugleich in Bewegung. Wieder einmal fühlte ich mich wie in einer anderen Welt. Meine Umgebung schrumpfte zur Bedeutungslosigkeit, ich sah nur noch die atembrau-bende Lichterbühne des Himmelsgewölbes.

Undeutliche Lichtflecken glommen auf und verblaßten wieder,

Lichtbänder flammten auf, trafen sich mit anderen aus unterschiedlichen Richtungen, geisterten wie riesige leuchtende Schweife durch die Nacht und vergingen. Neue Bänder und gewebeartige Gebilde entstanden und dann, plötzlich, von Ost nach West ziehend, erschien magisches Gespinst, verdichtete sich zu Leuchtvorhängen, wallte und bauschte sich und fiel unter unruhigem Flackern in sich zusammen. Schüchtern funkelten vereinzelte Sterne in der Umgebung der Lichterscheinungen um den Horizont, während die Sonnen im Band der Milchstraße das tiefe Schwarz im Zenit des Nachthimmels mit ihrem kalten Licht durchstachen.

Mit einem Mal bahnte sich plötzlich ein gewaltiger leuchtender Speer seinen Weg durch die Milchstraße, fraß das Licht der Sterne, dehnte sich zu einem ungeheuren Leuchtbogen, halbierte das Himmelsgewölbe. Dann explodierte der Bogen in alle Himmelsrichtungen, wuchs und formte das Gerüst einer herrlichen, fast das gesamte Firmament einnehmenden Kuppel. Sie verging nicht, nein, sie erstrahlte zunehmend intensiver, wuchs von der Spitze ständig nach und jetzt – in einer gewaltigen Lohe züngelte das Gerüst aus Licht, erstrahlte, wie von Flammen erfaßt, in roten Farbschauern. Dann mischte sich Grün in die Farbkaskaden, wieder pulsierte Rot im Zenit der Kuppel, floß zu den Enden, zerlief am Horizont, um bald darauf von Violett-Tönen abgelöst zu werden. Später erhob sich eine grünliche Leuchtglocke, tanzte unruhig, löste sich zunehmend auf und erstarb.

Farbige Bänder durchzogen das Dunkel des Raumes, durchdrangen und weiteten sich, um wie Feuerwerk zu verblassen. Gespinste und Gewebe geisterten über das nächtliche Gewölbe, verweilten nur kurz, lösten sich wieder auf. Ab und zu huschte ein langer flammender Finger über die immer dunkler werdende Himmelskuppel, erstarb aber sehr bald wieder. Ein so faszinierendes Gebilde wie die Leuchtkuppel entstand jedoch nicht mehr. Zögernd erglommen leuchtende Flecken, verdrängten aber kaum mehr das Licht der Sterne, selten entstanden noch Streifen oder Gewebe – das Nordlicht erlosch.

Zitternd stand ich unter dem sternenübersäten Nachthimmel, jetzt erst merkte ich, wie stark ich schon fror, die Füße waren eiskalt, mit den erstarrten Händen konnte ich kaum noch die Kamera bedienen, die ich irgendwann während der stundenlangen Inszenierung des Polarlichtes hervorgekramt und auf das Stativ montiert hatte. Vom Yukon lösten sich Nebelbänke, zogen zur Halbinsel, verschleierten den

Horizont. Wie kalte Diamanten glitzerten die Sterne über dem Lagerplatz, reflektierten in Hunderten von Leuchtpunkten auf dem tautrie-
fenden Zelt. Steif und durchgefroren kroch ich in den Schlafsack, gern
zahlte ich den Preis für über drei Stunden »Aurora borealis«, das Zau-
berlicht des Nordens.

Alaska lächelte, die Sonne brannte vom hellblauen Himmel, als wollte
sich das Land für die frostige Nacht entschuldigen.

Mit mehreren Kannen heißem Schwarztee mit braunem Rohrzucker und Zitronensaft machte mein Bewußtsein dem Unterbewußtsein klar, daß ich mich gestern nacht gar nicht erkältet haben konnte.

Bald darauf fand ich mich in einem See gefangen, sah nirgendwo
einen Ausgang, suchte rundherum mit dem Fernglas die Wasserland-
schaft ab – vergebens. War ich in einen Totarm geraten? Wie konnte
das geschehen? Auf der Karte war dieser »Yukon-See« überhaupt gar
nicht eingetragen. Wie lange kreiste ich schon?

Hatte ich Fieber? Warum sah ich denn nicht über das südliche Ufer
des Yukon auf der Karte hinaus – und stand vor Freude im Boot auf,
wie am Ende der Flats? Statt dessen wurde ich unruhig, und Angst
drohte mich zu verunsichern.

Plötzlich tauchten Hügel auf, Uferwände wuchsen zu respektein-
flößenden Höhen – senkrecht zur Flußrichtung – und mitten im Yukon teilte sich die Strömung, scheitelte sich, wie von einem riesigen
Messer gezogen. Es herrschten klare geometrische Verhältnisse:
rechte Winkel. Automatisch bog ich nach links, den höheren Uferwänden zu.

Ein verlassenes Fischerdorf erschien, wurde ein paar Minuten später von hohen, teilweise sogar überhängenden Felswänden abgelöst.
Die Strahlen der schräg stehenden Sonne beleuchteten die bunten
Laubbestände des Steilufers, ließen das Rot und Gelb aufflammen,
meißelten die Konturen der Felsen in harten Linien.

Anders zeigte sich die Szenerie der gegenüberliegenden Uferseite,
welch ein Gegensatz: Schwemmgebiet-Wälder dehnten sich über eine
vollkommen flache Ebene, niedere Nadelwälder säumten die Uferbe-
reiche, ließen die Blicke gar keinen Halt finden. Erdrückende, unheimliche Stille atmeten diese Wälder, und selbst der Yukon lief dort
in Sand- und Schlammbänken, sanft, lautlos und bedrückend. Zum
ersten Male erblickte ich die öden, erschreckend weiten Sumpfebenen
des »Yukon-Delta Wildlife Refuge«.

Ich hielt das Boot ganz dicht am Felsufer. Stunden vergingen wie im Fluge, ich kam sehr gut voran, mühelos, das schöne Ufer gab mir Energie und Kraft.

VII Stürmischer Empfang im Yukon Delta

Ein dreizehnter auf alaskanisch

Ein ungewöhnlich ausgeprägter MIS-Day, passend zum Datum: 13. September. Aufbruch? Ich beging einen Fehler und beschloß weiterzufahren. Der Wind drang sogar durch die Knopflöcher der Kleidung, und auf dem Yukon ließ er bedrohlich hohe Wellen aufkommen. Minuten später meditierte ich über die englische Redewendung »it's raining cats and dogs«.

Das klappte auch für einige Minuten, wohl bemerkt, für einige Minuten, dann bedurfte ich dringend stärkerer Stimmungsmittel. Der »Sea Eagle« war längst wieder einmal zum U-Boot geworden. – »Na und«, dachte ich mir, »auch schon öfters dagewesen.« Stur fuhr ich weiter. Irgendwann einmal blickte ich zum Ufer, und der Rest meiner guten Laune verging mir gründlich bei dem Anblick: Das Boot fuhr rückwärts, ja, rückwärts – obwohl ich ständig paddelte. Was war zu tun? »Du brauchst einen Treibanker, um die schwache Strömung zu nutzen«, kam mir die Idee, aber sie half mir nicht, nirgendwo erspähte ich etwas Geeignetes. Die Wellen gingen jetzt so hoch, daß ich genügend zu tun hatte, nicht schräg zu ihnen zu geraten.

Dann wurde die Wetterschraube noch angezogen. Eiskalte Windböen jagten über die aufschäumenden Wellen, warfen mir Regen und Gischt ins Gesicht – ein erster Vorgeschmack auf die Stürme des Yukon Deltas. Hagelkörner prasselten auf Boot und Regenkleidung. Schneetreiben setzte ein, raubte mir sekundenlang die Sicht.

Jetzt tauchte eine bogenförmige Sandbank mitten im Fluß auf, ich erkannte die Chance, hier kurz zu verschnaufen, neue Kraft zu sammeln, wußte aber gleichzeitig, daß die sich brechenden Wellen vor der Untiefe ein Kenter-Risiko beinhalteten. Ich aktivierte meine letzten Energiereserven, schaufelte das Boot durch die Brandungszone und fuhr in ruhiges Wasser. Keine Sekunde zu früh erreichte ich die ruhigeren Zonen inmitten des aufgewühlten Yukon, da zeigte mir das Deltagebiet, was es zu bieten hatte: Schneesturm auf Schneesturm folgte in grauenhafter Regelmäßigkeit, die Wellen wuchsen rings um mich immer höher, die Brandung wurde stärker. Die Wellen waren gefährlich, aber schon allein die ungewöhnlich heftigen Sturmböen hätten genügt, das Boot zum Kentern zu bringen.

Da! Die erste Woge überspülte die Sandbank.

»Du sitzt hier in der Falle!« durchzuckte mich plötzlich die Erkenntnis, »los, raus hier, nichts wie weg, rüber zum rechten Ufer, dort wird der Wind gebremst!«

Die Welle tanzte drohend auf mich zu, brach sich genau an der Bootsspitze, braune Gischt überspülte das Kajak, brodelte mir ins Gesicht. »Verfluchte Sauerei!« hörte ich mich aufbrüllen, gerade noch konnte ich das Boot stabilisieren, dann kippte ich vornüber.

»Los, reiß dich zusammen, das ist das Ende, wenn du hier schlappmachst!« hörte ich in meinem Inneren, »willst du hier in diesem verdammten Schlammtümpel absaufen?«

Wütend paddelte ich aus der heimtückischen Bucht, kämpfte mich durch die Brandungszone, beachtete gar nicht die Brecher, die mir ins Gesicht schlugen, am Boot und am Paddel rissen. Jetzt mußte ich noch die aufbrodelnde Hauptströmung durchqueren, schaufelte, steuerte und balancierte wie in Trance, als genau inmitten der entfesselten Strömung neue Sturmböen über das Land hinwegfegten. Und plötzlich – war ich irre geworden? – hörte ich Waylon Jennings stampfenden Hammersound »Are you shure Hank done it this way«. Das gab Energie, durchpulste den ganzen Körper, brachte die Seele in wilde, positive Schwingungen. »Hämmere dich durch! Scheiß auf den Wind!«

Wie lange die Querung dauerte? Ich erinnere mich nur noch, daß ich schließlich laut lachend am windgeschützten Ufer entlangfuhr.

Ich arbeitete mich in meinen Langstrecken-Schlagtakt ein, blendete Wind und Regen, Schnee und Wellen aus, bis ich erstaunt innehielt. Es war später Nachmittag und die Wetterlage sah sehr stabil aus – wie lange würde ich heute noch aushalten? – »Ach was, würde, wollen? Du mußt! Jetzt sind ideale Fahrtbedingungen, jetzt, morgen, wer weiß? Drauf, drauf…!«

Im schönen Camp schrieb ich bei Kerzenlicht: »Was war bloß los heute? Start in der Hölle – Ziel im Himmel.«

Dann wurde mir klar, daß heute der 13. September war, ein wichtiges Geburtstagsdatum für meine Familie daheim – ich wußte selbst gar nicht, wo ich steckte, war sicherlich gut vorwärtsgekommen, wahrscheinlich ein großes Stück auf der Landkarte, irgendwo auf der großen Westbiegung des Yukon – ich schickte telepathische Grüße aus dem Busch Alaskas nach Hause, nach Deuschland.

Kajakmarathon und ein Bärensnack

Drei Stunden ununterbrochene Fahrt hielt ich durch, dann meldete sich wieder der heute kaum beherrschbare Hunger.

An einem wie abgeschnittenen Ufer in einer kleinen Bucht mit ruhig kreisendem Kehrwasser hatten sich Baumstämme verkeilt. Einer der mächtigen Stämme führte schräg von der etwa drei Meter hohen Kante bis in das Wasser hinein. Ein äußerst praktischer und obendrein sicherer Rastplatz, man konnte das Boot anbinden, brauchte es gar nicht zu verlassen.

Ich krabbelte vorsichtig zur vorderen Luke, öffnete die Abdeckhaube und stürzte mich auf die Vorräte. Heißhungrig stopfte ich den Rest des Corned Beefs, den ich vom gestrigen Abendessen aufgespart hatte, in mich hinein. Gut, daß noch etwas Brot und ein Stück Pfannkuchen übrig waren, so konnte ich auf den Verzehr des Dosenblechs und der Brotverpackung verzichten.

»Moment, da ist jemand, du wirst beobachtet!«

Der Baumstamm vibriert, bewegt sich anders als vorher. Vorbei ist der Heißhunger, ich blicke nach oben – sehe genau in die Augen eines großen schwarzen Bären!

»Wie schmal der Kopf ist, was für hohe Schultern, so ein herrlich dichtes Fell, Augen wie aus leuchtendem Bernstein. Wie lange hat der mich schon beobachtet? Los, weg mit dem Corned Beef, Luke dicht und ab hier!« eilen meine Gedanken.

»Der kommt ja näher, geht zu mir runter. Hat der keine Angst? Wie elegant er sich bewegt – jetzt hält er, tut so, als wolle er gar nichts – der lenkt ja ab.«

Was hält mich? – Schnell die Bootsleine kappen, flüchten, aber automatisch greifen die Hände die Kamera, ziehen das Gewehr her.

Pranken werden größer, balancieren geschickt, ich hebe die Kamera, schieße schnell ein paar Bilder. »Gibt's doch nicht! Stellt der Kerl sich in Pose?«

Rack, die Bootsleine ist frei. Das Kajak schlingert. So nahe ist der große schwarze Karl. Weg mit der Kamera, Gewehr anschlagen, über die hohe schwarze Schulter zielen – wumm! Der Schuß erschreckt uns beide, erlöst uns aus der merkwürdigen, gespannten Lage. Er hastet nach oben, verläßt den zitternden Stamm – Äste krachen, Zweige schlagen, ungestüme Schritte verlieren sich im Dunkel des Waldes.

Erregt und aufgewühlt paddelte ich linkisch, abwesend – es dauerte noch etliche Minuten, bis ich wieder in meinen Langstrecken-Rhythmus fiel. Heute war es geschehen, eben gerade vor ein paar Minuten – wie oft war mir das Gewehr im Weg gewesen, hatte auf die Beine gedrückt, kalt, unnachgiebig.

»So einen Blödsinn zu machen«, zischte ich durch zusammengepreßte Zähne, »gegen Ende der Fahrt in so eine Falle zu tappen, bloß wegen deinem blöden Hunger! Beherrsche dich gefälligst, du verhungerst hier schon nicht! Hör mit der Freßkompensation auf – fahr mal wieder ein ordentliches Stück – los jetzt, Abendessen in Russian Mission. Hau rein in den Bach, kill some miles!«

36er-, 60er- und 120er-Takt, ruhig, gleichmäßig. Bunte Hügelketten vorn, später im Rücken. Flammendes Rot vorm Bug wird zum leuchtenden Punkt hinterm Heck, dazwischen: Meilen, Meilen, Meilen... Stechen in den Schultern, Schmerzen im Gesäß – ignorieren. Arme werden schwerer, können die lange Eisenstange kaum bewegen.

»So kommst du nie nach Russian Mission, du flügellahme Blei-Ente, das Tageslicht wird nicht mehr lange halten. Na komm, reiß dich zusammen, Seele, Wille, Geist und Körper, alles konzentrieren, wir machen jetzt eine Vier-Mann-Galeere. Los, Schlag, Schlag, einatmen, Schlag, Schlag, ausatmen...Ja, zieh Energie aus der Landschaft, atme blauen Himmel, leuchtende Farben, du bist ein Generator, eine unermüdliche Maschine – atme aus Unwohlsein, Müdigkeit, Schmerzen, atme sie aus, atme sie weg!«

Vor der Bootsspitze schäumte sogar eine Bugwelle auf, wie in alten Trainingstagen. Wo ist die große Rechtsbiegung des Yukon vor Russian Mission? Dafür kamen mir jetzt Motorboote entgegen, alle besetzt mit Eskimos, jeder wetterfest verpackt. Sie waren unterwegs zu ihren Elchjagdgründen. Gut gelaunt, winkten und grüßten sie freundlich, obwohl die meisten mir mit halsbrecherischer Geschwindigkeit entgegendonnerten. Aber jedes Boot wich rechtzeitig aus oder drosselte noch schnell das Tempo, um nicht mit den kräftigen Seitenwellen das Kajak zu gefährden.

In der Ferne begann sich das rechte Flußufer endlich nach links zu biegen, ich wollte die gewaltige Kehre schneiden. Die letzten Motorboote rasten mir entgegen – ich war bald zu schwach zurückzugrüßen. Die Sonne war schon längst untergegangen, leichte Nebelnässe kühlte ab, ließ die Hände klamm werden – war es leichter Nieselregen? Meine Stimmung fiel, lähmende Müdigkeit überfiel mich.

Eiskalter, kräftiger Gegenwind, hohe Wellen, tückische Querwellen – das auch noch, drüben am anderen Ufer startete tatsächlich

ein Motorboot – drüben in Russian Mission. Zwei bis drei Kilometer
– war es zu weit? Sollte ich hier im Weidenfilz bleiben?

Ich bin in Russian Mission sicher angekommen, unversehrt, ohne
einen Tropfen Wasser im Boot. Tage später, es stürmte ähnlich stark,
wollten wir mit einem kleinen Motorboot dieselbe Stelle queren – und
mußten aufgeben.

Die Russian Mission-Episode
John's Delta Inn – the friendly Eskimo-junction

Zwei Männer arbeiteten gerade an einem Boot, einer von ihnen
winkte, ich hielt auf sie zu, landete zwischen Motorbooten und Gerätschaften. Nicht gerade elegant arbeitete ich mich aus dem Boot, der
freundlich Winkende war längst schon herbeigeeilt, hielt das Kajak
fest und half dann, den schweren »Sea Eagle« ans trockene Ufer zu
tragen. Etwas Dümmeres als: »What's the name of the city?« war mir
nicht eingefallen, aber die Antwort klang wie eine Erlösung: »Russian
Mission«.

Es dauerte ein paar Sekunden, bis ich mit der neuen Situation klar
kam, mich vorstellen und dem kräftigen Händedruck begegnen
konnte. Dennis, groß, blond, ehrliches und intelligentes Gesicht und
etwa zwanzig Jahre alt, meinte, ich solle mich unbedingt bei John
melden, er wohne gleich beim ersten Haus da am höhergelegenen
Ufer. Wie durch einen dröhnenden Lautsprecher vernahm ich Dennis
Fragen.

»Hast du Hunger, magst du einen Hamburger – wie wär's mit 'ner
warmen Dusche?«

Seine Fragen wiederholten sich als mehrfaches Echo in meinem Inneren, ich guckte ihn mit verdutzter Miene sekundenlang an,
schluckte, da ich keinen Ton herausbrachte – und nickte.

»Wenn der wüßte, was für einen raubtierhaften Hunger ich habe!
Warme Dusche, gibt es denn so etwas? Wann konnte ich mich das
letzte Mal ordentlich waschen? – drei, nein das ist vier Wochen, ja
mehr, das ist schon einen Monat her! Er wird es doch wohl nicht
gerochen haben?«

Etwa fünfzig Meter durchmaß die sanft ansteigende Strandfläche,
die zu dem Haus mit den ungewöhnlich großen Fenstern führte. Dahin deutete Dennis und forderte mich auf mitzukommen. Ich über-
blickte rasch den Uferbereich, an dem große Motorboote, größere als
ich je in den zurückliegenden Ortschaften gesehen hatte, vor Anker

oder am Strand lagen. An einigen Booten waren Gestalten zu erkennen, die be- oder entluden, Gesprächsfetzen erreichten meine Ohren, Hunde bellten irgendwo verhalten, und aus den Häusern der Ortschaft, die sich eng an den spärlich bewachsenen Hang zusammendrängten, ertönten unaufdringliche Motorgeräusche. Ich hatte ein gutes Gefühl hier. Russian Mission wirkte vertrauenerweckend, eigentlich vom allerersten Augenblick an.

Vorbei ging es an ordentlich gestapeltem Brennholz und einem großen, mehrere Meter langen Tank, an dem Dennis den bis zum Strand reichenden Schlauch einhängte. Rasch suchte ich den offenbar nicht genutzten Strandbereich, der zu steilen, oben bewaldeten Klippen führte, nach einem Zeltplatz ab. Es gab mehr als genügend Platz zum Zelten, und das Boot konnte dort auch gleich in der Nähe liegen. Es sollte jedoch anders kommen, völlig anders, als ich es je zu träumen gewagt hätte. Alles begann mit einem kräftigen, kommandoartigen, aber irgendwie wohlwollend nachklingenden: »Come in!«, als Dennis an die Tür klopfte.

Ich ging zwar nur durch eine Holztür, aber die führte in eine andere Welt, völlig anders als die, in der ich seit Monaten lebte: Plötzlich war Wärme und mildes Licht um mich, es roch nach frischem Kaffee und Gebackenem, an einem großen Holztisch saßen Kinder, die sich zu mir drehten und den »Wilden vom Yukon« unverhohlen freundlich und neugierig musterten. Im geräumigen Küchenteil des Raumes hantierte eifrig eine große, gepflegte, sportliche Frau, die meinen sicherlich erstaunt klingenden Gruß freundlich erwiderte. Aus dem Eßteil der geräumigen Wohnküche kam mir ein Mann entgegen, etwa von meiner Größe, aber um einige Hemdenweiten kräftiger. »John Massey«, fügte er leutselig seinem Gruß hinzu und schüttelte mir kräftig die Hand. Ich mußte mich erst ein wenig daran gewöhnen, bei ihm nur in ein Auge zu blicken, während das andere hinter einer schwarzen Augenklappe verborgen lag.

Da stand ich nun inmitten einer großen Familie, blickte erstaunt in der geräumigen Wohnküche umher, die ohne Gehörne, Felle und Jagdwaffen so »unalaskanisch« zivilisiert wirkte. Und wie sah ich dagegen aus: in Gummistifeln, Militärhosen mit breiter Koppel und großem Messer daran, schwere Jagdmunition eingesteckt, grüner Feldjacke mit prallen Taschen, und von dem bärtigen Gesicht unter dem großen olivgrünen Cowboy-Hut fiel eine lange Mähne über die Schultern.

»Daß sie hier nicht Deckung suchen und nach versteckten Waffen greifen? Hm, offenbar sind sie hier eigenartige Vögel gewöhnt«, dachte ich mir – und traf damit ins Schwarze.

Man bat mich an den Tisch, alle rückten näher, und Dennis freute sich über den Fang, den er kurz zuvor am Yukon-Ufer gemacht hatte. Ob ich denn Interesse an Hamburgern habe, fragte John schelmisch in der Erwartung, ob ich wohl zuerst in die Luft springen oder zur Küche hechten würde. Grinsend fügte er hinzu: »Du hast Glück, wir haben da zufällig noch ein paar übrig.«

Während ich mir die Hamburger, die eigentlich überdimensionierte Riesen-Elch-Burger waren, einverleibte, räumte man mir noch Schonfrist ein, nickte mir sogar aufmunternd zu, wenn ich mich ab und zu etwas unsicher umsah, ob mein Eßtempo nicht ein schlechtes Beispiel für die Kinder sein könnte. Dann begann der erzählerische Teil der Russian Mission-Episode.

»Du bist ein bißchen spät in der Jahreszeit«, eröffnete John das Gespräch, »aber das macht nichts, das sind wir beide, Marie und ich, auch schon gewesen – und die Yukon-Mündung haben wir trotzdem erreicht. Wir sind beide völlig unabhängig voneinander den ganzen Yukon mit Freunden oder Erlebnishungrigen hinuntergefahren, haben uns sogar auf dem Fluß kennengelernt. Ich glaube, wir wissen, wie es dir in letzter Zeit ergangen ist, das Wetter war nicht immer sehr gefällig. Und du warst die ganze Strecke allein?«

Wie zur Bestätigung heulte der Wind draußen, Regentropfen prasselten an die Scheiben. Ich erzählte in groben Umrissen von meiner Fahrt und stellte mich nach und nach näher vor. John und Marie tauschten ein paar Blicke untereinander aus, und nach kurzer Zeit sah mich John auffordernd an: »Bleib hier, wenn du willst, und wenn Dennis nichts dagegen hat, könnt ihr beide die kleine Hütte da gleich neben dem Haus teilen.«

»Wenn du vielleicht duschen möchtest«, lud Marie ein, lachte über meine Reaktion, als ich offenbar erst einige Sekunden über die Bedeutung des Fremdwortes nachsann, »wir haben hier eine warme Dusche.«

»Fühl dich wie zu Hause«, ermunterte mich John zu der längst vergessenen Prozedur und fügte lachend hinzu: »Oder willst du dich nicht von der Patina der Wildnis trennen?«

Der Abend verging mit vielerlei Erzählungen. Glücklich und zufrieden mit dem überraschenden Ausgang dieses Tages, mit dem Gefühl, rundum geborgen zu sein, zog ich in das kleine Holzhäuschen ein, das Dennis gern mit mir teilte. Wind heulte, Regen trommelte auf Dach und Wände, und dies sollte so bleiben – viel Regen schickte das Bering Meer herüber, eine sehr abwechslungsreiche Zeit lang.

»Good morning, Sir«, flachste John, »keinen Bär heute im Zelt gehabt. Boot nicht von feindlichen Indianern entführt? – Lagerfeuer brennt schon, Kaffe und Pfannkuchen bereits fertig, bitte Platz einzunehmen – der Clan möchte frühstücken.«

Frühstück mit sechs Personen am Tisch – nach all meinen Erlebnissen – ich fand dies faszinierend, ja aufregend. Marie und John waren wohl in meinem Alter, Dennis etwa zwanzig, die beiden Mädchen, Ann und Susan, acht und zehn, der jüngste, Tom, fünf Jahre alt. Ob es jetzt familiär wird? ... abwarten!

Bald wußte ich, was das Schild »GAS« auf der zum Fluß gekehrten Seite bedeutete. Immer, wenn Motorboote unten in der Nähe vom »Sea Eagle« landeten, sprang Dennis auf, zog sich blitzschnell eine Jacke über und eilte mit dem langen Gummischlauch vom großen Tank zu den Booten. Inzwischen hatten Marie und John längst große Mengen Kaffee oder Tee, einige Sandwiches, Doughnuts, Fertigpizzas oder Hamburger vorbereitet, einer der beiden Mikrowellenherde lief fast ständig. Ab und zu klopfte es an der Tür, und in derbe, wetterfeste Kleidung gehüllte Gestalten, oft vollständig vermummt, erschienen, vor Nässe triefend, sicher durchgefroren, hungrig, müde. Breite, manchmal verwegene und verwitterte Gesichter schälten sich unter Kapuzen, Mützen, Schutzbrillen hervor, schwarze Haare, häufig prächtig glänzende Mähnen erschienen, geschlitzte dunkle Augen blitzten. Für Sekunden musterten sie vorsichtig und verhalten ihre neue Umgebung, dann begannen sie zu lächeln, freundlich und heiter blickten sie in die Runde. Es waren Eskimos, Eskimojäger, die im Banne des Saison-Geschehnisses standen: die Jäger des Nordens auf Elchjagd.

Darauf hatte ich gewartet. Wie viele Bücher hatte ich über sie gelesen, Berichten anderer gelauscht, wie stark war meine Neugierde gewachsen. Anfangs tröpfelten sie ein, später stürmten oft ganze Bootsbesatzungen »John's Delta Inn«, wie Johns stark besuchte Busch-Tankstelle mit Schnellimbiß für mich hieß. Rauhe Burschen waren oft darunter, Riesenkerle – so hatte ich mir Eskimos gar nicht vorgestellt. Manche traten auf wie asiatische Fürsten, andere dagegen zurückhaltend, beinahe schüchtern.

Einmal, als das Wetter sich besonders häßlich zeigte, ich schrieb gerade in meinem Tagebuch, wurde zögernd angeklopft.

»Come in!« bellte John. Krach! Die Tür flog auf, und eine ganze Bande vermummter Gestalten drängte in den warmen Raum. Anfangs hätte man an einen Überfall denken können, doch der wilde Haufen gab sich recht manierlich, eher ein wenig unsicher. Oh, wie naß waren sie, triefend naß – allmählich demaskierten sie sich. Kapuzen gingen auf, Mützen wurden nach hinten geschoben, einige abgenommen, schützende Tücher gaben Gesichter frei, hochgeklappte Schutzbrillen ließen dunkle Augen aufblitzen. Die Gruppe blieb zusammen, formierte sich in der Mitte des Raumes. Jetzt erst erkannte ich, daß da eine Großfamilie gemeinsam zur Jagd aufgebrochen war – ein jagender Familienverband, wie in uralten Zeiten. Schnell räumte ich meinen Platz am Tisch, bot ihn an, bevor John die Jagdgemeinschaft zum Ausruhen bewegte.

»Do you want a cup of coffee, pizza, hamburger, cheeseburger, doughnuts?«

Zögernde, dann begeisterte Zustimmung. Der geschlossene Verband löste sich auf, einige setzten sich an den Tisch, ich half bedienen. Endlich hörte ich ihre eigene uralte Sprache, die für mich fremdartigen Betonungen, die vielen Kehllaute, die langen, mehrsilbigen Worte, den eigenartigen Sprechrhythmus. Es schien mir, als sprächen die Großeltern überhaupt nur ein paar Brocken Englisch. Dann hörte ich die Namen einiger Ortschaften im Yukon Delta – dann endlich Emmonak, Alakanuk, das Ziel meiner Fahrt – wie das klang in ihrer Sprache.

All die Jäger, die bei John auftankten oder kurz rasteten, kamen vom Unterlauf des Yukon, aus dem Mündungsgebiet, wie auch diese Familiengruppe. Zwei Männer, sicherlich die Piloten des Motorbootes und die Jagdschützen der Gruppe, blieben stehen, ruhig, selbstbewußt. Ich wußte, was diese knallharten Männer aushielten, wenn sie bei eisigen Temperaturen, Wind, Nebel und Regen stundenlang die Motorboote steuerten, oft sogar dabei aufrecht standen – und dies in meist offenen Booten, bei Geschwindigkeiten von fünfzig und mehr Stundenkilometern! Am Ziel in ihren Jagdgründen warteten dann oft kalte, schwer zu heizende Jagdhütten oder sogar nur behelfsmäßige Camps.

Es waren Erlebnisse ganz besonderer Art, mit diesen rauhen Burschen Kontakt aufzunehmen, und immer wieder zeigte sich, daß sie nicht nur zugänglich und freundlich waren, nein, diese harten Gesellen besaßen auch Humor, lachten gern. Es war herrlich anzusehen, wenn sich über den asiatischen rauhen Gesichtern breites Grinsen aufbaute, dunkle Augen fröhlich aufleuchteten, rabenschwarze Mähnen bei schallendem Gelächter durchgeschüttelt wurden.

Erholt und aufgeheitert formierte sich wieder die Jagdgruppe, verabschiedete sich freundlich, die wetterfeste Vermummung machte sie wieder unkenntlich, die Tür ging unruhig auf und zu, in abgehackten Geräuschfetzen heulte Wind auf, prasselte Regen, Schritte verflüchtigten sich, ein schwerer Bootsmotor dröhnte, und sie verschwanden im unaufhörlichen, nicht enden wollenden Regen des Yukon Deltas.

Gelegentlich glich »John's Delta Inn« einem Bienenhaus, das war ein nicht abreißendes Kommen und Gehen. Zu keinem Zeitpunkt und nirgendwo sonst im weiten Yukon Delta war so viel Bewegung und Zusammentreffen wie zu Beginn der Elchjagd – ich begriff, was für unverschämtes Glück ich hatte, hier im Zentrum des Geschehens zu sein. Immer verwegenere Gestalten erschienen, ab und zu waren da auch ein paar weiße Alaskaner dabei, die dem wilden Aussehen der Eskimos kaum nachstanden. Dennis füllte leere Benzintanks, brauchte oft gar nicht mehr den Schlauch am großen Tank einzuhängen, kam gar nicht mehr zum Sitzen. Die große Kaffeekanne rotierte, Generationen von Hamburgern, Cheeseburgern, Pizzas und Sandwiches entstanden und verschwanden fast augenblicklich in zufrieden kauenden Jägergesichtern. Wieviel John und Marie auch hervorzauberten, all die Mengen an Flüssigkeit und Gebackenem verpufften in kurzer Zeit. Selbst die übergroßen Riesenhamburger, »Harvey-Burger«, wie John sie nannte, mit denen ich bei meiner Ankunft kämpfen durfte, hatten nur kurze Lebensspannen, wie schnell diese in den kauenden Burger-Killergesichtern verschwanden!

Und wenn die Typen wieder gestärkt und aufgewärmt in die Boote stiegen, kam häufig der Wunsch in mir auf, mit ihnen mitzufahren. Die ersten Nachrichten erfolgreicher Elchjagden trafen ein – aber erstaunlich wenig Jagdberichte, geschweige denn erst Jägerlatein konnte ich hören. Oft wurde nur trocken, nüchtern und sachlich berichtet, und John war sehr daran interessiert, wie viele Elche man wo und wann geschossen hatte. Ich staunte sehr, als da die Namen von Ortschaften und Stellen fielen, an denen ich bereits vor Tagen und Wochen vorbeigefahren war. Hunderte von Kilometern legten die Elchjäger häufig zurück, um in gute und erfolgversprechende Jagdgründe zu gelangen.

Kamen doch lebendigere Jagdberichte auf, ermunterte ich die Erzählenden zu mehr Information oder zu Schilderungen spannender Abenteuer. Von unglaublichen Schüssen wurde dann berichtet – häufig sogar ohne Zielfernrohr –, Entfernungen wurden genannt, Bedingungen beschrieben, bei denen europäische Waidmänner aufgegeben hätten. Da gab es erfolgreiche und vom Glück begünstigte Jäger, die gleich zu Beginn der Jagd ihre Beute in unmittelbarer Nähe des Bootes schießen konnten, während andere sich tagelang abmühten, um einen Elch überhaupt erst zu Gesicht zu bekommen, ihn dann endlich in weiter Entfernung vom Fahrzeug erledigten, um am Ende eine mühselige Plackerei mit dem Transport des Fleisches und des Kopfes samt Geweih durchzustehen.

Dann erfuhren wir von einem kapitalen Jagderfolg. Das Schlechtwetter hatte gerade eine kleine Pause eingelegt, Hunde begannen sich auffallend lebhaft einem Boot zu nähern, vor dem ein großer, kräftiger Eskimo Wache hielt.

»Siehst du, der ist clever«, belehrte mich John, »du ahnst gar nicht, wie oft schon freilaufende Köter die prächtigsten Jagdbeuten verdorben haben. Wenn man diese Biester nicht in Schach hält, stürzen die sich auf das Fleisch wie Wölfe.«

Der Mann, in eine robuste Regenkombi gekleidet, lehnte mit dem Rücken am Süllbord des großen Aluminium-Motorbootes, das im seichten Uferbereich ankerte, trank genußvoll aus einer Coladose, während die Wasser des Yukon seine Gummistiefel umspülten. Hunde beobachtete er nur geringschätzig, uns grüßte er freundlich. Ein auffälliger Ring an seiner Hand wies ihn als Kriegsveteran aus.

Als ich selbst nah genug im Wasser beim Boot stand und die Ladung vollständig erkennen konnte, begann der Kampf um meine Haltung, Fassung und meinen Mageninhalt.

Auf einer blutverschmierten Plastikplane im vorderen Teil des Bootes thronte der abgesägte Kopf eines gewaltigen Elchbullen. Das prächtige Geweih des Tieres hatte zwar etwas von der fragwürdigen Ästhetik großartiger Jagdtrophäen, aber der Anblick eines fast geschlossenen und eines halboffenen, gebrochenen Auges ließen meine Seele erschaudern. Wie um den schrecklichen Anblick noch zu verstärken, hing die große Zunge seitlich aus dem leicht geöffneten Maul. Um den Elchkopf herum war der gesamte Bugbereich des Bootes ein einziges Blutbad: Rote Fleischstücke lagen auf einer großen, über und über mit Blut befleckten Plane gestapelt, einige tote Wasservögel dazwischen. Unterschiedliche Gewehre steckten an der Seite. Inmitten der Fleischstücke – ich nahm es erst nach Sekunden wahr –, da lag die abschließende Garnierung, die Krönung des ganzen Horrorgestecks: eine blutbesudelte Kalaschnikow nebst Reservemagazin gebettet in blutiges Fleisch.

Ja, ich durfte ihn fotografieren, mit Jagdbeute selbstverständlich. Der Eskimojäger lächelte, und ich wußte – ich hatte gar kein Recht, auch nur irgendwie meine Miene zu verziehen oder gar eine abfällige Bemerkung zu äußern. Der Mann hatte nicht aus Lust getötet, er und seine Familie benötigten das Fleisch für den kommenden, monatelangen Winter. Ich rief mir energisch und mit aller Kraft ins Bewußtsein, daß in Mitteleuropa auch viel Tierblut fließt, sehr viel sogar, und das im Überfluß – nur geschah dies im Verborgenen, institutionalisiert sozusagen. Der tote Elch, so machte ich mir klar, hatte zumindest eine echte Chance gehabt zu entkommen. Auf alle Fälle war er jahrelang Elch gewesen und nicht bloß Schlachtvieh.

»Der Andrang dieses Jahr ist sehr stark«, kommentierte John das Kommen und Gehen der Elchjäger, und die ersten Sorgenfalten erschienen in seinem Gesicht, »ich fürchte, das Benzin wird knapp, wir müssen rationieren, ab jetzt keine ganzen Tankfüllungen mehr, nur noch 12 Gallonen pro Boot.« Die Maßnahme half für zwei Tage – dann war der Sprit alle.

»Ist nicht jedes Jahr Elchjagd, warum gibt es denn ausgerechnet heuer soviel Umtrieb?« fragte ich.

John sammelte sich und holte zu einer längeren Erklärung aus: »Das ist auch in Alaska wie überall eine Angelegenheit von Angebot und Nachfrage. Hier in unserem Falle hängt dies mit dem Lachsfangergebnis zusammen. Unsere Lebensader ist der Yukon – Dauer und Stärke des Lachszugs, natürlich auch der Lachspreis, steuern hier fast alles direkt oder zumindest indirekt. Heuer war eine ausgesprochen gute Lachssaison, die Fischer haben Geld und können sich die Elchjagd leisten. Und glaube mir, Elchjagd ist teuer, auch wenn sie nötig ist. Der Unterhalt der Boote, Benzin und Öl verschlingen eine Menge Dollar. Du weißt jetzt ja, wie viele Kilometer die Jäger oft zurücklegen – und dann müssen sie auch wieder zurück und das mit schwer beladenen Booten. Ich habe zwar Benzin bestellt, aber anderen Tankstationen erging es wie uns hier, nur schon einige Tage vorher, sie haben daher Vorrang. Ich hoffe, daß das Frachtschiff heuer noch hierher kommt, hoffentlich friert der Yukon nicht zu früh zu – alles nicht so einfach hier bei uns in Alaska.«

John mühte sich ab, von irgendwoher doch noch Benzin aufzutreiben – vergeblich. Jetzt half er den Jägern mit Alternativadressen, telefonierte mit Leuten, die noch Treibstoff besaßen, dirigierte seine Kunden um. Nachdem der Ansturm der Jäger nachgelassen hatte, bot sich dafür mehr Zeit für ausgiebige Gespräche, Erzählungen und Kurzweil. Und John konnte erzählen, kein Wunder, er verfügte über einen reichhaltigen Erlebnisschatz.

Er bewunderte die asiatische Küche und hatte sie sogar vor Ort kennengelernt, wie so viele Alaskaner war er nämlich bei der Army in Vietnam gewesen, aber von Erlebnissen aus dieser Zeit wollte er nicht gern sprechen. Er liebte die nordische Wildnis, die weiten Tundren und Menschen, die sich dort wohlfühlten. Und er arbeitete an einer Sammlung, die einzigartig sein dürfte: Begegnungen mit außergewöhnlich verrückten Typen! John war da wählerisch; Staralüren, Modegags und Ähnliches, »Kurzzeitgeistiges«, sozusagen im Trend Liegendes, auch wenn es noch so ausgefallen schien, fand bei ihm wenig Beachtung. Seinem Geschmack entsprach eine seltene Mischung aus konservativer Originalität, Können und Leistung, dazu eine echte Schrulle, besser noch eine gewaltige »Granatmeise«. Das alles mußte eingebettet liegen in Abenteuersinn, Überlebensfähigkeit und Liebe zur Wildnis – es war unverkennbar: Die Ursprünge von Johns Leidenschaft wurzelten in typisch britischem Humor.

Die Weiten Kanadas und Alaskas und ganz besonders der Yukon schienen ergiebige, sich ständig erneuernde Liefergebiete für seine Sammlung zu sein. Er berichtete von einem überaus kreativen Erfindergenie, das sich in die einsamen Berge um den Lake Laberge in Kanada, Yukon Territory, von der Welt zurückgezogen habe. Sein schönes Haus sei mit nur allem Erdenklichen, was die Zivilisation zu bieten hat, ausgestattet gewesen. Dazu habe er dann seine Erfindungen installiert, wie Solartechnologie, Miniobservatorium, Laboreinrichtungen, Roboter usw. Der einsiedlerische Genius sei so kontaktfreudig wie ein Trappistenmönch gewesen.

Ein mehrmals für tot geglaubter Wildnisextremist, ein Frankokanadier, habe Bootskenterungen bei eisigen Temperaturen und Flugzeugnotlandungen in den entlegensten Gebieten überlebt. Bei einer Rettungsaktion, die seine engsten Freunde trotz der eigentlich so völlig hoffnungslosen Lage dennoch durchführten, habe man den Verschollenen vom Flugzeug aus beobachtet, wie er eine frischgeschossene Jagdbeute gegen mehrere hungrige Grizzlies erfolgreich verteidigte. Seine schwache Stelle, gewissermaßen seine große Liebe sei sein Kanu, und wenn es um dieses ging, sei er zu allem fähig. Einmal habe ein großer Braunbär versucht, sein Kanu zu demolieren, gewohnheitsgemäß habe der Kanadier nach seiner Flinte gegriffen, aber diese nach blitzschneller Überlegung wieder weggeworfen und den Bären mit einer Axt erschlagen. Auf Johns Frage, warum in aller Welt diese Handlung, entgegnete der Beinharte:

»Um Gottes willen, mein Kanu! Ich hätte doch mit der Flinte mein Kanu treffen können!«

Einen aus der »John Massey Collection« sollte ich bald selbst treffen, ein echter Wildnisfreak, Privatgelehrter und – leidenschaftlicher Astronom, der auch im Busch, und gerade da am liebsten, den Himmelskörpern nachspürte.

»Siehst du«, lachte John hintergründig, »deswegen liege ich hier auf der Lauer. Wenige schaffen es bis hierher oder gar bis an die Mündung, du kennst ja die Gründe. Aber das Warten lohnt sich, wirklich, man lernt doch nie aus; auf was Leute doch alles kommen – stell dir vor: Einmal kam jemand rückwärts den Yukon runter!«

»Wie bitte!?«

»Rückwärts, haha, so ähnlich wie du jetzt habe ich damals auch geguckt. Nun ja, das lag vor allem an der Sitzposition, die man in dieser Art Boot wohl einnehmen mußte: Da probierte es eine Frau mit einem Ruderboot! Sehr originell, was?«

»In der Tat«, bemerkte ich darauf so trocken, wie ich nur konnte, »sie lebte ständig in der Retroperspektive und löste wahrscheinlich dadurch eines der schlimmsten Wetterprobleme am Yukon: Sie hatte die meiste Zeit, eigentlich immer – Rückenwind.«

…– brüllendes Gelächter –…

Dann endlich rückte John mit seinen eigenen Erlebnissen heraus. Die blutigsten Greenhorns habe er auf einem mehr schlecht als recht gebastelten Floß getroffen, Hippies aus Californien, die aufgrund noch nicht erlebter Wildnisromantik ausgerechnet auf den Yukon gekommen seien. Das einzige, was die gemischte Unglücksraben-Gruppe an guter Ausrüstung dabei gehabt habe, sei eine Legion guter Schutzengel gewesen. Wie durch Wunder hätten sie Kenterungen an gefährlichen Treibholzinseln, Strudeln und Sturmwellen überlebt. Obwohl er ihnen geholfen und zum Aufhören in Dawson City geraten habe, seien diese nicht einsichtig geworden. Anstatt sich eine Mini-Angelausrüstung und Mehl zu kaufen, hätten die unbelehrbaren Kindsköpfe im nächsten Dorf vom Rest ihres Geldes eine große Tüte miserabler Billigschleckereien gekauft. – John habe daraufhin fassungslos das Weite gesucht.

Beinahe beiläufig erwähnte er den Bau von Kanus, Blockhütten, das Knüpfen von Fischnetzen und dergleichen mehr.

Mein Jagdbogen war der Auslöser für das Thema archaische Jagd, besonders betraf das die Jäger, die er ganz besonders schätzte: Eskimos, die Überlebenskünstler der Arktis.

»Kennst du ›Kabloona‹?«

»Nein«, gestand ich.

»Dann wird es höchste Zeit! Du interessierst dich für Eskimos?«

»Ist sie hübsch?« wollte ich schon zurückfragen, verbiß mir aber die Bemerkung gerade noch rechtzeitig.

»Hier, das ist wichtig, das Buch ist ein Muß, handelt von einem wirklich außergewöhnlichen Franzosen, der eine Zeitlang bei noch ursprünglich lebenden Eskimos bleiben durfte. Wirklich sehr wichtig das Buch – bitte, es gehört dir.«

Während das Wetter mieser und mieser wurde, stieg bei uns die Stimmung im Hause, und als wir merkten, daß wir gemeinsam nicht nur Unfug, Situationskomik und Humor schätzten, sondern auch eine gesteigerte Vorliebe für Nonsense zeigten, schallten oft wahre Lachsalven durch »John's Delta Inn«. Gute Laune zieht Menschen an, und öfters kamen dann Bekannte und Freunde der Massey vorbei. Das scheußliche Wetter draußen konnte uns gestohlen bleiben.

Gelegentlich schlichen sich doch bange Momente in mein Gemüt ein, besonders dann, wenn ich auf die Datumsanzeige der Armbanduhr und auf das Barometer blickte. Während die Datumsanzeige sich allzu rasch bewegte, verharrte das Barometer stoisch auf derselben, seit Tagen gleichgebliebenen Anzeige: Tief, Regen. Während einer kurzzeitigen Regenpause eilte ich in die Ortschaft, um mir die Zeugen der russischen Vergangenheit anzusehen.

Oberhalb der Eskimogemeinde, nahe am Waldrand, inmitten eines mit dichtem Kräuterteppich bewachsenen Parks, standen zwei Holzkirchen. Der hohe Bau, die runden Kuppeln mit dem russischen Kreuz und die großen Fenster unterschieden sie von allen Kirchen, die ich bisher in Alaska gesehen hatte. Die ältere Kirche wirkte verlassen, die Gräber mit ihren Holzkreuzen erhoben sich kaum mehr über die wuchernden Gräser und Büsche. In der jüngeren Kirche jedoch stand ein geschmückter Altar, Ikonen hingen an den Wänden, Kerzen und Leuchter sah ich – hier wurden also Messen gefeiert, es gab in dieser Ortschaft demnach noch russisch-orthodoxe Christen. Der Friedhof, ein Schmuckstück von Russian Mission, leuchtete in bunten

Farben mit seinen Grabumzäunungen, russischen Holzkreuzen und wetterfestem Dekorationsmaterial der wohlgepflegten Gräber. Auch die Namen auf den Holzkreuzen mit ihren »chow«, »of« oder »ka« als Wortendungen waren stumme Zeugen eines »anderen« Amerikas, welches in kleinen Oasen noch bestand.

Während ich den Friedhof und die Kirche fotografierte, rissen am jenseitigen Ufer des Yukon die grauen Regenvorhänge auf; und wie von gigantischen Scheinwerfern bestrahlt, leuchteten in kräftigem Rostbraun die ersten Flecken tundraartiger Vegetation. Im Gegensatz zu den warmen Erdfarben des Landes strömten die gewaltigen Wassermassen des großen Flusses unter ständigem Blinken und Gleißen. Verloren wirkte jetzt der bunte Spielzeug-Modellfriedhof mit seinem Holzkirchlein in der unendlichen Weite, die sich gegen Osten in verschwimmenden Farbstreifen zwischen Himmel und Erde auflöste.

Weit, weit dort drüben lag Europa, und hinter den dunkelgrauen Wetterfronten steckte die dichter und dichter werdende Zivilisation. Geballt, zusammengepreßt – wie ein Schwarzes Loch, das immer mehr einfängt und verschluckt. Folgt dies einem Gesetz? Ist die Zusammenballung dort eine fortgeschrittene und hier nur eine beginnende Entwicklung? Ein Ruhrgebiet, gar ein Chicago *hier*, wenn dort alles vergiftet worden ist? Blödsinn? Man erinnere sich an die Beschreibung der Großen Seen in Coopers »Lederstrumpf«!

Es tat gut, als mich gleich nach dem Besuch des russischen Friedhofes zwei auffallend fröhliche Augen musterten. Der kräftig gebaute, korpulente Eskimo, der da am Tisch saß und von seinem Magnum-Imbiß abließ, als er mich bemerkte, strahlte förmlich vor guter Laune. Es war der Namenspatron von Johns »Harvey-Burgern«.

Wie kommt man in einer dermaßen weltabgeschiedenen 231-Seelengemeinde in Stimmung? – Ohne Alkohol, denn Russian Mission war ein »dry place«, eine »trockene« Siedlung, in der Verkauf und Besitz von Spirituosen verboten waren. Kein Wunder also, daß sich aus diesem Zusammentreffen der reinste Erzählerwettstreit entspann.

Nachdem er über meine Busch-Pannen gelacht hatte, war Harvey keineswegs verstimmt, als wir die Erzählung über die Zertrümmerung seines nagelneuen Schneemobils durch seine Frau zuerst mit zögerndem, dann schallenden Gelächter quittierten. Lachend versicherte er mehrmals, wie kühn und tapfer seine Frau mit dem Gefährt umgegangen sei, was für rasante Spurts sie eingelegt habe, und nur ein dummes Ölfaß habe das jähe Ende des Winterfahrzeugs bewirkt. Seine Frau dagegen sei stabiler als das Knatter-Ding gewesen, sei ohne einen Kratzer davongekommen. Und der Schaden? – Ach ja, was soll's, 3000 Dollar.

Er klopfte mir auf die Schultern und sagte sein Lebensmotto, das er später auch auf den »Sea Eagle« schrieb: »Never a dull moment!«

Mir kam plötzlich der Gedanke, Harvey nach einer Jagdgeschichte zu fragen. Er verspeiste mit sichtlichem Genuß einen Doughnut, spülte ihn mit Kaffee hinunter und antwortete lachend.

»Okay, Mann, ich hab' da was für dich, kannst du aufschreiben. – Mit Bären bist du ja schon etwas vertraut, ja? Ich werde dir von einer Bärenjagdmethode erzählen, die meine Vorfahren entwickelt haben – das macht heute niemand mehr, ist, glaube ich, sogar jetzt verboten. Mein Großvater beherrschte noch viele uralte Jagdtricks und wollte sie mir alle beibringen, weil ich dafür großes Interesse zeigte.

Es war mitten im Winter, ich war etwa elf Jahre alt. Großvater hatte die Schlafhöhle eines Schwarzbären entdeckt und wollte mir zeigen, wie man am besten einen solchen Bären zu dieser Jahreszeit erlegen kann. Ein paar Tage später war es soweit, Großvater spannte die Hunde vor den Schlitten, lud neben Proviant und Üblichem, Schneeschuhe, zwei Gewehre, eine große, scharfe Axt, Fackeln und ein Seil auf – und ab ging's in die Berge. Er schärfte mir mehrmals ein, ich solle genau das tun, was er mir sage, und falls ich es nicht könne oder Angst habe, solle ich's ihm gleich gestehen. Ich verstand alles, hatte auch fast keine Angst, denn Großvater war ja dabei, ich konnte ihm blind vertrauen.

Weit vor der Höhle ließen wir den Schlitten samt den Hunden zurück, den Rest der Strecke stapften wir mit den Schneeschuhen. Von einer Höhle sah ich gar nichts, alles war zugeschneit, nicht mal Spuren gab es im Schnee. Er deutete jedoch auf eine bestimmte Stelle am steilen Hang vor uns – ich sah gar nichts. Großvater begann sich immer ruhiger und lautloser zu bewegen, zeigte ab und zu auf die Stelle. Und richtig, jetzt sah ich etwas, der Schnee war da ein bißchen eingebrochen, schimmerte in einer anderen Farbe als rundum. Vorsichtig, ja beinahe lautlos schnitt Großvater Fichtenzweige, ich half ihm dabei genauso leise wie er, dann legten wir die Zweige wie zu einem Lagerfeuer zusammen. Er lud das Gewehr, legte es vorsichtig in Griffweite neben diese Stelle und ergriff die Axt. Behutsam banden wir das Seil, mit welchem ich arbeiten sollte, mit einem Ende fest an den nächsten Baum, das andere Ende mit der Lassoschlinge nahm ich in die Hand.

Langsam, ganz vorsichtig bewegten wir uns zu dem verdächtigen Fleck am Hang und wischten mit den Händen den Schnee weg –

wupp! schon brachen ein paar Handvoll Schnee ein, eine dunkle Öffnung klaffte plötzlich. Beide hielten wir kurz inne, mein Herz klopfte heftig, ich blieb aber ruhig. Großvater nickte anerkennend. Sachte, fast zaghaft machten wir die Öffnung größer – plötzlich starrten wir in eine kleine Höhle, und am Boden lag etwas Felliges, Dunkles: der Bär. Großvater nickte wieder, ging zurück, zündete zuerst die Fackel an, dann den Reisighaufen, legte das Gewehr näher in Griffweite, baute sich breitbeinig mit der Axt in beiden Händen vor einer Höhleneingangsseite auf, deutete mit dem Kopf in die Höhle.

Jetzt kam mein Teil. – Ich sah Großvater in die Augen, nahm das Seil, bückte mich – lauschte in die Höhle. Nichts, kein Geräusch hörte ich – war der Bär schon tot, erfroren? Langsam kroch ich hinein – plötzlich ein Geruch wie stinkender Hund –, ein paar Sekunden konnte ich nur undeutliches Schwarz erkennen, dann sah ich den Kopf des Bären. Ruhig, Millimeter für Millimeter, ich wagte kaum zu atmen, legte ich ihm die Schlinge über den Kopf – kroch auf Händen und Füßen rückwärts. Großvater nickte anerkennend, hob das Beil, jetzt straffte ich das Seil, die Schlinge zog sich zu, ich spürte Widerstand. Sofort rannte ich zum Baum, zerrte aus Leibeskräften am Seil – ich schrie, Großvater brüllte, wieder zerrte ich, zerrte und zerrte. Dann – plötzlich wurde das Seil schlaff, ich zog ruckartig nach. Der Bär stand plötzlich im Eingang, stutzte, torkelte wie ein Besoffener. – Da, zack! Wie ein Blitz zuckte die Beilklinge, Großvaters Arme sausten herab – ein dumpfer Schlag im Genick des Schwarzbären – er torkelte noch heftiger, kippte zur Seite. Blut tropfte. Wumm, aus! Der Bär lag am Boden.

Harvey lachte über das ganze Gesicht, drehte dann aber gleich den Kopf zur Seite.

»Oh, entschuldige«, konnte ich nur hervorbringen, bemerkte nicht, daß ich ihn minutenlang angestarrt hatte – denn dies mochten weder Indianer noch Eskimos.

Allmählich gewann ich den Eindruck, weder die Masseys, deren Freunde und Bekannte, noch ich beklagten das miserable Wetter – ganz im Gegenteil, in »John's Delta Inn« hielt sich ein lokales, stabiles Stimmungshoch. Nicht, daß wir hier nur lachten und blödelten, einander mit Gags und guten Geschichten überbieten wollen, oh, nein, manchmal war auch Bitteres dabei.

Von John erfuhr ich zum ersten Mal von der angeblich so hohen Selbstmordrate bei den Eskimos, und Marie deutete an – sie war Lehrassistentin an der hiesigen Schule –, daß es auch in Alaska familiär bedingte, ernste Schulprobleme gebe.

Aber ich vertrat immer wieder die Ansicht, dies seien schon uralte Probleme, und die hohe Bevölkerungsdichte verstärke nicht nur all diese Schwierigkeiten, sondern lasse sie regelrecht erblühen, und setze noch einige wilde, ungenießbare Früchte hinzu. Und meiner Meinung nach haben Menschen noch nie ihre Probleme lösen können – jedes Geschichtsbuch bestätigt dies –, da sie selbst zu komplex, zu kompliziert sind.

Alle, die ich hier kennenlernte, besaßen gute Nerven – sie hatten genügend Abstand von den Undingen, die nahe den Schaltstellen der Welt wie ätzendes Gift in die heißlaufenden Medien und die Köpfe der Menschen sickern. Die Probleme der Zivilisationsballung schmolzen zu bloßen Nachrichten von einer Front, die zwar bedrohlich, aber weit, weit entfernt ist. Hm, warum war John von Chicago nach Alaska gezogen?

Ich kam jetzt so richtig in Fahrt und berichtete von einem Erlebnis, das, von einer denkwürdigen Unterrichtsstunde an, mich stark beeinflußt hatte: »In der Schule füllte mein Biologielehrer eine zuckerhaltige Flüssigkeit in ein Reagenzglas. Im Mikroskop sahen wir dem wimmelnden, explodierenden Leben der Bakterien zu. – Nach drei Tagen jedoch war von Leben keine Spur mehr zu sehen. Was war geschehen? Der Lehrer erklärte, die Bakterien seien alle zugrunde gegangen – gestorben an ihren eigenen Stoffwechselprodukten. – Nun sollen wir uns die Erde als Reagenzglas vorstellen...

Vor Jahren herrschte in Deutschland ein ganz anderer Zeitgeist – viele Menschen, besonders die Jugend glaubte an die Zeitgeist-Formel »no future!«. Was ist daraus geworden? – ein Konsumrausch und Karrieredenken ohnegleichen! Die deutsche Wirtschaft boomte wie noch nie. Haben, haben, man will alles haben – selbstverständlich auch eine gesunde Umwelt. Doch dafür etwas geben, vielleicht sogar aufgeben...? Der Zeitgeist wandelte sich; ich könnte ein neues Motto ausgeben, no future?... lächerlich, wir haben doch genug Geld – wir kaufen uns eine!

Wie dem auch sei, die Worte der Politiker werden verhallen, die Feuerwerke der Werbung verblassen, aber der tödliche Müll, das Vermächtnis einer nimmeralten Zivilisation, wird bleiben.«

»Aha«, meinte John, »deswegen kamst du an den Yukon, ja?«

»Ihr Amerikaner habt es gut, bei euch gibt es noch echte Wildnis – ihr hattet schon Nationalparks und Umweltschützer, als die Europäer noch Verrenkungen und Bücklinge vor Fürsten und Königen machten. Ihr könnt euch gar nicht vorstellen – schon gar nicht ihr Alaskaner –, was es heißt, ständig in einem Industriegebiet zu leben.«

»Ja, aber, ihr habt doch auch schöne Seen, die Alpen und andere Erholungslandschaften in Deutschland«, hörte ich als Einwand.

»Sicher, sicher«, lachte ich – »eben, ich hörte gerade Erholungslandschaft. Könnt ihr euch eigentlich vorstellen, was dies bedeutet?« – ich schenkte ihnen reinen Wein ein, er schmeckte ihnen gar nicht.

»Ich glaube, Gernot, ich fange an, dich zu verstehen«, kommentierte John meine Erklärungen.

»Und das schreibst du alles auf?« fragte mich Marie einmal, als ich am Tisch saß und die Seiten meines Tagebuches füllte, während die Kinder um mich herum spielten. »Bringst du all deine Erlebnisse und Gedanken während deiner Tour zu Papier?«

»Ja, das meiste. Wenn es nur irgendwie geht, schreibe ich jeden Tag – egal wo.«

»Hm, dann kommen wir hier in Russian Mission wohl auch vor?« hakte Marie nach und schmunzelte dabei. »Dann müssen wir uns aber alle sehr mustergültig benehmen!«

»Ich bitte darum«, antwortete ich so trocken, wie ich nur konnte, und zog eine todernste Miene.

Schallendes Gelächter erfüllte bald darauf den Raum. – Und durch das Lachen hindurch ertönte plötzlich Johns röhrender Baß: »Um Himmels willen! – Marie, mach ihm noch schnell ein paar Hamburger!«

So angenehm und heiter vergingen die Tage in »John's Delta Inn« – das Wetter jedoch nicht. Ich wartete längst nicht mehr auf das Ende der sintflutlichen Regenfälle, hoffte nur noch auf mieses Wetter. John hatte mich schon längst mit Weginformationen, Karten und Adressen, bei denen ich Hilfe erwarten konnte, eingedeckt. Was konnte denn noch schiefgehen? – Nur gelang es ihm nicht, seine Sorge um mich vollständig zu verbergen, die Fahrt nach Alakanuk würde es in sich haben, das war auch mir klar geworden.

Der Wildnisschock und Horrortag – Überlebensfeier mit Zaungästen

Regentropfen trommelten unermüdlich auf geduldiges Wellblech, klopften mahnend ans regennasse Fenster, und zu diesem pausenlos arbeitenden Regenschlagzeug setzte der Wind ein, der nicht nur heulend um das kleine Holzhäuschen strich, sondern auch eindringen wollte und eiskalt durch die Türspalte, Ritzen und Fugen strich.

Es war der Morgen des 20. September 1988. »Da soll man aufbrechen? – Soll? – Du mußt! Oder willst du hier in Russian Mission bleiben, die Fahrt abbrechen – zum Schönwetter-Wildnis-Freak werden?« Schnell und entschlossen schälte ich mich aus dem so herrlich warmen Schlafsack, zog mich ebenso rasch an und eilte, um mich von der Familie Massey gebührend zu verabschieden.

Alle wußten, daß ich weiterfahren mußte – was sollte ich sagen? Ich wußte, daß ich wie ein Familienmitglied behandelt wurde. Ob ich sehr überzeugend den »coolen und fröhlich entschlossenen Wildnismann« spielte?

John lieh mir eine solide Regenjacke, nachdem er meine für delta-untauglich erklärt hatte, Streckentips folgten, einige Adressen und die letzten Aufmunterungen. Mein Gewehr wurde geölt, und wir ließen unsere letzten Blödeleien und Witze los. Es nieselte, in dumpfem Olivgrün wälzten sich die Wasser des Yukon einem grau in grau verhangenen Ziele entgegen.

Als würde ich mich selbst in einem Film erleben, sah ich, wie meine Gepäckstücke zum Strand getragen, der »Sea Eagle« beladen wurde und John und Dennis sich mit dem wasserfesten Filzschreiber auf noch freien Stellen der Bordwand verewigten. – Damals lachte ich über Johns Einfall – wieder daheim, geisterte er durch meine Gedanken.

»When you are too busy for an adventure ... you are too busy.

Als ich an Bord stieg, erwachte ich allmählich aus der irrealen Filmszene, in der ich mitspielte, und Johns lakonische Aufforderung: »Nun, jetzt will ich mal Geschwindigkeit sehen!« klang verdammt echt. Auf gar keinen Fall wollte ich John enttäuschen und legte mich tüchtig ins Zeug, bog in die wellige Hauptströmung. – Nach ein paar Sekunden riskierte ich es, mich noch einmal kurz umzudrehen – winkte den zwei immer kleiner werdenden Gestalten zu – und bekam das letzte Geschenk aus Russian Mission: Rückenwind, zwei Stunden lang. Ich berauschte mich an der Geschwindigkeit, paddelte und paddelte, bis sich der Wind drehte.

Dann machte ich den Fehler. Ein Seitenarm öffnete sich, und ohne lang zu überlegen, bog ich rechts ein. Von der Karte her erkannte ich den Arm, wollte abkürzen und gleichzeitig Winddeckung finden. Für ein paar Minuten freute ich mich über die Entscheidung, gratulierte mir zu dem gelungenen Trick, genoß die Ruhe und Stille des Flüßchens mit seinen dichten Laubwäldern an den Ufern. Gedanken und Szenen aus Russian Mission vagabundierten recht locker in meinem Kopf umher, bis der stille Seitenarm seine kaum merkbare Biegung beendete. Ein kalter Wind überfiel mich, das sanfte Wiegen der Weidengebüsche schlug um in ein chaotisches Peitschen und Rauschen, am düsteren Himmel fegte eine grauschwarze Wolkenwalze heran, verschoß zunächst Regensalven, dann Hagel und Schneeschauer.

Ich saß in der Falle. Jetzt war es, als schluckte das dunkle Wolkenungeheuer jegliches Licht, ich wollte nicht mehr zurückfahren, um in dieser unheilschwangeren Finsternis wieder in die aufgewühlte Hauptströmung zu gelangen. Die Strömung des Seitenarms war dagegen so gering, daß ich während der ärgsten Sturmböen rückwärts gedrückt wurde. All meine sonnigen Empfindungen und Erinnerungen zerstoben schlagartig, die Wildnis des Deltas schlug so unbarmherzig zu, das Wetter tobte so gnadenlos, daß das Rad der Gedanken zur Ruhe kam. Und diese unerschütterliche Ruhe, zusammen mit ungeteilter Reaktionsbereitschaft, nahm Besitz von mir, wurde mein Selbst – mußte es werden, wenn ich jemals lebendig aus der Falle herauskommen wollte. Stundenlang mußte ich durchhalten, suchte vergebens nach einem geeigneten Lagerplatz, bis ein merkwürdig wildes Rauschen sich durch die Sturmnacht hindurchfraß.

Das linke Ufer vor mir formte sich allmählich zu einer Halbinsel, die schmale Fläche des Seitenarms dehnte sich zu einer unüberschaubaren Wasserebene – ich war dabei, in die Hauptströmung des Yukon einzufahren. Der Tag drohte ein böses Ende zu nehmen, noch konnte ich es verhindern. Ich kämpfte mich ans linke Ufer und wußte, daß ich hier übernachten mußte. Pechschwarze, tückische Schlammsümpfe säumten das Ufer, endeten in einer Schachtelhalmwiese, die wiederum allmählich von einem Weidendickicht in Besitz genommen wurde, und unmittelbar hinter dem Weidenfilz drohte eine dunkle, undurchsichtige Waldmauer. – Der Platz war mir alles andere als geheuer – die deutlichen Elch- und Bärenspuren trugen auch nicht gerade zu meiner Beruhigung bei.

Nichts rührte sich außer den Büschen und Bäumen, die der Schneesturm zauste – oder doch, dort oder da drüben? Ich griff nach dem Gewehr, lud durch und kletterte vorsichtig aus dem schützenden Kajak. – Lautlos sackte ich bis zu den Stiefelrändern in den Schlamm – bloß gut, daß ich mich mit einer Hand am Boot aufgestützt hatte. Fieberhaft begann ich die nähere Umgebung abzusuchen, sah einen halb verrotteten Baumstamm, klammerte mich ans Boot fest und ar-

beitete mich mühselig durch den zähen Brei darauf zu. Als ich einigermaßen festen Boden unter die Füße bekam, begann ich die Halbinsel
zu erkunden.

Ausgerechnet zwischen den Weiden fand ich schöne Lagerplätze:
gerade noch feste, ebene Böden, von Schachtelhalmen dicht bewachsen und sogar ziemlich windgeschützt. – Nur hatte ich so noch nie
gelagert, so eingebaut, ohne freie Sicht. Nach etwa fünfzig Metern
endete die Halbinsel, fiel mit einer etwa zwei Meter hohen Kante zum
Yukon ab, dessen Wasser wütend gegen den wirren Treibholzsaum
brandeten. Auf der zwar gut zu übersehenden Spitze der Halbinsel
verging mir die Lust zu zelten – ich mußte mich mühen, nicht vom
Sturm umgeworfen zu werden. Blieb also nur der Weidenplatz in der
Nähe des Bootes – und des mir unheimlichen Uferwaldes.

Hätte ich doch schlecht geschlafen und wäre hundemüde gewesen,
mir wäre jede Menge Ärger erspart geblieben. Aber nein, ich mußte ja
unbedingt aufstehen. Ein kurzer Blick durch den stets offenen Eingang zeigte eine Sumpflandschaft, deren dunkle Schlammflächen
weiß gepudert waren. Vom Boot, das offenbar von Bären und ähnlichen Neugierigen unbehelligt geblieben war, führte neben der langen blauen Leine eine Art wüste Saurierspur zum Zelt und endete bei
den schlammverkrusteten Gummistiefeln. Kälte lastete über der Szenerie, drang in das Innenzelt, und ich spürte, daß dies nicht nur von
der Feuchtigkeit und dem mäßigen Wind kam – Schnee war zu erwarten.

Kälte und Schlamm, das war zuviel, fand ich und wollte nichts als
raus und weg von hier. Ich brachte ein Blitzfrühstück gleich beim
Boot hinter mich, war ständig bemüht, nicht im ekelhaften und obendrein auch noch eiskalten Schlamm einzusinken. Es wurde ständig
kälter, und zur Kälte gesellte sich der Ekel, Abscheu vor dem widerlichen, kalten Schlamm. Nachdem der »Sea Eagle« fertig gepackt war,
führte von dem ehemaligen Lagerplatz zum Boot nicht nur eine Sau-
rierfährte, sondern eher eine Panzerwühlspur.

Dunkle Wetterfronten schoben sich unheilverkündend heran, zogen aber glücklicherweise weiter ins Landesinnere.

»Verdammt, soll es so weitergehen? Etwa 350 Kilometer waren es
von Russian Mission nach Alakanuk – und gestern bin ich sicher
kaum vorwärts gekommen – schöne Sauerei!«

Kaum saß ich im Boot, angezogen wie ein Tiefseetaucher, nestelte
und mühte mich mit der Spritzdecke, die das Boot und mich wasser-

dicht verband, da packte mich gleich eine Windböe und trieb mich zurück in den Seitenarm. – Das war der Startschuß zur Horrorfahrt: Gegenwind, ach was – ein Gegensturm, über zehn Stunden lang, erwartete mich. Als ich die Yukon-Hauptströmung erreichte, hörten auch die langgestreckten, dunklen Wetterfronten auf, ins Landesinnere abzuziehen. Mein Lieblingswetter setzte ein: Schneeregen. Ganze Salven eiskalter Güsse klatschten mir ins Gesicht, Schneematsch verklebte die Schutzbrille, haftete wie weißer Schlamm auf der Regenjacke, sammelte sich auf der Spritzdecke, übertünchte das Boot. Jetzt schaukelten sich die Wellen höher, brachen sich gelegentlich vor irgendwelchen Untiefen, und ich hatte genug zu tun, lediglich den Kurs zu halten.

Der Wind ließ nicht nach, steigerte sich, peitschte die Wellen höher, trieb mir das bißchen Körperwärme, den letzten Rest an guter Laune und Hoffnung aus. Arme und Schultern begannen zu schmerzen, und ab und zu konnte ich einfach nicht mehr, völlig ausgepumpt, mit klammen Händen hing ich im Boot, wurde gnadenlos rückwärts getrieben. Plötzlich, eine aufkochende Brandungsstelle kam näher und näher, das Kajak drohte quer darauf gerissen zu werden, die ersten Wellen rauschten über die Bootsspitze, zogen und zerrten. Schlagartig erkannte ich die Situation, ein Adrenalinschock zuckte wie ein Stromstoß durch meinen Körper, aktivierte alle Körperkräfte blitzartig. Wie rasend schaufelte ich mich durch das Wühlen und Brodeln des grünbraunen Infernos – dann war ich durch das Gröbste hindurch.

Fieberhaft suchte ich nach einer Landestelle, probierte es mehrmals, immer wieder mußte ich in weniger turbulente Bereiche der Hauptströmung zurückkehren und erkennen, daß ich einer neuen Gefahr des Deltas nicht gewachsen war: Uferbrandung. Ekelhaft braunes Wasser brach sich da so wütend, daß alle Aussteigeversuche von vornherein scheiterten. Einmal trieb ich das Boot, so schnell ich konnte, senkrecht zum Ufer, stieß ein Stück auf den Strand – und konnte gerade noch durch blitzschnellen Rückzug verhindern, daß die eiskalte braune Brühe, von allen Seiten kommend, ins Boot schwappte. Selbst wenn ich herausgesprungen wäre – auch auf die Gefahr hin, mit nassen Kleidern im Schneetreiben zu stehen –, rechnete ich mir wenig Chancen aus, entweder hätte die Brandung das Boot umgeworfen oder mich mit dem eigenen Boot angeschlagen.

Also weiter, weiter, immer wieder zusammenreißen und durchhalten. Die Schmerzen in meiner rechten Schulter steigerten sich zu einem andauernden Stechen und Reißen, die Herzgegend tat weh unter der ständigen Überanstrengung, fluchend und keuchend sackte ich im Sitz zusammen – ich konnte nicht mehr, war völlig ausgepumpt. Am Ende der Kräfte, kein Vorwärtskommen, keine Möglichkeit zum Rasten, Kälte, Nässe, Dreck, Wellen und unbarmherziger Wind, der nicht nur mich, sondern auch die trostlose, grau in grau getauchte Landschaft quälte – Yukon Delta, zweiter Akt: die Fahrt zum Hades.

Jetzt bloß nicht an Russian Mission denken! War das die Fahrt zum Hades? – Ich wußte, ich war bereits auf dem Styx– dem Fluß der Unterwelt. – Nur noch seidene Fäden hielten mich vom Untergang zurück, Charon – der unheimliche Fährmann – lächelte abgründig, bereit, das Ruder zu übernehmen…

»Nein, verflucht und dreimal verdammt noch mal, nein! Los, reiß dich zusammen – weg vom Styx – fahr weiter, du kannst noch. Sieh! – Da sind Löcher im Grau, die Sonne frißt sich durch die Wolkenmauern. Du bekommst eine Chance, eine Pause, komm, fahr weiter, such einen Campplatz!«

Sozusagen »auf dem Zahnfleisch« erreichte ich das Ende einer großen Flußbiegung – dahinter zogen sich flache Uferstellen, Kiesstrand und Steine – was für ein herrlich übersichtlicher Uferbereich! –, und erst hinter einem dünnen Weidengürtel folgte herbstlicher Laubwald. Dann sah ich alte verlassene Boote, weit auf den Strand gezogen, und schließlich weiter flußab Trockengestelle, Planen, die im Wind flatterten und Zelte.

»Los, raus, jetzt oder nie, das ist der Rastplatz, irgendwie schaffst du das!« Da, ein mächtiger Baumstamm, parallel zum Brandungsbereich, wirkte als Wellenbrecher, ich steuerte das Boot um das Wurzelende und stieß wieder senkrecht zum Ufer. So schnell ich konnte, befreite ich mich von der Spritzdecke, hockte mich auf die Rückkante des Einstiegs, surfte schwungvoll vorwärts, zog schnell die Gummistiefel an, sprang ins Wasser, packte das Boot an der Leine, stapfte ein paar Meter durch Schlamm und Sand – und hatte endlich wieder festen, sympathischen Boden unter den Füßen. (Ausstiegs-Copyright G. Sp.)

Erregtes Hundegebell drang plötzlich durch die Geräusche von Wind und Wasser hindurch, aber von Menschen fehlte jedes Zeichen. Ich nahm das Gewehr und ging auf das Gebell zu. Das Fischerlager war längst verlassen, nur ein paar angeleinte Huskies bewachten es. Weit außerhalb der Sichtweite der Vierbeiner quälte ich mich ab, das

Zelt am Strand aufzuschlagen. Mit letzter Kraft, klammen Händen, die immer wieder versuchten, Gestänge einzufädeln, Leinen zu spannen, den bockenden Kastendrachen von Zelt zu bändigen – und mit vielen bewährten Kniffen und Tricks sowie etlichen, der Lage angemessenen Flüchen und Verwünschungen, gelang es dann doch zu guter Letzt.

Dann mußte ich schleunigst Energie nachtanken, lief zum Boot, wühlte wild nach dem Brot, biß hemmungslos hinein, saugte an der Speiseölflasche, quetschte mir dickflüssigen Schokoladensirup in den Schlund – Lebensmittel, was für eine treffende Bezeichnung! Ein paar Spritzer Benzin – ein überlebenswichtiges Geschenk aus »John's Delta Inn« – auf feuchtes Treibholz, und schon brachte ich ein prachtvolles Lagerfeuer in Gang, und bald dampfte und bruzzelte meine Buschküche.

Wieder versöhnt mit Natur und Schicksal verzog ich mich ins Zelt. Ich hatte einen der gefährlichsten und scheußlichsten Tage meines Lebens überstanden. Dann zündete ich die weiße Kerze, ein Geschenk aus dem jetzt weit entfernten Grayling, an und schrieb diese Zeilen. Ab und zu sah ich auf die Landkarte – wo ich wohl steckte? – Dann mußte ich plötzlich hellaut auflachen. – Wo ich war?

»Verdammt noch mal, das ist doch völlig egal, Menschenskind – du hast diesen Horror heute überlebt – schreib: ›somewhere in Alaska‹.«

Freundlich und auffordernd leuchtete die große Sonnenscheibe aus wolkenlosem Himmel. Und der Wind? – Der tobte anderswo in Alaska. Da das Wetter gestern nicht gerade zart mit mir umgegangen war und das Echo immer noch in meinen Knochen steckte, beschloß ich, die gestern nacht angefangenen Überlebensfeierlichkeiten heute fortzusetzen. »Über das Wetter in Alaska verzweifelt man besser nicht«, sinnierte ich, als plötzlich ein kleiner felliger Kerl im Eingang erschien, neugierig hineinäugte und wieder blitzartig verschwand.

Während der nachfolgenden Endlos-Eß-und-Trink-Orgie erschienen gleich drei von der genannten Sorte: junge Huskies, die mindestens so wild nach Nahrung waren wie ich. Ich nahm an, man hatte sie samt einem ganzen Gespann für einige Tage ausgesetzt – Fütterung einmal in der Woche. Nein, der »dog Musher« hier wollte keine verhätschelten Schoßhündchen. Selbstverständlich konnte ich ihr Problem verstehen und gab ihnen auch etwas ab – nur, die drei Teufelchen wurden so zudringlich, daß selbst meine Pfannkuchen auf dem Feuer nicht mehr sicher vor ihnen waren. Erst äußerst energisches

Auftreten, Brüllen, Steinwürfe und unmißverständliche Drohgebärden mit kräftigem Treibholz ließ sie einen Bannkreis von etwa fünf Metern um das Lagerfeuer akzeptieren.

In einem unbeobachteten Moment – ich war gerade dabei, einen Pfannkuchen gerecht aufzuteilen, schlüpfte einer der Dreierbande auch schon ins Zelt, ein anderer versuchte, die Abdeckung des Kajaks zu entfernen, während der dritte unschuldig und gelassen kurz vor der Feuerstelle Schmiere stand. – Was tun? – Den Zelteindringling verjagen, dies bedeutete, daß der Schmieresteher den Pfannkuchen klaute – nähme ich die Pfanne mit, während ich die zwei Aktivisten verscheuchte, dann fiele der momentan nur scheinbar inaktive Unglaubwürdige über den Rest der Lebensmittel an der Kochstelle her. Mit gezielten Würfen geeigneten Treibholzes löste ich das Problem – lediglich der Zelteindringling wollte den neu entdeckten Schlafplatz nur höchst ungern räumen.

Irgendwann gelangte einer dann doch in den vorderen Bootssitz und begann ein Brot herauszuzerren. – Jetzt war meine Geduld am Ende; um Ausrüstung und Vorräte zu schützen, riß ich das Gewehr hoch und gab einen gehörigen Warnschuß kurz vor seinen Füßen ab. Der Lagerfeuer-Lauerer sprang gleich darauf ebenfalls jaulend in die Luft, als ihn Sand und Erdstückchen vom zweiten Warnschuß trafen. – Von da an hatte ich Ruhe.

Am Höhepunkt der nun wieder vollkommenen Lageridylle – ich traute meinen Augen kaum – kamen sogar Waldhühner, genau von der Sorte, die ich in Russian Mission vergeblich gejagt hatte, aus ihren Verstecken und liefen mir fast in die Pfanne.

Gegen Abend kam noch einmal Sturm auf, der Huskies und Hühner in ihre Schlupfwinkel trieb – ich verstärkte mein Windschutzbollwerk aus Baumstämmen, um den Zustrom sibirischer Kaltluft ins Zelt zu hemmen. Welche Lektüre als »Kabloona - das weltberühmte Buch über primitives Eskimoleben« wäre wohl geeigneter gewesen!

Die Uferbrandung war am 23. September eingeschlafen, und daher hatte sich auch der Wasserspiegel zurückgezogen. Eis klirrte im Wellengeplätscher, knackte, wenn ich in zugefrorene Pfützen trat. Was sich wohl die drei Huskyteufelchen dachten, die in respektvollem Abstand zusahen, wie der zornige Typ da am Ufer eine völlig unnötige Schlammschlacht veranstaltete, mit Rauhreif überzogene Baumstämme heranschleifte, wackelige Bewegungen dann darauf ausführte, ab und zu eigenartig und laut bellte und am Ende seines tollen

Spiels gar nicht mehr mit dem wütenden Gebell aufhören wollte, als seine langen, befremdlichen Pfotenhülsen kurz vor dem weißen Dings, mit den feinen Fressereien drinnen, im Schlamm steckenblieben?

Die Stiefel konnte ich vom Boot aus gerade noch retten, säuberte und verstaute sie am Bootdeck. »Macht's gut, ihr Biester!« rief ich den Dreien zu, die noch einige Meter am Strand entlangliefen. Dann griff ich zum Paddel und legte los.

Ich hatte mich umgestellt, neu motiviert, abgefunden – die harten Wechsel von MIS-Days und BIS-Days würden noch krasser werden, schlimmer, sie würden sich verkürzen, so verrückt schwingen, daß an einem Tag die Wettererscheinungen eines Jahres ablaufen konnten. Das heißt etwa: einen Schneesturm zum Frühstück, Platzregen am Vormittag, glühende Sonne zu Mittag, hinterher einen kleinen Blizzard, am Abend brauende Herbstnebel – und das Ganze zusammengehalten durch sibirischen Gegenwind. Nettes Programm, was?

Warum liefert man sich Derartigem aus? Auf alle Fälle mußte ich meine Vorstellungen von schön und schlecht, zu hart und angenehm, möglich und unmöglich korrigieren. Ich mußte mich vom Delta in die Arme schließen lassen, es lieben – ohne dabei zerquetscht zu werden.

Vision or fiction? – Die sonnige Reise zum Mondschein-Camp

Zwölf Stunden ging es dahin wie im Fluge – ich war prächtig vorangekommen: Ich mußte ein paar Meilen kurz vor Marshall, oder auch »Fortuna Ledge« genannt, stecken. In farbenprächtigem Glühen senkte sich der blutrote Feuerball unaufhörlich den rostbraunen Farben der Erde zu, violettes Blau strahlte in hartem, kristallenem Schein, und ein langer Schatten floh vor dem großen, weiß und rot gestrichenen Boot, das da weit an den Strand gezogen, plötzlich auftauchte. Netze lagen sauber ausgebreitet am Ufer, bunte Kugeln und Bojen dazwischen. Die Trockengestelle und Holzhütten schienen auf einer großen Sanddüne zu liegen, die sich in Richtung des Landesinneren als Halbinsel herausbildete und von einem Nebenarm des Yukon abgetrennt wurde. Nichts regte sich, das so großartig gelegene »fish-camp« war verlassen – es zog mich magisch an, ich wollte, mußte hier bleiben.

Etwa acht Uhr abends war es, als die ersten Nachtvögel zu rufen begannen, obwohl es noch längst nicht dunkel war. Das Lagerfeuer flackerte lustig, als ich ein Gefühl im Rücken spürte, mich unbedingt umdrehen zu müssen. – Wunderbar, verzaubernd war der Anblick:

Über dem Strand prunkte eine riesige rotgoldene Scheibe, zum Greifen nahe lockte der unwirklich schöne Zaubermond, der sein Leben von der größeren, allmählich sinkenden Feuerkugel bekam. Am gegenüberliegenden Ufer setzte jetzt ein Leuchten, Flammen und Glühen ein, als ob die lohende Kugel die Tundra in Brand steckte.

Ich verspürte eine Art Kraftfeld zwischen der goldenen Scheibe und der glühenden Kugel, und etwas in mir löste sich von der Schwere des Körpers, und wie in Trance, behutsam und vorsichtig, schritt ich über die Mond-Sonnenbrücke, die sich von Ufer zu Ufer spannte. Lautlos ging es über die vollkommen glatten Wasser des gewaltigen Stromes, keine Wellen verzerrten die Spiegelbilder der Farbenspiele in weiter Ferne gegen den Horizont, kein Windhauch störte. Die Welt der Nacht erschien allmählich in den ruhigen Fluten des Yukon – oder waren es die so unheimlich stillen Wasser eines verwunschenen Sees, aus dem die funkelnden Leuchtpunkte zitterten wie irisierende Diamanten? Sterne oben, Sterne unten, zwei Monde, zwei vergehende Sonnen – in welcher Welt befand ich mich? Friede, lautlose Ruhe umgab die Mond-Sonnen-Brücke, bis urplötzlich die Welt der Nacht erwachte: heiseres, helles Bellen durchdrang die unirdische Stille, Flügelrauschen schwoll an, erregte Schreie schallten von Ufer zu Ufer, und ein Keil flatternder Schatten tanzte kurz vor der fahler werdenden Scheibe des vollen Mondes.

Der blutrote Feuerball zerging zu schwach glühenden Streifen, und es wurde höchste Zeit, die sich auflösende Brücke zu verlassen und zum Strand zurückzukehren. Aber – war dies noch der Strand, wie ich ihn kennengelernt hatte? Abermillionen von Sandkörnern funkelten, reflektierten so lebendig das kalte Licht des Mondes, während Tische, Behälter mit Netzen, Bojen, Baumstämme und verlassene Boote lange pechschwarze Schatten in den glitzernden Strand schnitten. Hart und überdeutlich, in tiefem Schwarz, stachen die Umrisse der Gebäude am hohen Sanduferwall aus dem leuchtenden Lapislazuli des Horizontes heraus.

»Wo bin ich? An welchen Strand hat es mich verschlagen? Das große Boot da, die Netze und Bojen und der Sand hier, überall Sand – du bist am Meer! Horch, wie sanft die Wellen schlagen. Warum ist es nur so kalt hier? Da war doch dieser seltsame Sonnenuntergang, der so unheimlich große rotgoldene Mond – ein Riß im Raum-Zeit-Gefüge? Gib acht! Siehst du die Sterne in diesem Riesenspiegel, warum ist die Mondscheibe so groß, so nahe, wieso zieht sie so tief über den Boden?«

Zögernd verblaßte das Lapislazuli über dem Horizont, zog sich zusammen zu einem schmalen leuchtenden Band, stärker wurde dafür das Licht der Sterne auf dem dunkelblauen Gewölbe der Nacht, bis im undurchdringlichen, tiefen Schwarz des Weltraums das Blau erlosch. Myriaden blitzender Kristalle gleißten durch die pechschwarze Unendlichkeit – Sonnen, die nicht stärker funkelten als die Körner des Sandes zu meinen Füßen. Konnte ich all dem vertrauen, dieser kristallenen Fata Morgana der alaskanischen Nacht?

Die hohlen Rufe der Nachtvögel schwebten weit über das flache, dunkle Land. Da, heiseres Bellen, dann tiefes Bellen. Jetzt, der langgezogene, schaurige Heulton, den ich so gut kannte. Wieder, der unheimliche Laut, gedehnter, stärker, mit klagendem Unterton. – Ruhe – nochmals erklang der gleiche uralte Ruf. – Alle Geräusche erstarben – jetzt, ein Weinen und Winseln. Stille folgte, unheimliche, drückende Stille. – Drüben, jenseits des Nebenarmes, oder kam es gar vom rückwärtigen Teil der Halbinsel? Da, auch von dort, vom anderen Ufer des Yukon, durchdrang jetzt unheimlicher Gesang die ängstlich geduckte Welt der Nacht.

Ob der Fluß denn jemals endet?

Ob dieser wundervolle Platz mich festhalten wollte? – Wußte ich nicht aus Erfahrung, daß gerade die schönsten Stellen auf meiner Fahrt oft auch die gefährlichsten Tücken bargen? Der Wasserstand fiel so rasch, daß man fast zuschauen konnte. Schwimmsandgürtel wuchsen am Ufer – und auch meine Treibholzbrücken. Ein Tritt daneben, und ich würde den Rest des Tages mit Kleidertrocknen am Feuer verbringen – wenn es überhaupt gut ausging.

Wind, Wasser, Wellen, Wald, Wind... Stundenlang schaufelte ich gegen den Wind, ohne eine Pause an Land – »weiter, weiter, immer weiter – stundenlang, tagelang – endlos – ja hört denn das nie mehr auf?!« – Was war los mit mir, woher kam diese Stimmung, die sich immer stärker in mein Gemüt einzuschleichen begann? Kam diese dunkelgraue Stimmung von den langgestreckten Biegungen des Stromes oder den freien geraden Strecken mit der endlosen Fernsicht und den scheinbar zum Greifen nahen Zielen, die auch nach stundenlanger Plagerei gegen den Wind noch genauso grausam enttäuschend weit weg lagen? War ich verloren in einem endlosen Raum? – Lediglich der Stand der Sonne zeigte mir, daß ich nicht hoffnungslos im Delta kreiste.

Wenn es der Wind zuließ, kramte ich die Karten hervor und machte mir klar, daß ich doch schon Hunderte, ja tatsächlich dreitausend Kilometer geschafft hatte. Immer wieder verglich ich die bereits zurückgelegte Strecke mit der, die noch vor mir lag. Wie lächerlich kurz doch dieses Reststückchen gegenüber dem blauen Band wirkte, das sich von Kanada kommend durch ganz Alaska schlängelte.

»Eben deswegen«, meldete sich wieder die Verlorenheitsstimmung in mir, »so lange geht das schon, so lange – und daher wird dies nie aufhören, du wirst fahren, fahren und fahren, bis du nicht mehr kannst. Jetzt hast du endlich deine nie endende Bootsfahrt – dein Traum ist erfüllt! – Und was weiter?«

Die Antwort gab mein Überlebenswille und der ebenfalls immer wieder aufblühende Optimismus. Sicher, der September ging zu Ende – aber doch nicht meine Kräfte! Wie niederdrückend war es, wenn ich in die kristallklare, unerreichbar erscheinende Ferne sah, dann zum Ufer blickte, um festzustellen, daß ich nicht von der Stelle kam. Hier gab es eine unsichtbare Wand, gegen die ich anrannte, sie drückte auch noch zurück, kam mir entgegen. Gegen zwei Feinde gleichzeitig anzukommen ging nicht: Wind und Frustrationsstimmung – daher zog ich alle Register, um mich aufzuheitern, immer wieder zu motivieren. Ich erinnerte mich an gute Witze, summte und sang flotte Lieder.

Wenn wieder eines der »ewig weiten, unerreichbaren« Ziele hinter mir lag, blickte ich triumphierend zurück: »Siehst du, Meter für Meter hast du dich vorgekämpft – du wirst auch das Delta schaffen, die Strecke kann nicht länger werden, mit jedem Paddelschlag wird sie kürzer – *du* gewinnst!«

Schräg einfallende Sonnenstrahlen belebten die bunten Farbtupfer einer Siedlung, die sich am Fuße eines rostroten und gelbbraunen, flachen Berges duckte. Je nachdem, wie sich die dunklen Wolken am Horizont bewegten, erstrahlten die sanft geschwungenen Flanken des Berges in kräftig gedeckten oder aquarellartig zarten Farben. Nicht ein Baum, nicht ein Busch wuchs an den Hängen. Endlich erblickte ich einen Teil der weiträumigen Tundren Alaskas, die hier bei Marshall – beziehungsweise Fortuna Ledge – bis an die Ufer des Yukon reichten. Wie malerisch, aber auch wie verloren die paar bunten Häuschen am Rand der unbewohnten Tundra wirkten, es schien, als ob sie Halt und Rückendeckung am Ufer des Yukon-Arms suchten.

Die Unwetterküche des Deltas pausierte gerade, um mich wohl später wieder mit frischen, topaktuellen Angeboten zu bedienen, und so beschloß ich, Marshall nur kurz zu besuchen. Waren die alle hier mir nicht fremd? Während sie sich hier behaglich zusammendrängten, raufte ich andauernd, mit allem, was einer der wildesten Flecken unseres Planeten zu bieten hatte.

Das aus allen möglichen Haustypen bunt zusammengewürfelte Marshall hätte sicherlich mehr Beachtung verdient, aber es war die herbstliche Tundra, die mich magisch anzog. Minutenlang bewunderte ich den rostroten Pilcher Mountain, an dessen sanft geschwungenen Hängen etliche Quellen und Rinnsale durch die kaum kniehohen Zwergbäumchen und -büsche schimmerten.

Spät abends, ein Polarfuchs blickte mir sekundenlang offenbar mißbilligend nach, bellte verärgert und lief dann in die Gegenrichtung. Nein, er brauchte mich nicht darauf hinzuweisen, daß zu dieser Jahreszeit niemand mehr draußen campierte.

Den zweiten und dritten Fuchs hörte ich dann kurz vor dem Einschlafen laut protestieren, nachdem ich mich auf ihrem Jagdgrund, einer flachen Uferbank, häuslich niedergelassen hatte. Der Boden war von abgeweideten Schachtelhalmen und unzähligen Gänsehinterlassenschaften bedeckt, Weidenschößlinge standen in Reih und Glied und warfen lange Schatten im hellen Mondlicht. Die Rufe einiger Nachtvögel mischten sich ins Gebell der Füchse – aber ich achtete nicht darauf, alle schienen sie mir hier munter zu sein – nur ich war hundemüde.

Buuu, baooo, baaa!

»Was war das?« Kerzengerade saß ich im Schlafsack vor dem Zelteingang und lauschte hellwach in die Nacht.

Booouu, Baaa, gulp, rülps!

»Ja, wer benimmt sich denn hier gar so daneben?... Elche!« Da hatte ich die Erklärung. Ob ich wohl Zaungast eines Elch-Rendezvous wurde?

Boooouu, baaa, gulp, rüüülps!

»Ist ja gut, amüsiert euch ruhig – bloß trampelt mir nicht ins Zelt.«

Es ging noch eine geraume Zeit weiter mit den kräftigen »Baßtuba-Lauten« – dann war Ruhe auf der Elchweide – oder war ich eingeschlafen? Ob ich wohl das lebens- und liebeslustige Großwild mit meinem Schnarchen störte?

Die Elche waren wohl doch etwas früher zu Bett gegangen als in ähnlichen Vollmondnächten – vielleicht hatte der Nebel ihre Aktivitäten gebremst: der Nebel, der immer noch Füchse, Elche, Boot und Zelt, sowie Auen und den Yukon sichtgeschützt verpackte. Als ich mich zum Kajak vortastete, bemerkte ich zwei quicklebendige Füchse, die sich vor, über und auf dem »Sea Eagle« leidenschaftlich keilten. Sekunden dauerte es, bis sie mich entdeckten, blitzartig voneinander abließen und in den Nebel rannten.

Auf dem Fluß war die eisige Milchsuppe noch dichter als am Ufer, und obwohl ich keine zwanzig Meter weit sehen konnte, genoß ich die Landschafts-Suchspiel-Fahrt *ohne* Gegenwind. Später brannten sich Lichtflecke durch Milchweiß und Hellgrau, blauer Himmel verdrängte stetig sämtliche Vorhänge und Schleier, Farben lebten auf, Konturen gaben der Welt wieder Form und Raum. Der Reifüberzug begann zu tauen, funkelnde Perlen glitzerten auf der Jacke, kullerten über die Spritzdecke ins Wasser. Der weiße, starrgefrorene Bart begann zu tropfen, ich setzte die Sonnenbrille auf. Der Wind schlief noch immer, und eine brennende Sonne aus eisblauem Himmel begann, mir einzuheizen. Kurz vor Mittag begann ich die Kleider abzulegen, gegen ein Uhr saß ich im T-Shirt und beobachtete das kleine Thermometer an meiner Jacke in der offenen Sitzluke: 25 Grad Celsius!

Atmen–durchziehen–atmen–durchziehen...   Meilenfresser-Rhythmus. – Drei Stunden lang, vier Stunden, fünf Stunden... Gelbrotes Land zerfloß in neues gelbrotes Land, gesäumt von zunächst schwarzen, dann dunkelgrünen Wällen, tauchte in hoffnungslos weiter Ferne auf, wurde gedehnt durch grenzenloses Blau, aus dem nichts die sengende Feuerscheibe milderte. Um der flimmernden bunten Endlosweite zu entkommen, starrte ich auf den Bug oder ins gleißende Wasser davor – da war auch kein Halt, kein Trost.

»Was kommt wohl nach der Biegung dort? – Blöde Frage, was wohl? – Eine Kurve, eine Kehre oder vielleicht eine Schleife – etwa gar eine Windung?! Sollten sich da gerade Uferbänder abspulen – dann kommen endlich wieder Weiden, Birken, Weiden und Birken, Birken und Weiden – halt, es gibt ja immer noch Fichtenwälder! Wie lange, Stunden, Tage, Wochen? – bis der Wald irgendwo – weit, weit da vorn birkend und weidend im Meer versinkt! – Hoffentlich stimmt dein Kompaß! Hast du nicht gesehen, wie die Sonne dich umkreist?«

Ich klammerte mich an die Karte, zählte all die Biegungen und Windungen, hantierte mit dem Kompaß, zog Linien – dann kehrte wieder Ruhe und Gelassenheit zurück. Ich war weiter vorangekommen, als ich vermutet hatte: Es waren keine zwanzig Kilometer mehr nach Pilot Station.

Hartes, helles Licht fiel auf die Flußlandschaft – die Wärme wich beängstigend schnell zugunsten überraschend trockener Kälte. Die Luftbremse bekam damit eine neue Qualität.

Dann endlich, ein Berg erschien und die letzte Flußkehre für heute: nur noch ein paar Kilometer gewellten Yukon queren, auf Häuser zuhalten. Ein kleiner Seitenkanal öffnete sich am rechten Flußufer, Motorengeräusche wehten herüber, Motorboote starteten, ich fuhr in den Kanal – geschafft. Boote, überall Boote. Der Kanal, der nach Pilot Station führte, war auf beiden Seiten dicht an dicht mit Motorbooten so zugeparkt, daß ich kaum paddeln konnte. Kinder winkten mir zu, und aus einem Wasserfahrzeug grüßte eine Eskimofamilie: »Hi, welcome to Pilot Station!«

»Dave? – Ah, der Kanadier – gleich dort drüben, das grüne Haus da, du hast Glück, jetzt hat er gerade offen.«

Selten hatte ich jemanden so schnell gefunden. Kaum ging ich durch die Tür, schon empfing mich Wärme. Kaffeeduft schmeichelte der Nase, Eskimogesichter lächelten freundlich aus einem prallvollen, aber sorgfältig eingerichteten Wildniswarenhaus. Und hinter der Ladentheke, im Hintergrund an der Wand unter einer großen kanadischen Flagge, stand mit einem offenen Lachen im hellen Gesicht, das gut zu dem echten Stetson paßte, ein freundlicher Riese: Dave Cartier, der Busch-Astronom.

»Lausig kalt draußen auf dem Yukon, ich kann es dir nachfühlen, wärme dich erst mal auf, wie wär's mit 'nem heißen Kaffee?« Er erzählte von seinen neuesten Marsbeobachtungen, von der Tatsache, daß die Astronomen wieder sieben Jahre auf eine so gute Erde-Mars-Konstellation warten müßten, und daß die Russen eine Sonde verloren hätten und die Sonne in einem besonders aktiven Stadium wäre, was er gleich anhand eines Radiogerätes demonstrierte. Dave Cartier aber wurde besonders wirksam von den Himmelserscheinungen beeinflußt: Er hatte seinen Lebensrhythmus ihnen angepaßt und daher auch die Geschäftszeiten seines Ladens auf drei und sieben Uhr nachmittags gelegt. Auch ich liebte Sterne – während Dave seine technischen Stielaugen wieder auf sie richtete, genoß ich ihren Einfluß pur: hundsgemein kalt, aber wildromantisch am großen Fluß.

Vor der Ortschaft lag ein Fischerdörfchen, kleine Hütten drängten sich an überdachten Arbeitsplätzen, Räucherhäusern und Trockengestellen, und im Hintergrund eines Tales lagen verstreut weitere Hütten, Räuchereien und große Zelte, aus denen Ofenrohre ragten.

Ich wurde schnell, denn es dunkelte bereits, und die Temperatur fiel angsteinflößend rasch. Unter einem überdachten Arbeitsplatz schlug ich das Zelt auf, wind- und regengeschützt. Ein kräftiges Feuer beleuchtete flackernd die »Uferpromenade« des Geisterdörfchens, zwei Rinnsale gluckerten, kleine Wellen vom Yukon klatschten gegen Stämme, Steine und das Kajak – sonst herrschte gefrorene Stille. Von Pilot Station, das hinter dem felsigen Uferabbruch lag, drangen weder Licht noch irgendein Laut hierher.

Nahe saß ich am Feuer, so dicht rückte ich zu den ruhig brennenden Flammen, daß fast die Kleidungsstücke ansengten. Tassenweise schlürfte ich Nudelsuppe, Kaffee, Kakaogetränke und Tee – und jeder Schluck taute Sommererinnerungen auf, befreite sie aus der Brutalität der Schneestürme, verwandelte grauenhafte, endlose Weiten in bezaubernd unendliche. Laufend schürte ich das Feuer, braute neue Getränke, hörte nicht auf, wollte nicht den Strom der sommerseligen Erinnerungen unterbrechen. Und wer da alles ans Lagerfeuer trat, in Kanada, dann in Alaska... Was kümmerte es mich, als der Boden anfing zu gefrieren, Wasserpfützen sich in kleine, zerbrechliche Spiegel verwandelten, und das Mondlicht sich im Reifüberzug der Hütten und Zelte, Büsche und Kräuter brach.

Das »Kap Horn« am Yukon: Pitkas Point

27.9.88: Das prächtige Wetter hätte zum Malen verführt – bloß die Farben wären gefroren. Oder waren sie es bereits schon... erblickte ich seit Tagen lediglich die gefrorene Kulisse eines Indian Summers? Es war die Kälte, die mich von jetzt an antrieb, fielen doch die Temperaturen bereits seit Tagen abends gegen null Grad Celsius, und in der Nacht verwandelte sich das Delta in einen riesigen Eisschrank.

Ob Pilot Station dort in dem kleinen Tal, das eine Felsklippe vor den sibirischen Stürmen schützte, schon einem Winterschlaf entgegendämmerte? Die Eisblumen waren schon da – wann würde der Schnee kommen?

Dann begann sich die Welt des Flusses zu dehnen, die Farben verblaßten, Umrisse verblaßten, als löste sich die dritte Dimension mehr und mehr auf. War ich in einer zweidimensionalen Welt aus immer weiter werdenden Monsterkehren gefangen? Kreise ich oder die Welt um mich? – soviel buntes Laub, Sand, Schlamm und Wasser konnte es doch gar nicht geben.

Warum habe ich die Berge dort nicht schon eher bemerkt – sind es überhaupt Berge? Mißtrauisch begann ich die Erhebungen zu untersuchen, die so völlig unwirklich und verloren aus den Sümpfen wuchsen. In einer windgeschützten kleinen Bucht kramte ich meine Karten hervor und bekam die Bestätigung, daß ich nicht auf Phantomberge hereingefallen war. Inmitten der weitgedehnten Sumpfebenen waren jenseits des linken Yukon-Ufers der »Kuzilvak Mountain« und am rechten Ufer die »Andreafsky Hills« eingezeichnet.

Ich atmete auf – endlich hatte ich Halt in den unüberblickbaren Sümpfen gefunden. Erst nach Stunden erkannte ich, daß ich schon die ganze Zeit gegen den Wind ankämpfte.

»Los, sieh in den Himmel, zieh Kraft aus der Sonne und aus dem klaren Blau – vertiefe deinen Atem, sitz gerade!... Wind, Wasser, Wellen, Wald... weiter, weiter, nütze das Wetter, drauf, drauf – oder willst du auf den nächsten Schneesturm warten? – Es geht dir doch gut hier. Die lächerliche Strecke da, was ist denn das schon gegen die Flats oder gegen die Fahrt von Kaltag nach Grayling? Noch ein oder zwei Stündchen – dann gibt es Dinner in Pitkas Point. Los, weiter, weiter, das Wetter hält – am Abend feierst du ein Fest – Tee, Kaffee und heißen Kakao gibt es dann, becherweise, eimerweise.«

Aus den ein oder zwei Stündchen wurden vier volle Stunden Schwerstarbeit. Dann endlich – am rechten Flußufer schimmerten Blechdächer: Pitkas Point, das Tagesziel lag zum Greifen nahe. Vorerst nur optisch...

»Los, gleich rüber, noch ein paar Kilometer und dann wird ausgeruht!«

Wie gestern abend vor Pilot Station, fuhr ich am linken Yukonufer, um die kräftigere Strömung zu nutzen. Die Spritzdecke lag irgendwo zu meinen Füßen – ich brauchte sie nicht, der Gegenwind war nicht besonders eisig, und durch das fortwährende Paddeln war mir so warm, daß ein wenig Kühlung sogar guttat. Daß kurz vor mir ein kleines »Kap Horn« wartete, konnte ich einfach nicht ahnen.

Die Hauptströmung bog ebenfalls zum rechten Ufer, genau auf Pitkas Point zu, also blieb ich gleich in ihr, was konnte mir Besseres geschehen? Anfangs freute ich mich über die ständig kräftiger werdende Fließgeschwindigkeit, paddelte zügig mit, um die große Linkskehre mit Schwung zu nehmen. Als ich die große Biegung überblicken konnte, war es bereits zu spät: Zurück konnte ich nicht, und seitlich ausweichen, war ebenso unmöglich – gegen diese Wellen konnte ich nicht schräg ausweichen.

Ich beiße die Zähne zusammen, fahre gegen die so plötzlich entstehende Wellenfront.

»Jetzt schnell die Spritzdecke anziehen – oh, verdammt! Zu spät, du kriegst hier keine Chance mehr dazu, halte Kurs, so gut es geht. – Diesmal muß du ohne Spritzdecke durchkommen!«

Der Wind wird ständig kräftiger, steigert sich zum Sturm.

»Woher kommt denn der so plötzlich?« frage ich mich völlig überrascht, und dann wage ich einen kurzen Blick in die Weite der Tundrensümpfe, in denen sich die Weiden wie Sturmwellen biegen. Da, plötzlich verstehe ich meinen eigenen Kurs nicht mehr, Wellen bedrängen mich von den Seiten, brechen sich vor dem Bug, laufen über das Bootsdeck – und fließen zum Glück vor meiner Sitzluke seitlich ab.

»Querwellen! – Verdammt noch mal, und du fährst im offenen Boot ohne Spritzdecke! – Wenn du da wieder rauskommst!«

Eine besonders hohe Welle hebt das Boot, und ich blicke kurz zur Felsklippe von Pitkas Point.

»Ach du Schande, das sind ja noch Kilometer bis dorthin! Los, hau drauf, wühle dich da durch, noch fliegen dir nicht die Arme aus den Gelenken!«

Der Wind reißt am Paddel, dringt durch die Kleidung, ich friere, obwohl ich wie ein Motor arbeite, Gischt fliegt mir ins Gesicht – aber wie durch ein Wunder schwappt keine Welle in den offenen Sitz. Ich werfe mich in die Seiten, neige mich aus dem Boot und lasse dadurch die sich brechenden Querwellen an den Bootsseiten und am Boden vorbeirauschen.

Der Wind nimmt ständig zu, peitscht die Wellen höher und höher – wenn ich auf einer besonders wütenden Welle aufreite, reißt der Wind den vorderen Teil des »Sea Eagle« zur Seite, und wenn es hinuntergeht, wartet schon die nächste Querwelle, um mir den Rest zu geben. Ich wühle und balanciere mich durch den aufgebrachten Alptraum, nähere mich trotz allem dem Ufer und muß erkennen: Die Querwellen von rechts werden stärker, ich komme zwischen zwei Mühlsteine – links der gnadenlose, brutale Wind und rechts eine neue, starke Strömung: die Mündung des Andreafsky River.

»Nein, verdammt, so einen Hexenkessel gibt es doch gar nicht, verfluchtes Pech, kann ich das durchhalten?« – Bange Sekunden folgen, wütend dresche ich auf die völlig unerwarteten und richtungslosen Wellen ein, dann muß ich schallend auflachen:

»Werde ich durchhalten? O mein Gott, was bist du doch für ein Idiot! – Werde ich durchhalten? – Mensch, du mußt – hier kommst du nie mehr lebend raus, wenn du nicht alles gibst! Alles! Hörst du?! Und jetzt zeig's dieser verdammten Hölle!«

Plötzlich, eine linke Gegenströmung drückt, ein Kehrwasser dreht sich am Ufer – mit letzter Kraft steuere ich in den freundlichen Wirbel, treibe ans Ufer, halte mich an Steinen fest – geschafft, gerettet – ich bin dem Chaos entkommen.

Völlig erschöpft klammerte ich mich an einem Felsbrocken fest. Wie schön, wie beruhigend war die Berührung mit dem unnachgiebigen Stein. Endlich war da wieder Halt, Sicherheit, ja sogar Geborgenheit. Es dauerte eine Weile, bis ich mich umwandte und in das wütende Rauschen, Wogen und Brechen starrte, das da keine zehn Meter von mir tobte und wütete.

»Da bist du gerade durchgekommen – dem Boot und dir fehlt nichts – nicht einmal Wasser hast du geschöpft – es ist, ja sag's nur – wie ein Wunder.«

Meine Hände schmerzten, jetzt erst merkte ich, daß der große Stein messerscharfe Kanten hatte und daß das Boot inmitten solcher Brokken tanzte.

»Los, raus aus dem Boot, bevor du in einem Wrack sitzt!« – Nur, das ging nicht so schnell, wie ich wollte. Mit klammen, zitternden Händen zog ich die Stiefel an, stieg aus, knickte in den steifgewordenen Knien ein, taumelte und bemühte mich, nicht ins Wasser zu kippen. – Wie ich trotzdem das Boot unversehrt durch die scharfkantigen Steine zog und auf den kiesigen Strand schleppte, weiß ich heute nicht mehr.

Splittriger, scherbiger Kies knirschte unter mir – ich blickte die terrassierte Felswand hinauf: Plattiges, geschiefertes Gestein schimmerte dunkelgrau durch die spärlichen Büsche und Gräser. Ein kaum mehr zu erkennender Weg schlängelte sich durch die teilweise wieder zugewachsenen Terrassen. Ich folgte ihm. Eine Ruine tauchte auf, Türen schlugen, Wellblech klapperte, und inmitten von Felsbrocken, zerzausten Büschen und dürren Gräsern lagen Schrotteile wie Kessel, Rohre, Räder und anderer Kram, von dem ich nicht erkannte, wozu er wohl einmal gedient hatte. Die Erklärung war mir einerlei – ich wollte an dieser Stelle nicht bleiben, obwohl der Wind hier weniger stark riß und pfiff.

Wumm! Dann schepperte Wellblech. Blitzschnell drehte ich mich um, riß das Gewehr hoch, zielte auf die Stelle, von der das so aggressiv klingende Geräusch kam. – Nein, kein Bär drohte dort, meine Nerven waren nur etwas angespannt. Ich beschloß, am Strand zu zelten – Wind hin, Wind her, doch bei der häßlichen Ruine mit dem so schaurig musikalischen Schrott wollte ich nicht bleiben.

Das düstere Grau um mich wurde noch dunkler, leichter Nieselregen mischte sich in den heulenden Wind – erschreckt sah ich auf die Uhr: 21 Uhr, das letzte Tageslicht würde gleich weg sein. Elf Stunden war ich heute im Boot gewesen.

Ein paar Möwen flogen auf, als ich zum Kajak ging. Einige Sekunden vermutete ich, daß sie vielleicht die Abdeckhaube am Vordersitz durchhacken wollten, um an meine Vorräte zu kommen, doch dann sah ich ein gestrandetes Netz, in dem einige angefressene Fische hingen. Ich versetzte das Boot und schlug das Zelt weiter weg vom Netz und dessen unappetitlichem Inhalt auf, weil ich nicht sicher war, ob nicht doch noch ein hungriger Bär das Aas riechen könnte.

Undurchdringliche Dunkelheit hatte »Little Kap Horn« – wie ich die Klippe mittlerweile nannte – eingehüllt, nur der Schein des wild flackernden Lagerfeuers erhellte eine winzige Oase einsamer, öder Gemütlichkeit. Landwärts zischte und pfiff der Sturm um die kargen Felsen, beutelte die gequälten Büsche, heulte und orgelte um irgendwelche Hindernisse. Vom Wasser her mischte sich das rhythmische Klatschen der Wellen in die auf- und abschwellenden Geräusche des Windes. Es krachte und prasselte, knirschte und scharrte, wenn besonders große Wellen den scherbigen Kies am Strand umpflügten und wieder ausstreuten. – Aber da war noch ein Rauschen zu vernehmen, ein wildes Kochen und Rasen wütenden Wassers, das angriffslustiger und bedrohlicher klang als alle anderen Geräusche: die stürmische Vereinigung der Yukon-Strömung mit dem Andreafsky River.

Dieses rasende Brausen und Tosen schien näher und näher zu kommen, grub und fraß sich durch das eher harmlose Konzert des Windes auf der Landseite. Ich stand auf, verließ das Feuer und ging zum Strand. Eiskalter Nieselregen fiel mir ins Gesicht, als ich die Kapuze der Wetterjacke nach hinten klappte, um das auf grauenvolle Weise faszinierende Getöse noch deutlicher, noch intensiver hören zu können. Der Wind zischte durch meine zerzausten Haare, Regentropfen schmerzten wie Nadelstiche, Sandkörner prasselten auf die Wetterjacke, nahmen Gesicht und Augen in Beschuß, während ständig wütende Wellen mir Sand und Kies vor die Füße warfen – eine Sturmböe hatte das Inszenario verstärkt. Ich wurde merkwürdig ruhig, spürte weder Wind noch Regen, schloß die Augen und vergaß die Sandkörner, die immer heftiger heranschossen – langsam ging ich zum Boot. Ich berührte das Kajak und starrte in das Schwarz über den entfesselten Wassern: »Wir waren eins – Wind, Wasser, Boot und ich –, eine Verschmelzung, eine Harmonie mit dem Chaos – wenn auch nur für

Minuten – aber auch die Zeit ist relativ – manches hat eben nur kurzen Bestand – Feuerwerk währt auch nur kurze Zeit – aber ist es nicht schön?«

Neun Uhr morgens, das Zelt flatterte, wölbte sich nach innen wie ein prall gefülltes Segel. Der Wind heulte und sauste um das Kap, sang in den straff gespannten Zeltschnüren, Regen prasselte unermüdlich. Vorsichtig öffnete ich das Innenzelt, dann den tunnelförmigen Eingang, den ich gestern vorsorglich verschlossen hatte. Was ich sah, oder besser, was ich nicht sehr deutlich erkennen konnte, reichte mir für den Rest des Vormittags: Dunkler, nasser Schieferkiesboden empfing mich, aber auch ohne die eiskalte Dusche, die mir ins Gesicht sprühte, hätte ich nur gesehen, daß das dunkle Grau des Bodens nahtlos in ein ebensolches Grau der Umgebung und des Himmels überging.

Trotzdem mußte ich aus dem Zelt, ich wollte nach dem Boot sehen. Während ich mich wetterfest anzog, ließ der Wind nach – und plötzlich verschwand der Strand im Nebel. An der langen Bootsleine, die straff mit dem Zelt verbunden war, tastete ich mich zum Kajak. Das Boot lag sicher am Kiesstrand, weit weg von der Brandungszone, und die Abdeckungen waren unversehrt. Als der Wind wieder auffrischte, sah ich ein paar Möwen, die nach den toten Fischen im angetriebenen Netz pickten. Das Boot interessierte sie nicht – das war gut so, denn das Kajak sollte heute noch für den Rest des Tages hier liegen bleiben.

»Keine zehn Grizzlies kriegen mich heute von hier fort – und für die nächsten Stunden nicht mal aus dem Zelt«, grummelte ich, während ich wieder in den Schlafsack kroch. Ich schlief, bis mich nagender Hunger aus dem Zelt trieb.

Ein gewaltiges Lagerfeuer verbreitete dann so viel Wärme und Geborgenheit, daß ich mir inmitten der unwirtlichen Umgebung selbst meinen gemäßigten Klimapunkt verschaffte. Die Flammen erzeugten einen wirksamen Hitzeschild, der kräftig genug war, um sogar den Nieselregen in der Nähe des Feuers fernzuhalten.

Bevor es dunkel wurde, holte ich die Karten hervor und prägte mir die Landschaft ein, die ich noch bewältigen wollte. In einem weiten, etwa 25 Kilometer langen, konvexen Bogen fließt der Yukon von Pitkas Point in westliche Richtung nach Mountain Village. Von dort windet er sich in einer imposanten, etwa 30 Kilometer langen Rechtsbiegung nach Norden in das tiefergelegene Delta – eine bis zu 2500 Meter breite Wasserstraße inmitten unzähliger Seitenkanäle, Seen,

Teichen und Sümpfen. Während das linke Ufer des Yukon bereits zum flachen Sumpfgebiet zählt, ist das rechte von Hügeln und Bergflanken bis nach Mountain Village gesäumt. Hier also endet der Sperriegel der Nulato Hills, der den Yukon in der Höhe von Galena bei Nulato und Koyukuk daran hindert, statt auf dem kürzesten Wege in westlicher Richtung zum Meer, zunächst einige hundert Kilometer nach Süden zu fließen. Ab Mountain Village geben dann die Berge dem Yukon freien Lauf und mauern das Sumpfdelta in einem von circa 300 Metern auf Null fallenden Wall ab, der in nordnordöstliche Richtung zieht.

Im endlosen Windkanal nach Mountain Village – der »vorletzte« Stop

»25 Kilometer schaffst du bei jedem Wetter! Das wäre doch gelacht – los, ab!« Schneeflocken umspielten das Kap, das jetzt aussah, als stecke es in einer kitschigen Schneekugel aus einem Souvenir-Laden. Vereinzelte Windstöße ließen die Flocken tanzen und gaukeln – ließen mich auch ohne große Mühe das Lager abbrechen und das Boot beladen. Zügig durfte ich durch die scharfkantigen Felsbrocken am Flußrand manövrieren. Keine Welle wollte ins Boot schwappen, oder es mir gegen die Schienbeine schleudern – ich durfte auch in Ruhe einsteigen, ohne daß ich im Schlamm oder Treibsand einsank. Wie leicht ließ sich heute die Spritzdecke über die Schlechtwetterjacke ziehen und um die Sitzluke spannen.

Wer jemals unwissend in eine Falle lief, kennt das schlagartig einsetzende Alarmgefühl, wenn diese zuschnappt. Kaum war ich in die zusammenfließenden Strömungen von Andreafsky River und Yukon geraten, setzte auch schon der Wind ein. Zunächst konnte ich fast mühelos ein bis zwei Kilometer vorankommen, dann ließ der Schub der Strömung nach, während der Gegenwind kräftiger und kräftiger wurde. Schließlich drückte der Sturm so gnadenlos, daß ich mich wie ein Zwerg fühlte, der vergeblich gegen die wehrende Hand eines übermächtigen, unsichtbaren Riesen anrannte.

Es sollte aber noch schlimmer kommen – viel schlimmer: Von fern sah ich Regen heruntergehen, und hinter der flimmernden Regenwand ballte sich eine dunkelgraue Wolkengewalt zusammen, die nichts Gutes ahnen ließ. – Sollte ich umkehren, einfach wenden – die Wellen hätten es noch zugelassen –, und nach »Little Kap Horn« zurückkehren? Aber, zu spät, die unheilschwangere Wetterwalze war rasend schnell herangerückt, und ihre ersten Vorboten griffen bereits an: Wellen schaukelten sich gefährlich auf, Gischt sprühte über das Boot, schwappte die Spritzdecke hinauf, klatschte mir ins Gesicht, dann peitschten Graupelkörner das Wasser – am Ende verhinderten rasende weiße Streifen, die obendrein auch noch weh taten, jede Sicht.

»Morgenstund hat Gold im Mund. Was für ein prächtiger Tag, den du mit einer entschlossenen Tat eingeleitet hast. Frisch gewagt ist – haha, bald verloren.« Jetzt war fast alles auf einmal da, was mir das Leben hier schwer machen konnte.

Erschöpfungspause einlegen? Gelegenheit gleich Null, vielmehr unter Null. Der ständige Gegenwind hätte binnen Sekunden die Knüppelarbeit von Minuten zunichte gemacht. Einziger Ausweg – kurz am Ufer rasten. Sollte ich das Boot ziehen? – Leider, unmöglich, die Uferränder waren durch Steine und Felsbrocken zu unwegsam – außerdem hätten mich die ständig anklatschenden Wellen in kurzer Zeit durchnäßt – in diesem Wind eine Viertelstunde, und alles wäre vorbei gewesen.

So quälte ich mich vorwärts, Meter für Meter, stundenlang, ohne auch nur einzige Windpause. Aufhören, zelten und warten, bis der Wind nachläßt? Der Wind ließ aber nicht nach – außerdem hätte er das Zelt innerhalb von Sekunden zu Fetzen zerrissen. Durch diese Windkanalfalle mußte ich hindurch – ob ich wollte oder nicht.

Hatte ich mich zu lange während des Sommers an all den wunderbaren Stellen aufgehalten, mußte ich jetzt dafür büßen?

»Und wenn schon, verdammt noch mal, das war es wert! Dafür würde ich auch das Boot durch Schnee und Eis zerren!« –

Ob es so weit kommen würde?

Endlich, nach zehn Stunden übelster Schinderei, blinkten Blechdächer am Horizont, dann begannen sich Telegrafenmasten von der weiten Tundrenlandschaft abzugrenzen: Mountain Village, das Ende der Windkanalfalle. Hoffnung erfüllte mich, entschlossener als vorher ergriff ich das Paddel – nur –, es ging absolut nichts mehr.

Ich wußte, was ich heute geleistet hatte und akzeptierte meine Erschöpfung – doch wo durfte ich ihr nachgeben, wie sollte ich neue Kraft tanken? Plötzlich, völlig unerwartet, schälten sich die Umrisse eines Fischerlagers aus den sturmgepeitschten Büschen am Ufer heraus, hinter denen sanfte, mit niedrigem Gestrüpp bewachsene Hügel anstiegen. Nur ein paar Schneeflocken umwirbelten ein sorgfältig gebautes Blockhaus.

Die Tür war nicht abgeschlossen, und so ging ich hinein. Gleich am Eingang stand ein großer Holzofen, daneben lag Brennholz, aus dem

Fenster bot sich eine prächtige Aussicht auf den Yukon, aber auch das Innere des Holzhauses war erfreulich anzusehen.

Ich hatte bis heute noch nie ein Wohnhaus unaufgefordert betreten, daher schloß ich wieder die Tür und wollte mich schon nach einem Zeltplatz in der Nähe des Hauses umsehen, als das Wetter mir die Entscheidung, im Haus zu übernachten oder zu zelten, abnahm. Es wurde rasch dunkel, dann fing es noch kräftiger an zu schneien. Ich hatte viel von der Gastfreundschaft der Eskimos gehört und hoffte auf das Verständnis des Camp-Eigentümers für mein Eindringen.

Als ich durch das große Fenster in das Schneegestöber über dem Yukon blickte, konnte ich gar nicht glauben, jetzt in einem gemütlichen Blockhaus geborgen zu sein. Irgendwie abwesend und unwirklich erlebte ich, wie die Kerze mildes Licht verbreitete, das Feuer im Ofen knackte und prasselte und bald darauf Kaffeeduft und das vielversprechende Aroma einer banalen Fertigsuppe den Raum durchzogen. Die Tagebucheintragungen fielen heute recht knapp aus. Ungläubig starrte ich immer wieder auf die Karte – ich war kurz vor Mountain Village, der letzten Ortschaft vor Alakanuk – einhundertzwanzig Kilometer trennten mich nunmehr noch von meinem Ziel.

»Vorletzte Ortschaft? – wirklich? – Das glaubst du doch nicht? Ist garantiert nur irgendein fauler Zauber, vielleicht so etwas wie »Yukon-Voodoo«. Im Schlaf träumte ich von nie mehr endenden Bootsfahrten, unendlich langen Flüssen, unüberblickbaren Landschaften – einer Welt aus Sumpf und Tundra, Wasser und Wald, in der ich gefangen oder gar geborgen war – ewig kreisend.

Schneidend kalt war es am Morgen, als ich nach dem Boot am Strand sah, am Flußufer war alles mit Reif überzogen, Wasserpfützen gefroren. Ich räumte das Blockhaus auf, fegte den Boden, besorgte neues Feuerholz und reinigte den Ofen.

Eine lächerlich kurze Entfernung nach Mountain Village, der angeblich letzten Ortschaft vor meinem Ziel, wartete, nur eine Handvoll Kilometer – und dafür stundenlange Schinderei!

»Vielleicht lügt die Karte, dient lediglich zur Aufmunterung, zum Trost, gedruckt, um Typen wie mir etwas Hoffnung zu machen, bevor sie sich dem Schicksal ergeben, für immer weiterzufahren, gefangen in Alaska, im Yukon, der großen Bootsfahrerfalle. Sicher, da war irgendwo eine geheimnisvolle Abzweigung gewesen, eine Chance, die ich vergeben hatte: der Weg zurück in meine alte Welt. Nun ja, ich habe ja das ausgezeichnete Boot und meine Ausrüstung,

Fischercamps gibt es auch noch – okay, dann fahre ich weiter, und wenn der Winter kommt, bleibe ich eben in einem Blockhaus. Ich könnte das Boot als Schlitten benutzen – weiter und weiter, immer weiter zur Pazifik-Küste, diesem Traumziel, dieser Fiktion in meinem Hirn, dieser Fata Morgana, die mich nicht aufgeben läßt und mich immer wieder ins Boot treibt.«

»Hi, welcome to Mountain Village.« Ein freundlicher Eskimo lachte mich an, gab mir die Hand.

»Wie, was, Mountain Village?« – Tatsächlich, der Mann war echt, ich kannte ihn aus Russian Mission, wir waren uns bei John Massey begegnet. Ob ich in Mountain Village bleiben wolle – ich zögerte, denn ich konnte heute sicherlich noch drei oder gar vier Stunden fahren.

»Das hängt von einem Übernachtungsplatz ab.«

»Ich kenne hier jemanden, der hätte höchstwahrscheinlich Platz für dich – würdest du auch bei einem Priester bleiben?«

»Wenn er kein Exorzist ist...«

Wir grinsten uns schelmisch an.

Bald führten mich zwei Eskimojungen zur Covenant Church und zeigten auf das daneben stehende Wohnhaus.

»Hi, Chip Swanson, ich bin hier der Pastor – du kommst aus dem Busch, vom Yukon, stimmt's?«

Wie ein Pastor – jedenfalls so, wie ich mir Pastoren vorstellte – sah der freundliche, große, etwas schlaksige Mann mit seinen blauen Augen und dem offenen, beinahe teenagerhaften Lächeln nicht gerade aus. Er hätte hier seiner legeren Kleidung nach ebenso Fischer, Goldsucher, Jäger oder Trapper sein können, wenn da nicht seine gewählte Sprache und sein elegantes, höfliches Benehmen gewesen wäre.

Wann hat man schon Gelegenheit, so einen Pastor kennenzulernen? – einen, der unter Eskimos am Ende der westlichen Zivilisation lebt, Yupik, eine der großen Stammessprachen spricht, Hundeschlitten bauen und Gespanne führen kann und auch auf die Elchjagd geht. Auf der moderneren Palette seines Könnens lagen Klavierspielen, Motorboot- und Schneemobilfahren, und seine Predigten und Schreibarbeiten bewältigt er mit Hilfe eines modernen Personalcomputers. Bevor er Missionar wurde, war er der Radiomann des christlichen Senders in Nome – genau der richtige Job für einen, der Elektronik und Rundfunktechnik studiert hatte.

Doch eine Gegenmission wirkt seit einigen Jahren – übertrifft die Wirkung der aus Schweden stammenden und im Jahre 1887 gegründeten »Evangelical Covenant Church of Alaska«. Aber nicht nur die »Frohe Botschaft« hat es schwer, mit der knalligen, verführerischen Glitzerwelt, die in Form kleiner Plastikkassetten selbst die abgelegensten Siedlungen der Welt erreicht, zu konkurrieren; auch der rauhe, einfache Lebensstil hier im hohen Norden beginnt vielen Jugendlichen gegenüber der Feuerwerks-Dauerparty-Welt langweilig, dürftig und unmodern zu erscheinen. Videozauber und Rocktrara missionieren auf ihre eigene Weise. Und der Erfolg? – Heruntergekommene Jugendliche, kaputte Alkoholiker, Schizophrene und Drogensüchtige – verzweifelte Selbstmörder, die irgendwo auf den tristen Schlammbänken des Yukon oder im Weidendickicht elend verrecken.

Zwei hatten jedenfalls überlebt – das Pärchen aus der »John Massey Collection«, und dazu ihre Bootsgefährten, die zwei Frettchen. Alaska hatte sie nicht mehr losgelassen – Judy arbeitete als Lehrerin und Buschpilotin, und Luc, ein gebürtiger Franzose, versuchte, den ersten Gourmet-Treff am Yukon zu betreiben. Zu dieser Jahreszeit noch mit dem Kajak bis zum Bering Meer fahren? Beide rieten mir energisch ab.

Noch jemand, außer Chip, riet mir ab: ein untersetzter Yupik-Eskimo, Timothy Johnson, ganz in etwas abgewetzter Jeanskleidung, mit dichter, dunkler Mähne und auffallend offenem, jugendlichem Lächeln. Die dunklen, geschlitzten Augen sprühten vor gutmütiger Lebendigkeit.

Als ich meine Absicht bekundete, auf alle Fälle mit dem Boot nach Alakanuk zu gelangen, begann sein Lächeln zu schwinden, und mit deutlichen Sorgenfalten im Gesicht kam die zunächst niederschmetternde Erklärung:

»Der Wetterbericht verheißt für die nächsten Tage nichts Gutes: Sturm und Regen, außerdem soll es kälter werden – du mußt mit beißendem Frost und Schnee rechnen. Wir haben jetzt Oktober – glaube mir – das Wetter wird nicht besser – ich habe Angst um dich. – Wenn ich dir raten darf – nimm es mir bitte nicht übel –, hör auf, bleibe hier in Mountain Village, du bekommst hier auch einen günstigen Flug nach Anchorage.«

»Nein, nach all dem, was ich bis jetzt geschafft habe – ich kann noch nicht aufhören!«

»Gut, wenn's so ist«, meinte Tim, »ich würde dich ja gern mit dem Motorboot begleiten, leider kann ich nicht weg, habe einen Job – aber, zeig mir doch mal deine Karte. Ich will versuchen, dir einen Weg durch's Delta zu zeigen, bei dem du Deckung vor den schlimmsten Stürmen finden kannst – und nicht in der Hauptströmung zu fahren brauchst. Bitte, glaube mir, in der Hauptströmung sind jetzt Wellen, da fährt man besser nicht einmal mehr mit einem großen Motorboot!«

Timothy stürzte sich jetzt auf die Karte – er schien jedes Fleckchen, jeden noch so geringen Nebenarm des Yukon Deltas zu kennen. Nach etwa zwei Stunden Erklärungen, Ermahnungen und eindringlichen Schilderungen war es dann so weit – ich hatte den »Pfad durch die naßkalte Hölle« im Kopf.

»Zum Aufgeben kann ich dich ja leider nicht bewegen – gut, aber mit dieser Route kannst du es schaffen. Ich wünsche dir viel Glück – oder besser: Wir sollten dafür beten!«

Eine völlig unerwartete Schönwetterpause nutzte ich, um vom 170 Meter hohen »Berg« von Mountain Village ins Delta zu blicken und den »Höllenpfad« aus der Adlerperspektive wenigstens teilweise zu sehen. Während des Aufstiegs und auf der Hochfläche der sanft geschwungenen Erhebung fanden meine Blicke noch Halt in den leuchtenden Herbstfarben der Tundrenvegetation. Ganze Kissen und Matten von Blaubeeren durchquerte ich, mußte mich einfach immer wieder bücken, um mir ein paar Handvoll wohlschmeckender Beeren in den Mund zu stopfen.

Nach Nordosten und entlang dem nördlichen Yukon-Ufer dehnte sich eine herbstbunte Hügellandschaft, nach allen Richtungen von langgestreckten Tälern und Bachläufen durchzogen. Nur ein paar Augenblicke sah ich in die Richtung des mündenden Yukons, um gleich darauf wieder auf den Hügel zu meinen Füßen zurückzukehren – an diese faszinierend unheimliche, weiträumige Verschmelzung von Wasser und Land mußte ich mich noch gewöhnen. Einer unüberblickbaren Sprungschanze gleich, fielen die bis dreihundert Meter hoch gelegenen Tundren in nordöstlicher Richtung auf nahezu Meereshöhe hinab. Dort unten begann das Mosaik aus Land und Wasser, das sich nach Norden, Westen und Süden ausbreitete – dieses Unentschieden zwischen Wasser und Erde, das schon seit Hunderten von Kilometern am südlichen Yukonufer auf mich wartete.

Jetzt erst bekam ich das Gefühl, im Yukon-Delta zu sein, jetzt erst wurde mir bewußt, daß dieses Ineinanderfließen, in dem jede gerade Linie, jeder Winkel verboten zu sein schien, das Ende des Yukon, das Ziel meiner über dreitausend Kilometer langen Bootsfahrt sein sollte.

Während ich das Labyrinth aus Schlangenlinien, abgerundeten, silbern schimmernden oder gelb und braunroten Farbflächen in mich aufnahm, begann sich das Grau des Himmels zu verdichten, die Farben verblaßten nach und nach, und das breite silberne Band zu meinen Füßen fing unruhig zu blinken an. Ich verfolgte das Silberband, das sich in majestätischen Windungen zu diesem grau in grau zerfließenden Ende der zweidimensionalen Landschaftskomposition zog. Die so verloren stehenden inselartigen Hügel am jenseitigen Uferbereich des Stromes, sollen die nicht die unendliche Zerdehnung von Wasser und Land deutlicher hervorheben – und würde zu dieser Verflechtung von Wasser, Erde und Himmel überhaupt ein scharfer, klar umrissener Horizont passen?

»Laß dich nicht täuschen – das sind nur noch ein paar Kilometer. Hinter diesem Wasser-Sumpf-Wolken-Himmel-Brei – da liegt das Bering Meer!« sagte ich zu mir, um mich von dem hypnotisierenden Anblick der Deltalandschaft loszureißen. Mußte ich mir dies sagen, oder war ich bereits tollkühn geworden? – 120 Kilometer brutalstes Wetterinferno lauerten auf mich. Der Himmel verwandelte sich in dichtes, dunkles Bleigrau, vernichtete jedes Restchen von Farbe. Der eisige Wind frischte auf, zauste die niedrigen Büsche, riß an meiner Kleidung. Die Luft roch metallisch, dann rollte eine unheimliche Wetterwalze über das Delta. Der Sturm steigerte sich, Schneeflocken sausten wie kleine Geschosse heran. Ich wollte so schnell wie möglich den sturmumtosten Aussichtspunkt verlassen, ehe es mich davonwehte.

»Schöne Grüße aus Sibirien«, bemerkte ich lakonisch, tat so als beeindruckten mich die Schneeflocken überhaupt nicht und strebte zu den anheimelnden Häuschen von Mountain Village. Nein, klein beigeben wollte ich nicht.

VIII Überlebenskampf im Yukon Delta

Dem Tod von der Schippe gesprungen – Seegang auf dem Yukon

3. Oktober: Nur eine Viertelstunde durfte ich an das so überraschend schöne Wochenende mit meinen neuen Freunden in Mountain Village zurückdenken, dann geriet ich gleich während der Querung zum linken Ufer in einen Alptraum von Hexenkessel. Sicher, ich war einiges gewohnt, die Querung nach Pitkas Point war ein Höllenspektakel gewesen, aber dieses grünbraune, mit wütender Gischt durchzogene Inferno aus angriffslustigen Wellen und Brechern stellte alles bisher Erlebte in den Schatten.

Deswegen hatte mich Timothy gewarnt – zu spät, jetzt mußte ich zeigen, ob ich diesen Höllenaufruhr meistern konnte. Wenn ich da einigermaßen heil herauskommen wollte, mußte ich über mich hinauswachsen, mich selbst übertreffen. Zum Glück war das Boot bereits wasserdicht verschlossen.

Jetzt, ich nähere mich erst dem schlimmsten Gewoge, und schon krachen die ersten Brecher über das Boot, schmutzige Gischt klatscht mir an die Brust, zerplatzt und stiebt in eiskalten Fontänen in mein Gesicht. In Orkanstärke tobt mir der Wind entgegen, überschüttet Gesicht und Hände mit beißenden Eisnadeln, zerrt am Boot, wenn ich einer Welle aufreite und das Vorderteil des Bootes sekundenlang in der Luft hängt, reißt am Paddel. Die Wellen kommen ungleich, keine gleicht der vorherigen. Ich finde keinen Rhythmus, jede Welle muß wieder anders bezwungen werden.

Sekunden später: »Um Gottes willen, das ist ja Seegang – mörderischer Seegang!«

Schon schießt der »Sea Eagle« in die Höhe, fast senkrecht, wie in einem verrücktgewordenen Fahrstuhl, ein, zwei, drei Meter – einen Sekundenbruchteil scheint das Boot in der Luft zu schweben, während die Welle darunter vorbeirast. – Krach! Mit brutaler Gewalt klatscht die vordere Bootshälfte in das Wellental, Gepäck poltert, das Gewehr schlägt mir auf das linke Schienbein, Wasserfontänen sprühen nach beiden Seiten. Jetzt stürzt das Boot nach unten – und da – »verdammt« – baut sich die nächste Wasserwand drohend auf, wächst und wächst, droht überzukippen. Wie rasend schaufle ich, erreiche im letzten Augenblick den Kamm, die Welle bricht sich. Wütende Gischt hüllt mich ein, nimmt mir kurz den Atem, dann kracht das Boot erneut mit der Spitze nach unten. Diesmal empfängt mich kein Wellental, eine große Woge hat sich schon vorher gebrochen, schleudert mir ihr wütendes Gebrodel entgegen. Ich höre nur noch rauschende, gurgelnde Laute, eiskaltes Wasser dringt irgendwo ein, ich werfe mich automatisch zur Seite, balanciere den Teil des weißen Chaos aus, das sich kurz noch einmal auf der linken Bootsseite brechen will. Wie von einer Riesenhand wird das Boot gehoben, das rasende Weiß zergeht, olivgrüne Flanken wachsen erneut empor. Da! Sekundenlang überblicke ich den mich umgebenden Tumult, und sehe, daß ich gerade in der schlimmsten Zone stecke.

»Los, ›Sea Eagle‹, da durch, Kaiilii!« Der Schrei reißt mich mit, setzt meine Kraftreserven frei. Ich dresche in Gewoge und Geschäume, presse, drücke und zerre, werfe mich mal nach links, mal nach rechts, gerate in einen Rausch von agieren und reagieren. Die Hände sind irgendwie taub, die Finger krallen sich wie erstarrte Klauen um das Paddelholz, in Schultern und Rücken wühlen Schmerzkaskaden, die Zähne sind gefletscht, das Gesicht verzerrt, der Atem explodiert stoßweise. Immer und immer wieder verschwinde ich mit dem Kajak in dunklen Wellentälern, um bald darauf wieder hoch oben auf wütenden Wasserkämmen daherzusausen.

»Da, hurra! Das linke Ufer, geschafft, gerettet! – Ja, verflucht, das ist doch nicht wahr!« Wellen wogen und drohen von der Uferseite, der ganze Strand – nichts als sich aufbäumende und donnernd zusammenbrechende Wellen, dazwischen rasende Gischt, spritzender Schlamm und geschundenes Treibholz. Dort, strandeinwärts, sah ich ein Blockhaus – doch landen war unmöglich. Also weiter – zurück in die Hauptströmung mit dem Seegang? Zum Glück nicht, zwischen dem angsteinflößenden Seegang und dem Uferbrandungsbereich brodelt ein etwa fünf Meter breiter Streifen »gemäßigten« Wasseraufruhrs. Da hinein steuere ich den »Sea Eagle« und versuche vorwärtszukommen.

Der tödliche Sturm schien sich eher noch zu steigern als abzuschwächen. Da, ein neues Fischercamp erscheint, die Uferbrandung ist nicht zu stark. Schnell paddle ich einen Bogen, komme senkrecht zur Brandung, erwische eine sich brechende Woge, sause in der Gischt der Strandfläche zu und bleibe mit dem Boot im Schlamm stecken.
Schnell springe ich aus dem Boot, klammere mich daran fest, zerre es zur Uferterrasse, bleibe stecken, sinke ein. Naß, frierend und ausge-

laugt stecke ich zwischen Wasser und Land und komme einfach nicht weiter – immer tiefer beginne ich, in dem tückischen Schwimmsand einzusinken. Ich fühle mich elend, schon fast verloren – dann reagiere ich endlich. Schnell werfe ich mich auf den »Sea Eagle«, reiße mit einem schmatzenden Geräusch die Gummistiefel aus dem gefährlichen Sand, trete, stoße, schlage dagegen.

»Ja, so müßte es klappen, so komme ich durch die Brandung, ohne umzukippen. Eins, zwei, drei… sieben, acht, wieder und wieder der gleiche Zeitabschnitt.« Ich warte den nächsten Brecher ab, klammere mich am Kajak fest, laufe und trete mit den Beinen, so schnell und fest ich nur kann, ächze und japse vor Anstrengung, dann: Hopp, rein ins Boot, Paddel in die Hände, Vollschub, was die Arme noch bringen können. Jetzt, ein neuer Brecher faucht heran. Ich haue in das drohende Wasser, was das Zeug hält, werde mit dem Boot hochgerissen, und hinter mir – zum Glück ein paar Millimeter hinter der offenen Sitzluke – stürzen die Wasser zusammen – und laufen ab. Durch, geschafft.

Ich halte mich auf dem etwa fünf Meter breiten, »gemäßigten« Streifen fahrbaren Wassers zwischen Uferbrandung und dem Seegang der Hauptströmung und merke erst nach Minuten, daß meine Hosen und die Faserpelzjacke bis zum Bauch naß sind. Um das Maß voll zu machen, fängt es an zu regnen, die Schneeflocken werden weniger, dafür frischt der Sturm weiter auf. Mit geweiteten Augen blicke ich ab und zu nach dem Wellenspektakel in der Hauptströmung – dort wartet der sichere Tod – und halte mich trotz Uferbrandung lieber mehr auf der Strandseite.

Es fängt an zu schütten, eiskaltes Wasser wirft mir der Sturm ins Gesicht, drückt mir Regen und Spritzwasser in die Ärmel, – über Brust, Nacken und Rücken läuft die tödliche Nässe – und – ins Boot dringt Wasser, da ich während des turbulenten Einstiegs von vorhin unmöglich die Spritzdecke hatte schließen können. Zwanghaft – ich weiß, es war unüberlegt – hantiere ich an der Spritzdecke, zerre, klemme und presse – vergeblich. Wusch! – Schon wird der Fehler bestraft.

»Oh, verflucht!« brülle ich noch voller Wut. Schon steckt das Boot inmitten der Uferbrandung. Riesenkräfte reißen es zum umtosten Strand, eiskalte Schwälle stürzen in die Sitzluke, schwappen über das Bootsdeck, klatschen mir über den Kopf. Links herum, gegensteuern, rechts herum, wieder gegenschlagen, noch ein Brecher, ich kann nichts mehr sehen, kann nur noch das Paddel an mich pressen, Eiseskälte schlägt wieder ins Boot. – Wumm! Die Bootsspitze kracht gegen etwas Hartes – hoffentlich gegen Holz!

Ich mußte raus aus der verfluchten Hölle! Ich wische mir kurz Sand aus den Augen, spucke sandiges Schmutzwasser aus, greife das Paddel, trete wütend in die Fußsteuerung. Alles, was ich noch an Energie in mir habe, explodiert jetzt in die Paddelblätter, wie rasend fallen die Schläge. Da, der brave »Sea Eagle« reagiert, die Nase richtet sich senkrecht zu den Uferbrechern, wieder stürzt brausende Gischt in die Sitzluke. Ich knirsche mit den Zähnen, brülle vor Wut und Schmerzen in den Schultern, schlage wie von Sinnen.

Unaufhörlich paddle ich jetzt, eine, zwei, drei Stunden? – Ich weiß es nicht, habe jegliches Gefühl für Zeit verloren. Dann, endlich – die Mündung des gesuchten Seitenkanals taucht plötzlich vor mir auf.

Mit geballter Wut, Angst und Hoffnung hole ich das Allerletzte aus mir heraus, wie ein Motorboot schraube ich den »Sea Eagle« in die Kanalmündung, ignoriere Schmerzen, Kälte und Erschöpfung. Und dann – Ruhe und Stille umgeben mich, der Wind verschwindet fast schlagartig, Seegang und Uferbrandung gibt es nicht mehr. Ich möchte vor Freude und Erleichterung schreien und weinen – ich bringe jedoch nichts mehr heraus aus mir, ungläubig staune ich, starre auf das Blockhaus dort am linken Ufer. Langsam, wie in Trance, fahre ich zu der Anlegestelle, binde das Boot mit dem Nylonband an einen Pfahl, ziehe das Gewehr aus der Sitzluke, richte mich etwas auf und lausche in die Sumpflandschaft.

Nein, kein unharmonisches, verdächtiges Geräusch war zu hören, langsam arbeitete ich mich aus dem Boot – ich spürte da etwas, wurde ich beobachtet? So lautlos wie möglich kletterte ich auf die Anlegestelle, duckte mich, sorgfältig suchte ich nach Fährten am Uferbereich. Da – waren hier Wölfe? Überall sah ich Pfotenspuren im weichen Schlammboden. An einer Stelle, ganz dicht am Wasser, war der Boden übersät von Spuren. Ich lud das Gewehr durch und ging näher. Ein völlig verwickeltes Netz war hierher angetrieben worden und aus dem Maschengewirr stanken mir übel zugerichtete Fischteile entgegen.

Urplötzlich huschte ein etwa hundegroßer Schatten über den Trampelpfad, beschleunigte in Richtung Hütte und verschwand im Gebüsch. Ein Wolf? Ich glaube, ich war einfach zu müde, um zu erschrecken. Ziemlich gelassen hielt ich das Gewehr schußbereit, ging zum Holzhaus und betrat die Treppe. Erleichtert atmete ich auf, als ich sah, daß das Haus nur verriegelt, aber nicht abgeschlossen war.

Die Tür knarrte leicht, neugierig spähte ich ins Innere. Da waren Geschirrborde, Tisch und Stühle, rechts ein eiserner Ofen, dahinter ein Bett. Neben der Tür der Trennwand zum rückwärtigen Raum hingen Postkarten, Bilder mit religiösen Motiven, ein Rosenkranz und ein Kreuz. – Der Raum verströmte noch etwas von der positiven Art der Besitzer, ich fühlte mich willkommen und geborgen. Im rückwärtigen Raum standen noch zwei Betten an den Wänden. Alles wirkte gepflegt und war sorgfältig aufgeräumt verlassen worden.

»Mann, hast du ein Glück, so ein schönes Fischercamp, hier kannst du deine Wunden lecken, den Wasseralptraum vergessen und dich erholen.« Ich holte Gepäck aus dem Boot, band es so fest, daß es nicht abdriften konnte, saugte Wasser und Schlamm mit dem Schwamm auf, bis das Bootsinnere wieder trocken und sauber war. Alles Naßgewordene brachte ich in das Blockhaus, und richtete mich so gemütlich ein, wie ich nur konnte.

War das ein Gefühl, wieder trockene Sachen anzuhaben, und Schuhleder knarren zu hören, anstatt quatschende und gurgelnde Laute aus den Gummistiefeln. Mit dem kleinen Vorrat an Brennholz heizte ich den Ofen an, und bei jedem Funken, Rauchwölkchen und Geknister wäre ich am liebsten in Freudengeheul ausgebrochen. Allmählich wurde es dunkel, und ich zündete eine Kerze an. Mein Gott, war ich glücklich, wie herrlich es hier roch: Harz und Rauch, Kaffee und heiße Suppe, der Ofen knackte und bullerte – ab und zu öffnete ich das Ofentürchen und blickte minutenlang in die lebendigen Flammen. Der Schein des Feuers huschte durch den Raum, beleuchtete die kunstvoll gefügten Balken, modellierte ihre derbe Schönheit. Das Rot und Gelb der Flammen überdeckte und löschte die Bilder des nassen Grauens der Yukon-Querung – all das wütende Weiß und Olivgrün, ihre mörderischen Kräfte, Sturm und Kälte zergingen zu glühendem, flackerndem Leben.

Allein im Eisschrank – Überlebenspunkt im gefrorenen Riesensumpf

Hell war es, als ich am 4. Oktober aufwachte – hell und kalt. Es war schon später Vormittag, doch an ein Weiterfahren war gar nicht zu denken: Meine Schultern und Arme schmerzten so stark, daß ich wahrscheinlich keine unvorhergesehene Belastung heil überstehen würde. Als ich die Tür öffnete, wirbelten Schneeflocken herein, und der eiskalte Luftzug ließ mich schlagartig noch munterer werden.

Zuerst sah ich nach dem Boot. Der Wasserspiegel war gefallen, und der sonst grauschwarze Schlammboden guckte nur noch an wenigen Stellen unter dem weißen Überzug hervor. Deutliche frische Pfotenspuren führten zum gestrandeten Netz – und zum »Sea Eagle«, dessen Oberdeck von Schlammspritzern und Pfotenabdrücken verschmutzt war. Wie war ich erleichtert, als ich die Abdeckung unversehrt vorfand, Spannriemen, Bootsleine, Steuerseile und Ruder, alles in bester Ordnung.

Keine zehn Meter hinter mir stand der Fährtenmacher und duckte sich, als ich ihn bemerkte. – »He, du Schmutzfink, ganz allein hier?« Erschrockene Augen blitzten auf, dann verschwand der so unerwartet Angerufene wie ein geölter Blitz im Buschwerk. Wolf oder nicht Wolf – egal, ich hatte das Gewehr im Blockhaus liegenlassen, richtete mich betont gerade auf und marschierte festen Schrittes zum Haus.

Nach einer Viertelstunde etwa spähte ich durchs Fenster – ja, da lag doch etwas Dunkles in den niedergedrückten Weidenschößlingen, links ganz nah am Trampelpfad. Ich wurde neugierig, schließlich mußte ich ja wissen, was sich da um meinen momentanen Zufluchtsort herumtrieb. Mit dem Gewehr fühlte ich mich sicher, langsam öffnete ich die Tür und ging so ruhig und leise wie möglich auf das dunkle Etwas im Weidengestrüpp zu. Plötzlich bewegten sich die Weiden, der dunkle Fleck regte sich, nahm Gestalt an.

»Das ist doch nie ein Wolf – und wenn, dann nur ein kleiner«, dachte ich.

»Na du – wir haben uns doch schon gesehen? Jetzt bleib doch mal da, hau nicht wieder ab, ich tu dir ja nichts!«

Der Schäferhundartige drehte den Kopf, wedelte verlegen mit dem Schwanz, und ich entschied: kein Wolf. Diesmal blieb der Vierbeiner stehen. Ich ging zurück ins Haus, behielt die neue Bekanntschaft allerdings ständig im Auge. Schnell schnitt ich ein Stück Käse ab, legte es zwischen zwei Brotscheiben, ging mit diesem Begrüßungssandwich, es deutlich sichtbar vor mich haltend, ein paar Meter weit den Trampelpfad entlang und ließ es in der Pfadmitte zurück. Der struppige Fellträger blieb stehen, näherte sich dann zögernd, und so blitzartig, wie er selbst es konnte, verschwand jetzt das Sandwich.

Jetzt erst merkte ich, daß auch ich Hunger hatte – außerdem wurde mir kalt. Der Brennholzvorrat in der Hütte war gegen Null geschrumpft, aber draußen auf dem gerodeten Platz lagen Baumstämme, Äste, Balken und abgeschliffenes Treibholz. Hackstock, Axt und Säge fand ich unter dem vorspringenden Dach des Hauses. Mit

Freude ging ich ans Werk, schnell wurde mir warm – und das Ergebnis der Mühe würde noch weit mehr Energie liefern.

Auch wenn mein neuer Gesellschafter wahrscheinlich kein Wolf war, so schnappte er jedenfalls wie einer: Ohne daß ich eine einzige Kaubewegung gesehen hätte, verschwanden in ihm Brot, Käse, Reis, Nudeln oder Pfannkuchen wie in einem Faß ohne Boden. Das war kein Hund – ich mußte eher an ein schwarzes Loch denken, eines, das alles Eßbare einsaugte. Was ich auch fabrizierte, alles wurde mit heller Begeisterung angenommen. Gut, wir beide waren alles andere als wählerisch, und so futterten, stopften, gierten und schlangen wir, als ginge es um eine Wette aus der Steinzeit.

Es war schön, wenn ich vom Brennholzmachen in das warme Blockhaus zurückkehrte und der Strubbelnimmersatt, Kopf, Schwanz und Pfoten wie eingeringelt, am Boden lag und mich mit großen, vor Erwartung leuchtenden Augen begrüßte. Und wenn er ein Wolf gewesen wäre? – Auch gut, solange er mich nicht anfiel oder meine Sachen ruinierte. Es tat gut, hier Gesellschaft zu haben – endlich wieder ein Wesen um mich, das auch an Hunger und Kälte litt, und nicht nur weite Wildnis, die so unheimlich stumm all die Unbilden des Deltas ertrug.

War ich noch so erschöpft, konnte mein Körper keine Wärme mehr produzieren, oder – wurde es immer kälter? Ich hackte und sägte, schürte und feuerte, aber die Raumtemperatur fiel ständig – draußen war es bereits sehr ungemütlich. Der Himmel rötete sich im Westen.

Gleich nach dem Aufstehen stürzte ich mich wie wild geworden auf die Brennholzarbeit und ruhte nicht, bis ein ansehnlicher Haufen Holz neben dem Ofen lag.

Rot, orange, grün, blau und violett leuchtete der Farbstreifen am westlichen Horizont, während das Dunkelblau des Himmels allmählich in tiefes Schwarz überging, aus dem Abertausende von Diamanten funkelten. Langgezogene Rufe der Nachtvögel verloren sich in den Büschen und Wasserläufen des Sumpfes – hin und wieder überlagert von Fuchsgebell. Der Wind war nahezu eingeschlafen, trotzdem drang das Tosen und Donnern der Brandung aus der Yukon-Hauptströmung bis hierher. Ein Krachen, dann scharfes Klingen, das sich Hunderte von Metern fortsetzte, erschreckte mich. Ich ignorierte das Geräusch, redete mir ein, mich verhört zu haben – dafür war es doch wirklich erst zu früh, oder? Minus fünf Grad las ich auf dem kleinen Thermometer an meiner Jacke ab – das konnte einfach nicht stimmen; trotzdem ging ich schnell wieder in das Holzhaus und schloß die Tür.

Ich beschloß, die monatelang genossene Medienabstinenz aufzuge-ben, um den Wetterbericht zu hören.

Zögernd holte ich das kleine Transistorradio vom Regal, füllte die daneben liegenden Batterien ein und drückte den »on«-Knopf. Wie lange hatte ich keine Musik mehr aus dem Radio gehört? Gemäßigte Rockmusik plätscherte aus dem kleinen Kasten, der Strubbelviel-schluckwolf zwinkerte nur einmal kurz in die Richtung der Ge-räuschquelle, seufzte leicht und schlief gleich wieder weiter. Jetzt quiekte eine Männerstimme aus dem Kistchen, und ich vernahm: »Radio Nome«.

Gespannt wartete ich auf den Wetterbericht, der auch tatsächlich nach wenigen Minuten kam. Ich erfuhr nichts Neues – all die üblen Wettererscheinungen der letzten Zeit wurden wiederholt –, nein, keine Aussichten auf Wetterbesserung – und mein Minithermometer schien genauer anzuzeigen, als ich dachte. Unruhe befiel mich, ich suchte nach Ablenkung. Ich erinnerte mich an ein Taschenbuch, das hier irgendwo herumlag. »The Wind Chill Factor« hieß das Bestsel-ler-Werk mit dem vielversprechenden Titel. Bald wunderte ich mich, wieviel Terror, Wahn, Gewalt, Gemeinheiten, Kugeln und Blut auf ein paar Seiten Platz hatten – die trüben Wetteraussichten des langsam zufrierenden Deltas begannen in meinem Bewußtsein zu verblassen – der Horror war nicht draußen vor der Tür, nein, ich hielt ihn in mei-nen Händen.

Es war beinahe wie im Freien hier im Holzhaus – nur der Wind heulte leiser und fand nur wenig Zugang durch Ritzen und Spalten. Die Trinkwasservorräte hätten keiner Behältnisse mehr bedurft – und den übriggebliebenen Tee von gestern nacht hätte ich als Eis am Stiel (der Löffel steckte nämlich noch in der Tasse) essen können. Das schwache Tageslicht mußte sich mühen, durch das dick vereifte Fen-ster zu dringen, und das bunte Brett, gegen das ich unerwartet stieß, erkannte ich bei näherer Untersuchung als mein Handtuch.

Wie mußte es dann erst beim Boot aussehen? Meine Ahnung wurde bestätigt – nein, übertroffen! Sicher, das weißblaue Kajak harmo-nierte prächtig mit der Winterlandschaft – und abdriften konnte es auch nicht mehr: Steinhart gefrorener Schlamm und Bootskörper wa-ren eine innige Verbindung eingegangen, die obendrein durch Eis und Schnee besiegelt wurde. Der Wasserspiegel, oder besser ausgedrückt, der Eisspiegel war wieder gefallen, aber dafür hatten die drastischen Veränderungen auch eine gute Seite: In dem ehemals gefährlichen Uferschlamm oder Schwimmsand konnte man wenigstens nicht mehr versinken. Am Seitenkanaleingang, in Richtung Yukon-Hauptströmung, schimmerte verheißungsvoll eisfreies Wasser.

»Zurück in die Hauptströmung?« Bei dem Gedanken wurde mir unwohl. »Jetzt bloß keine übereilten Entschlüsse treffen – erst mal wieder zurück ins Blockhaus und Energie tanken – dann Tee trinken, sehr, sehr viel heißen Tee trinken.«

Ein mühsam gesägtes und geschlagenes Holzscheit nach dem anderen verschwand in dem Ölfaßofen, bis das Metall so warm wurde, daß die Hand daran nicht mehr festfror. Und ehe das Trinkwassereis schmolz oder gar zum Tee oder Kaffe sowie Reis und Nudeln Kochen zu gebrauchen war, mußte ich längere Zeit draußen im Schneetreiben die Säge führen und die Axt schwingen. Einmal ließ ich einen Becher mit heißem Tee auf dem Tisch stehen, um draußen neue Holzquellen zu erschließen und weitere Scheite zu schlagen. Der Tisch war etwa drei Meter vom heißen Ofen entfernt – der Tee war gefroren! Kein Wunder, daß sich das Hüttenleben recht nahe beim Ofen abspielte, den ich wie ein Planet, der seine Sonne umkreiste, umrundete.

Etwas weitere Kreisbahnen brachten mich am frühen Nachmittag ab und zu zum Boot, da der große Welten-Heizstrahler dann für mehr Licht und weniger Kälte als am Morgen sorgte. War das ein Anblick, als ich sah, wie der kleine Nebenarm des Yukon wieder so weit auftaute, daß ich da noch durchpaddeln konnte. Die Ränder blieben vereist, auch der Schnee schmolz nicht – da gab es nichts mehr zu beschönigen oder gar zu leugnen: Der Winter hatte mich überrascht; und den Kopf konnte ich auch nicht mehr in den Sand stecken, denn der war bereits zugefroren! Noch schwankten die Temperaturen, aber noch hatte die Sonne ein wenig Kraft. Zwei, höchstens drei Tage würde die Seitenkanalfahrt dauern, ich schöpfte wieder Hoffnung, die Yukon-Hauptströmung blieb mir vorerst erspart – vorerst.

Ob ich in den nächsten Tagen Zeit und Gelegenheit zum Kochen finden würde, war fraglich – also legte ich hier los, der Strubbelvielschluckwolf war hellauf begeistert. Bis Mitternacht ging das Feuer jedenfalls nicht aus, und unsere Kaumuskeln kamen kaum zur Ruhe. Morgen mußte ich einfach weiterfahren; wenn die Völlerei so weiterginge, würden wir beide vor Energie noch platzen. Den Vierbeiner jedenfalls mußte ich ab und zu hinauslassen, damit er sich im Schnee wälzen und abreagieren konnte.

Um neun Uhr wachte ich auf – ich wollte nicht vor Sonnenaufgang munter sein, falls man wirklich in einem dunklen Kühlschrank von munter sein reden kann. Draußen war wenig Wind, kein Schneetreiben, und die Kälte war erträglich. Das war die Chance. Ich beeilte mich: frühstücken, Strubbelvielschluckwolf füttern, packen, Boot aus dem Eisschlamm befreien und beladen, Hütte aufräumen, Holz für den nächsten Besucher bereitstellen, Boden fegen, Nachricht an die Besitzer hinterlassen, Blockhaus verriegeln – und ab.

Ja, wenn ich allein gewesen wäre. Natürlich wollte mein neuer Kumpel mit – doch auch, wenn ich ihn in die Vorderluke gesteckt hätte, wären wir sehr wahrscheinlich bei der nächsten Querung der Hauptströmung beide umgekommen. So kam ich auf die Idee, ihn am Ufer entlanglaufen zu lassen; ich wollte dort ganz nah mit dem Boot fahren, und beim nächsten Lagerplatz wären wir wieder beisammen gewesen. Ich probierte es ein paarmal – allerdings ohne Erfolg. Am Ende lief der Wolfshund wieder auf den Platz zurück, wo ich ihn das erste Mal gesehen hatte, und legte sich auf den Boden. Ich wußte nicht, ob ich fluchen oder freundlich sein sollte, riß mich dann gewaltsam los und fuhr allein in den fast zugefrorenen Sumpf.

Ich kam gut voran, die Sonne schien, der Wind zauste zwar die obersten Teile der Erlen, Birken und Weiden, erreichte aber nicht den Wasserspiegel des Seitenarmes. Die geringe Strömung half ein wenig mit, flotte Fahrt zu machen. Die Uferabbrüche waren oft etwas mehr als zwei Meter hoch, dicht mit herbstfarbenem Laubwald gesäumt und rückten gelegentlich auf zwanzig oder gar fünfzehn Meter zusammen – ich fühlte mich hier geborgen. Trotzdem erreichte ich mein erwünschtes Tagesziel nicht.

Als es langsam dunkel wurde, begann ich der Karte nicht mehr zu trauen – wenn ich das nächste Fischercamp am Kanalausgang zum Yukon nicht erreichte, falls dieses Camp da überhaupt noch existierte – dann steckte ich hier im dunklen Eisschrank. Panik? Nein, jedenfalls nicht unter solchen, noch gemäßigten Umständen. Glücklicherweise erspähte ich noch beim letzten Licht die rettende Halbinsel, die zwischen Weidenschößlingen freie, trockene und mit Gänsegras bestandene Flächen versprach.

Da der Wasserspiegel ständig fiel, entstanden laufend neue Schwimmsand- und Schlammfallen an den Ufern, die die Kälte nicht so schnell entschärfen konnte. Doch mit dieser Halbinsel hatte ich doppeltes Glück: Es gab hier einen Tarzan-Aufgang. Ich befestigte das Boot an einem halb versunkenen Baumstamm, kletterte auf solides Wurzelwerk, balancierte über kreuz und quer liegende Baumstämme, ließ mir Weidenäste um die Ohren schlagen und erreichte die

Halbinsel. Trotz der Kälte wäre es eine willkommene, ja nette Übung gewesen, wenn mir dabei das Gewehr nicht dauernd in den Rücken geschlagen hätte. Die abendliche Turnübung mußte ich wohl oder übel einige Male exerzieren, wenn ich nicht ohne Zelt, Schlafsack, Isoliermatte, Fotorucksack, Kulturbeutel und Nachtimbiß auf gefrorenem Sandboden nächtigen wollte.

Anfangs freute ich mich, als die gähnende Dunkelheit einer unbeschreiblich schönen Sternennacht zu weichen begann – für Ästhetik fehlte mir aber heute der Sinn. – Verdammt schnell kroch ich in den Schlafsack. Und ehe das Knistern und Krachen auf dem Wasser stärker wurde, grinste ich bereits wieder frech aus der dick gepolsterten Wärmetüte.

Yukon Delta on the rocks

Ein eigenartiges Iglu stand auf der verschneiten Halbinsel, an der sich der Seitenkanal, der ungefähr parallel zur Yukon-Hauptströmung floß, noch einmal gabelte. Wetten, daß der Langschläfer, dem das schnee- und eisverkrustete Doppelkajak am vereisten Kanalrand gehörte, blitzartig munter wird, wenn er bemerkt, daß er bald nicht nur eingeschneit, sondern auch von Eis eingemauert sein wird!

Merwürdiges Licht drang ins Innenzelt, als ich aufwachte: Lediglich durch ein paar willkürlich verteilte Flecken drang etwas Helligkeit ein. Neugierig rüttelte ich am Innenzelt – am Außenzelt rutschte etwas zu Boden, und es wurde heller. Als ich den Eingangsvorbau öffnete, gleißte mir strahlendes Weiß und darüber lupenreines Azurblau entgegen. Ein großer, orangeroter Feuerball leuchtete durch wirres Astwerk, das momentan noch kein Wind zauste. »Ja, traumhaft hier!« Schnell zog ich mich an und zwängte mich ins Freie.

»Ist ja...« Dann wurde ich schnell, sehr schnell für diese Uhrzeit.

Die Frage, ob ich den abzweigenden, weiter nach Norden führenden Kanal fahren sollte, erübrigte sich – er war vollständig zugefroren. Ebenso sah es an der Landestelle aus, an der der »Sea Eagle« wie ein gestrandeter Minieisbrecher im weiß gezuckerten Weidenastwerk hing. In fliegender Hast stopfte ich irgend etwas Eßbares in den Mund, während ich den restlichen Schnee vom Zelt klopfte; den Reifüberzug ließ ich dran – für Kosmetik hatte ich wirklich keine Zeit mehr.

Lager abreißen, packen und ins Boot verstauen wäre wie im Akkord abgelaufen, wenn da nicht der Tarzan-Einstieg ins Boot gewesen wäre – der Einstieg dauerte heute morgen einige Sekunden länger als der nächtliche Ausstieg, da sämtliches Gehölz verreift oder sogar vereist war.

Beißende Kälte griff Gesicht, Füße und besonders die bloßen Hände an. Handschuhe zog ich erst beim Paddeln an. Dann fing der große Himmelsofen an, sein Bestes zu geben: Schmelzwasser tropfte vom Bootsdeck und erwärmte, was direkt beschienen wurde; manchmal drehte ich das Boot, damit auch die im Schatten gelegene Körperseite etwas zusätzliche Wärme bekam. Der Eiskragen an den Kanalrändern blieb, und wenn die Bootswellen hinter dem Kajak gegen das Eis trafen, krachte und klirrte es, als ob zentnerweise Glas und Porzellan zerschlagen würden.

Das Fischercamp an der Kanalmündung erreichte ich überraschend schnell – ich war gestern viel weiter gekommen, als ich vermutet hatte. Erleichtert atmete ich auf, dem Einfrieren in den kleinen Seitenkanälen war ich entronnen. Und was da vor mir strömte und drückte, das würde vom Winter noch wesentlich mehr abverlangen, bevor es zufrieren konnte. Ein ziemlich friedlicher Yukon empfing mich, der Wind pausierte gerade, und flußaufwärts tauchte die Rampe des Küstengebirges aus den Nebeln des tieferen Sumpflandes auf.

»Zu schön, um wahr zu sein«, orakelte ich, während ich mit dem Gedanken spielte, die Kamera hervorzukramen. Es blieb beim Gedanken – statt dessen überprüfte ich den Sitz der Spritzdecke, dichtete die Ärmel ab, zog die Kapuze der Wetterjacke über und schlüpfte in die Handschuhe. Den Segen meiner Bemühungen durfte ich auch sehr bald ernten.

Was war los? Hatten sich all die Warnungen, Unkenrufe und Katastrophenprophezeiungen über die Wetterverhältnisse im Yukon Delta heute gebündelt, um mir zu zeigen, daß sie wirklich werden konnten, ernst zu nehmen waren – alle zugleich, vereint in einem faszinierenden Auftritt des Grauens? Wie oft habe ich Kajakfahren bei schlechtem Wetter, ja sogar während Unwetters geschildert? – Jetzt sollte ich eigentlich längst damit vertraut sein, Gewohnheit bedarf doch keiner Beschreibung, höchstens einer kurzen Erwähnung. Sicher, aber die Wildnis Alaskas, besonders die des Yukon Deltas, behält sich immer noch ein paar Asse im Ärmel zurück – und man weiß nie, wann man zum nächsten Pokerspiel eingeladen wird. – Zum nächsten oder zum letzten, den Spielausgang kennt niemand – nur der Einsatz ist bekannt: man selbst.

Der Schlußakt der langen Bootsfahrt begann wie eine Wiederholung der Anfangszeit: atemberaubend schöne Landschaftsszenen, dann kamen die Mühen, Anstrengungen und das Über-sich-Hinauswachsen des Mittelteiles der langen Flußfahrt und am Ende die gedrängte Dramatisierung der letzten Höhepunkte des Überlebenskampfes.

Schneestürme, Regen- und Hagelschauer sorgten für den atmosphärischen Widerstand der Elemente, Uferbrandung und Brecher in der Hauptströmung griffen im Wasser an, unterstützt von Turbulenzen bei Untiefen, kleinen Wirbeln und Querströmungen, und vom Lande her drohten Treibholzverfilzungen, die bis ins fließende Wasser reichten, Schwimmsand- und Schlammgürtel sowie überhängende Ufer mit gestürzten Bäumen.

Hier galt es verbissen auszuhalten, denn obwohl das Ufer in greifbarer Nähe war, konnte ich nicht einmal wenige Sekunden rasten. Ab und zu drehte ich das Boot mit dem Heck gegen den Wind und paddelte rückwärts, um dem quälenden Sandstrahlgebläse nicht ständig Gesicht, Brust und Hände zu bieten. Wenn meine Kräfte nachließen, wurde ich erbarmungslos zurückgetrieben, und oft genug mußte ich zähneknirschend erleben, daß ich so manche Strecke zwei-, dreimal, ja mehrmals bewältigen mußte. Dieses grausame Spiel zog sich stundenlang. Gegen Abend waren meine Kräfte nahezu erschöpft. Ich fror an Händen und Füßen.

Das linke Flußufer bot für mich keine Überlebenschance – ich hatte nur eine Wahl: hinüber, den Yukon queren. Die Querung war ohnehin fällig, da Alakanuk, das Ziel, am rechten Ufer lag. Zum letzten Mal den Yukon River überqueren – wie das klang – wie oft hatte ich diesen Strom schon gequert? – Und jetzt stand ich vor der letzten Überfahrt – und brachte nicht den Mut dazu auf. Verzweifelt paddelte ich gegen den Schneesturm, wich der Uferbrandung aus, umfuhr tückische Treibholzfallen, manövrierte den »Sea Eagle« durch unberechenbare Strömungen bei Untiefen, schaufelte und schaufelte. Was hielt mich an diesem heillosen linken Ufer? – Der Blick in die Flußmitte!

Gewaltige Wassermassen wälzen sich da dem Meere zu, was für ein stetes Drängen, Treiben und Drücken. Und der Wind, warum wütet er gar so beharrlich, will er die Vereinigung von Yukon und Bering-Meer verhindern? Der Zusammenprall der entsetzlich starken Titanen geschieht auf der Oberfläche der Hauptströmung: ein Schlachtfeld aus wogendem, sich überschlagendem olivfarbenem Gebrodel, über das weiße Gischtfetzen rasen. Ein stiller Aufruhr? – O nein, das ist ein Krachen, Zischen, Donnern und Tosen. Da! – Winkt da nicht einer? Steckt dort jemand in dieser Wasserhölle? Ein banges Gefühl überkommt mich, verschwindet wieder, als ich erkenne, daß dort drüben nur ein Baumstamm durch die Wassermühle gezogen wird.

»Mein Gott, da rüber! Schaffst du das noch, du kannst dich ja hier kaum noch halten? Unmöglich! – los, raus mit dem Notrufsender – gib auf, jetzt ist es soweit, drück den Knopf, du brauchst Hilfe!«

Eine unbarmherzige Macht beginnt mich rückwärts zu treiben, meine Finger umkrallen den leuchtend roten Notrufsender, schmutziges Wasser klatscht über das Bootsdeck – platsch! – ein schlammverklebter Weidenzweig gibt mit eine ekelhafte Ohrfeige.

»Weg mit dem Ding, das kann dir jetzt auch nicht mehr helfen! Vier Stunden und länger könnte die Suche dauern, hatte doch einmal ein Pilot gesagt – vier Stunden, oder auch länger, falls überhaupt jemand bei solch einem Unwetter im Delta helfen könnte! Vier Stunden in diesem Alptraum? – Zu spät, das hältst du nicht aus. – Es gibt hier nur eine Lösung – und du drückst dich schon seit Minuten davor, ach was, seit einer Stunde: los, rüber!«

Ich stecke den Notrufsender in die Jackentasche zurück und beginne wieder zu paddeln.

Schauer überkommen mich – lähmen sie mich, oder warnen sie? Meine Unsicherheit schwillt noch einmal an, ich fühle mich elend und verloren, drohe in einer schwarzen Angstwoge zu versinken. Dann kommt der Kraftschub.

Stechende, stahlharte Augen durchdringen die flackernden, sich jagenden Bilder in meinem Kopf, alle Kraft strömt zu diesen Augen, bündelt sich dort, verdrängt die Vorstellungen der Angst – Fieber oder Wirklichkeit? – egal, ich vertraue der tiefen, beschwörenden Stimme, die zu diesem Augenpaar gehört: »Du wirst es schaffen!«

Ich setze mich kerzengerade auf, die Hände umklammern das Paddel, als ob sie es zerbrechen wollen, die Zähne knirschen, die Augen schließen sich zu einem zielenden Blick, Wärme beginnt mich zu durchströmen, mein Atem geht tiefer und ruhiger.

»Gibt es doch nicht! Liegt dort drüben ein Sandstrand?« Ich wühle nach dem Feldstecher, suche nach der vielversprechenden Uferstelle – und tatsächlich, ab und zu erkenne ich festen Sandstrand, buntes Gänsegras, ein paar magere Weidenschößlinge und etwas Treibholz. Und das alles liegt ein paar Kilometer flußabwärts – ich könnte es erreichen.

»Jetzt, alles auf eine Karte, raus mit dem As, Angriff ist Trumpf!«

Die Nase des »Sea Eagle« schert nach rechts aus, ich klopfe auf das vertraute Fiberglasdeck: »Noch einmal, ›Sea Eagle‹, nur noch ein einziges Mal.«

Ein paar Paddelschläge – wie leicht das geht, Minuten auf Minuten vergehen.

»Los, und jetzt rein in das Höllenspektakel – drauf, Kaiilii!«

Wie es weiterging? – Man erinnere sich, oder besser, lese die Schilderung der Querung von Mountain Village zum linken Yukonufer. Heute kamen lediglich ein paar beklemmende Herz- und Atemstillstände dazu, denen Stoßgebete, Flüche und Verwünschungen, Freuden- und Angstschreie folgten – und am Ende... Nein, für das krönende Triumphgeheul hatte ich ganz einfach keine Kraft mehr.

Ich schaffte es, erreichte sogar die Stelle, die ich zuvor mit dem Fernglas erspäht hatte. Eine schwache Uferbrandung mußte ich wohl überwinden, aber das war lächerlich im Vergleich zu den Anstrengungen, die ich gerade hinter mir hatte. Der Sand unter meinen Füßen hielt – allein dies wäre genug Anlaß für ein Freudengeheul gewesen, schnell zerrte ich den »Sea Eagle« aus dem Einflußbereich der Brandung. Jetzt stand ich barfuß, durchschwitzt und naß, frierend und erschöpft im eisigen Schneesturm.

Nun hatte ich zumindest endlich wieder sicheren Boden unter den Füßen – Land –, aber was für eins. So weit ich blicken konnte: Sand, Sand und wieder Sand, leicht gefrorener Sand, den die traurigen Reste ehemals bunten Gänsegrases bedeckten. Schneeflocken und Hagelkörner fegten über den Boden – der Sturm gönnte auch ihnen keinen festen Platz. Wie die Reste von zerfallenden Gerippen staken hier und da Treibholzstücke im Boden. Es roch ein wenig nach Sumpferde, oder bildete ich mir dies nur ein, um etwas sicherer zu sein, um endlich wieder Geborgenheit auf festem Boden zu spüren? Später erkannte ich, daß sich der Yukon in einer gigantischen Linkskehre nach Westen wand, und an den Ufern stand tatsächlich noch Wald. Wie lächerlich die Bäumchen in der Ferne wirkten – den Sturm konnten sie jedenfalls kein bißchen brechen.

Nach etwa einer halben Stunde saß ich am Lagerfeuer. Wie ich auf die Idee kam, nach den erfolglosen Flugversuchen des Zeltes aus dem dann doch so gemütlich eingerichteten Polyamid-Iglu und obendrein aus dem herrlich warmen Schlafsack zu fliehen, um draußen ein Feuer zu entfachen, Kaffee, Tee und Unmengen Nudelsuppe zu kochen, weiß ich bis heute nicht so recht. Die Szenerie und ihre Wirkung auf mich wird mir wohl in ewiger Erinnerung bleiben.

Im Windschatten des Zeltes brannte ein gut angelegtes, kräftiges Lagerfeuer, aus Kaffee- und Teekanne entstiegen kleine Geysire, ebenso aus drei Töpfen, die mitten im Feuer standen. Ich saß auf dem Sandboden, den Schneesturm im Rücken. Glücklich hielt ich den großen, dampfenden Edelstahlbecher in das Schneetreiben, stand gelegentlich auf und dankte allen guten Geistern für meine vorläufige Rettung. Dann trank ich Becher für Becher, Kanne für Kanne wunderbar duftenden Darjeeling-Tee mit Zitrone und viel, sehr viel braunem Rohrzucker.

Was kümmerten mich Schnee- und Hagelschauer, die für Minuten das Sonnenlicht verdunkelten; konnte der rasende Sturm meine Stimmung trüben, wenn er ums Zelt heulte, in dem Gewirr von Spannschnüren sang oder am Tuch zerrte und rüttelte? Auch das Lagerfeuer konnte er nicht ausblasen, in das ich meine bloßen Füße zum Auftauen und Trocknen hielt. Jede einzelne Körperzelle schien zu jauchzen, wenn die wunderbar warme Nudelsuppe becherweise in den Magen rann. Dann war der Kaffee fertig, innerhalb weniger Minuten leerte ich die ganze Kanne. – Wie herrlich schmeckte jeder Becher des harten Gebräus, angereichert mit einer Überdosis Milchpulver und Rohrzucker.

Ich feierte und feierte, am liebsten wäre ich vor Freude Hunderte von Metern in die Luft gesprungen. Dann erinnerte ich mich an meinen zuverlässigen Begleiter: Mehrmals umarmte ich das ausgezeichnete Boot – trank eine weitere Kanne Darjeeling-Tee auf sein Wohl. Dann glühte der Himmel über den nach Westen rollenden Wassermassen des Yukon – all die rasenden Schnee- und Eisgeschosse schienen aus einer höllenartigen Riesenesse zu stammen. Und zum Rauschen, Brechen und Tosen der wütenden Hauptströmung mischte sich das Rascheln der Schneeflocken, das Prasseln der Hagelkörner, wenn die Sendboten des Winters auf das Zelt oder auf meine Wetterjacke trafen.

Welch ein phantastisches Inferno – ich hätte nie zuvor geglaubt, daß ich in diesem Desaster aus Wasser, Erde und Luft so glücklich sein könnte. An wie vielen Lagerfeuern war ich schon gesessen, wie oft hatten mir die Flammen nicht nur Wärme und Geborgenheit gegeben, sondern auch Licht und Freude. In all dem Aufruhr des sibirischen Schneesturms leuchtete und wärmte das Feuer wie eine kleine Sonne zu meinen Füßen. – Hatten etwa so ähnlich die ersten Menschen empfunden, jene asiatischen Jäger, die sich in diese sturmgebeutelte Wildnis gewagt hatten? Alaska und der gewaltige Yukon hatten mir ein fürstliches Geschenk gegeben: War ich dem Wesen von Wasser, Erde, Luft und Feuer nicht ein Stück näher gekommen?

»Donnerwetter, das war doch sicherlich der Höhepunkt der Yukon-Tour gewesen, wie intensiv kann man denn noch erleben?« fragte ich mich begeistert.

Entspannt und zufrieden genoß ich die Geborgenheit des Zeltes, kuschelte mich in den warmen Schlafsack – daß Alaska bereits an der Antwort auf meine Frage arbeitete, ahnte ich noch nicht.

Gefangen im Schneesturm

Bis zum Mittag des nächsten Tages, es war der 8. Oktober, schlief ich. Nein, ich hatte nichts versäumt, diese Morgenstunden hatten sicher kein Gold im Mund gehabt. Allein die Geräusche, die durch die dicht gepolsterte Schlafsackkapuze drangen, gaben genügend Informationen über die Welt jenseits der Zeltwände. Durch das Singen und Heulen der Sturmverspannung, das Rütteln und Beben des Zeltes, die prasselnden Salven der Schnee- und Eiskristalle drangen die vertrauten Geräusche des Flusses: das Klatschen und Brechen der Uferbrandung, das Rauschen und Tosen der Hauptströmung.

Auch die Innenwelt des Zeltes konnte mich nicht verlocken, den Schlafsack zu verlassen: Eine eiskalte Luftströmung – sicherlich polaren Ursprungs – passierte mehr oder weniger ungehindert den unteren Bereich des Zeltes, ließ den Zeltboden lebhaft flattern und bauschte die Innenzeltwände. Ein wenig Rauhreif glitzerte auf dem gelben Baumwollgewebe, besonders dort, wo meine Atemluft hintraf.

Als ich den Kopf zum Eingang herausstreckte, genoß ich die erfrischende und massierende Wirkung des kombinierten Schnee- und Eisstrahls. Ein Gang zum Boot – ich holte mir ein paar Lebensmittel und den Spirituskocher, schöpfte Wasser aus dem Yukon –, ein weiterer Gang, um das Notwendigste zu verrichten –, und schon saß ich wieder in meinem Polyamid-Iglu, bis auf die Stiefel vollständig angezogen.

»Weiterfahren?« – Meine ironische Frage erheiterte mich. »Wann auch immer – falls überhaupt –, auf keinen Fall mehr vor dem Lunch!« lachte ich.

Sollte ich mich noch einmal sattessen, oder mußte ich bereits anfangen, die restlichen Vorräte an Brennstoff und Lebensmitteln zu rationieren? Ich entschloß mich zu rationieren – und traf damit die richtige

Entscheidung. Drei Tage sollte ich noch auf »Siberia-Island«, wie ich die große Sandinsel nannte, festsitzen.

Klarer und tiefer als je zuvor erfaßte ich die Begriffe Lebensmittel und Brennstoffvorräte. Ich begann zu verstehen, warum deren Verschwendung besonders in früheren Zeiten als Sünde angesehen worden war. Führen uns Menschen nur Not und Angst vor dem Untergang zu Einsicht und vernünftigem Verhalten? Wie kostbare Schätze hütete ich meine letzten Reserven, und selbst Tee und Kaffee, Milchpulver und brauner Rohrzucker, von denen ich noch genügend hatte, begann ich sehr gewissenhaft, ja geradezu ehrfürchtig, zu behandeln. Wie freute ich mich, daß ich meine »eiserne Reserve« in all den Monaten am Yukon nicht angerührt und sorgfältig behandelt hatte. Jetzt wurde der wasserdichte Packsack mit seinem Inhalt eine ganz besondere Kostbarkeit: Von meiner Partnerin stammten noch Rohrzucker, Milchpulver und konzentrierter Zitronensaft, gekauft in irgendeinem alaskanischen Supermarkt, und wirkten wie ein Gruß aus schönen Sommertagen.

Wenn es draußen besonders gewalttätig heulte, krachte, prasselte und toste, tröstete ich mich mit einer Kanne Tee. In meinen Vorstellungen rekonstruierte ich die Teegärten an den Hängen des Himalaya. Wie wunderschöne Juwelengirlanden hingen die Plantagen an den anmutigen Bergen, die zum Horizont immer höher anwuchsen, um endlich als erhabene Eisriesen zu den Hindu-Göttern in das kristallene Blau zu ragen. Dann ließ ich Bilder aus Hawaii entstehen: Zuckerrohr schwankte ergeben in einer milden Meeresbrise unter einer unermüdlich strahlenden Sonne. Fröhliche Menschen in bunten Sommerkleidern ernteten die duftenden Riesenhalme, spielende Kinder knabberten genußvoll an geschnittenen Stengeln. Doch am liebsten hatte ich die große knallgelbe Plastikzitrone – ich brauchte mir erst gar keine Vorstellungen zu machen, denn allein Form und Farbe erfüllten mich mit Freude. Sah sie nicht aus wie ein bunter Kinderball, oder eine besonders schöne Frucht aus dem Garten Eden? Es war fast müßig, mir noch zusätzlich die Zitronenplantagen Californiens vorzustellen, aus denen sie stammte – und selbst, wenn ich hätte dort sein dürfen, würde ich mich mehr darüber freuen als über diesen leuchtenden Gruß von Amerikas Sonnenküste?

Und noch etwas Erfreuliches brachte die fast aussichtslose Lage mit sich: Endlich durfte ich auch einmal im Zelt essen und trinken, Vorräte und Essensreste im Eingangstunnel stehenlassen. Jetzt gab es keine Bären mehr am Fluß, der einsetzende Winter hatte sie längst in ihre Schlafhöhlen getrieben. Hier waren nur noch Verrückte – oder besser nur noch ein Verrückter unterwegs, einer, der wohl offenbar das Ende nicht mehr fand.

Wenn es dunkel wurde, dachte ich oft an Wölfe und lauschte in die beklemmende, eiskalte Finsternis, sofern der Sturm etwas nachließ. Nichts, nicht den geringsten Laut vernahm ich – selbst das Gebell der arktischen Füchse gab es nicht mehr. Ich war verdammt allein auf »Siberia-Island«.

Obwohl ich noch die letzte stürmische Yukon-Querung in den Knochen spürte, konnte oder wollte ich nicht gleich bei Einbruch der Finsternis schlafen. Ich zündete für ein paar Minuten die letzte Kerze an, sparte die Energie der Taschenlampe, die ohnehin nur noch müde funzelte, und fing zu lesen an, während ich im Schlafsack steckte. Was paßte hierher wohl besser als Thomas Giffords »The Wind Chill Factor«? Nach ein paar Minuten begannen sich realer Wetterterror des Deltas und Vorstellungsterror des grausam erregenden Buches gegenseitig zu neutralisieren – ich schlief hervorragend.

Mit zunehmender Abhärtung gewöhnte ich mich an das Knockout-Klima von »Siberia-Island«. Immer öfter verließ ich das Zelt, hauptsächlich, um das Lagerfeuer zu unterhalten. Die Tee- und Kaffeeküche dampfte, solange ich munter war, aber dafür wurden meine Exkursionen, um Feuerholz aufzutreiben, immer weiter. So lernte ich »Siberia-Island« kennen, eine Insel, auf der es so gut wie nichts zum Kennenlernen gab.

Statt dessen begannen sich meine Gedanken zu verändern, und eine merkwürdige Unruhe, wie ich sie seit Monaten nicht mehr kannte, überfiel mich. Ich wollte hier nur noch lebend raus – das wurde zur »fixen Idee«, die ständig in meinem Kopf kreiste wie ein raffiniert ausgeklügelter Werbeslogan. Mein »Yukon-Ich« schob diesen lästigen Ohrwurm auf die heillose Öde von »Siberia-Island«, machte also die Reizlosigkeit dieses gottverlassenen Fleckchens Erde für den Bewußtseinswandel verantwortlich.

Ein langanhaltender Blick auf die Kalenderanzeige meiner Armbanduhr erbrachte die Lösung des Rätsels. Ein in letzter Zeit wenig aktivierter Nervenzellenverband schickte seinen Inhalt in die aktive Bewußtseinsebene: »15.10.88 – Rückflug von Anchorage«! Jetzt dämmerte mir, woher die merkwürdige Unruhe stammte: Es war Zeitdruck, die Zivilisation begann wieder, ihre Fühler nach mir auszustrecken.

So, wie der Wasserstand ständig fiel, wurde die Zeit knapper, meine ehemaligen Körperkräfte besaß ich nicht mehr – ich konnte mich einfach nicht mehr so schnell regenerieren wie im Sommer – nur der Wind schien über unermüdliche Kräfte zu verfügen.

»Trotz allem«, zischte ich, »am 15. 10. werde ich im Flugzeug sitzen – Hölle, Teufel und Eiswüsten – ich werde pünktlich dort sein!«

Am 10. Oktober ließ der Dauersturm ab und zu nach – dafür wurde es noch kälter. Die Uferbrandung klatschte auch nicht mehr ganz so wütend gegen den Strand – doch bei meiner momentanen Verfassung zweifelte ich stark, ob ich das Boot, ohne vollzuschlagen oder umzukippen, ins Wasser bringen könnte.

»Hier kannst du überleben! Da steht dein Zelt, Isoliermatte und Schlafsack sind bereits drinnen. Mach dir Tee oder Kaffee – du hast noch genügend Brennmaterial –, das reicht, bis Hilfe kommt. Los, drück den Knopf, aktiviere den Notsender! Hier können sie dich finden – du sitzt da wie auf dem Präsentierteller!«

Gingen meine Nerven durch – oder meldete sich der Überlebensinstinkt? Es fing gerade wieder an zu schneien, und schneidend kalter Wind versuchte, mir das letzte bißchen Wärme aus den Knochen zu blasen.

Den Knopf drücken? Es sprach fast alles dafür. Aber wenn ich das Zelt abbaute, wäre ich so gut wie schutzlos – und falls der Wind plötzlich wieder stärker werden sollte, dann würde ich zähneklappernd vor dem Boot stehen, unfähig, das über fünfeinhalb Meter lange und mehr als zwei Zentner schwere Riesenkajak zum Wasser zu zerren, geschweige denn heil durch die Brandung zu gelangen. Eine Kenterung wäre gar nicht notwendig, um mich für immer auszuschalten. Durchnäßte Kleidung – allein schon die Hosen – wäre genug. Und selbst, wenn ich nach einem mißlungenen Ablegemanöver versuchen würde, noch einmal das Zelt aufzustellen… Mich schauderte bei dem Gedanken.

Ich hielt das Notfunkgerät in den Händen – trotzdem drückte ich nicht den entscheidenden Knopf. War es Dummheit, Stolz oder Hoffnung, was mich nicht aufgeben ließ?

»Jetzt beruhige dich, ruhe dich aus, tu nur das Notwendigste – mach, was dir Spaß bereitet – morgen fährst du weiter – oder du drückst den Knopf!« entschied ich endlich.

Zum x-ten Mal studierte ich die Karte – aber es gab so viele Stellen, auf die die Umgebung von »Siberia-Island« ohne weiteres gepaßt hätte. – Aber wann war die Karte aufgenommen worden, und vor allen Dingen, bei welchem Wasserstand? Gut, zehn Jahre war meine Karte alt – aber das half mir auch nicht weiter. Im günstigsten Falle war ich etwa fünfzehn, im schlechtesten ungefähr fünfzig Kilometer von Alakanuk entfernt.

Morgen wollte ich so fit sein, um auch die größere Entfernung durchzustehen. Bei dieser Erwartungshaltung ging der eiskalte 10. Oktober so schnell vorüber, daß ich kaum mit den lebensnotwendigen Lagerfeueraktivitäten Schritt halten konnte. Um den Wind vor dem Zelt zu brechen und gleichzeitig ständig Brennmaterial in der Nähe zu haben, legte ich einen großen Stapel Holz auf der »sibirischen« Seite des Zeltes an.

Yukon Delta on the rocks special

»Warum bewegt sich das Zelt so anders als in letzter Zeit? Hat gar der Wind gedreht?« fragte ich mich ungläubig. Tatsächlich, ich hatte nicht geträumt – und der Wind blies am Morgen des 11. Oktober wirklich aus einer anderen Richtung. Am liebsten hätte ich gleich gepackt und wäre ins Boot gesprungen, aber ich erinnerte mich an ähnliche Tage und Situationen und würgte an Eßbarem hinunter, was ich schnell erreichen konnte, – was mir zweifellos geholfen hat, mein Leben zu retten.

Ich ließ das Lagerfeuer brennen – vielleicht konnte es als Anhaltspunkt dienen, falls man mich doch noch suchen und bergen mußte.

»Soll ich den restlichen Tee wegschütten? – Halt, vor dem Endspurt noch schnell einen Energiestoß.« Ich wühlte im Vorderteil des Bootes, packte die Speiseölflasche, starrte widerwillig auf das sulzige Gemisch, zögerte kurz, dann setzte ich an und würgte drei große Schluck herunter; schnell spülte ich mit dem heißen Tee nach. Ich war aufgetankt, es konnte losgehen.

Wie leicht der Einstieg klappte, fast mühelos glitt ich ins Wasser. Selbst der Wind schien meine Abfahrt zu billigen und wehte aus unterschiedlichen Richtungen.

»Jetzt noch eine Handvoll Meilen – dann soll Schluß sein? So 3300 Kilometer hast du dann hinter dir – dort, nach der Biegung, liegt das Ziel – jetzt konzentriere dich, sieh zu, daß du hier lebend rauskommst!« Mein seit letzter Zeit ständig wiederkehrender Überlebensslogan beendete den inneren Monolog.

Nach zwei Stunden wurde mir bange zumute – die große Westbiegung des Yukon-Mündungsarmes bog sich noch immer, da war noch lange kein Ende in Sicht. Im Westen formierten sich unheilschwangere Wolkenwalzen, und der Wind blies wieder aus seiner Stammrichtung. Längst fällige Grüße aus Sibirien standen an.

Sturmböen peitschten das Wasser, rissen und zerrten an den Uferbüschen, die ersten Schneeflocken fegten durch die eiskalte Luft. Ich fuhr so dicht am Ufer, wie es nur ging, zwängte das Boot durch enge Wasserverbindungen zwischen zahlreichen Sandbänken und -inseln. Zum Glück bot das so stark zergliederte rechte Ufer des westlichen Hauptmündungsarmes Schutz vor Wind und Wellen.

»Halt! Das muß verkehrt sein, du gerätst zu weit nach Norden. Kälte hin, Kälte her, los raus mit der Karte, sieh auf den Kompaß!« Es dauerte nicht lange, und ich sah meine Ahnung bestätigt: Der kleine windgeschützte Nebenarm floß tatsächlich nach Norden. Und der konnte mit dieser Richtung nur in den »Kwikpak Pass« fließen, den großen, nördlich mündenden Arm des Yukon.

»Da, ein Fischcamp, und dort gabelt sich der Nebenfluß auch noch!« Nein, da war nichts Vergleichbares auf der Karte zu finden – egal, ich mußte auf alle Fälle zurück in den »Kwikluak Pass«, den Westarm des mündenden Yukon, an dessen rechtem Ufer Alakanuk lag. Fluchend fuhr ich zurück. Und weiter ging es, immer in Deckung vor Wind und Wellen. Ich wußte nur, daß ich auf der rechten Seite des Kwikluak Pass war – aber wo? – War am Ende meine schlimmste Schätzung der Entfernung richtig: fünfzig Kilometer?

»Gut, dann gibt es eine brutal harte Endrunde! Auch recht – weiter!« zischte ich bissig.

Es wurde laufend kälter, der Wind nahm auch zu – zum Glück hatte er noch nicht Sturmstärke erreicht. Ich paddelte und paddelte, es wurde auch im Boot immer kälter, dann fror ich. Ich hielt mich nur noch mit Durchhalteparolen und schönen Zielvorstellungen: warmes Haus, freundliche Leute, heißer Tee, Geborgenheit. Je eindringlicher ich mich motivierte, desto bestialischer schien sich die Umgebung zu verändern. Nach der fünften Stunde fuhr ich durch grausames, ja feindlich gesonnenes Irgendwo.

»Moment, das hast du schon einmal auf der Karte gesehen! Gleich nach dieser langgestreckten Insel – da liegt Alakanuk!« rief ich glücklich. Es war, als ob die Sonne wieder aufging, der dunkelgraue Himmel aufbrach und der Indian Summer zurückkehrte. Was scherten mich noch klamme Hände, bleierne Arme, stechende Schultern? Es würde bald vorbei sein mit dem schmerzenden Gesäß, den kalten Beinen und eisigen Füßen. Ich versuchte sogar, eine Art Endspurt vorzulegen, und genoß die »letzten paar Flußkilometer«. Ich beschloß, die letzte Insel auf der rechten Seite zu umfahren, um ja nicht zum Schluß noch in undurchfahrbare Untiefen oder zugefrorene Seichtgebiete zu geraten.

Doch die Insel wollte kein Ende nehmen, die Ufer waren völlig vereist und mit Schnee bedeckt. Der Wind sauste über die ungeschützten Flanken, gleich weißen Wellen trieb er Schnee und Eiskristalle vor sich her, ließ weiße Wirbel tanzen, verhüllte damit das Bootsdeck.

»Weiter, bloß weiter, das ist nicht mehr dein Yukon, die bezaubernden Weideninseln gibt es nicht mehr. Da, sieh nur, wie das weht und wirbelt – das sind Grüße des weißen Todes – nein, keine Aufnahmen mehr, laß die Kamera – weg, sieh, daß du fortkommst!«

Wie hypnotisiert hatte ich in das Schneetreiben gestarrt, bevor ich mich losreißen konnte. Sollte mich doch der verfluchte Wind mit dem Schnee schrecken, so viel er wollte – bald würden die ersten Boote, dann die Häuser auftauchen. Das Ufer krümmte sich schon, gleich – Es war, als stürzte ich ins bodenlose Nichts, kaltes Grau schien mich aufzusaugen. Ein Häufchen Mensch trieb da für ein paar Sekunden auf den Wellen, fühlte sich elend, leer – maßlos enttäuscht.

Was war geschehen? – Nichts! – aber das war es ja gerade. Dann kam wieder Leben in den trostlosen, gottverlassenen Eiswassersumpf. Das dick vermummte Wesen in dem schnee- und eisverkrusteten Stromlinienkörper packte das Paddel, drohte wie mit einem Speer, brüllte wutentbrannt und fluchte lästerlich. Da waren nicht die geringsten Anzeichen einer Ortschaft – statt dessen dehnte sich eine grauschwarze Schlammterrasse, aus der hier und da bedauernswert dünne, abgestorbene Baumstämme ragten. Über die dunkle Trostlosigkeit schwappten schmutzige Wellen, ließen die Eisstücke müde dümpeln, bevor sie leise klirrend im Kristallsaum des Ufers zergingen.

Wie zum Hohne brauste eiskalter Wind heran, Wellen begannen drohend gegen das Boot zu klatschen, sprangen über das Deck und ließen die Eiskruste anwachsen. Das war die Situation am Ende der Insel – und das Ufer des Mündungsarmes? – Da lagen ein paar hundert Meter wütendes Wasser dazwischen.

»Aufgeben oder dort hinüber?« – Ich wollte mir eine kurze Entscheidungspause gönnen. Ich brauchte nicht lange zu überlegen. Eine Qual der Wahl gab es gar nicht: Zurück konnte ich nicht mehr, hier in diesem trostlosen Sumpfstück hätte ich mich nicht mehr lange halten können. An Land gehen? – Wortlos zog ich das fast vollständig eingesunkene Paddel aus dem Schwimmsand. Es wäre bald dunkel geworden – Signalraketen besaß ich nicht. Deutliche, weithin sichtbare Zeichen konnte ich hier nicht geben – den Notruf hatte ich als Allerletztes.

Ich streckte mich, so gut es ging, holte tief Luft, biß die Zähne zusammen, visierte das Ufer an und fuhr in die Wellen.

Ungläubig starre ich in die frisch herausgebrochene, kleine Uferplattform.

»Etwa zwei Meter fällt die Kante ab – wie mit einem Spaten gestochen. Darüber wächst dichtes Buschwerk – der ideale Windschutz. Ein bißchen Holz zur Seite, ein paar Schlammklumpen weg – und das Zelt hätte Platz. Der Treibholzverhau auf der linken Seite sieht ziemlich trocken aus – Brennholz für Wochen«, liefen meine Überlegungen – ich reagiere wie eine Maschine mit einprogrammiertem Überlebensmechanismus.

Vorsichtig steuere ich die stärkste Holzverkeilung an. »Da, der Baumstamm dort!« Ich lasse die Bootsnase am Stamm entlanggleiten, jetzt steckt das Boot fest. Ich binde es an den Stamm, packe einen überhängenden Ast, ziehe kurz an – er hält. Ich öffne die Spritzdecke, ergreife den Ast, klettere aus der Luke, balanciere auf dem Stamm.

»Hurra! Geschafft! – Jetzt bloß nicht erfrieren!« Fieberhaft sammle ich Birkenrinde, decke kleine dürre Zweige darüber, breche knochentrockene Knüppel, baue einen kleinen Kegel. »Schnell zurück zum Boot, hol das Benzin!« Ich bespritze den Holzkegel mit Benzin, ein Griff in die Jackentasche – »Nein, nicht das Feuerzeug, nimm ein Zündholz! Schnell, wirf es rein!« Eine Stichflamme lodert auf, Holz knistert, Funken stieben, Knüppel um Knüppel wandert ins Feuer, die Flammen fressen gierig, verlangen mehr und mehr – ich füttere sie gern. Ich setze mich auf den nächsten Stamm, ziehe die Stiefel aus, strecke Füße und Hände ganz nah an die Flammen. »Mein Gott, tut das gut! – Jetzt das Zelt!« Ich klettere auf einen Balken, arbeite mich zur Uferkante hoch, greife in die Weidenbüsche, ziehe mich hoch. »Fester Boden überall – verdammt, ist der Wind eisig!« Jetzt fliegen Treibhölzer, Torfklumpen und Schlammbrocken zur Seite. Dann eile ich zum Boot, hole Plane, Zelt, Isomatte und Schlafsack heraus. »Der Boden hält, gefriert ja bereits.« Wie geschmiert läuft das Gestänge durch die Zeltlaschen, läßt sich auch bequem hochbiegen, sogar die Haltestifte rasten problemlos ein. Ein wenig abspannen, Isoliermatte etwas aufblasen, Schlafsack aus dem Packsack – fertig! Zwanzig Minuten – mein Rekord. Genau jetzt, wo ich es so verdammt nötig habe.

Mit Genuß und Genugtuung bereitete ich den Tee, den Topf Nudeln stellte ich fast schon gedankenverloren ans Feuer – ich habe nie mehr davon gegessen. Als ich den Bootsmotor hörte – ganz weit weg brummte er, wahrscheinlich in der Flußmitte –, lief ich zum Gewehr, schoß in die Luft. Keine Reaktion erfolgte, dann zwei-, drei-, viermal – Donnerschläge rollten über den Yukon, verebbten im kalten, teilnahmslosen Irgendwo.

Als das Motorboot am Ufer auftauchte, hatte ich meine Fassung beinahe wiedergewonnen. Ich stellte den Becher mit dampfendem Tee auf einen Baumstamm und winkte mit beiden Armen. Das Boot nahm Kurs auf mich, zwei dickvermummte Gestalten schickten sich zum Landen an.

»Hallo, wie weit ist's noch nach Alakanuk?« (Etwas in mir krallte sich immer noch an dieses Ziel.)

»Hi, du bist an der Ortseinfahrt von Emmonak – du kannst aufhören. Ich bin Ray Waska, das ist einer meiner Söhne.«

Emmonak hatten mir bereits schon einige meiner neuen Bekannten und Freunde als Ziel vorgeschlagen. Ich wurde neugierig.

»Sei froh, daß du die letzten Tage überlebt hast. Es wird bald noch viel kälter – nach dem Wetterbericht soll es heute Nacht kälter als minus 15 Grad werden. Sei vernünftig, komm nach Emmonak, ich lade dich ein, du kannst bei meiner Familie bleiben. Es wartet ein schönes neues Haus auf dich, du kannst ein eigenes Zimmer haben – alle Räume sind geheizt, wir werden bald abendessen, das ›steam house‹ ist schon heiß. Na, kommst du mit?«

Ich blickte in das vertrauenerweckende, offen lächelnde Gesicht des Mannes, der einige Züge von Besorgnis nicht verstecken konnte. Ich willigte ein.

»Laß nur, du brauchst nicht zu packen, nimm nur den Schlafsack mit – wir holen morgen deine Sachen – du bist mein Gast, hier nimmt dir niemand etwas. – Übrigens, weißt du, was Alakanuk in Yupik – der Eskimosprache – bedeutet?«

Ich schüttelte den Kopf.

»Fehler. – Ich weiß auch nicht wieso, aber es bedeutet wirklich Fehler.«

Paradiesische Tage erwarteten mich in der 650-Seelen-Gemeinde am äußersten Rande der westlichen Welt. Ein Anruf von dort – und einige besorgte Gemüter in Deutschland konnten sich vorerst entspannen. All das, was Ray Waska mir im letzten Camp angeboten hatte, wurde über alle Maßen übertroffen – und wieviel menschliche Wärme kam da noch hinzu!

Obwohl ich oft erzählte und erzählte, immer bereit war, zur guten Dauerstimmung beizutragen, fühlte ich mich innerlich zerrissen. War ich nicht aus dem mörderischen, naßkalten Grauen in die schönste Geborgenheit katapultiert worden? Meine Gedanken, aber noch schlimmer, meine alten Werte begannen sich umzudrehen: Natur, Wildnis, der gewaltige Yukon, all dies begann ich als bedrohlich, ja feindselig zu empfinden.

Wie freute ich mich dagegen über die bestens funktionierende Ölheizung im Hause. Was für eine Begeisterung kam über mich, wenn ich Motorfahrzeuge sah oder nur darüber gesprochen wurde. Ich hätte enthusiastisch schreien können, wenn Ray mich mit dem starken, großen Motorboot mitnahm. Es war ein Genuß, die kraftvolle Maschine zu hören und zu erleben, wie sich das Boot gegen Wind und Wellen stemmte. Was für eine Genugtuung empfand ich, sooft sich der Bug aufrichtete, die lächerlichen Wellen einfach überpflügte und der Gegenwind als armselige Belästigung oder einfach als gar nicht vorhanden ignoriert werden konnte.

Nachts träumte ich sogar von kraftstrotzenden Monstermotoren, mit denen man unbezwingbare Fahrzeuge selbst in die Hölle schicken konnte. Heizungsanlagen erschienen, die mit Leichtigkeit das arktische Eis schmolzen. Von Kühlschränken und berstend vollen Magazinen träumte ich, in die gewaltige Lebensmittelmassen einfach nachströmten – wie Wellen am Yukon.

Zwei Tage dauerte dies – Gott sei Dank nicht länger! – Ein Sonnenuntergang am Bering-Meer leitete die Wende ein – doch der entscheidende Ruck geschah ausgerechnet in Rays »steam house«. Ray, ein älterer Eskimo, der bei den Waskas Obdach gefunden hatte, und ich schwitzten gerade auf den Lattenrosten im Zentrum von Rays »Heißdampf-Reaktor«. Die Temperatur war wohl gerade richtig, um neben dem Schweiß auch krankhafte Gedanken und Vorstellungen auszuscheiden.

Mir wurde plötzlich klar: Ich hatte die letzten Tage unter Schockwirkung gestanden. – Aber konnte das nicht jedem Menschen geschehen? – War ich vielleicht auf etwas sehr Wichtiges, möglicherweise Bedeutendes gestoßen? Haben wir Menschen noch eine Urangst – ja sogar einen Urschock – in uns? Stammt das noch aus den ersten Tagen der Menschen, als die Natur nur grauenvoll, als ständige tödliche Bedrohung empfunden wurde? Kein Wunder, wenn man ihr jetzt hart zusetzt – den Spieß endlich umdrehen kann. Hatte die Natur jemals Mitleid mit uns – als wir schwach waren?

»Ja, um Gottes willen, vielleicht rächen wir uns, stecken Wut und Haß, Erbarmungslosigkeit und Vandalismus so stark in die Tiefen unseres Unterbewußtseins, daß wir kaum Kontrolle mit unserem bißchen Verstand ausüben können? – Hoffentlich kriegen wir das noch los, bevor es zu spät ist, und wir in unserem blinden Wüten uns selbst vernichten!« schoß es mir plötzlich durch den Kopf.

»Hey! Garnot, German – was hast du – geht's dir gut?«

»Ja, ja, okay, alles okay – mir ist nur ein bißchen zu heiß!«

Ich starrte auf die angekohlten Balken neben dem großen, glühenden Eisenofen, der oben vollständig mit Steinen bedeckt war – glühte da nicht auch ein Balken? Es zischte, als ein paar Schöpflöffel Wasser ins Eck flogen, der alte Eskimo lachte. Dann flüchteten wir alle drei in den erträglich warmen Vorraum. Kaltes Wasser plätscherte, Handtücher wurden geschwungen, Ray stieß wohlige Befreiungsschreie aus.

»Der Balken da vorhin, der wollte Feuer fangen«, kommentierte Ray und grinste, »das macht aber gar nichts, man muß nur aufpassen. Ein paar Löffelchen Wasser, und die Gefahr ist vorbei. Haha, aber einmal, ich sage dir, da war's knapp. Da fingen mehrere Balken an zu glimmen, es brannte und glühte wie das Höllenfeuer – sogar die Feuerwehr rückte an. Aber wir konnten das Häuschen retten, die meisten Balken kohlten nur an, ich mußte bloß ein paar auswechseln. – Abgekühlt – Garnot? Gehn wir wieder rein?«

Ich nickte begeistert: »Au ja!«

Stechend heiße, knochentrockene Gluthitze schlug uns entgegen. Ray schloß das kleine Holztürchen. Entschlossen griff er zur Schöpfkelle.

Als der abgeschlossene Innenraum wie ein hölzerner Druckbehälter sich stürmisch mit überhitztem Dampf füllte, dachte ich mir:

»Nein, abbrennen wird das Häuschen wohl nicht – es wird explodieren! Umtost von einer gewaltigen, pilzförmigen Wolke, werden wir drei mit nackten Ärschen auf gefrorener Erde sitzen; kristallklarer Sternenhimmel über uns, eiskalter Wind im Kreuz, um uns nur Dampf, ein paar Funken, ein wenig Feuer – dann rauchende Trümmer, die radialstrahlig das Weite suchen. –

No, langweilig wird's nie in Alaska!«

Abenteuer

SERIE PIPER ABENTEUER
Joe Simpson
STURZ INS LEERE

1247

SERIE PIPER ABENTEUER
Arved Fuchs
IM FALTBOOT UM KAP HOORN
Die erste gelungene Winterumrundung im Serien-Faltboot

1327

SERIE PIPER ABENTEUER
Reinhold Messner
DIE FREIHEIT, AUFZUBRECHEN, WOHIN ICH WILL
Ein Bergsteigerleben

1352

Verletzt hängt der junge Bergsteiger Joe Simpson am Seil, gehalten von seinem Freund Simon Yates, doch der spürt, daß er allmählich von dem fremden Gewicht heruntergezogen wird. Um sein eigenes Leben zu retten, zerschneidet Yates das Seil . . . »Ein Abenteuerbuch, das einem das Blut in den Adern stokken läßt.« *Sunday Express*

Welches an Selbstmord gemahnende Wagnis, in einem serienmäßigen Faltboot das gefürchtete, legendäre Kap Hoorn umrunden zu wollen! Arved Fuchs erzählt hier aber nicht nur von dem fast unglaublichen Erfolg seines Unternehmens, sondern auch vom düsteren Schicksal der feuerländischen Indianer.

Reinhold Messner, einer der letzten großen Abenteurer unserer Zeit, erzählt hier erstmals sein Leben. Seine spektakulärsten Gipfelsiege, aber auch seine erschütterndsten Niederlagen bis zum vergeblichen Sturm auf die Lhotse-Südwand 1989 sind in diesem pakkenden Buch versammelt.

Hier wird Lesen zum Erlebnis

1257

1274

1407

1383

1435

1340